# Big Book of Wordsearches

**300 puzzles**

Book 1

Published by Richardson Publishing Limited.
www.richardsonpublishing.com

10 9 8 7 6 5 4 3



All puzzles supplied by Clarity Media.

Cover design by Junior London Ltd.

ISBN 978-1-913602-06-2

Printed and bound by CPI Group (UK) Ltd, Croydon CR0 4YY.



A catalogue record for this book is available from the British Library.

If you would like to comment on any aspect of this book, please contact us at:

E-mail: puzzles@richardsonpublishing.com

Follow us on Twitter @puzzlesandgames
instagram.com/richardsonpuzzlesandgames
facebook.com/richardsonpuzzlesandgames

## Contents



## Instructions

Find each of the words in the grid of letters. Words may be hidden horizontally, vertically or diagonally and in either a forwards or backwards direction.

| | | | | | | | | | | | | | | |
|---|---|---|---|---|---|---|---|---|---|---|---|---|---|---|
| T | V | J | E | R | S | R | P | S | O | N | N | E | T | S |
| Q | E | M | U | P | U | A | P | H | A | M | L | E | T | E |
| P | T | T | T | L | C | K | I | N | G | J | O | H | N | L |
| K | H | T | M | A | I | I | P | Q | F | T | L | I | Q | C |
| T | G | O | J | Y | N | U | N | I | P | S | L | K | S | I |
| C | I | K | C | W | O | H | S | P | Q | E | E | I | U | R |
| R | N | F | R | R | R | T | A | C | B | P | H | N | N | E |
| S | H | T | E | I | D | E | R | M | A | M | T | G | A | P |
| T | T | R | R | G | N | B | Y | A | F | E | O | L | L | L |
| X | F | L | P | H | A | C | P | R | G | T | S | E | O | U |
| O | L | O | A | T | S | A | J | E | I | E | E | A | I | D |
| A | E | V | O | B | U | M | D | J | U | H | D | R | R | F |
| T | W | E | U | M | T | X | E | X | X | T | P | Y | O | I |
| A | T | I | E | K | I | L | U | O | Y | S | A | A | C | R |
| W | S | N | E | H | T | A | F | O | N | O | M | I | T | G |

**AS YOU LIKE IT**
**CORIOLANUS**
**CYMBELINE**
**HAMLET**
**JULIUS CAESAR**
**KING JOHN**
**KING LEAR**
**MACBETH**
**OTHELLO**
**PERICLES**
**PLAYWRIGHT**
**POET**
**SONNETS**
**THE TEMPEST**
**TIMON OF ATHENS**
**TITUS ANDRONICUS**
**TRAGEDY**
**TWELFTH NIGHT**

| | | | | | | | | | | | | | | |
|---|---|---|---|---|---|---|---|---|---|---|---|---|---|---|
| N | Y | P | N | G | H | A | P | P | Y | Z | A | C | E | S |
| S | T | E | A | S | E | O | R | I | L | Z | H | A | R | E |
| P | A | G | E | K | L | N | N | Z | U | E | T | R | B | C |
| A | C | W | A | I | P | C | E | E | E | R | A | I | E | I |
| O | U | B | T | N | F | O | O | R | S | P | T | N | C | Z |
| K | I | E | X | D | U | L | Y | R | O | T | N | G | O | D |
| S | U | S | Q | K | L | W | C | H | D | U | A | X | W | S |
| H | T | W | O | O | V | E | V | I | T | I | S | O | P | T |
| T | N | I | Y | G | G | E | N | I | A | L | A | B | W | V |
| S | E | A | Y | X | R | N | R | Y | G | N | E | L | P | Y |
| M | L | O | T | I | F | R | I | E | N | D | L | Y | L | A |
| C | T | R | O | U | P | U | S | V | C | C | P | K | K | R |
| A | C | S | U | G | G | E | N | U | I | N | E | U | Q | G |
| D | E | W | S | V | E | U | R | N | X | G | I | J | Z | O |
| I | O | O | O | J | U | N | E | C | Y | G | L | S | C | B |

CARING
CHEERY
CORDIAL
FRIENDLY
FUNNY
GENEROUS
GENIAL
GENUINE
GIVING
HAPPY
HELPFUL
HONEST
KIND
LOYAL
PLEASANT
POLITE
POSITIVE
SINCERE

| | | | | | | | | | | | | | | |
|---|---|---|---|---|---|---|---|---|---|---|---|---|---|---|
| K | M | K | C | I | K | S | U | T | O | L | K | K | T | D |
| H | O | P | A | W | L | D | V | E | O | N | C | C | G | H |
| O | C | P | W | T | R | A | N | S | I | T | I | O | N | C |
| Z | F | N | U | N | A | Z | U | Y | G | J | K | L | I | M |
| O | J | J | I | P | I | G | I | A | L | N | T | T | L | Z |
| H | O | W | A | L | I | P | U | N | C | H | N | N | P | R |
| I | C | E | P | I | C | K | G | R | I | P | O | I | P | A |
| Z | W | E | S | U | O | H | D | N | U | O | R | O | A | E |
| A | M | U | R | U | G | I | H | S | A | M | F | J | R | O |
| G | R | Y | C | I | H | S | O | G | E | N | A | H | G | R |
| U | T | T | P | D | U | I | G | H | N | R | E | P | E | R |
| R | S | E | U | D | L | O | H | E | K | O | H | C | K | L |
| U | B | L | O | C | K | I | N | G | X | G | R | L | Y | E |
| M | L | S | E | L | L | S | S | E | B | D | C | S | R | L |
| A | R | U | Y | Q | G | N | I | W | O | R | H | T | C | S |

**ASHI GURUMA**
**BLOCKING**
**CHOKEHOLD**
**CLINCH**
**FRONT KICK**
**GRAPPLING**
**HANE GOSHI**
**HIZA GURUMA**
**ICEPICK GRIP**
**JOINT LOCK**
**KATA GURUMA**
**KIP-UP**
**LOTUS KICK**
**PIN**
**PUNCH**
**ROUNDHOUSE**
**THROWING**
**TRANSITION**

| | | | | | | | | | | | | | | |
|---|---|---|---|---|---|---|---|---|---|---|---|---|---|---|
| T | X | O | S | S | T | S | W | I | M | A | I | O | A | Y |
| V | I | U | S | O | S | L | A | T | I | P | A | C | C | T |
| Y | D | C | L | Y | T | I | L | I | B | A | I | L | L | A |
| S | I | O | I | S | A | W | A | P | U | D | R | B | A | M |
| P | L | Y | I | F | T | C | O | N | T | R | O | L | S | N |
| A | R | E | S | N | E | P | X | E | W | S | N | F | F | E |
| A | I | O | Y | N | M | D | S | A | O | Y | P | S | N | A |
| V | U | F | F | P | E | T | Y | H | L | Z | Q | T | I | P |
| M | A | R | G | I | N | V | K | X | F | W | A | N | R | A |
| F | A | S | S | E | T | S | E | V | H | N | R | U | M | H |
| D | T | T | M | P | V | L | K | K | S | O | X | O | V | U |
| A | U | D | I | T | B | E | D | D | A | B | A | C | F | E |
| A | T | U | B | B | T | H | K | I | C | E | E | C | A | J |
| T | G | V | E | J | E | D | E | R | E | T | R | A | H | C |
| V | A | W | T | G | T | D | J | D | R | O | T | B | E | D |

**ACCOUNTS**
**ACID TEST**
**ASSETS**
**AUDIT**
**BAD DEBT**
**BREAK EVEN**
**CAPITAL**
**CASH FLOW**
**CHARTERED**
**CONTROLS**
**DEBIT**
**DEBTOR**
**DEFICIT**
**EXPENSE**
**LIABILITY**
**MARGIN**
**PROFIT**
**STATEMENT**

| | | | | | | | | | | | | | | |
|---|---|---|---|---|---|---|---|---|---|---|---|---|---|---|
| C | Z | G | F | O | S | Z | N | X | B | E | R | U | N | R |
| H | O | E | X | F | O | L | I | A | T | I | O | N | O | E |
| E | C | V | L | I | O | E | E | R | T | A | E | T | I | D |
| M | N | B | Y | U | S | A | K | Q | W | Y | I | S | T | W |
| I | G | O | A | C | O | S | M | E | T | I | C | S | C | O |
| C | N | C | I | R | G | E | L | L | S | H | T | K | E | P |
| A | I | E | L | S | R | E | M | I | R | P | S | L | T | Y |
| L | V | N | C | E | A | I | R | A | Z | A | I | P | O | B |
| P | A | P | O | G | A | R | E | E | M | P | V | O | R | A |
| E | H | A | C | I | A | N | B | R | B | S | F | I | P | B |
| E | S | O | R | Y | T | C | S | A | C | S | O | T | N | L |
| L | P | S | R | S | H | O | L | E | M | R | C | V | U | P |
| S | R | G | G | O | R | M | L | C | R | R | E | Q | S | U |
| R | E | T | T | U | B | A | E | H | S | F | E | A | E | O |
| R | E | D | W | O | P | L | R | A | E | P | U | D | M | K |

**BABY POWDER**
**BARRIER CREAM**
**CHEMICAL PEEL**
**CLEANSER**
**COSMETICS**
**DERMABRASION**
**EXFOLIATION**
**GEL**
**LIP BALM**
**LOTION**
**MASK**
**PEARL POWDER**
**PRIMER**
**SHAVING**
**SHEA BUTTER**
**SOAP**
**SUN PROTECTION**
**TEA TREE OIL**

| | | | | | | | | | | | | | | |
|---|---|---|---|---|---|---|---|---|---|---|---|---|---|---|
| A | S | A | S | L | W | C | S | U | Z | W | E | R | D | R |
| O | Z | U | V | V | J | A | R | Q | O | T | R | D | M | H |
| Q | P | D | P | X | R | N | P | O | I | Z | O | B | R | L |
| V | B | T | F | S | G | K | A | I | J | Z | N | U | S | K |
| O | P | D | R | T | T | V | T | D | A | A | I | S | U | O |
| F | D | Y | N | O | M | R | A | H | S | M | M | A | N | G |
| I | F | N | T | R | K | F | T | T | U | O | E | M | C | A |
| S | B | A | R | S | M | T | T | O | D | E | L | H | Q | C |
| O | P | M | E | T | R | E | T | E | M | Q | O | V | Q | K |
| N | O | I | G | G | E | P | R | A | H | R | D | T | U | T |
| R | J | C | Y | E | U | A | W | Q | D | C | Y | Y | A | K |
| O | R | S | H | C | T | I | P | B | E | A | T | Z | V | U |
| S | E | C | L | O | D | R | S | Y | A | H | U | O | E | P |
| C | S | A | J | F | I | R | O | E | E | U | R | T | R | I |
| T | T | U | S | P | Q | N | C | F | H | O | U | A | Y | C |

**ARPEGGIO**
**BAR**
**BEAT**
**CHORD**
**CROTCHET**
**DOLCE**
**DYNAMICS**
**FORTE**
**HARMONY**
**MAJOR**
**MELODY**
**METER**
**MINOR**
**MODERATO**
**PITCH**
**QUAVER**
**REST**
**TEMPO**

| | | | | | | | | | | | | | | |
|---|---|---|---|---|---|---|---|---|---|---|---|---|---|---|
| O | H | K | S | Q | O | Y | Z | H | C | A | R | S | M | E |
| E | L | S | I | H | A | T | I | N | A | M | A | Y | L | F |
| N | D | L | Z | N | I | S | S | U | C | V | L | E | L | J |
| O | I | P | E | Z | G | I | I | T | H | A | U | L | A | P |
| K | W | I | R | B | M | B | T | A | I | G | S | L | B | O |
| I | N | I | C | R | O | P | O | A | C | S | S | E | F | J |
| T | B | L | U | E | S | T | A | L | K | C | U | R | F | A |
| K | U | I | N | I | M | E | R | C | E | E | R | E | U | V |
| O | T | U | A | W | Q | O | V | O | N | T | O | T | P | F |
| D | T | I | H | O | R | N | O | F | P | L | E | N | T | Y |
| S | O | A | V | D | S | H | A | G | G | Y | M | A | N | E |
| E | N | A | O | A | K | W | Y | Q | S | O | E | H | A | X |
| S | A | S | R | E | T | S | Y | O | R | O | F | C | I | Y |
| M | R | A | R | M | Z | R | P | E | I | I | W | Q | G | U |
| S | A | P | A | S | R | T | L | J | O | O | A | A | S | E |

**BLUE STALK**
**BUTTON**
**CHANTERELLE**
**CHICKEN**
**CREMINI**
**ENOKI**
**FLY AMANITA**
**GIANT PUFFBALL**
**HORN OF PLENTY**
**KING BOLETE**
**MEADOW**
**MOREL**
**OYSTER**
**PORCINI**
**PORTOBELLO**
**RUSSULA**
**SHAGGY MANE**
**SHIITAKE**

| | | | | | | | | | | | | | | |
|---|---|---|---|---|---|---|---|---|---|---|---|---|---|---|
| F | H | A | T | I | V | R | J | R | C | S | L | U | K | Q |
| S | R | N | D | T | A | E | W | H | T | P | P | C | A | H |
| P | Z | P | B | E | A | N | I | E | O | T | N | Z | R | T |
| A | E | L | A | F | E | Z | G | L | P | H | Z | J | R | S |
| S | A | H | M | C | M | R | W | M | H | P | P | P | Q | D |
| V | R | Y | C | P | T | T | S | E | A | A | P | T | S | B |
| C | O | W | B | O | Y | H | A | T | T | C | C | G | H | N |
| S | D | M | U | H | L | D | G | P | A | L | R | N | W | Y |
| U | E | J | P | P | B | C | F | I | I | L | Q | A | P | J |
| O | F | K | C | A | A | T | Y | F | N | A | K | U | M | F |
| Z | H | S | N | N | D | N | J | O | M | B | Y | E | O | R |
| T | Z | D | W | S | Q | R | A | S | Z | E | A | M | R | N |
| T | F | O | O | R | E | R | B | M | O | S | P | W | T | O |
| T | X | O | R | N | S | E | Q | T | A | A | Q | R | S | S |
| V | Z | H | C | R | M | I | T | T | X | B | E | R | E | T |

**BASEBALL CAP**
**BEANIE**
**BERET**
**CLOCHE**
**COWBOY HAT**
**CROWN**
**DEERSTALKER**
**FEDORA**
**FEZ**
**HEADBAND**
**HELMET**
**HOOD**
**NIGHTCAP**
**PANAMA**
**SOMBRERO**
**TOP HAT**
**VEIL**
**WIG**

| | | | | | | | | | | | | | | |
|---|---|---|---|---|---|---|---|---|---|---|---|---|---|---|
| P | F | Q | V | O | A | B | L | C | K | C | I | U | O | I |
| H | G | E | I | N | L | O | B | H | E | N | R | Y | A | U |
| S | B | E | P | O | B | T | R | A | G | C | D | G | Y | K |
| S | Z | G | R | T | E | E | I | R | T | I | N | Z | Y | M |
| D | B | T | A | G | M | T | L | L | N | H | A | U | O | C |
| P | J | N | U | N | A | O | N | O | T | H | L | R | L | O |
| U | S | E | G | I | R | U | I | T | U | F | H | O | C | M |
| T | W | K | U | L | L | R | D | T | R | D | C | L | U | R |
| T | A | W | S | R | E | T | S | E | C | U | O | L | G | X |
| Q | F | E | T | A | T | J | D | J | P | S | O | U | V | A |
| Z | Y | N | A | H | G | E | L | L | A | C | G | S | N | M |
| B | A | R | E | B | R | U | N | S | W | I | C | K | L | F |
| X | A | F | R | I | A | F | A | U | Y | I | Q | K | J | K |
| G | R | V | C | A | R | O | L | I | N | E | S | S | E | X |
| E | A | K | I | Q | F | F | B | A | T | T | X | F | I | E |

**ALBEMARLE**
**ALLEGHANY**
**ARLINGTON**
**AUGUSTA**
**BATH**
**BOTETOURT**
**BRUNSWICK**
**CAROLINE**
**CHARLOTTE**
**CRAIG**
**ESSEX**
**FAIRFAX**
**FREDERICK**
**GLOUCESTER**
**GOOCHLAND**
**HENRY**
**LOUDOUN**
**NEW KENT**

| | | | | | | | | | | | | | | |
|---|---|---|---|---|---|---|---|---|---|---|---|---|---|---|
| U | E | S | O | X | R | B | B | V | A | Q | T | G | V | Y |
| A | T | A | I | A | L | I | T | G | L | D | U | T | C | U |
| R | N | O | S | P | M | I | S | F | V | U | K | U | N | M |
| F | O | F | P | A | A | A | B | B | O | E | T | H | E | E |
| I | M | T | N | I | H | V | N | A | R | O | N | O | S | G |
| Y | T | H | T | E | G | A | U | J | D | T | R | M | M | T |
| L | T | L | D | A | K | N | R | N | N | E | S | R | E | M |
| R | V | E | G | E | N | A | A | A | U | M | D | R | X | P |
| R | N | O | S | E | V | R | L | R | L | B | R | F | C | A |
| Z | I | L | I | B | Y | A | N | A | E | I | I | C | Z | N |
| A | P | S | A | T | K | B | J | M | H | I | V | A | Y | D |
| H | G | N | O | S | B | I | G | O | T | A | B | V | N | I |
| W | V | K | H | A | R | A | N | Q | M | N | R | O | I | E |
| X | J | I | V | F | H | N | I | T | O | I | C | I | G | B |
| D | U | R | U | M | T | O | K | N | I | S | A | W | Z | P |

**ALVORD**
**ARABIAN**
**GIBSON**
**GOBI**
**KALAHARI**
**KHARAN**
**LIBYAN**
**MARANJAB**
**MOJAVE**
**MONTE**
**NAMIB**
**NEGEV**
**NUBIAN**
**RANGIPO**
**SAHARA**
**SIMPSON**
**SINAI**
**SONORAN**

## Confidence

| | | | | | | | | | | | | | | |
|---|---|---|---|---|---|---|---|---|---|---|---|---|---|---|
| P | F | S | P | M | R | V | F | H | E | S | R | P | F | C |
| B | O | S | K | E | R | U | E | S | C | F | U | E | B | D |
| A | R | E | C | T | S | L | A | E | Y | W | I | Y | E | M |
| C | T | N | U | T | L | X | R | Z | A | L | O | T | M | C |
| K | I | D | L | L | T | T | L | B | E | I | E | I | O | E |
| B | T | L | P | E | A | V | E | B | R | R | G | U | C | C |
| O | U | O | K | I | E | E | S | E | M | L | R | N | O | U |
| N | D | B | N | V | W | K | S | I | R | A | A | N | V | H |
| E | E | T | R | Y | R | O | N | F | G | R | V | O | L | O |
| Y | Y | E | P | O | L | A | E | E | U | I | P | Q | G | D |
| P | N | K | R | U | T | U | S | S | C | N | X | Z | T | R |
| D | K | L | T | I | S | E | S | T | I | H | T | I | A | F |
| T | A | I | O | N | F | A | I | P | O | I | S | E | C | F |
| P | O | N | G | T | R | O | F | I | R | M | N | E | S | S |
| N | O | V | I | C | N | B | R | A | S | H | N | E | S | S |

**ASSURANCE**
**BACKBONE**
**BELIEF**
**BOLDNESS**
**BRASHNESS**
**CERTAINTY**
**CONVICTION**
**COURAGE**
**DETERMINATION**
**FAITH**
**FEARLESSNESS**
**FIRMNESS**
**FORTITUDE**
**METTLE**
**NERVE**
**PLUCK**
**POISE**
**RESOLUTION**

| | | | | | | | | | | | | | | |
|---|---|---|---|---|---|---|---|---|---|---|---|---|---|---|
| G | S | K | N | O | T | D | L | U | L | R | A | U | N | W |
| W | K | A | R | O | L | O | O | S | L | R | O | O | O | S |
| R | E | T | T | O | P | L | N | O | K | L | C | T | R | S |
| A | E | A | A | R | D | Y | R | O | G | G | I | D | D | E |
| Q | T | R | A | H | K | C | O | L | N | E | U | L | S | O |
| S | E | Y | J | S | D | B | H | U | E | Z | V | P | C | N |
| L | R | P | E | L | O | N | G | B | O | T | T | O | M | W |
| L | A | D | I | L | M | G | U | Y | K | R | U | M | L | W |
| S | N | A | P | E | S | R | L | K | E | E | R | L | A | J |
| I | J | T | N | R | U | A | S | M | A | L | F | O | Y | S |
| Z | A | S | K | R | F | N | E | U | M | A | S | X | R | E |
| H | T | N | E | I | F | G | T | W | W | W | A | R | S | P |
| H | O | R | L | U | R | E | C | C | X | N | I | P | U | L |
| V | I | C | T | Q | A | R | T | T | E | E | G | X | S | D |
| P | H | R | M | F | P | A | O | W | C | Y | R | I | B | J |

DIGGORY
DURSLEY
FILCH
GRANGER
KRUM
LOCKHART
LONGBOTTOM
LOVEGOOD
LUPIN
MALFOY
POTTER
QUIRRELL
SKEETER
SLUGHORN
SNAPE
TONKS
TRELAWNEY
WEASLEY

| | | | | | | | | | | | | | | |
|---|---|---|---|---|---|---|---|---|---|---|---|---|---|---|
| C | U | E | M | O | C | N | I | C | G | T | J | S | R | B |
| R | I | X | R | U | I | D | A | S | C | Y | Z | H | G | X |
| E | R | P | H | G | O | A | F | O | A | S | A | U | A | L |
| D | C | E | T | Z | O | U | U | P | L | X | R | O | X | E |
| I | E | N | L | S | K | C | O | T | S | B | R | B | W | T |
| T | F | S | A | G | N | J | Y | S | D | A | B | U | W | T |
| R | K | E | E | N | V | N | D | S | U | U | W | O | T | I |
| H | Y | P | W | I | I | O | J | N | D | R | B | T | T | V |
| D | C | R | I | V | H | F | K | G | E | N | I | A | R | E |
| X | N | C | H | A | N | G | E | Q | B | L | E | O | I | O |
| D | E | P | O | S | I | T | U | X | T | A | U | P | E | F |
| I | R | M | Q | J | A | I | T | Y | T | T | R | F | S | G |
| P | R | O | F | I | T | C | X | S | M | N | F | K | B | Y |
| X | U | O | S | Y | S | Z | S | I | L | Y | P | E | O | U |
| P | C | E | S | L | O | N | S | R | I | F | S | X | O | U |

**BUDGET**
**CASH**
**CHANGE**
**CREDIT**
**CURRENCY**
**DEBT**
**DEPOSIT**
**EQUITY**
**EXPENSE**
**FINANCE**
**INCOME**
**LEND**
**LOAN**
**PROFIT**
**SAVINGS**
**SPEND**
**STOCKS**
**WEALTH**

Essential Oils *No. 14*

| | | | | | | | | | | | | | | |
|---|---|---|---|---|---|---|---|---|---|---|---|---|---|---|
| U | F | E | M | L | L | K | J | L | A | S | B | T | K | L |
| J | F | C | S | W | E | O | P | P | A | M | B | A | Y | E |
| A | X | E | F | S | U | U | R | N | I | A | E | H | L | M |
| B | V | W | S | R | C | A | D | A | S | A | E | S | J | O |
| O | S | R | K | S | A | A | C | I | N | N | A | M | O | N |
| I | T | I | S | I | L | N | L | C | N | G | P | Q | T | R |
| I | A | L | E | W | Y | D | K | A | M | E | E | O | Z | F |
| F | A | U | O | Z | P | D | M | I | P | L | S | P | U | E |
| H | T | O | B | W | T | U | O | P | N | I | I | R | C | N |
| X | D | H | O | X | U | R | E | O | N | C | C | E | R | U |
| T | O | C | C | A | S | R | W | G | W | A | E | G | K | G |
| R | H | T | I | R | M | I | L | M | G | R | D | N | C | R |
| U | G | A | A | I | I | J | D | N | G | O | A | I | S | E |
| H | R | P | N | O | B | B | A | V | T | O | R | G | R | E |
| N | U | T | M | E | G | A | P | W | N | T | U | J | A | K |

**AGARWOOD**
**ANGELICA ROOT**
**BASIL**
**BIRCH**
**CEDAR**
**CINNAMON**
**EUCALYPTUS**
**FENUGREEK**
**FRANKINCENSE**
**GINGER**
**HENNA**
**LEMON**
**NUTMEG**
**ORANGE**
**PATCHOULI**
**PEPPERMINT**
**ROSE**
**SANDALWOOD**

| | | | | | | | | | | | | | | |
|---|---|---|---|---|---|---|---|---|---|---|---|---|---|---|
| A | S | W | A | V | R | G | E | A | K | Y | W | M | I | Z |
| R | E | O | N | A | X | G | M | E | X | A | A | L | R | S |
| U | E | V | E | K | N | O | U | Y | I | K | E | S | S | Q |
| C | S | I | O | U | L | R | U | P | R | P | A | P | L | S |
| O | N | H | U | N | L | A | E | C | E | E | R | I | S | A |
| N | R | P | U | L | C | T | T | H | T | A | E | S | P | F |
| F | Y | C | M | F | T | E | C | A | T | A | E | S | O | E |
| A | R | O | P | A | C | O | Q | T | U | A | A | O | I | E |
| B | P | N | A | W | N | A | L | T | Q | S | L | G | L | D |
| U | B | F | S | V | K | E | E | E | R | E | B | B | A | J |
| L | A | E | E | Q | C | I | V | R | L | E | B | X | A | M |
| A | J | R | W | T | Y | I | X | O | Y | A | T | G | S | M |
| T | S | B | U | A | Z | R | E | U | B | L | L | A | Y | R |
| E | S | R | U | O | C | S | I | D | R | K | S | O | N | D |
| N | E | C | I | O | V | O | S | R | Y | F | P | R | V | X |

**BABBLE**
**BLATHER**
**CHATTER**
**CONFABULATE**
**CONFER**
**CONVERSE**
**DISCOURSE**
**GOSSIP**
**JABBER**
**LECTURE**
**ORATE**
**PRATTLE**
**SAY**
**SPEAK**
**TALK**
**UTTER**
**VOICE**
**YAK**

| | | | | | | | | | | | | | | |
|---|---|---|---|---|---|---|---|---|---|---|---|---|---|---|
| P | R | E | S | T | U | H | P | S | T | Q | H | A | L | T |
| W | F | L | J | S | E | U | A | A | T | R | V | T | E | I |
| O | R | R | N | I | D | T | N | R | U | R | Q | Q | Y | L |
| B | Q | Q | D | L | U | Y | I | U | U | S | I | W | I | R |
| H | G | T | O | S | L | N | R | P | A | S | E | K | K | D |
| G | E | M | W | T | R | U | O | E | S | L | E | O | E | S |
| C | Q | U | N | D | E | L | L | I | C | E | R | A | X | S |
| S | O | S | T | Y | T | P | U | I | S | E | R | Q | C | U |
| T | I | M | I | W | N | Y | T | J | H | S | S | E | A | I |
| O | U | K | M | T | I | J | G | T | J | B | I | S | J | D |
| P | Y | N | E | A | H | I | A | T | U | S | Y | M | H | A |
| P | R | U | I | P | O | E | P | W | U | G | A | J | E | I |
| A | O | Y | T | P | R | I | N | T | E | R | V | A | L | R |
| G | W | X | A | B | N | O | I | T | A | S | S | E | C | E |
| E | R | K | Y | C | Q | Y | R | K | A | E | R | B | P | L |

BREAK
BREATHER
CAESURA
CESSATION
COMMA
DOWNTIME
HALT
HIATUS
INTERLUDE
INTERVAL
LULL
PAUSE
RECESS
REMISSION
RESPITE
REST
STOPPAGE
STRIKE

| | | | | | | | | | | | | | | |
|---|---|---|---|---|---|---|---|---|---|---|---|---|---|---|
| H | T | Y | I | Y | D | T | X | N | D | L | U | Z | K | I |
| W | F | V | K | T | O | I | L | E | A | C | S | H | C | D |
| R | X | L | T | F | T | N | M | T | R | R | G | P | S | K |
| W | G | A | X | V | A | T | B | S | L | R | H | T | R | X |
| D | A | N | R | C | C | S | R | U | S | A | R | A | I | I |
| S | R | L | I | S | B | L | E | A | T | W | O | O | D | P |
| T | E | R | K | L | O | E | Y | E | T | O | J | P | S | J |
| F | R | I | Y | E | W | E | O | P | S | O | A | Z | A | R |
| R | R | T | T | P | R | O | U | L | X | L | H | S | U | I |
| A | O | N | O | S | I | R | R | O | M | F | P | T | L | N |
| N | S | S | S | N | I | L | L | O | C | A | Z | L | E | W |
| K | D | U | M | A | U | R | I | E | R | M | A | N | T | Y |
| L | I | V | E | K | D | C | H | K | R | A | L | C | K | Z |
| R | J | N | L | S | I | W | U | C | S | E | R | L | P | U |
| E | K | G | I | S | U | A | L | B | S | K | A | L | W | E |

**ATWOOD**
**AUSTEN**
**BLYTON**
**CHRISTIE**
**CLARK**
**COLLINS**
**DU MAURIER**
**ELIOT**
**FRANK**
**LEE**
**MORRISON**
**PROULX**
**ROWLING**
**SAYERS**
**SPARK**
**TARTT**
**WALKER**
**WOOLF**

| S | N | B | A | N | G | B | A | N | G | J | Y | O | J | A |
|---|---|---|---|---|---|---|---|---|---|---|---|---|---|---|
| R | I | U | E | N | I | L | D | O | O | L | B | G | C | S |
| I | H | H | K | Y | L | O | P | O | N | O | M | S | X | I |
| G | T | X | T | P | U | V | Y | R | I | L | U | P | L | D |
| H | A | M | B | O | N | E | L | A | S | T | T | I | M | E |
| T | E | J | I | L | T | M | E | L | B | O | R | P | A | T |
| T | R | O | P | T | B | E | A | L | R | I | G | H | T | O |
| H | B | Y | Z | I | N | H | C | A | S | C | Z | E | R | S |
| E | M | L | L | E | T | A | T | N | A | S | V | J | Y | I |
| R | N | U | I | E | E | R | F | K | A | E | R | B | N | D |
| E | D | I | Z | F | T | D | I | R | R | D | R | T | I | E |
| F | P | C | G | N | N | E | W | Y | O | F | O | C | U | S |
| O | U | S | R | A | C | R | D | Z | B | Y | V | U | T | V |
| C | P | R | A | S | M | A | A | E | O | A | W | L | L | I |
| O | C | R | T | A | Y | I | O | U | T | S | B | L | I | O |

**BABY I**
**BANG BANG**
**BE ALRIGHT**
**BLOODLINE**
**BREAK FREE**
**BREATHIN**
**DANCE TO THIS**
**EVERYDAY**
**FOCUS**
**IMAGINE**
**INTO YOU**
**LOVE ME HARDER**
**MONOPOLY**
**ONE LAST TIME**
**PROBLEM**
**RIGHT THERE**
**SANTA TELL ME**
**SIDE TO SIDE**

| | | | | | | | | | | | | | | |
|---|---|---|---|---|---|---|---|---|---|---|---|---|---|---|
| Z | Z | V | U | P | D | I | P | F | E | O | T | G | A | R |
| U | T | X | B | Q | T | E | I | O | E | E | U | N | C | P |
| P | M | W | A | L | S | L | U | I | Y | G | E | M | X | T |
| C | M | E | L | T | S | E | G | N | I | F | O | R | G | I |
| M | U | O | S | A | W | C | L | P | I | D | M | D | L | I |
| S | Q | R | H | E | A | A | O | B | W | E | H | C | Q | O |
| B | A | Q | O | C | L | M | N | F | B | V | T | E | Z | A |
| E | T | P | V | S | L | R | A | G | F | O | A | G | A | U |
| I | E | D | E | M | O | L | I | S | H | U | G | R | M | I |
| K | I | O | L | L | W | O | H | O | T | R | T | O | K | P |
| J | U | Y | B | U | Z | F | F | U | B | I | N | G | E | T |
| O | L | T | B | R | K | Z | N | M | I | H | C | N | U | M |
| R | E | Y | I | P | S | F | U | I | U | T | S | A | E | F |
| Z | S | T | N | O | W | I | T | G | P | S | R | F | T | S |
| U | R | U | R | X | O | S | T | E | S | O | L | C | S | E |

BINGE
CHEW
CHOMP
DEMOLISH
DEVOUR
EAT
FEAST
GNAW
GOBBLE
GORGE
GUZZLE
INGEST
MASTICATE
MUNCH
NIBBLE
SCOFF
SHOVEL
SWALLOW

| | | | | | | | | | | | | | | |
|---|---|---|---|---|---|---|---|---|---|---|---|---|---|---|
| P | S | O | D | E | S | P | E | R | A | D | O | T | F | P |
| U | E | A | P | L | A | N | E | T | T | E | R | R | O | R |
| L | S | S | I | N | C | I | T | Y | S | N | T | S | U | O |
| P | E | J | U | L | L | I | B | L | L | I | K | E | R | T |
| F | L | T | E | O | A | W | I | B | M | A | G | E | R | C |
| I | L | M | I | U | H | U | Z | R | A | H | M | S | O | E |
| C | I | K | P | E | R | D | O | E | O | C | P | S | O | R |
| T | V | E | A | Z | K | T | N | X | A | N | P | E | M | I |
| I | X | T | R | R | H | Y | Q | I | P | U | Q | N | S | D |
| O | O | J | A | C | K | I | E | B | R | O | W | N | G | R |
| N | N | F | S | H | K | T | R | V | Y | G | P | E | K | V |
| D | K | A | O | E | A | C | T | O | R | N | H | T | C | X |
| C | V | Q | F | O | O | R | P | H | T | A | E | D | B | Q |
| H | W | P | Y | S | G | D | I | V | Z | J | H | R | A | C |
| Q | R | E | S | E | R | V | O | I | R | D | O | G | S | Q |

ACTOR
ALIAS
DEATH PROOF
DESPERADO
DIRECTOR
DJANGO UNCHAINED
FOUR ROOMS
GRINDHOUSE
HARVEY KEITEL
JACKIE BROWN
KILL BILL
KNOXVILLE
PLANET TERROR
PULP FICTION
RESERVOIR DOGS
SIN CITY
TENNESSEE
TIM ROTH

| | | | | | | | | | | | | | | |
|---|---|---|---|---|---|---|---|---|---|---|---|---|---|---|
| E | M | E | L | L | L | E | A | R | N | I | N | G | V | H |
| M | D | N | I | F | Q | Y | S | E | V | R | E | N | U | A |
| S | E | Q | S | L | U | G | Y | R | O | M | E | M | R | O |
| J | S | T | R | A | B | P | R | J | T | P | J | R | R | B |
| T | K | L | E | R | V | S | E | T | A | U | L | A | V | E |
| T | W | L | C | O | B | P | C | S | S | A | P | U | J | N |
| G | I | G | N | T | S | E | B | A | M | M | Q | E | G | E |
| N | O | R | E | C | O | N | V | T | G | O | K | U | X | D |
| I | P | A | L | U | S | C | O | W | E | A | E | A | T | S |
| M | U | D | I | S | S | I | Y | I | T | S | M | M | X | K |
| M | Y | E | S | A | H | L | Q | E | S | I | H | A | A | R |
| A | N | F | O | R | T | T | R | V | N | I | U | E | Q | A |
| R | J | A | L | R | N | H | H | E | A | L | V | Y | E | M |
| C | Z | I | J | P | X | F | R | A | N | S | W | E | R | Q |
| L | A | L | U | Z | S | N | N | J | T | A | M | T | R | S |

**ANSWER**
**CRAMMING**
**DESK**
**EVALUATE**
**EXAMINER**
**FAIL**
**GRADE**
**GUESS**
**LEARNING**
**MARKS**
**MEMORY**
**NERVES**
**ORAL**
**PASS**
**PENCIL**
**RETAKE**
**REVISION**
**SILENCE**

| | | | | | | | | | | | | | | |
|---|---|---|---|---|---|---|---|---|---|---|---|---|---|---|
| S | Y | E | K | G | S | A | T | S | R | I | Q | R | B | Y |
| J | P | S | T | G | I | S | S | T | I | S | A | F | Z | T |
| I | I | R | K | M | M | H | T | F | X | R | C | P | Y | B |
| R | D | T | A | G | Y | I | S | A | I | Q | I | N | C | P |
| V | K | S | E | H | X | W | D | U | Y | Q | T | X | T | N |
| D | D | F | E | V | S | L | A | D | E | P | S | P | M | Y |
| N | R | L | T | T | G | I | R | E | L | M | P | C | L | P |
| A | A | A | U | B | O | C | T | A | V | E | A | A | O | U |
| R | O | T | O | I | R | N | Q | T | H | T | C | R | E | F |
| G | B | S | F | B | U | I | S | A | A | R | O | R | F | O |
| Y | Y | O | L | K | D | P | D | O | M | E | U | K | U | I |
| B | E | F | R | K | E | N | U | G | M | C | S | O | D | N |
| A | K | I | N | S | T | R | U | M | E | N | T | R | E | R |
| B | E | N | O | T | R | E | V | O | R | O | I | P | K | W |
| W | F | L | S | G | N | I | R | T | S | C | C | B | F | F |

**ACOUSTIC**
**BABY GRAND**
**BRIDGE**
**CONCERT**
**FLATS**
**FRAME**
**HAMMER**
**INSTRUMENT**
**KEYBOARD**
**KEYS**
**MIDDLE C**
**NOTES**
**OCTAVE**
**OVERTONE**
**PEDALS**
**SHARPS**
**SOUNDBOARD**
**STRINGS**

| | | | | | | | | | | | | | | |
|---|---|---|---|---|---|---|---|---|---|---|---|---|---|---|
| B | I | J | H | P | E | R | R | L | M | L | R | O | I | M |
| L | L | R | C | H | U | R | Y | J | I | I | E | K | A | B |
| H | T | O | F | W | O | E | P | F | O | F | N | I | L | A |
| A | P | L | E | U | R | T | N | C | R | B | K | C | D | G |
| V | L | O | R | E | T | S | L | G | L | E | M | C | E | E |
| A | G | C | A | A | V | A | I | E | J | A | E | M | N | S |
| P | Q | L | O | D | W | B | N | M | S | T | R | Z | T | I |
| L | T | Y | R | D | O | D | R | H | M | R | E | I | E | R |
| S | R | U | M | F | D | T | A | E | H | E | R | I | F | R |
| T | Q | N | P | P | K | L | R | G | L | F | R | P | U | Y |
| H | G | P | Z | R | M | D | E | F | R | O | S | T | M | R |
| J | A | I | U | I | P | S | T | Y | A | I | D | C | O | T |
| D | U | E | A | R | H | S | T | T | E | C | N | O | L | Y |
| W | A | R | R | T | Z | O | A | Z | S | I | L | D | G | P |
| Q | B | X | U | T | O | L | B | O | I | L | Z | Z | U | R |

**AL DENTE**
**BAKE**
**BASTE**
**BATTER**
**BLEND**
**BOIL**
**CLARIFY**
**CODDLE**
**DEFROST**
**FREEZE**
**GRIND**
**MASH**
**MINCE**
**REHEAT**
**RISE**
**SEAR**
**SIMMER**
**STIR-FRY**

| | | | | | | | | | | | | | | |
|---|---|---|---|---|---|---|---|---|---|---|---|---|---|---|
| E | K | C | A | B | L | E | E | K | C | O | R | G | T | R |
| K | O | E | S | I | E | K | A | N | S | D | N | I | L | B |
| A | E | H | K | E | K | A | N | S | X | O | F | N | F | E |
| R | K | G | E | A | A | O | B | W | O | B | N | I | A | R |
| B | A | T | Y | A | N | A | C | O | N | D | A | N | L | G |
| E | N | U | N | P | S | S | I | V | T | G | L | W | S | A |
| N | S | C | O | T | T | O | N | M | O | U | T | H | E | D |
| A | K | E | H | P | E | I | S | R | A | T | T | G | C | D |
| C | L | A | T | E | P | S | A | R | O | B | V | V | O | E |
| W | I | D | Y | U | R | O | C | N | B | C | F | S | B | R |
| A | M | R | P | E | A | M | U | D | A | D | D | E | R | I |
| O | U | G | L | Q | C | O | F | K | A | S | X | Q | A | P |
| N | B | U | L | L | S | N | A | K | E | T | P | S | R | H |
| W | E | O | A | R | B | O | C | G | N | I | K | X | Z | Q |
| A | A | O | B | N | A | B | U | C | B | X | A | T | L | H |

**ANACONDA**
**BALL PYTHON**
**BERG ADDER**
**BLIND SNAKE**
**BULL SNAKE**
**CANEBRAKE**
**CARPET SNAKE**
**CORN SNAKE**
**COTTONMOUTH**
**CUBAN BOA**
**EGYPTIAN ASP**
**FALSE COBRA**
**FOX SNAKE**
**KEELBACK**
**KING COBRA**
**MILK SNAKE**
**MUD ADDER**
**RAINBOW BOA**

| | | | | | | | | | | | | | | |
|---|---|---|---|---|---|---|---|---|---|---|---|---|---|---|
| T | E | B | V | C | G | Y | B | S | Q | P | S | R | R | A |
| R | H | U | E | N | A | P | R | B | F | T | I | C | R | A |
| A | K | T | H | U | A | N | E | A | X | H | E | T | U | T |
| E | M | P | I | Q | N | L | A | N | E | E | Y | E | Q | L |
| H | P | I | L | A | C | I | A | D | D | P | R | V | Z | A |
| E | P | Y | H | A | F | M | S | E | I | R | B | I | Y | S |
| N | P | W | R | L | E | S | L | O | P | A | O | L | O | T |
| O | Z | I | P | H | L | S | V | M | N | Y | N | A | U | E |
| B | M | S | T | T | I | E | Z | Y | K | E | L | M | A | N |
| T | A | E | M | M | M | W | T | N | S | R | A | I | N | O |
| W | B | G | L | L | A | S | V | E | G | A | S | O | D | L |
| A | Y | P | R | E | T | I | R | W | G | N | O | S | I | A |
| H | E | M | N | O | S | E | Y | E | F | A | B | E | I | A |
| K | T | A | L | I | M | Y | L | O | V | E | O | P | G | L |
| S | I | N | G | E | R | U | E | M | S | Y | A | L | T | C |

**ALONE**
**AT LAST**
**BE THE MAN**
**CANADIAN**
**EYES ON ME**
**FAITH**
**I'M ALIVE**
**LAS VEGAS**
**MIRACLE**
**MISLED**
**MY LOVE**
**ONE HEART**
**SINGER**
**SONGWRITER**
**TELL HIM**
**THE PRAYER**
**UNISON**
**YOU AND I**

Gardening Terms *No. 26*

| | | | | | | | | | | | | | | |
|---|---|---|---|---|---|---|---|---|---|---|---|---|---|---|
| M | O | S | U | M | R | V | T | K | U | O | A | W | B | X |
| M | B | I | R | G | O | N | E | I | K | L | W | S | T | O |
| J | O | R | G | K | G | C | I | I | V | G | X | P | F | Z |
| S | E | E | D | S | U | E | P | O | U | N | L | J | Y | B |
| O | D | E | L | T | T | V | N | E | X | E | P | E | X | N |
| W | W | D | T | F | K | Z | T | U | P | E | P | K | J | T |
| I | W | I | S | R | A | A | E | L | S | R | L | S | A | K |
| N | N | C | O | A | N | M | A | T | A | G | S | O | E | R |
| G | I | I | P | I | G | N | I | N | U | R | P | R | E | G |
| A | T | B | M | S | T | C | B | L | P | E | S | G | U | C |
| I | T | R | O | E | I | Y | A | U | Y | V | B | A | R | R |
| Y | E | E | C | D | O | D | A | B | L | E | Q | N | R | A |
| G | R | H | E | B | L | R | I | H | Y | B | R | I | D | T |
| A | I | A | X | E | T | A | V | I | T | L | U | C | O | A |
| L | E | R | S | D | Z | H | F | K | Q | U | L | P | L | N |

**BULB**
**COMPOST**
**CULTIVATE**
**CUTTING**
**EVERGREEN**
**FAMILY**
**GENUS**
**GERMINATE**
**HARDY**
**HERBICIDE**
**HYBRID**
**ORGANIC**
**PESTICIDE**
**PLANT**
**PRUNING**
**RAISED BED**
**SEEDS**
**SOWING**

| | | | | | | | | | | | | | | |
|---|---|---|---|---|---|---|---|---|---|---|---|---|---|---|
| S | X | T | N | Y | S | N | O | T | N | I | M | D | A | B |
| P | T | E | J | E | V | H | O | P | S | C | O | T | C | H |
| R | O | A | E | J | T | I | A | O | E | D | P | T | R | I |
| W | A | S | T | R | A | D | S | K | G | L | O | S | I | A |
| F | J | E | O | O | B | A | K | E | E | P | O | G | B | X |
| E | P | D | L | U | C | P | B | R | L | H | L | T | B | P |
| T | M | A | A | T | S | A | N | A | C | B | T | H | A | U |
| E | S | R | O | U | L | E | T | T | E | I | R | S | G | T |
| A | X | A | G | L | T | A | U | C | E | H | U | A | E | E |
| M | P | H | N | G | R | M | Q | T | H | L | M | U | M | R |
| T | P | C | I | G | R | K | S | M | P | Z | M | Q | A | W |
| X | S | N | B | G | U | D | P | R | V | S | Y | S | B | R |
| U | C | U | A | K | A | T | S | T | R | V | T | A | A | S |
| X | W | L | O | C | Z | L | O | U | P | F | I | X | S | K |
| L | G | N | O | P | G | N | I | P | Y | N | Y | G | T | Q |

BADMINTON
BINGO
CANASTA
CATCH
CHARADES
CRIBBAGE
DARTS
DODGEBALL
HOPSCOTCH
MARBLES
PEEKABOO
PELOTA
PING-PONG
POKER
POOL
ROULETTE
RUMMY
SQUASH

| | | | | | | | | | | | | | | |
|---|---|---|---|---|---|---|---|---|---|---|---|---|---|---|
| G | R | A | P | H | I | C | D | E | S | I | G | N | E | R |
| A | R | R | G | S | L | R | R | S | L | P | C | P | T | E |
| R | O | T | C | A | L | L | E | E | L | C | X | F | S | H |
| T | T | U | D | M | U | T | L | A | C | I | L | A | I | P |
| S | A | R | T | I | S | T | Y | E | V | N | A | F | R | A |
| I | R | K | A | C | T | W | A | N | I | M | A | T | O | R |
| C | O | P | Y | W | R | I | T | E | R | Z | J | D | L | G |
| I | C | B | P | I | A | S | P | H | G | E | N | P | F | O |
| R | E | C | G | R | T | A | R | C | H | I | T | E | C | T |
| Y | D | H | V | J | O | U | R | N | A | L | I | S | T | O |
| L | T | W | C | A | R | T | O | O | N | I | S | T | O | H |
| J | G | N | N | Q | T | E | A | W | T | X | F | O | X | P |
| S | M | B | L | O | G | G | E | R | N | I | B | S | B | Z |
| A | V | L | S | R | S | A | O | L | U | F | D | A | Q | A |
| A | O | D | T | H | I | I | A | E | M | C | L | E | D | D |

**ACTOR**
**ANIMATOR**
**ARCHITECT**
**ARTIST**
**BLOGGER**
**CARTOONIST**
**COPYWRITER**
**CURATOR**
**DANCER**
**DECORATOR**
**EDITOR**
**FLORIST**
**GRAPHIC DESIGNER**
**ILLUSTRATOR**
**JOURNALIST**
**LYRICIST**
**PHOTOGRAPHER**
**PLAYWRIGHT**

## Cumbersome

| | | | | | | | | | | | | | | |
|---|---|---|---|---|---|---|---|---|---|---|---|---|---|---|
| I | X | G | R | I | R | E | U | N | G | A | I | N | L | Y |
| C | T | N | S | T | A | G | N | I | L | G | N | U | B | V |
| A | L | I | S | E | L | G | N | I | L | B | M | U | B | O |
| E | S | T | O | I | H | Y | C | S | Y | B | U | S | U | Y |
| P | T | L | G | R | A | C | E | L | E | S | S | J | L | Q |
| R | U | A | E | J | D | M | U | R | O | T | M | V | K | U |
| F | M | H | L | K | R | A | I | A | P | W | E | U | Y | E |
| R | B | I | B | R | O | N | L | O | G | I | N | P | L | T |
| E | L | B | A | E | G | A | N | A | M | N | U | I | A | C |
| L | I | B | N | T | W | D | H | P | M | E | S | E | S | U |
| O | N | B | U | K | E | O | W | M | P | X | L | P | W | H |
| B | G | W | W | R | N | O | I | N | E | P | T | F | E | L |
| D | R | A | O | B | L | E | S | U | B | E | E | R | V | O |
| Y | R | U | U | T | F | R | O | K | P | R | H | Z | B | T |
| D | S | G | O | T | O | F | E | Y | P | T | O | S | R | R |

AWKWARD
BULKY
BUMBLING
BUNGLING
CLOWNISH
CLUMSY
GAUCHE
GRACELESS
HALTING
INEPT
INEXPERT
LUMBERING
MALADROIT
PONDEROUS
STUMBLING
UNABLE
UNGAINLY
UNMANAGEABLE

Australian Open Tennis Champions *No. 30*

| | | | | | | | | | | | | | | |
|---|---|---|---|---|---|---|---|---|---|---|---|---|---|---|
| P | L | T | T | A | H | K | S | T | D | R | R | T | A | R |
| L | T | B | K | T | Z | L | P | R | G | T | Y | T | A | B |
| R | A | H | P | A | Y | A | L | U | E | N | Y | J | L | Y |
| T | R | O | D | M | A | A | X | B | S | M | N | V | A | F |
| A | E | W | S | P | D | E | S | O | V | B | U | D | V | A |
| E | B | R | P | A | T | O | C | I | A | O | J | O | S | R |
| T | D | R | N | P | K | U | L | O | G | O | P | H | L | G |
| I | O | V | H | L | P | A | T | A | N | N | E | R | N | I |
| O | E | D | A | W | S | H | A | O | P | N | I | S | S | Q |
| C | I | V | O | K | O | J | D | O | I | W | O | H | A | G |
| L | E | N | D | L | C | C | D | F | E | D | E | R | E | R |
| R | U | A | D | S | S | O | S | A | R | P | M | A | S | E |
| S | P | Q | T | O | V | N | U | A | C | P | A | G | T | B |
| A | S | O | I | U | N | G | P | R | E | K | C | E | B | D |
| J | S | F | A | B | Q | O | H | Y | T | M | K | R | D | E |

ASHE
BECKER
CONNORS
COURT
DJOKOVIC
EDBERG
FEDERER
GRAF
HINGIS
LAVER
LENDL
NADAL
OSAKA
PIERCE
SAMPRAS
TANNER
VILAS
WADE

## *No. 31* Materials

F X I N U A E M S P Y D J P S
E Y I R G A Q B M A T X C G R
C H A T I J K Z J A U R W X A
X O L S R A Y A Z S V C M C U
S K Z L A C E P N U P I S I A
A L S T R A W Y P S I L K C S
P S V A O I L P A D R Y O H J
W B E Y G O A E R R L R P I L
X T T O N K W H S S D C T N O
B S U T A U I G O U T A M T I
R A K J I G I W R M F Z V Z V
J T I E S P U O S F I T C D I
A K A Z S T Y F E L T N F S I
H F L E E C E T W E E D E D T
E X R E H T A E L A S I S D B

**ACRYLIC**
**ANGORA**
**BAIZE**
**CHINTZ**
**CORDUROY**
**DENIM**
**FELT**
**FLEECE**
**HESSIAN**
**LACE**
**LEATHER**
**MOHAIR**
**NYLON**
**SILK**
**SISAL**
**STRAW**
**TAFFETA**
**TWEED**

| | | | | | | | | | | | | | | |
|---|---|---|---|---|---|---|---|---|---|---|---|---|---|---|
| W | S | M | W | I | H | Y | T | H | D | T | U | P | T | A |
| V | R | T | A | V | I | J | O | F | F | Y | R | E | H | I |
| M | O | W | A | I | L | A | R | O | P | O | S | M | N | A |
| T | B | V | N | V | H | U | W | K | W | M | S | I | E | W |
| O | E | C | N | I | R | P | V | U | N | I | S | D | D | X |
| R | R | L | E | A | V | H | O | S | O | O | W | O | S | O |
| T | T | Q | I | N | H | O | T | S | D | A | T | K | P | A |
| R | E | P | S | A | C | E | N | O | R | Y | T | P | T | C |
| R | M | C | I | S | V | B | M | D | O | K | M | I | M | R |
| R | N | O | Z | E | U | E | O | A | G | F | J | R | L | X |
| F | E | L | N | V | G | V | S | U | P | S | A | U | G | G |
| D | R | E | I | H | C | R | A | N | D | R | E | W | V | I |
| J | R | E | A | S | I | U | O | L | E | T | T | U | P | P |
| L | A | N | I | R | A | M | S | I | N | L | O | T | A | P |
| R | D | L | E | I | L | O | E | B | D | V | L | P | K | Z |

ANDREW
ARCHIE
CASPER
COLEEN
DARREN
EDWARD
GORDON
LOUISA
MARINA
MEGHAN
PHOEBE
PRINCE
ROBERT
SIENNA
SOPHIA
STEVEN
TYRONE
VIVIAN

| | | | | | | | | | | | | | | |
|---|---|---|---|---|---|---|---|---|---|---|---|---|---|---|
| S | R | L | R | U | M | E | F | A | I | S | U | V | E | F |
| D | U | C | A | P | U | T | K | X | I | T | Z | G | U | Y |
| T | R | I | O | T | I | P | K | S | L | Q | X | S | S | E |
| S | T | T | D | R | N | A | L | U | B | I | F | A | Q | O |
| Y | W | M | K | A | A | T | S | T | I | A | N | C | Y | L |
| Y | S | P | C | S | R | E | E | T | A | T | F | R | S | E |
| X | R | L | A | C | C | L | G | E | E | B | Q | U | Q | Z |
| I | R | T | I | A | R | L | N | M | L | R | R | M | Q | A |
| I | E | E | U | P | B | A | A | X | A | E | N | Z | S | T |
| F | Y | N | M | H | C | N | L | V | M | X | S | U | A | O |
| L | J | O | N | O | D | R | A | U | I | U | I | R | M | A |
| I | L | S | C | I | V | D | H | H | P | C | S | L | E | P |
| A | R | C | B | D | T | T | P | E | R | A | L | B | L | T |
| P | Y | L | T | O | S | O | K | D | L | L | C | E | I | A |
| X | E | F | P | H | B | O | J | S | R | A | E | S | J | R |

**CLAVICLE**
**COCCYX**
**CRANIUM**
**FEMUR**
**FIBULA**
**HUMERUS**
**MANDIBLE**
**MAXILLA**
**PATELLA**
**PHALANGES**
**RADIUS**
**RIBS**
**SACRUM**
**SCAPHOID**
**SCAPULA**
**STERNUM**
**TARSALS**
**VOMER**

| | | | | | | | | | | | | | | |
|---|---|---|---|---|---|---|---|---|---|---|---|---|---|---|
| W | R | S | B | G | Y | I | C | I | L | H | H | G | E | D |
| K | G | R | E | B | E | L | A | L | L | I | A | N | C | E |
| A | O | A | A | M | L | D | R | O | I | D | R | I | R | A |
| M | R | W | G | T | D | U | R | R | M | L | R | C | O | T |
| I | O | E | E | O | I | L | I | A | A | W | I | A | F | H |
| I | O | N | Y | Q | R | A | E | E | H | U | S | R | E | S |
| N | U | O | O | O | Y | E | F | T | K | O | O | D | H | T |
| Y | H | L | B | E | S | W | I | X | R | W | N | O | T | A |
| L | L | C | N | T | I | L | S | O | A | S | F | P | A | R |
| R | S | B | H | I | A | O | H | E | M | L | O | M | T | P |
| D | J | J | O | L | D | A | E | M | R | E | R | Z | O | G |
| J | X | U | J | G | R | E | R | K | G | I | D | E | O | P |
| X | S | T | R | R | R | I | J | P | U | A | P | S | I | S |
| Q | S | J | T | Y | U | G | J | Z | T | L | P | M | N | E |
| R | R | S | U | D | N | P | P | D | R | O | D | N | E | O |

**CARRIE FISHER**
**CLONE WARS**
**DAISY RIDLEY**
**DEATH STAR**
**DROID**
**EMPIRE**
**ENDOR**
**EWOK**
**HARRISON FORD**
**JEDI**
**JOHN BOYEGA**
**LEIA**
**LUKE**
**MARK HAMILL**
**PODRACING**
**REBEL ALLIANCE**
**TATOOINE**
**THE FORCE**

| | | | | | | | | | | | | | | |
|---|---|---|---|---|---|---|---|---|---|---|---|---|---|---|
| R | J | J | U | G | E | U | E | T | G | Y | M | S | F | J |
| E | K | P | H | R | S | I | A | E | W | C | P | I | C | R |
| H | C | I | N | U | M | O | N | Z | C | B | N | R | S | K |
| N | I | B | Y | B | H | E | Y | E | D | A | H | T | U | D |
| T | W | P | K | M | V | E | I | G | P | I | B | L | U | B |
| E | T | O | R | A | Z | N | A | L | R | S | I | B | P | O |
| T | A | R | X | H | D | I | E | T | A | S | L | F | Q | W |
| A | G | T | U | H | A | S | K | T | H | I | O | U | N | I |
| N | U | O | O | F | A | F | T | N | N | R | K | N | O | T |
| I | I | V | T | L | K | R | V | V | I | A | O | I | B | S |
| L | E | B | H | L | S | N | W | F | U | S | C | W | S | O |
| N | F | D | K | E | F | O | A | A | P | C | L | I | I | U |
| A | A | X | Q | P | I | D | B | R | U | S | S | E | L | S |
| B | C | X | T | R | Q | A | L | O | F | A | V | Y | H | A |
| L | P | U | Y | S | C | K | W | J | M | G | A | S | G | S |

**ALICANTE**
**BRUSSELS**
**DUBLIN**
**EINDHOVEN**
**FARO**
**FRANKFURT**
**GATWICK**
**GENEVA**
**HAMBURG**
**HEATHROW**
**HELSINKI**
**LANZAROTE**
**LINATE**
**LISBON**
**MUNICH**
**NAPLES**
**OSLO**
**PORTO**

| | | | | | | | | | | | | | | |
|---|---|---|---|---|---|---|---|---|---|---|---|---|---|---|
| S | E | P | A | H | S | P | M | U | J | U | H | R | B | H |
| K | N | L | K | E | R | S | T | C | G | O | S | A | U | R |
| H | I | L | G | N | I | T | T | O | P | S | L | U | O | Q |
| T | T | C | E | L | D | D | A | R | T | S | Z | T | A | L |
| A | U | L | K | C | J | K | D | K | A | T | M | H | R | T |
| E | O | R | S | O | S | D | U | S | L | I | Y | S | N | G |
| V | R | O | Z | M | U | O | E | C | L | R | G | H | S | S |
| I | L | T | T | B | I | T | M | R | T | E | A | H | G | E |
| D | A | A | P | I | K | E | A | E | J | H | Z | I | T | G |
| H | R | T | B | N | I | S | Y | W | R | D | U | X | S | J |
| S | C | I | T | A | B | O | R | C | A | S | D | T | L | A |
| A | P | O | F | T | A | M | Y | T | E | F | A | S | P | Z |
| R | A | N | P | I | L | F | T | N | O | R | F | U | A | O |
| C | S | O | W | O | U | J | G | L | E | S | C | W | L | D |
| B | A | R | A | N | I | F | L | I | P | K | I | L | V | T |

**ACROBATICS**
**BARANI FLIP**
**COMBINATION**
**CORKSCREW**
**CRASH DIVE**
**FRONT FLIP**
**JUMPS**
**KICK OUT**
**PIKE**
**PUCK**
**ROTATION**
**ROUTINE**
**SAFETY MAT**
**SHAPES**
**SOMERSAULT**
**SPOTTING**
**STRADDLE**
**STRAIGHT**

| | | | | | | | | | | | | | | |
|---|---|---|---|---|---|---|---|---|---|---|---|---|---|---|
| U | W | E | E | G | R | E | B | I | N | N | U | S | L | K |
| Y | S | Y | G | R | E | A | T | B | E | L | T | T | R | L |
| A | A | E | T | O | T | J | X | U | U | P | N | A | N | B |
| Z | A | B | R | K | L | N | Y | L | K | O | O | R | B | R |
| Z | S | Y | U | I | U | D | R | A | S | P | O | I | R | M |
| R | E | C | R | O | W | P | E | I | V | Y | D | M | K | I |
| T | L | K | T | W | H | A | U | N | A | R | E | O | I | Q |
| A | R | E | W | O | T | Z | W | L | G | L | A | S | H | A |
| V | A | S | C | O | D | A | G | A | M | A | T | T | P | G |
| K | H | A | J | U | K | O | E | N | S | L | T | O | E | S |
| J | C | P | E | A | R | L | Y | Q | A | A | R | E | P | R |
| O | O | A | M | G | N | I | S | T | I | H | N | T | R | T |
| R | T | H | E | H | E | L | I | X | E | O | T | S | H | A |
| U | A | P | U | U | Z | X | J | B | I | M | F | R | R | O |
| J | R | T | T | R | L | R | R | E | F | S | S | N | V | Q |

**BROOKLYN**
**CHARLES**
**GOLDEN GATE**
**GREAT BELT**
**HANGZHOU BAY**
**KHAJU**
**LUPU**
**NANPU**
**PEARL**
**RIALTO**
**ROYAL GORGE**
**SERI WAWASAN**
**STARI MOST**
**SUNNIBERG**
**THE HELIX**
**TOWER**
**TSING MA**
**VASCO DA GAMA**

| | | | | | | | | | | | | | | |
|---|---|---|---|---|---|---|---|---|---|---|---|---|---|---|
| R | P | C | H | E | W | A | C | L | A | C | K | S | N | T |
| R | Z | I | U | Y | A | B | K | A | M | E | H | C | A | K |
| D | Y | H | A | A | S | C | U | S | R | L | R | A | I | Z |
| I | O | T | U | B | H | N | U | E | U | I | L | T | R | A |
| S | E | B | A | D | O | L | O | S | T | M | G | H | I | B |
| C | L | I | S | L | E | S | N | L | T | N | I | E | F | A |
| O | E | G | R | A | L | L | W | Y | A | E | M | D | L | T |
| O | B | L | T | R | A | I | E | N | V | V | R | R | U | L |
| L | A | A | A | E | K | A | S | A | Z | E | A | A | G | E |
| I | N | G | X | M | E | R | B | G | I | L | J | L | D | D |
| D | N | O | P | E | L | T | T | E | K | E | Q | G | N | G |
| G | A | O | T | U | E | Y | E | L | L | A | V | O | A | I |
| E | L | N | S | C | T | T | K | L | A | L | C | R | R | B |
| T | P | E | A | T | B | A | A | A | O | O | L | G | G | S |
| A | N | G | Q | J | V | K | T | A | A | D | W | E | H | L |

**ALLEGANY**
**ALLIS**
**ANNABEL**
**AVALON**
**BIG DELTA**
**BIG LAGOON**
**CATHEDRAL GORGE**
**CHEWACLA**
**COOLIDGE**
**CUSTER**
**ELEVEN MILE**
**EMERALD BAY**
**GRAND GULF**
**IAO VALLEY**
**KACHEMAK BAY**
**KATY TRAIL**
**KETTLE POND**
**WASHOE LAKE**

| | | | | | | | | | | | | | | |
|---|---|---|---|---|---|---|---|---|---|---|---|---|---|---|
| P | Q | C | L | M | E | E | R | K | A | T | Z | H | E | Z |
| G | O | K | O | B | G | N | I | R | P | S | L | I | C | P |
| Z | N | S | I | G | I | R | A | F | F | E | H | P | S | S |
| R | P | O | R | H | R | Z | U | R | B | E | V | P | W | T |
| L | L | R | W | A | L | K | I | N | G | B | O | O | T | S |
| J | Z | E | I | J | L | H | T | H | F | E | D | P | Q | S |
| M | P | C | L | O | G | U | I | D | E | D | J | O | A | E |
| Z | O | O | D | E | A | L | C | K | R | L | V | T | D | E |
| T | L | N | D | R | P | E | C | O | C | I | D | A | P | J |
| N | A | I | O | A | A | H | E | I | N | W | Z | M | E | S |
| D | F | H | G | R | E | P | A | A | L | I | E | U | A | T |
| F | F | R | N | E | L | I | O | N | L | T | B | S | S | R |
| G | U | T | T | U | E | O | S | E | T | U | R | X | A | O |
| Y | B | A | W | Y | S | R | Q | Y | L | H | A | N | O | Y |
| G | H | C | A | U | Y | X | B | H | X | B | U | S | P | E |

BINOCULARS
BUFFALO
CHEETAH
ELEPHANT
GIRAFFE
GUIDE
HIPPOPOTAMUS
HYENA
LEOPARD
LION
MEERKAT
RHINOCEROS
SPRINGBOK
SUN HAT
WALKING BOOTS
WILD DOG
WILDEBEEST
ZEBRA

| | | | | | | | | | | | | | | |
|---|---|---|---|---|---|---|---|---|---|---|---|---|---|---|
| T | B | V | U | P | S | B | K | A | Q | W | R | I | Q | S |
| N | I | B | A | C | J | J | Y | O | H | J | P | A | D | U |
| L | P | L | E | Q | H | Y | R | B | O | I | E | C | B | J |
| L | H | E | T | E | O | O | O | J | M | A | N | H | F | S |
| B | U | L | A | P | A | R | T | M | E | N | T | A | H | I |
| S | S | E | H | E | F | T | I | E | S | T | H | M | P | S |
| A | R | T | C | S | C | B | M | O | L | B | O | B | R | D |
| L | S | O | T | A | A | F | R | T | R | G | U | E | L | H |
| K | E | M | A | C | L | X | O | S | P | R | S | R | O | U |
| R | N | A | T | I | R | A | D | V | T | I | E | S | X | T |
| T | Q | E | L | N | Q | N | P | D | D | U | T | S | K | O |
| H | H | Z | B | A | N | E | P | E | L | E | Y | Y | J | K |
| P | C | L | O | D | G | I | N | G | L | P | T | U | L | B |
| P | B | A | R | R | A | C | K | S | H | N | Q | U | R | U |
| I | B | I | L | L | E | T | O | U | D | P | J | M | R | Q |

**APARTMENT**
**BARRACKS**
**BILLET**
**CABIN**
**CHAMBERS**
**CHATEAU**
**DORMITORY**
**HOME**
**HOSTEL**
**HOTEL**
**HUT**
**INN**
**LODGING**
**MOTEL**
**PAD**
**PALACE**
**PENTHOUSE**
**RESIDENCE**

| | | | | | | | | | | | | | | |
|---|---|---|---|---|---|---|---|---|---|---|---|---|---|---|
| U | M | M | D | C | R | R | O | Z | K | L | O | O | R | A |
| A | E | P | V | Z | P | S | F | H | A | I | L | U | S | G |
| R | A | C | V | C | J | I | Y | N | B | M | R | A | P | L |
| P | A | I | T | T | H | T | N | I | C | A | Y | H | F | G |
| X | I | R | G | E | R | N | H | T | E | P | A | R | Y | U |
| E | I | U | T | U | T | A | A | V | O | P | L | U | U | M |
| R | P | S | T | L | I | L | B | R | O | A | D | N | H | T |
| R | R | F | I | X | H | K | G | L | S | L | N | N | T | C |
| W | F | N | K | L | M | T | U | W | C | O | B | E | C | S |
| W | B | L | A | C | K | P | O | Z | O | O | T | R | X | R |
| M | J | Z | T | Y | I | R | D | M | D | S | M | R | P | W |
| G | R | E | E | N | D | T | I | K | C | A | J | M | X | R |
| N | N | O | I | P | N | D | R | C | L | C | I | E | O | S |
| U | E | U | L | Z | E | S | O | D | E | Q | Q | A | H | N |
| M | U | M | H | S | Y | R | C | V | Z | A | I | T | X | R |

**ADZUKI**
**APPALOOSA**
**BLACK**
**BROAD**
**COMMON**
**GREEN**
**HYACINTH**
**JACK**
**KIDNEY**
**LIMA**
**LUPINI**
**MOTH**
**MUNG**
**PINTO**
**RICE**
**RUNNER**
**SWORD**
**TEPARY**

| | | | | | | | | | | | | | | |
|---|---|---|---|---|---|---|---|---|---|---|---|---|---|---|
| I | B | C | H | R | S | X | X | L | I | U | V | E | E | S |
| T | L | R | J | O | F | C | B | I | O | L | O | G | Y | D |
| P | T | L | R | A | U | C | I | S | U | M | U | K | R | F |
| E | G | B | U | S | P | H | X | S | U | I | E | D | T | S |
| U | V | S | W | T | R | A | I | B | Y | A | I | R | E | R |
| S | A | O | C | L | T | E | N | S | R | H | S | A | M | N |
| E | C | N | E | I | C | S | R | E | T | U | P | M | O | C |
| G | Y | U | Z | T | T | M | B | M | S | O | F | A | E | W |
| A | U | F | Y | E | Z | A | T | W | I | E | R | R | G | L |
| U | G | S | G | R | O | V | M | K | M | B | E | Y | P | T |
| G | S | H | O | A | K | U | A | E | E | S | N | A | O | T |
| N | P | Q | L | T | A | K | O | G | H | L | C | S | Z | T |
| A | S | J | O | U | S | Z | L | Z | C | T | H | G | S | T |
| L | T | G | E | R | M | A | N | B | B | O | A | Z | R | L |
| K | K | T | G | E | O | G | R | A | P | H | Y | M | H | S |

**ALGEBRA**
**ART**
**BIOLOGY**
**CHEMISTRY**
**COMPUTER SCIENCE**
**DRAMA**
**FRENCH**
**GEOGRAPHY**
**GEOLOGY**
**GEOMETRY**
**GERMAN**
**HISTORY**
**JAPANESE**
**LANGUAGES**
**LITERATURE**
**MATHEMATICS**
**MUSIC**
**PHYSICS**

| | | | | | | | | | | | | | | |
|---|---|---|---|---|---|---|---|---|---|---|---|---|---|---|
| Y | J | D | E | S | C | A | R | T | E | S | E | S | H | S |
| S | A | T | R | T | N | A | I | B | C | D | Q | K | P | O |
| T | S | A | E | H | C | O | R | T | C | U | I | J | S | P |
| U | U | U | C | Y | G | S | K | T | A | A | L | S | U | A |
| A | H | S | A | A | E | E | R | T | W | P | A | I | R | M |
| Y | W | L | L | G | U | P | R | C | V | R | Y | W | A | A |
| C | D | Z | E | V | P | S | H | M | T | O | I | H | R | K |
| A | I | E | V | N | A | E | R | S | A | B | X | G | C | L |
| U | L | B | O | T | B | U | R | B | B | I | L | U | H | D |
| T | C | W | L | Y | U | E | G | U | M | N | N | H | I | T |
| J | U | J | S | O | I | W | C | H | L | S | A | U | M | T |
| R | E | H | T | E | O | N | H | K | A | O | F | Y | E | T |
| S | E | D | W | A | M | T | U | R | I | N | G | U | D | Y |
| V | L | H | C | A | N | A | B | A | B | B | A | G | E | A |
| B | S | L | H | X | X | K | E | Q | N | J | A | H | S | T |

**ARCHIMEDES**
**BABBAGE**
**BANACH**
**CARTWRIGHT**
**CHEBYSHEV**
**DESCARTES**
**EUCLID**
**GAUSS**
**GERMAIN**
**HYPATIA**
**LOVELACE**
**NOETHER**
**ROBINSON**
**ROCHE**
**TURING**
**UHLENBECK**
**VAUGHAN**
**WEIERSTRASS**

| | | | | | | | | | | | | | | |
|---|---|---|---|---|---|---|---|---|---|---|---|---|---|---|
| B | U | C | T | L | U | M | V | A | S | F | V | D | M | I |
| I | M | H | R | P | K | J | L | L | W | G | T | H | M | P |
| U | A | U | W | W | X | O | V | C | X | A | E | E | N | F |
| R | R | M | V | T | T | E | C | H | N | O | L | O | G | Y |
| Z | K | A | E | T | A | C | I | F | I | T | R | E | C | G |
| A | E | N | R | U | T | N | E | M | E | G | A | N | A | M |
| O | T | I | U | T | T | B | E | F | I | N | A | N | C | E |
| H | I | T | O | T | S | S | Q | C | O | T | B | M | D | E |
| G | N | I | R | E | E | N | I | G | N | E | U | O | J | R |
| Z | G | E | L | E | K | N | A | U | A | E | S | W | W | G |
| P | S | S | Y | S | E | C | O | N | O | M | I | C | S | E |
| J | N | O | I | T | A | C | U | D | E | L | N | C | C | D |
| N | P | E | N | I | C | I | D | E | M | H | E | T | S | V |
| L | U | E | T | A | R | O | T | C | O | D | S | R | A | E |
| N | D | I | P | L | O | M | A | R | O | E | S | C | S | R |

ACCOUNTANCY
ARTS
BUSINESS
CERTIFICATE
DEGREE
DIPLOMA
DOCTORATE
ECONOMICS
EDUCATION
ENGINEERING
FINANCE
HUMANITIES
LAW
MANAGEMENT
MARKETING
MEDICINE
SCIENCE
TECHNOLOGY

European Ski Resorts

| | | | | | | | | | | | | | | |
|---|---|---|---|---|---|---|---|---|---|---|---|---|---|---|
| I | J | R | C | E | S | T | A | D | R | L | J | T | E | S |
| S | P | L | I | U | B | R | A | K | H | C | O | H | D | C |
| E | V | L | N | E | D | Y | N | R | U | L | L | A | S | D |
| L | T | L | V | O | W | S | N | V | K | R | A | F | S | I |
| A | A | M | A | I | E | I | A | A | A | V | C | J | K | X |
| D | L | T | C | P | X | L | B | V | T | I | H | E | X | J |
| E | C | Q | A | S | L | U | E | E | S | V | T | L | L | R |
| S | R | G | E | N | E | A | R | C | C | A | A | L | E | A |
| M | P | P | O | S | I | M | G | X | H | L | L | T | R | E |
| E | A | R | Z | H | B | A | M | N | B | C | I | T | G | P |
| H | D | L | E | S | T | S | N | E | E | E | V | V | U | R |
| G | X | O | B | S | Q | A | I | T | R | N | I | I | E | S |
| R | E | E | O | U | J | L | E | A | G | I | G | P | M | L |
| U | T | S | L | I | N | S | B | S | P | S | N | W | D | R |
| M | Y | F | T | Q | E | I | S | U | E | O | O | G | S | T |

**ANNABERG**
**CAVNIC**
**HAFJELL**
**HEMSEDAL**
**HOCHKAR**
**KATSCHBERG**
**KRVAVEC**
**LA PLAGNE**
**LA TANIA**
**LACHTAL**
**LEVI**
**LIVIGNO**
**MALBUN**
**RUKA**
**SEMMERING**
**TRYSIL**
**VAL CENIS**
**VALLNORD**

| | | | | | | | | | | | | | | |
|---|---|---|---|---|---|---|---|---|---|---|---|---|---|---|
| X | M | A | R | W | N | E | S | N | I | A | M | O | D | C |
| P | B | J | Q | U | G | C | S | N | O | T | A | U | T | Q |
| R | V | S | E | R | V | E | R | N | O | F | T | Z | V | R |
| V | I | G | P | S | R | N | Y | U | A | I | V | R | L | U |
| E | V | I | S | S | A | P | V | W | A | Q | S | X | E | O |
| A | R | I | D | E | T | E | K | C | A | P | Z | S | R | E |
| R | M | Y | J | R | I | S | J | V | V | T | B | J | E | R |
| E | M | A | A | D | J | J | C | L | I | E | N | T | O | S |
| V | S | W | S | D | Z | F | I | R | E | W | A | L | L | R |
| I | P | E | R | A | L | R | N | E | A | S | T | I | B | I |
| R | T | T | O | O | H | E | O | E | M | L | C | M | T | J |
| D | M | A | N | H | R | L | T | U | L | A | A | A | O | P |
| B | U | G | O | U | T | R | X | L | T | B | R | L | V | Q |
| A | T | A | D | D | O | A | E | I | L | E | A | F | L | A |
| M | R | T | E | A | L | O | P | O | T | B | R | C | G | U |

**ADDRESS**
**BITS**
**CABLE**
**CLIENT**
**DATA**
**DOMAIN**
**DRIVER**
**ERROR**
**FIREWALL**
**FRAME**
**GATEWAY**
**NODE**
**PACKET**
**PASSIVE**
**PATH**
**ROUTER**
**SERVER**
**SESSION**

| | | | | | | | | | | | | | | |
|---|---|---|---|---|---|---|---|---|---|---|---|---|---|---|
| A | A | A | B | J | O | G | G | I | N | G | D | D | O | E |
| S | T | I | U | R | F | W | A | I | Y | N | A | J | P | U |
| C | T | G | R | G | S | T | E | P | P | I | N | G | T | Q |
| I | D | R | N | N | N | S | P | I | N | N | I | N | G | F |
| B | B | M | E | I | O | I | I | D | A | N | C | I | N | G |
| O | G | E | E | T | B | G | M | T | N | U | V | D | Z | S |
| R | A | N | S | F | C | M | N | M | U | R | A | L | X | D |
| E | V | T | I | I | W | H | I | I | I | P | M | I | O | A |
| A | S | R | S | L | C | P | I | L | T | W | P | U | G | B |
| Y | K | U | S | R | C | R | I | N | C | E | S | B | N | E |
| R | F | L | X | E | N | Y | E | Q | G | K | I | Y | I | K |
| R | I | B | D | W | R | T | C | X | G | P | C | D | W | W |
| G | P | P | D | O | O | F | H | S | E | R | F | O | O | K |
| Q | T | U | K | P | C | V | S | P | O | Q | U | B | R | D |
| L | L | U | Z | E | F | D | M | O | Z | E | B | V | E | F |

AEROBICS
BODYBUILDING
CYCLING
DANCING
DIETING
EXERCISE
FRESH FOOD
FRUITS
JOGGING
POWERLIFTING
ROCK CLIMBING
ROWING
RUNNING
SIT-UP
SPINNING
STEPPING
STRETCHING
SWIMMING

| | | | | | | | | | | | | | | |
|---|---|---|---|---|---|---|---|---|---|---|---|---|---|---|
| V | B | I | E | P | M | A | C | A | T | R | I | A | R | Z |
| U | H | A | C | K | N | E | Y | C | T | E | W | O | Z | L |
| C | W | T | R | R | S | T | S | O | R | T | G | N | D | C |
| O | U | L | P | B | P | V | A | S | P | T | I | A | L | R |
| H | A | A | O | S | E | O | E | N | A | O | D | I | S | O |
| B | E | L | G | I | A | N | A | A | M | R | R | L | G | N |
| P | P | C | P | A | V | I | S | I | P | T | A | A | W | Y |
| Y | K | I | K | F | E | F | M | D | A | H | N | T | Y | T |
| I | L | T | U | L | V | O | Q | A | U | C | K | I | Q | B |
| L | D | P | I | A | N | S | U | N | K | N | O | A | T | R |
| N | J | A | N | C | F | A | L | A | B | E | L | L | A | S |
| Y | J | E | H | E | B | P | I | C | T | R | E | L | V | P |
| E | P | I | S | T | O | R | I | P | Q | F | I | E | S | X |
| K | N | T | D | Z | M | E | M | E | R | I | H | S | G | Q |
| A | O | A | I | A | T | O | M | G | Y | A | P | I | A | R |

ALTAI
AZTECA
BARB
BELGIAN
CANADIAN
CATRIA
FALABELLA
FRENCH TROTTER
GIDRAN
HACKNEY
HECK
MESSARA
MONCHINA
PAMPA
PASO FINO
SELLA ITALIANO
SHIRE
TORI

## Beaches in Queensland

| | | | | | | | | | | | | | | |
|---|---|---|---|---|---|---|---|---|---|---|---|---|---|---|
| U | M | C | R | E | N | I | H | S | N | U | S | A | I | Q |
| J | S | I | O | E | T | R | I | N | I | T | Y | S | Y | X |
| F | S | T | W | W | Q | W | K | I | N | K | A | F | G | U |
| R | R | E | O | I | L | H | O | L | L | O | W | A | Y | S |
| K | L | N | M | N | F | E | K | B | I | K | A | J | R | R |
| L | G | J | B | U | T | I | Y | S | N | B | T | U | K | S |
| A | F | E | T | D | N | L | R | S | K | I | S | R | F | E |
| N | A | R | S | G | A | R | M | E | R | M | A | I | D | R |
| M | L | Q | S | E | S | I | W | B | A | U | C | R | E | P |
| W | F | T | E | E | W | A | H | I | Y | L | A | U | R | G |
| L | P | Z | B | J | R | W | N | C | G | O | S | L | L | M |
| F | I | E | O | R | B | N | S | D | S | O | M | A | J | Z |
| L | M | L | A | P | V | S | P | J | G | C | R | W | T | A |
| V | W | R | I | P | D | B | R | S | M | W | R | T | S | U |
| E | L | P | R | A | S | P | I | D | M | R | R | B | R | Q |

**AIRLIE**
**CASTAWAYS**
**COOLUM**
**COWLEY**
**HOLLOWAYS**
**KEWARRA**
**KINGS**
**KINKA**
**MAIN**
**MERMAID**
**NEWELL**
**NUDGE**
**PALM**
**RAINBOW**
**SUNSHINE**
**TEEWAH**
**TRINITY**
**WONGA**

| | | | | | | | | | | | | | | |
|---|---|---|---|---|---|---|---|---|---|---|---|---|---|---|
| W | Q | B | W | W | D | E | L | G | N | A | T | T | C | I |
| U | R | L | A | H | N | S | P | R | M | O | O | X | H | T |
| S | A | T | P | M | H | S | P | V | M | K | Y | B | A | W |
| W | E | S | P | R | B | P | T | R | O | E | S | R | V | S |
| U | U | O | E | L | L | I | U | O | T | A | T | A | R | O |
| G | T | K | P | I | N | O | C | C | H | I | O | V | A | N |
| T | R | S | V | S | O | X | W | U | E | Z | R | E | P | A |
| U | T | R | K | B | Q | A | I | S | L | Y | Y | K | T | A |
| N | I | E | M | E | L | B | A | C | I | P | S | E | D | U |
| R | A | U | O | L | Z | O | O | T | O | P | I | A | L | X |
| W | D | L | E | A | I | S | A | T | N | A | F | T | V | A |
| U | E | Z | U | P | B | V | V | Z | K | W | E | I | S | Y |
| R | J | X | O | M | E | N | G | N | I | D | N | I | F | W |
| F | T | T | A | L | A | D | D | I | N | E | Z | O | R | F |
| H | L | C | Q | S | E | A | B | U | G | S | L | I | F | E |

A BUG'S LIFE
ALADDIN
BAMBI
BRAVE
DESPICABLE ME
DUMBO
FANTASIA
FINDING NEMO
FROZEN
MULAN
PINOCCHIO
RATATOUILLE
SHREK
TANGLED
THE LION KING
TOY STORY
WALL-E
ZOOTOPIA

## Skydiving Terms

| | | | | | | | | | | | | | | |
|---|---|---|---|---|---|---|---|---|---|---|---|---|---|---|
| O | I | F | I | G | N | I | F | R | U | S | Y | K | S | S |
| I | S | B | T | U | K | B | A | G | X | V | N | T | S | B |
| A | O | C | P | M | C | T | W | T | V | A | A | R | E | A |
| D | F | P | I | L | O | T | C | H | U | T | E | R | R | C |
| O | L | E | S | G | L | S | E | N | I | L | L | L | I | K |
| L | A | T | G | T | G | R | R | C | T | Y | A | L | E | D |
| T | R | L | L | G | A | V | L | C | I | M | S | S | S | R |
| N | E | K | P | D | B | I | O | H | U | P | I | D | J | R |
| S | G | S | S | E | N | R | A | H | S | R | Y | Q | T | W |
| C | G | A | W | E | K | I | R | Y | G | J | H | V | S | T |
| T | I | X | E | O | U | L | W | N | N | W | Y | O | R | W |
| U | R | S | U | B | O | T | A | N | I | V | B | S | T | G |
| I | X | P | R | J | I | P | F | U | W | G | R | X | D | G |
| V | O | T | S | A | U | T | R | T | L | O | I | C | A | G |
| A | S | U | Y | R | P | P | P | R | O | D | D | M | S | S |

BAG LOCK
CORK
DELAY
DOWNWIND
EXIT
FLARE
GPS
HARNESS
HYBRID
KILL LINE
PILOT CHUTE
RIGGER
SERIES
SKYSURFING
STATIC LINE
SWOOP
TOGGLES
WINGSUIT

| | | | | | | | | | | | | | | |
|---|---|---|---|---|---|---|---|---|---|---|---|---|---|---|
| R | K | T | P | D | H | A | Q | S | W | A | P | A | A | K |
| B | C | E | S | D | U | Q | L | Z | H | O | L | M | J | H |
| U | Q | R | D | X | A | U | S | P | I | M | E | B | U | L |
| L | R | I | H | U | S | U | L | O | S | P | L | M | T | J |
| A | P | K | L | I | L | S | A | U | K | C | I | I | H | R |
| R | R | J | R | V | O | E | F | N | E | L | A | L | O | A |
| R | S | U | X | S | B | M | S | C | R | A | T | C | H | Y |
| E | T | O | F | E | L | I | N | E | S | W | P | U | R | R |
| D | C | F | F | Z | F | E | H | I | S | S | N | L | Z | G |
| P | E | Q | M | R | A | A | T | A | B | T | E | E | A | P |
| R | K | C | E | W | Y | C | Q | S | E | P | T | S | V | Y |
| A | T | L | E | T | M | O | O | R | G | O | T | U | F | L |
| S | M | J | E | K | R | I | K | A | Y | R | I | U | C | R |
| Y | U | V | F | L | U | I | V | M | I | L | K | L | M | A |
| R | Y | C | F | A | M | A | D | U | S | Y | G | A | C | L |

**CLAWS**
**CLIMB**
**FELINE**
**FUR**
**GROOM**
**HISS**
**HUNTER**
**JUMP**
**KITTEN**
**MEOW**
**MILK**
**PAWS**
**PLAY**
**POUNCE**
**PURR**
**SCRATCH**
**TAIL**
**WHISKERS**

| | | | | | | | | | | | | | | |
|---|---|---|---|---|---|---|---|---|---|---|---|---|---|---|
| O | W | H | S | V | Q | C | A | O | X | I | F | Y | S | D |
| H | O | P | E | I | R | H | S | J | T | S | Z | T | A | S |
| S | A | I | B | I | F | O | P | E | N | I | M | O | R | B |
| A | S | C | H | Y | D | R | O | G | E | N | X | Z | E | C |
| I | A | T | H | I | L | I | T | H | I | U | M | R | V | E |
| D | A | A | U | L | Y | E | A | Y | E | C | Y | P | L | Q |
| O | W | M | T | Z | O | J | S | I | O | L | D | C | I | X |
| P | X | C | U | A | N | R | S | E | L | A | M | A | S | C |
| S | Q | Y | O | T | N | Z | I | I | N | R | Y | R | E | T |
| R | B | O | G | P | R | Y | U | N | G | A | Q | B | A | L |
| I | R | N | F | E | P | M | M | G | E | A | G | O | I | C |
| T | T | U | Q | B | N | E | G | O | R | T | I | N | G | Y |
| R | H | K | T | R | O | T | R | G | K | M | S | O | A | W |
| B | U | J | S | N | O | R | O | B | H | E | L | I | U | M |
| T | D | R | P | B | A | N | D | L | O | D | T | N | L | O |

**ARGON**
**BERYLLIUM**
**BORON**
**BROMINE**
**CARBON**
**CHLORINE**
**COPPER**
**GOLD**
**HELIUM**
**HYDROGEN**
**LEAD**
**LITHIUM**
**MANGANESE**
**NITROGEN**
**OXYGEN**
**POTASSIUM**
**SILVER**
**SODIUM**

| | | | | | | | | | | | | | | |
|---|---|---|---|---|---|---|---|---|---|---|---|---|---|---|
| E | I | R | A | N | Y | G | A | Q | M | R | T | W | R | R |
| O | U | N | U | M | J | T | Y | L | K | Q | F | T | E | F |
| K | R | E | M | P | M | L | E | O | P | O | K | A | A | E |
| H | L | E | D | E | E | W | K | C | U | D | A | A | U | L |
| D | S | L | T | N | E | M | A | N | R | O | E | X | E | R |
| Z | R | I | L | L | I | A | T | U | V | R | G | O | A | T |
| I | F | W | F | L | I | A | H | S | A | F | R | O | G | S |
| L | Q | Y | L | D | I | F | K | T | A | D | P | O | L | E |
| W | T | X | A | N | L | A | I | S | R | T | H | L | A | A |
| Y | R | D | R | A | G | O | N | F | L | I | E | S | G | O |
| I | H | D | V | R | N | P | G | S | T | N | A | L | P | H |
| W | C | E | A | X | Y | M | F | P | D | Y | E | N | A | H |
| A | N | V | O | T | E | U | Y | S | N | N | M | W | L | S |
| J | E | R | Q | A | U | P | R | A | C | I | O | K | T | Q |
| L | T | E | O | L | A | J | O | R | Y | O | I | P | C | S |

**AERATION**
**ALGAE**
**DRAGONFLIES**
**DUCKWEED**
**FILTER**
**FOUNTAIN**
**FROGS**
**GOLDFISH**
**GRAVEL**
**KOI CARP**
**LARVA**
**NEWTS**
**ORNAMENT**
**PLANTS**
**POND SNAIL**
**PUMP**
**TADPOLE**
**TENCH**

*No. 55* Connecting Words

D U P H B T S U Z D L S Z V W
A A R L W Y X J N Y R L T S A
L Q E M R L X E O L Y Z U T I
A E V T A L G F N L R Q M H B
R L E E S A O R E A E A E T W
S O W L R N S T T U V O S E V
X G O I S O I A H Q O I I E F
S U H H X I M A E E E L W L R
R P P W U T I R L R R R E L I
I H T N S I L E E S O W K I N
T J H A H D A X S H M A I T D
A Q E E O D R R S A T B L S E
E A N M N A L E U P A R B U E
O C H A I I Y A L Y A X U X D
E S A N Y W A Y L L A N I F Y

| | |
|---|---|
| ADDITIONALLY | LIKEWISE |
| ANYWAY | MEANWHILE |
| EQUALLY | MOREOVER |
| FINALLY | NEXT |
| FURTHERMORE | NONETHELESS |
| HENCE | OTHERWISE |
| HOWEVER | SIMILARLY |
| INDEED | STILL |
| INSTEAD | THEN |

| | | | | | | | | | | | | | | |
|---|---|---|---|---|---|---|---|---|---|---|---|---|---|---|
| O | L | Z | U | E | G | A | R | U | E | L | F | F | E | S |
| P | P | R | Y | V | N | H | C | G | I | V | L | J | H | B |
| E | A | N | L | Y | I | O | P | O | T | H | A | I | W | P |
| A | O | K | O | V | H | S | I | A | K | A | A | O | R | L |
| A | R | R | E | I | C | L | W | S | T | T | T | I | A | T |
| A | H | O | T | S | T | O | N | E | S | G | I | K | R | V |
| G | V | G | M | T | E | C | S | U | D | U | A | I | M | O |
| N | O | I | T | A | R | B | I | V | A | I | C | E | I | R |
| I | W | Q | U | H | T | S | T | R | O | P | S | R | B | P |
| D | E | O | R | I | S | H | T | G | F | O | R | H | E | D |
| A | T | V | R | E | F | L | E | X | O | L | O | G | Y | P |
| E | W | E | A | B | P | E | T | R | I | S | S | A | G | E |
| N | W | S | Y | S | E | T | W | T | A | P | P | I | N | G |
| K | C | A | B | E | U | S | S | I | T | P | E | E | D | N |
| T | C | R | F | I | T | T | G | Z | M | J | Y | R | C | K |

**AROMATHERAPY**
**BACK**
**DEEP TISSUE**
**EFFLEURAGE**
**FRICTION**
**HOT STONE**
**KNEADING**
**PERCUSSION**
**PETRISSAGE**
**REFLEXOLOGY**
**REIKI**
**SHIATSU**
**SPORTS**
**STRETCHING**
**SWEDISH**
**TAPPING**
**THAI**
**VIBRATION**

# Random Numbers

| | | | | | | | | | | | | | | |
|---|---|---|---|---|---|---|---|---|---|---|---|---|---|---|
| J | T | H | B | O | N | E | H | U | N | D | R | E | D | T |
| E | O | Y | O | Z | T | H | I | R | T | E | E | N | K | A |
| P | W | W | R | R | K | R | U | O | F | F | S | I | O | E |
| I | T | H | R | E | E | T | H | O | U | S | A | N | D | K |
| T | Y | Y | I | R | D | Z | R | I | K | C | E | Y | O | E |
| V | T | O | J | X | W | T | E | S | R | M | E | T | L | O |
| R | E | S | E | M | Y | G | P | R | I | I | T | E | T | R |
| H | N | F | E | T | K | S | K | L | G | W | V | N | E | A |
| R | I | O | H | V | X | D | L | H | E | E | V | I | F | J |
| Q | N | R | B | T | E | I | T | L | N | E | T | N | X | Y |
| J | E | T | T | G | O | N | V | H | G | K | S | H | S | U |
| E | Q | Y | K | N | E | E | T | X | I | S | V | E | X | J |
| H | A | S | Y | L | T | P | O | Y | U | R | U | R | H | M |
| E | Q | I | L | G | X | M | W | R | S | L | T | I | S | M |
| A | M | X | Q | F | I | E | D | F | I | F | T | Y | E | W |

**EIGHT**
**ELEVEN**
**FIFTY**
**FIVE**
**FORTY-SIX**
**FORTY-THREE**
**FOUR**
**NINETY-NINE**
**NINETY-TWO**
**ONE HUNDRED**
**ONE MILLION**
**SEVENTY**
**SIXTEEN**
**THIRTEEN**
**THIRTY**
**THREE THOUSAND**
**TWELVE**
**ZERO**

| | | | | | | | | | | | | | | |
|---|---|---|---|---|---|---|---|---|---|---|---|---|---|---|
| A | S | E | P | S | L | I | D | E | K | W | A | W | C | X |
| Q | I | R | T | O | I | H | S | A | K | A | C | S | B | E |
| T | M | H | U | R | E | V | T | U | I | L | L | A | K | N |
| E | Z | N | E | U | O | O | A | F | P | D | L | M | L | A |
| D | T | Z | E | C | D | L | D | D | V | I | T | I | A | Z |
| O | G | R | A | M | A | K | A | S | S | A | R | L | P | R |
| T | A | N | Q | U | U | T | M | W | L | B | A | U | Z | A |
| P | E | R | O | I | R | R | E | E | Y | M | T | U | E | T |
| Q | C | Z | M | U | M | K | O | B | M | O | L | Z | A | E |
| H | C | L | A | B | A | X | F | O | V | E | A | U | X | W |
| X | J | P | N | C | T | M | T | G | V | D | R | X | C | J |
| E | K | L | M | A | P | M | K | U | T | O | B | A | C | D |
| H | S | P | V | U | O | H | Z | G | N | O | I | Q | U | T |
| S | K | O | Z | B | M | C | L | U | I | O | G | S | I | Z |
| U | U | A | I | N | U | A | M | J | O | R | M | K | O | L |

**AKASHI**
**ALOR**
**BALI**
**CABOT**
**DAVIS**
**EURIPUS**
**FOVEAUX**
**GIBRALTAR**
**HECATE**
**KALMAR**
**LOMBOK**
**MAKASSAR**
**NEMURO**
**OMBAI**
**PALK**
**QIONGZHOU**
**VITIAZ**
**WETAR**

| | | | | | | | | | | | | | | |
|---|---|---|---|---|---|---|---|---|---|---|---|---|---|---|
| O | S | R | E | T | S | N | O | M | E | M | A | F | Z | B |
| D | R | E | X | E | A | J | P | G | A | O | E | D | O | L |
| B | M | S | Y | L | A | L | U | J | U | N | C | R | S | J |
| O | S | P | E | E | C | H | L | E | S | S | N | P | N | K |
| O | A | A | S | P | N | B | J | X | R | T | A | J | T | L |
| E | J | P | U | H | R | W | V | K | H | E | M | S | N | O |
| C | U | A | A | O | T | G | O | I | O | R | O | R | A | V |
| A | S | R | L | N | D | E | S | R | S | B | R | P | W | E |
| F | T | A | P | E | V | W | I | T | B | A | D | O | U | G |
| R | D | Z | P | U | A | E | S | P | Y | L | A | P | T | A |
| E | A | Z | A | Y | O | R | L | I | T | L | B | M | A | M |
| K | N | I | E | A | Q | U | V | E | V | T | E | U | H | E |
| O | C | A | L | E | J | A | N | D | R | O | T | S | W | P |
| P | E | R | F | E | C | T | I | L | L | U | S | I | O | N |
| D | I | A | M | O | N | D | H | E | A | R | T | C | D | L |

**ALEJANDRO**
**APPLAUSE**
**BAD ROMANCE**
**BORN THIS WAY**
**BROWN EYES**
**DIAMOND HEART**
**DO WHAT U WANT**
**FAME MONSTER**
**JUST DANCE**
**LOVEGAME**
**MONSTER BALL TOUR**
**PAPARAZZI**
**PERFECT ILLUSION**
**POKER FACE**
**POP MUSIC**
**SPEECHLESS**
**STYLE**
**TELEPHONE**

| | | | | | | | | | | | | | | |
|---|---|---|---|---|---|---|---|---|---|---|---|---|---|---|
| T | A | D | R | O | F | E | R | E | H | H | R | E | X | H |
| C | I | T | R | V | W | O | G | S | A | L | G | R | T | O |
| X | A | U | T | O | L | P | L | Y | M | O | U | T | H | J |
| D | R | M | S | R | F | O | C | A | R | D | I | F | F | O |
| T | U | W | B | A | W | D | A | A | K | N | L | T | N | L |
| E | R | I | A | R | G | H | A | Y | T | O | D | W | X | J |
| X | A | E | T | T | I | P | V | R | B | T | F | S | C | P |
| E | M | A | H | R | U | D | B | T | B | P | O | L | U | H |
| T | T | T | A | M | A | H | G | N | I | M | R | I | B | W |
| E | B | A | B | E | R | D | E | E | N | A | D | K | E | E |
| R | S | E | T | A | S | O | T | V | J | H | K | R | L | Z |
| R | O | U | Q | L | O | N | D | O | N | T | E | O | F | X |
| R | T | D | B | T | R | O | A | C | L | R | R | C | A | A |
| R | N | B | V | J | L | D | H | W | O | O | Z | T | S | M |
| O | S | L | E | H | E | K | G | A | S | N | B | T | T | B |

**ABERDEEN**
**BATH**
**BELFAST**
**BIRMINGHAM**
**BRADFORD**
**CAMBRIDGE**
**CARDIFF**
**COVENTRY**
**DURHAM**
**EXETER**
**GLASGOW**
**GUILDFORD**
**HEREFORD**
**LONDON**
**NORTHAMPTON**
**PLYMOUTH**
**SWANSEA**
**TRURO**

| | | | | | | | | | | | | | | |
|---|---|---|---|---|---|---|---|---|---|---|---|---|---|---|
| J | E | G | A | S | S | E | M | Y | D | S | L | N | G | C |
| H | W | S | T | E | R | N | P | L | I | U | O | H | S | S |
| S | L | T | D | A | V | R | T | K | N | I | A | O | S | G |
| B | U | I | T | E | O | C | S | O | T | T | D | M | Y | A |
| E | T | A | C | F | E | M | I | A | Y | N | M | R | T | T |
| S | V | I | I | J | Y | S | R | W | T | O | I | R | S | N |
| A | D | L | B | N | S | T | E | Z | M | C | N | S | O | O |
| B | E | U | O | U | S | I | C | U | O | I | I | T | P | I |
| O | S | R | C | I | V | E | R | I | E | T | S | J | T | T |
| R | C | S | G | E | M | O | R | I | S | O | T | R | P | A |
| A | I | E | R | A | F | S | J | R | H | M | R | C | K | R |
| D | R | S | L | T | O | Q | A | C | L | E | A | M | A | E |
| Q | P | F | N | Y | H | C | R | A | E | S | T | U | H | D |
| P | R | I | V | A | T | E | C | H | A | T | O | P | R | O |
| E | W | L | W | R | U | I | N | I | T | T | R | N | K | M |

**ACRONYMS**
**ADMINISTRATOR**
**AVATAR**
**DISCUSSION**
**EDIT**
**EMOTICON**
**FLAME**
**FORUM**
**MESSAGE**
**MODERATION**
**POST**
**PRIVATE CHAT**
**PROFILE**
**REGISTRATION**
**REVIEW**
**SEARCH**
**SUBJECT**
**TAGS**

| | | | | | | | | | | | | | | |
|---|---|---|---|---|---|---|---|---|---|---|---|---|---|---|
| C | I | C | Y | M | S | W | P | N | R | Y | M | S | R | G |
| R | R | I | K | H | S | X | Z | L | X | N | E | S | K | Q |
| Y | A | O | H | I | E | C | K | M | W | Q | X | W | T | D |
| E | P | U | L | A | D | A | U | G | O | A | I | R | A | P |
| R | U | O | A | L | B | E | U | P | N | O | C | R | M | V |
| R | A | C | C | H | I | H | U | A | H | U | A | O | P | M |
| E | T | L | T | T | F | S | P | T | A | G | L | G | I | E |
| T | O | U | A | N | S | L | O | E | S | I | I | N | C | R |
| N | W | P | E | S | A | S | I | M | F | K | S | A | O | I |
| O | U | A | I | C | O | C | Q | U | R | Z | T | R | X | D |
| M | A | C | U | U | R | N | A | Y | B | E | S | U | V | A |
| J | Z | A | N | L | R | N | Y | I | P | T | H | D | S | S |
| E | N | L | L | A | M | O | R | E | L | I | A | E | I | A |
| J | Z | Q | E | H | C | E | C | Q | R | U | S | D | H | G |
| D | T | M | Z | Z | E | L | A | S | Q | F | C | D | R | X |

**ACAPULCO**
**CANCUN**
**CHIHUAHUA**
**CULIACAN**
**DURANGO**
**ECATEPEC**
**GUADALUPE**
**HERMOSILLO**
**IRAPUATO**
**LEON**
**MERIDA**
**MEXICALI**
**MONTERREY**
**MORELIA**
**NAUCALPAN**
**PUEBLA**
**REYNOSA**
**TAMPICO**

| | | | | | | | | | | | | | | |
|---|---|---|---|---|---|---|---|---|---|---|---|---|---|---|
| N | Y | G | R | E | N | E | Y | E | S | R | I | O | Q | E |
| V | N | T | A | A | L | G | L | U | W | M | S | H | S | A |
| G | U | D | D | T | Y | R | A | B | M | O | E | D | Y | T |
| O | K | P | I | H | R | A | L | R | V | V | H | Z | I | N |
| R | M | K | A | G | W | R | P | S | L | U | A | S | A | O |
| B | N | Y | N | I | O | E | L | C | I | T | R | A | P | S |
| K | U | E | C | L | F | P | D | E | R | A | R | F | N | I |
| R | L | L | E | N | N | G | T | D | D | L | S | O | R | E |
| B | N | J | B | U | E | A | A | I | H | I | R | K | B | I |
| M | P | R | I | S | M | U | A | R | C | T | H | G | I | S |
| I | B | E | N | R | E | T | Q | H | E | S | A | H | P | E |
| Q | C | R | Y | T | I | S | N | E | T | N | I | L | O | N |
| P | H | O | T | O | N | S | M | U | R | T | C | E | P | S |
| A | E | Z | N | O | I | T | C | A | R | F | E | R | T | E |
| R | Z | Z | O | A | N | S | O | A | S | I | I | Q | P | K |

BULBS
ENERGY
EYES
FREQUENCY
INFRARED
INTENSITY
OPTICS
PARTICLE
PHASE
PHOTONS
PRISM
RADIANCE
RADIATION
REFRACTION
SENSE
SIGHT
SPECTRUM
SUNLIGHT

| | | | | | | | | | | | | | | |
|---|---|---|---|---|---|---|---|---|---|---|---|---|---|---|
| M | Q | U | R | R | W | X | E | C | N | F | G | K | R | R |
| W | I | L | R | X | L | L | M | T | T | U | Q | S | P | Z |
| I | T | H | I | T | R | D | L | L | J | X | T | T | P | Z |
| A | L | A | L | I | H | L | L | G | A | L | C | C | F | X |
| Q | J | U | N | F | G | G | U | O | A | C | I | C | N | S |
| P | M | C | K | V | A | O | U | X | C | L | E | A | R | R |
| T | X | F | Q | J | G | F | D | O | F | O | E | E | H | I |
| C | C | F | I | P | N | D | I | J | R | U | X | L | L | S |
| T | T | U | R | U | Y | M | C | N | E | D | L | Z | N | W |
| T | N | U | Q | O | D | R | Y | L | E | Y | B | Z | O | J |
| K | T | E | E | L | S | O | C | J | Z | F | R | I | S | T |
| M | N | O | I | T | A | T | I | P | I | C | E | R | P | A |
| C | K | L | H | T | L | S | E | W | N | Q | E | D | I | R |
| P | V | H | U | R | R | U | K | T | G | F | Z | S | T | B |
| O | I | Z | H | S | A | L | Y | R | C | O | Y | H | J | E |

**BREEZY**
**CALM**
**CLEAR**
**CLOUDY**
**COLD**
**DRIZZLE**
**DROUGHT**
**DRY**
**FINE**
**FOG**
**FREEZING**
**FROST**
**GALE**
**HAIL**
**HOT**
**PRECIPITATION**
**SLEET**
**STORM**

| | | | | | | | | | | | | | | |
|---|---|---|---|---|---|---|---|---|---|---|---|---|---|---|
| T | S | Y | Y | S | S | J | S | T | S | G | U | N | I | L |
| T | L | E | E | C | U | C | A | N | E | R | J | O | D | O |
| S | A | O | A | X | Y | H | V | R | U | L | X | I | S | A |
| J | L | A | A | L | Q | A | H | G | T | R | A | I | L | S |
| M | O | U | N | T | A | I | N | B | O | T | R | H | N | I |
| O | M | T | Q | U | L | R | A | R | S | N | O | M | C | E |
| G | R | R | U | O | F | L | Y | R | N | E | D | E | A | O |
| U | K | E | H | P | A | I | I | E | O | M | C | O | S | A |
| L | U | P | D | N | W | F | R | N | W | P | B | A | L | Q |
| S | G | X | C | W | P | T | E | N | B | I | Y | M | O | A |
| K | L | E | S | S | O | N | S | I | O | U | L | D | P | L |
| P | I | D | K | M | A | P | O | G | A | Q | S | M | E | N |
| X | E | R | A | S | W | K | R | E | R | E | N | K | S | P |
| M | E | U | P | Y | V | Q | T | B | D | A | U | V | R | T |
| A | U | H | R | R | U | N | U | V | E | I | U | V | W | A |

BALANCE
BEGINNER
CHAIRLIFT
CHALET
EQUIPMENT
EXPERT
FIRST AID
GONDOLA
LESSONS
MOGULS
MOUNTAIN
POWDER
RESORT
RUNS
SLALOM
SLOPES
SNOWBOARD
TRAILS

| | | | | | | | | | | | | | | |
|---|---|---|---|---|---|---|---|---|---|---|---|---|---|---|
| L | R | E | V | I | R | N | A | I | D | N | I | I | B | Y |
| A | V | P | A | L | A | C | H | U | A | D | Y | E | N | T |
| A | B | H | R | D | K | M | A | Y | R | D | N | E | H | R |
| M | G | A | D | S | D | E | N | A | R | A | C | H | F | E |
| A | I | E | R | T | U | F | R | V | U | M | H | C | G | B |
| N | U | D | X | N | R | E | C | O | P | A | A | A | Z | I |
| A | S | E | I | E | L | O | Y | K | S | R | R | E | S | L |
| T | A | O | A | G | T | T | L | J | E | W | L | B | D | E |
| E | N | V | A | R | B | S | U | Y | D | R | O | M | U | S |
| E | I | L | Y | J | W | R | R | O | A | H | T | L | A | C |
| F | F | T | X | R | N | M | E | Z | L | T | T | A | S | A |
| C | J | I | A | U | P | K | C | V | G | T | E | P | S | M |
| R | A | R | D | A | S | O | O | L | A | K | O | X | A | B |
| R | W | O | T | O | S | E | D | E | H | R | J | B | N | I |
| R | B | J | C | I | T | R | U | S | F | S | D | J | D | A |

**ALACHUA**
**BREVARD**
**CHARLOTTE**
**CITRUS**
**DESOTO**
**ESCAMBIA**
**FLAGLER**
**GADSDEN**
**GLADES**
**HENDRY**
**INDIAN RIVER**
**LIBERTY**
**MANATEE**
**NASSAU**
**OKALOOSA**
**PALM BEACH**
**TAYLOR**
**UNION**

| | | | | | | | | | | | | | | |
|---|---|---|---|---|---|---|---|---|---|---|---|---|---|---|
| I | N | U | X | S | L | H | G | R | F | X | Z | S | E | A |
| J | A | V | A | N | A | Q | H | C | U | L | R | U | R | E |
| E | I | S | I | B | E | R | I | A | N | H | H | O | G | S |
| Y | P | S | I | N | U | L | U | M | P | S | Q | R | O | M |
| L | S | T | P | N | A | L | O | O | J | S | A | E | L | M |
| I | A | R | O | A | M | Y | U | U | P | S | S | G | D | U |
| T | C | I | A | R | U | S | A | F | S | J | B | N | E | A |
| P | U | P | C | T | A | L | T | L | R | R | A | A | N | N |
| U | F | E | H | A | J | N | A | A | A | E | Q | D | L | R |
| T | M | S | I | M | M | N | G | G | C | M | W | I | A | I |
| U | W | H | N | U | D | G | W | E | N | G | I | O | S | G |
| F | L | R | G | S | K | N | N | Y | F | E | I | U | P | Z |
| A | E | P | H | N | P | S | R | K | I | U | B | B | Z | S |
| W | L | J | H | E | N | D | A | N | G | E | R | E | D | I |
| B | S | X | O | O | K | H | Z | S | K | R | M | S | P | G |

**BALI**
**BENGAL**
**BIG CATS**
**CAMOUFLAGE**
**CASPIAN**
**DANGEROUS**
**ENDANGERED**
**GOLDEN**
**GRASSLANDS**
**HABITAT**
**JAVAN**
**MALAYAN**
**ORANGE FUR**
**POACHING**
**POWERFUL**
**SIBERIAN**
**STRIPES**
**SUMATRAN**

## Russia *No. 68*

R C K K A Z A N I T U P C P U
O Y H R X R D O B D S W E D N
Y Y R E E O Y V X O A O E R E
F X E V L M M O K R R C J L M
U B D K S Y L S J O R S S P Y
S A S R A N A I K G W O C U B
R S Q A M T J B N V E M R H Y
T W U P A L E I I O K O A O T
U K A Y R O U R K N S V D U A
L N R K A R I S I Y S O O U Q
T R E R U N M K Z N E K N Q T
T M T O O L K Y H H B S S I V
P A D G J L M K I Z O U A E G
A X S A S B L I N I Q K R T J
U E D R E R L E T N N J K G T

**BLINI**
**BORSCHT**
**CHELYABINSK**
**GORKY PARK**
**KAZAN**
**KIZHI**
**KRASNODAR**
**KREMLIN**
**KUSKOVO**
**MOSCOW**
**NIZHNY NOVGOROD**
**NOVOSIBIRSK**
**OMSK**
**PERM**
**PUTIN**
**RED SQUARE**
**SAMARA**
**YEKATERINBURG**

## *No. 69* NBA Basketball Teams

R P T B I P E L I C A N S I H
R N H A W K S G N I K R R L A
S E C W I Z A R D S T E E W A
A A O B F D K I O U J R I C A
N B O F P T L Z I I B U L L S
E U Z X C O A J Z D R I A M N
T C G S W E S T D A P R V A Y
S K T G U Z L T P P J Y A T R
F S S O E W E T E P I U C W K
T U X P H T O R I K D S Q O A
F N Z C Y R S L A C C U U X R
C S S R S K N I C K S O X N I
W S P H M A H I L A K E R S E
Q D L R T R P Q B X N L K N A
Q U K A I I P B A A A O T Z D

**BUCKS**
**BULLS**
**CAVALIERS**
**CELTICS**
**CLIPPERS**
**HAWKS**
**JAZZ**
**KINGS**
**KNICKS**
**LAKERS**
**NETS**
**NUGGETS**
**PELICANS**
**RAPTORS**
**ROCKETS**
**SUNS**
**WARRIORS**
**WIZARDS**

| | | | | | | | | | | | | | | |
|---|---|---|---|---|---|---|---|---|---|---|---|---|---|---|
| J | F | H | T | W | I | G | V | R | U | A | P | J | R | E |
| Y | R | V | U | R | X | D | E | R | O | S | I | S | V | L |
| C | G | R | T | B | J | S | F | A | R | C | E | R | S | E |
| A | P | P | U | A | E | L | A | H | R | M | R | T | K | E |
| R | I | N | N | N | S | A | Y | D | E | S | I | E | E | U |
| I | L | L | J | T | T | P | U | D | N | A | T | S | P | J |
| C | R | P | A | E | E | S | S | R | A | C | A | X | O | N |
| A | S | A | R | R | R | T | K | N | G | R | S | K | S | U |
| T | S | R | B | I | V | I | E | R | J | A | E | K | T | E |
| U | E | O | E | J | R | C | T | L | S | S | G | L | T | A |
| R | L | D | S | O | D | K | C | O | G | Q | P | V | S | A |
| E | Z | Y | N | O | L | N | H | U | S | G | R | Q | W | A |
| A | Q | Y | T | U | J | N | N | T | T | G | I | X | E | N |
| N | R | E | T | H | G | U | A | L | R | M | N | G | H | T |
| S | C | S | A | E | O | P | P | S | I | K | P | S | T | E |

ANECDOTE
BANTER
CARICATURE
FARCE
GAG
GIGGLE
HYPERBOLE
IRONY
JESTER
JOKES
LAUGHTER
PARODY
PUN
SARCASM
SATIRE
SKETCH
SLAPSTICK
STAND-UP

## *No. 71* Sounds

```
K C O N K I F Z J B E E P B U
K P C W V W S P I L H P P C R
U I T A A C L A N G O H H R U
A Z T F C G X O G K W S A K A
W X F Z T K A E L K L A T A D
G U T E S P L R E E C L T E M
G R U S T L E E H L O P I R I
D X I R C L J W O T A S Y C M
S G P L E A I T N T R I N G U
J J I Q N B Y H P A R E Z D A
B C C G S L T U C R O B K L F
K A L F R A O R Q N W I U J E
W E K C O T K C I T U G N M R
P P V T N C L R X L R R L K L
W J L G W H A J C A V E C L T
```

**BEEP**
**CACKLE**
**CLANG**
**CLICK**
**CREAK**
**CRUNCH**
**GUFFAW**
**HOWL**
**JANGLE**
**JINGLE**
**KNOCK**
**OINK**
**RATTLE**
**RING**
**ROAR**
**RUSTLE**
**SPLASH**
**TICK-TOCK**

| | | | | | | | | | | | | | | |
|---|---|---|---|---|---|---|---|---|---|---|---|---|---|---|
| I | D | K | P | L | J | E | P | T | D | A | S | G | F | K |
| E | I | F | O | H | S | N | O | I | T | C | E | F | F | A |
| S | I | L | E | E | B | P | R | E | S | E | N | T | S | V |
| D | L | O | M | D | I | P | U | C | R | V | I | W | S | D |
| R | N | W | S | N | Y | N | E | N | D | O | T | M | Y | T |
| A | N | E | W | E | F | R | T | Z | N | L | N | M | E | O |
| C | F | R | I | I | T | R | A | E | H | T | E | E | W | S |
| S | L | S | F | R | S | A | C | U | A | Q | L | I | U | P |
| N | M | E | E | F | F | J | L | W | R | I | A | S | X | U |
| L | Q | S | W | L | A | Y | R | O | M | B | V | U | A | S |
| B | B | O | Q | R | K | Q | O | V | C | O | E | V | A | T |
| S | A | R | O | I | U | D | M | B | R | O | K | F | M | S |
| A | B | I | S | G | D | N | A | B | S | U | H | I | E | X |
| T | I | S | E | L | M | O | R | O | M | A | N | C | E | O |
| A | K | X | Z | O | U | M | H | T | C | O | V | A | R | E |

AFFECTION
BOYFRIEND
CARDS
CHOCOLATES
CUPID
FEBRUARY
FLOWERS
GIRLFRIEND
HUSBAND
KISS
LOVE
POEMS
PRESENTS
ROMANCE
ROSES
SWEETHEART
VALENTINE
WIFE

| | | | | | | | | | | | | | | |
|---|---|---|---|---|---|---|---|---|---|---|---|---|---|---|
| U | P | O | T | Q | Y | O | D | O | Q | N | Q | Q | R | A |
| D | K | Y | O | O | R | Y | A | W | D | I | M | S | S | U |
| K | R | A | P | L | A | M | I | N | A | W | W | E | G | W |
| W | A | B | L | A | D | A | N | Y | C | H | O | A | T | H |
| A | P | N | I | J | C | T | R | V | W | A | L | W | P | A |
| U | A | O | Q | O | M | I | O | A | A | L | L | O | M | L |
| T | O | I | S | L | F | U | F | W | E | E | I | R | C | E |
| U | B | S | M | L | S | C | I | I | N | Y | R | L | A | W |
| S | L | S | U | A | K | O | L | R | C | H | B | D | R | A |
| P | A | I | E | G | Y | R | A | S | A | O | A | K | L | T |
| E | B | M | S | R | L | O | C | T | Q | U | C | A | S | C |
| D | A | J | U | X | I | N | R | F | U | S | Q | E | B | H |
| S | A | U | M | D | N | A | L | O | G | E | L | A | A | I |
| I | E | L | R | P | E | D | R | Z | E | S | D | P | D | N |
| U | V | M | U | L | E | O | Y | O | T | S | M | T | F | G |

**ANIMAL PARK**
**AQUARIUM**
**BALBOA PARK**
**CABRILLO**
**CALIFORNIA**
**CARLSBAD**
**CORONADO**
**LA JOLLA**
**LEGOLAND**
**MISSION BAY**
**MUSEUMS**
**OLD TOWN**
**PACIFIC OCEAN**
**SEAWORLD**
**SKYLINE**
**USS MIDWAY**
**WHALE WATCHING**
**WHALEY HOUSE**

| | | | | | | | | | | | | | | |
|---|---|---|---|---|---|---|---|---|---|---|---|---|---|---|
| T | Z | J | L | E | E | N | I | R | U | O | B | M | A | T |
| P | O | R | T | Q | R | U | A | I | C | Z | T | V | V | H |
| T | Q | D | H | S | E | I | T | X | I | S | Q | S | I | E |
| S | U | A | E | T | D | N | T | X | Y | L | A | D | L | S |
| I | P | R | S | E | N | R | I | Q | U | A | E | U | L | P |
| R | S | A | U | D | O | N | O | A | P | B | E | Q | A | I |
| D | G | R | P | W | W | C | R | C | B | E | Y | D | V | N |
| H | P | S | R | I | E | L | T | I | E | L | A | O | E | N |
| X | R | L | E | N | I | T | E | S | A | R | G | W | I | E |
| L | T | R | M | S | V | D | D | X | T | V | N | G | K | R |
| S | T | H | E | T | E | M | P | T | A | T | I | O | N | S |
| W | P | I | S | A | T | S | E | P | L | Q | V | S | A | O |
| W | G | N | N | R | S | O | A | S | W | A | R | P | R | U |
| P | S | S | O | R | A | N | A | I | D | W | A | E | F | L |
| O | R | A | S | N | A | I | C | I | S | U | M | L | R | L |

DEBBIE DEAN
DETROIT
DIANA ROSS
EDWIN STARR
FRANKIE VALLI
GOSPEL
LABEL
MARVIN GAYE
MUSICIANS
RECORDS
SIXTIES
SOUL
STEVIE WONDER
TAMBOURINE
THE SPINNERS
THE SUPREMES
THE TEMPTATIONS
UPBEAT

| | | | | | | | | | | | | | | |
|---|---|---|---|---|---|---|---|---|---|---|---|---|---|---|
| L | P | V | A | M | P | R | E | S | S | I | N | G | Q | W |
| T | A | N | E | A | E | R | R | E | S | M | J | Y | C | Q |
| L | R | B | R | A | L | T | I | R | N | K | R | R | R | S |
| L | A | T | I | V | B | R | O | N | E | E | U | U | I | X |
| S | M | I | T | T | A | T | T | M | C | V | B | T | T | W |
| L | O | C | T | R | S | R | O | Z | E | I | S | T | I | E |
| A | U | T | O | N | N | M | L | Y | S | T | P | N | C | I |
| I | N | P | L | M | E | B | T | L | S | A | E | A | A | G |
| T | T | E | R | N | P | U | E | R | A | R | X | V | L | H |
| N | B | L | T | X | S | E | L | E | R | E | I | E | T | T |
| E | J | O | H | M | I | A | L | F | Y | P | G | L | N | Y |
| S | U | E | U | G | D | O | P | L | N | M | E | E | E | U |
| S | V | O | B | S | N | R | V | U | I | I | N | R | G | O |
| E | S | I | G | N | I | F | I | C | A | N | T | T | R | K |
| O | U | Y | O | C | M | E | A | N | I | N | G | F | U | L |

**COMPELLING**
**CRITICAL**
**ESSENTIAL**
**EXIGENT**
**IMPERATIVE**
**INDISPENSABLE**
**INFLUENTIAL**
**MEANINGFUL**
**MOMENTOUS**
**NECESSARY**
**PARAMOUNT**
**PRESSING**
**PRINCIPAL**
**RELEVANT**
**SIGNIFICANT**
**URGENT**
**VITAL**
**WEIGHTY**

| | | | | | | | | | | | | | | |
|---|---|---|---|---|---|---|---|---|---|---|---|---|---|---|
| Q | O | C | R | E | S | T | T | U | O | E | H | K | L | R |
| V | B | R | O | A | D | H | E | A | D | A | T | Z | X | S |
| E | T | B | V | E | M | L | A | M | T | E | R | Z | L | R |
| G | Y | K | E | S | L | R | M | F | A | D | A | V | S | S |
| E | T | E | R | G | P | D | I | I | T | U | T | X | R | T |
| B | O | W | S | T | R | I | N | G | Z | M | P | E | R | A |
| S | K | O | H | L | D | W | N | A | F | R | X | T | R | A |
| U | S | B | O | S | L | R | O | E | H | J | P | U | I | F |
| S | E | S | O | R | Q | U | A | R | R | E | L | D | K | K |
| O | I | S | T | M | W | T | B | W | R | R | O | J | T | B |
| W | X | O | A | T | H | I | O | W | I | A | E | G | R | G |
| S | K | R | U | E | K | L | B | H | Y | N | I | N | N | R |
| J | M | C | R | I | L | H | R | C | S | L | G | T | E | D |
| G | F | B | O | W | Y | E | R | S | B | P | F | B | D | A |
| P | M | A | L | N | A | L | R | E | V | I | U | Q | X | S |

**ARROW**
**BOW STRING**
**BOWYER**
**BROADHEAD**
**BULL'S-EYE**
**CREST**
**CROSSBOW**
**DRAWING**
**FEATHER**
**HANDLE**
**NOCK**
**OVERSHOOT**
**QUARREL**
**QUIVER**
**RELEASE**
**SHAFT**
**SPINE**
**UPSHOT**

| | | | | | | | | | | | | | | |
|---|---|---|---|---|---|---|---|---|---|---|---|---|---|---|
| T | J | X | R | Z | P | N | W | O | R | F | G | P | X | S |
| T | E | G | N | O | K | Q | A | F | R | B | S | V | J | Y |
| M | R | T | J | I | V | H | S | V | T | I | W | E | S | L |
| S | M | L | A | P | V | L | O | N | P | I | A | R | R | I |
| E | P | I | G | L | O | T | T | I | S | Z | L | Y | T | S |
| A | X | Q | K | L | A | E | Z | K | P | A | L | P | G | N |
| L | I | P | S | Y | U | P | A | N | E | A | O | A | P | O |
| A | H | Y | O | I | D | B | O | N | E | S | W | V | U | T |
| D | I | H | S | E | B | T | O | R | C | A | X | I | L | N |
| W | R | P | L | C | R | E | T | S | H | T | L | G | U | T |
| Q | H | I | H | A | U | R | B | H | T | A | L | N | W | O |
| O | M | E | C | G | W | A | J | E | R | L | Y | I | G | Y |
| S | W | H | N | A | P | K | E | Y | O | O | T | G | U | A |
| L | E | O | Q | V | I | T | N | U | U | P | A | A | L | A |
| A | T | B | X | E | H | X | P | S | Q | U | A | T | P | J |

CHEW
EPIGLOTTIS
FROWN
GINGIVA
GULP
HYOID BONE
JAW
LARYNX
LIPS
PALATE
SMILE
SPEECH
SWALLOW
TEETH
THROAT
TONGUE
TONSIL
TRACHEA

| | | | | | | | | | | | | | | |
|---|---|---|---|---|---|---|---|---|---|---|---|---|---|---|
| J | O | O | H | T | I | W | I | N | E | A | B | G | T | T |
| O | H | O | B | H | R | L | H | O | O | E | R | B | Z | A |
| I | A | U | T | R | N | N | H | S | H | S | O | Y | M | T |
| S | A | F | E | J | K | V | C | O | O | C | L | F | I | A |
| O | E | Z | V | S | U | I | J | L | T | P | V | Z | N | Z |
| A | O | E | Q | U | A | L | S | A | E | S | R | U | U | L |
| B | M | D | O | H | N | K | L | R | S | A | M | A | S | J |
| F | E | I | N | U | Y | T | C | B | M | B | R | C | E | V |
| D | M | V | P | A | I | E | S | E | E | R | G | E | D | E |
| N | O | I | T | C | N | U | F | R | A | C | T | I | O | N |
| D | R | D | O | T | Y | A | S | D | U | P | G | F | M | T |
| K | Y | A | C | L | A | M | I | C | E | D | F | Q | H | J |
| Y | A | T | S | F | C | A | N | C | E | L | A | L | L | Q |
| O | D | O | B | I | N | A | R | Y | O | S | E | R | T | T |
| Y | O | X | O | S | A | M | J | J | P | I | A | X | L | X |

**BINARY**
**CANCEL**
**CLEAR**
**DECIMAL**
**DEGREES**
**DIVIDE**
**EQUALS**
**FRACTION**
**FUNCTION**
**MEMORY**
**MINUS**
**MODE**
**NUMBERS**
**OCTAL**
**OFF**
**PERCENT**
**RADIANS**
**SOLAR**

| | | | | | | | | | | | | | | |
|---|---|---|---|---|---|---|---|---|---|---|---|---|---|---|
| S | R | S | U | A | R | I | Y | C | U | E | O | I | G | A |
| S | T | N | E | M | O | M | Y | I | U | Y | Q | R | E | Y |
| R | E | A | D | Y | T | O | R | U | N | Q | B | Z | T | S |
| N | M | G | N | U | O | Y | R | E | V | E | R | O | F | L |
| Y | F | O | N | O | I | S | U | L | L | I | W | I | S | H |
| D | I | T | H | A | L | F | A | H | E | A | R | T | D | X |
| I | R | T | Y | I | H | I | S | T | O | R | Y | G | A | V |
| A | E | A | R | T | I | C | R | Q | D | S | U | W | P | I |
| N | P | B | G | R | I | K | T | C | E | F | R | E | P | T |
| A | R | E | R | M | G | N | I | H | T | E | N | O | P | K |
| K | O | Y | V | D | E | S | I | S | G | L | T | A | B | G |
| O | O | O | T | I | P | D | R | F | S | I | K | O | O | T |
| S | F | U | E | Z | L | C | O | R | N | Y | N | J | S | F |
| D | C | J | L | A | Y | A | Q | W | T | I | O | F | C | T |
| R | O | V | E | R | A | G | A | I | N | S | S | U | M | A |

ALIVE
DIANA
DRAG ME DOWN
FIREPROOF
FOREVER YOUNG
GOTTA BE YOU
HALF A HEART
HISTORY
I WISH
ILLUSION
INFINITY
KISS YOU
MOMENTS
NIGHT CHANGES
ONE THING
OVER AGAIN
PERFECT
READY TO RUN

| | | | | | | | | | | | | | | |
|---|---|---|---|---|---|---|---|---|---|---|---|---|---|---|
| T | H | E | H | U | R | T | L | O | C | K | E | R | E | K |
| T | R | A | E | H | E | V | A | R | B | S | R | G | D | R |
| T | H | E | M | E | S | S | A | G | E | N | D | Y | I | U |
| H | E | G | N | O | O | T | A | L | P | I | J | Z | D | V |
| E | C | Y | D | R | Z | T | L | A | R | A | O | O | U | T |
| P | N | L | O | C | N | I | L | W | D | T | W | I | R | R |
| I | A | M | E | R | I | C | A | N | S | N | I | P | E | R |
| A | I | O | N | T | O | S | A | V | F | U | T | W | D | W |
| N | F | Q | S | A | K | W | A | A | D | O | R | P | C | A |
| I | E | S | P | C | R | L | L | O | O | M | S | C | L | R |
| S | D | G | A | L | K | L | F | B | T | D | W | F | I | H |
| T | D | H | E | Y | L | E | S | R | Y | L | A | H | F | O |
| U | K | T | R | T | O | A | A | L | A | O | X | E | F | R |
| R | O | I | T | I | D | Y | R | O | T | C | I | V | P | S |
| H | E | Y | R | O | L | G | F | O | S | H | T | A | P | E |

AMERICAN SNIPER
BRAVEHEART
COLD MOUNTAIN
DAS BOOT
DEFIANCE
DOWNFALL
HACKSAW RIDGE
HOTEL RWANDA
LINCOLN
PATHS OF GLORY
PLATOON
RED CLIFF
THE HURT LOCKER
THE MESSAGE
THE PIANIST
VALKYRIE
VICTORY
WAR HORSE

| | | | | | | | | | | | | | | |
|---|---|---|---|---|---|---|---|---|---|---|---|---|---|---|
| A | C | O | S | S | B | N | S | V | P | O | U | T | S | U |
| F | T | A | R | T | S | Y | L | P | X | B | A | U | U | A |
| Y | F | C | N | A | D | S | Q | F | D | T | T | M | C | G |
| K | J | M | L | A | T | N | T | R | T | E | H | H | O | I |
| O | X | V | Z | R | A | H | S | P | S | P | R | P | M | K |
| N | H | C | O | I | T | N | A | B | S | T | Y | B | H | K |
| J | J | C | O | N | K | S | O | E | U | A | S | G | E | A |
| T | P | H | I | L | I | P | P | I | F | H | R | B | E | Y |
| A | A | R | L | R | O | H | E | R | R | D | A | D | L | R |
| N | O | D | I | S | E | S | L | R | U | B | Z | R | I | W |
| C | S | J | C | S | R | J | S | I | G | L | M | U | L | S |
| A | Q | A | U | Y | R | C | L | A | R | A | R | A | A | P |
| S | R | S | L | N | I | N | E | V | E | H | M | A | G | U |
| E | R | H | L | P | Z | P | R | S | Q | Y | B | O | P | S |
| W | S | H | I | L | O | H | T | E | R | A | Z | A | N | O |

**ANTIOCH**
**CANAAN**
**COLOSSAE**
**CORINTH**
**DERBE**
**EGYPT**
**EPHESUS**
**GALILEE**
**GAMBRION**
**JERICHO**
**LYSTRA**
**NAZARETH**
**NINEVEH**
**PERGAMON**
**PHILIPPI**
**SARDIS**
**SHILOH**
**SIDON**

| | | | | | | | | | | | | | | |
|---|---|---|---|---|---|---|---|---|---|---|---|---|---|---|
| A | A | C | H | A | I | N | O | B | Z | O | T | P | Z | V |
| A | J | M | X | K | K | N | I | T | R | A | D | R | Q | D |
| R | E | A | A | S | D | N | U | L | O | C | K | I | L | R |
| R | A | A | O | I | D | G | O | J | S | S | O | R | C | B |
| P | K | X | C | I | A | S | A | E | T | U | W | Z | O | B |
| L | F | C | N | T | R | C | K | R | X | C | M | I | C | A |
| T | E | G | H | A | N | B | R | A | U | M | A | Y | R | I |
| F | P | E | O | A | I | I | O | Y | R | J | O | W | L | L |
| Y | R | B | S | I | N | A | W | K | L | L | A | J | G | S |
| C | I | O | T | B | G | L | E | Z | N | I | K | D | O | B |
| V | D | W | S | U | R | W | L | K | F | N | C | N | D | W |
| P | V | R | N | V | A | P | D | T | A | I | N | K | E | T |
| U | J | R | E | Y | E | L | E | T | K | N | A | E | T | L |
| I | H | G | N | I | T | A | E | L | P | G | M | C | T | T |
| M | Q | U | I | L | T | I | N | G | N | I | M | M | E | H |

**ACRYLIC**
**BINDING**
**BODKIN**
**CHAIN**
**CROSS**
**DARNING**
**DART**
**EYELET**
**GATHER**
**GODET**
**HEMMING**
**KNIT**
**LINING**
**LOCK**
**MUSLIN**
**NEEDLEWORK**
**PLEATING**
**QUILTING**

## Trees

| | | | | | | | | | | | | | | |
|---|---|---|---|---|---|---|---|---|---|---|---|---|---|---|
| B | E | E | C | H | O | R | N | B | E | A | M | R | U | A |
| Y | O | P | T | T | A | H | E | U | D | Q | L | C | W | L |
| H | X | W | U | H | T | W | P | A | P | O | Y | D | Y | E |
| S | R | G | N | U | C | U | T | W | T | Q | M | R | E | B |
| Q | A | F | T | H | H | R | L | H | O | L | L | Y | E | R |
| O | I | P | S | A | V | E | I | T | O | N | F | K | A | S |
| O | Z | P | E | L | P | P | A | B | A | R | C | L | A | E |
| L | N | K | H | Z | R | I | N | T | D | O | N | A | A | Y |
| N | B | R | C | B | Y | N | A | G | O | H | A | M | G | L |
| I | K | A | H | H | K | U | Q | Z | O | T | S | K | A | D |
| O | L | R | E | S | Y | J | C | K | W | K | P | A | U | E |
| N | T | I | R | L | O | T | E | O | G | C | E | D | L | U |
| R | T | A | R | T | D | R | D | A | O | U | N | A | R | E |
| Z | D | H | Y | Y | R | E | A | G | D | B | T | C | M | S |
| L | O | I | L | T | P | L | R | I | U | S | S | O | S | H |

ALDER
ASH
ASPEN
BEECH
BIRCH
BUCKTHORN
CEDAR
CHERRY
CHESTNUT
CRAB APPLE
DOGWOOD
ELDER
HAWTHORN
HOLLY
HORNBEAM
JUNIPER
MAHOGANY
OAK

| | | | | | | | | | | | | | | |
|---|---|---|---|---|---|---|---|---|---|---|---|---|---|---|
| S | L | I | O | Y | A | U | S | A | U | N | R | I | E | A |
| W | G | E | A | N | E | L | A | G | L | Y | R | E | B | J |
| B | S | C | T | K | E | T | I | M | O | R | H | C | O | P |
| B | I | C | H | I | T | C | I | N | N | A | B | A | R | X |
| U | D | S | H | A | T | B | F | L | G | R | B | M | N | P |
| H | E | U | M | A | L | A | C | H | I | T | E | Y | I | Y |
| M | R | T | H | U | L | K | P | E | D | L | H | J | T | F |
| U | I | L | A | U | T | C | R | A | T | O | E | O | E | W |
| S | T | O | J | S | B | H | O | N | U | E | Q | M | T | J |
| P | E | T | I | R | Y | P | O | C | L | A | H | C | I | D |
| Y | H | E | N | O | T | S | E | M | I | L | A | K | X | A |
| G | E | T | S | L | A | T | E | R | I | T | E | O | U | R |
| J | J | T | M | A | G | N | E | T | I | T | E | S | A | K |
| A | C | X | A | S | U | C | O | L | V | S | T | I | B | E |
| L | B | Z | A | I | H | S | U | E | P | X | J | S | R | X |

**APATITE**
**BAUXITE**
**BERYL**
**BISMUTH**
**BORNITE**
**CHALCOCITE**
**CHALCOPYRITE**
**CHALK**
**CHROMITE**
**CINNABAR**
**GALENA**
**GYPSUM**
**LATERITE**
**LIMESTONE**
**MAGNETITE**
**MALACHITE**
**MELILITE**
**SIDERITE**

| | | | | | | | | | | | | | | |
|---|---|---|---|---|---|---|---|---|---|---|---|---|---|---|
| E | F | L | U | M | P | A | O | D | T | H | T | S | B | C |
| A | X | E | F | V | R | E | T | E | M | O | R | D | Y | H |
| S | J | E | R | O | B | O | A | M | U | G | E | M | P | O |
| F | R | O | U | M | A | N | S | I | T | S | S | S | S | L |
| E | I | S | I | V | E | T | T | J | J | H | S | D | V | L |
| G | D | A | T | R | E | N | N | O | S | E | A | P | I | O |
| E | D | P | Y | Z | V | N | T | H | H | A | G | O | E | W |
| G | V | U | R | T | I | I | D | N | B | D | E | Y | R | P |
| B | H | R | S | R | E | T | N | A | C | E | D | K | T | Y |
| I | T | C | Z | Z | T | G | L | T | N | O | O | L | T | Z |
| Y | T | I | D | I | C | A | R | O | A | G | R | V | Y | P |
| E | S | Y | B | U | N | G | N | A | I | G | E | K | O | T |
| S | N | Q | D | C | I | N | G | N | S | F | E | A | S | B |
| L | S | T | E | A | Z | B | O | Y | I | R | N | A | Q | O |
| T | J | T | R | I | O | Q | R | U | G | N | L | S | R | E |

**ACIDITY**
**BALANCE**
**BUNG**
**CORKS**
**DECANTER**
**DEGASSER**
**DEMIJOHN**
**FERMENT**
**FRUITY**
**HOGSHEAD**
**HOLLOW**
**HYDROMETER**
**JEROBOAM**
**NOSE**
**RIOJA**
**TANNIN**
**VENDANGE**
**VINTAGE**

## Baseball Terms *No. 86*

H S L I D E R G C L T U D O R
B E H O M E P L A T E M P H J
R A L O L I N R X B V P R G R
A E T M R I Z O B O O I I S S
U T A T E T X A U I L R L L N
A O S I E T S T S L G E S F X
P E U N L R F T C I T B S C V
I U G I I I L C O H Z M L A Z
T W N P E P U Z R P A U Y I T
C L I L W L R O E R T N B Z R
H D D A S E W Z B T Q C A R S
E E L Z Y P T U O E K I R T S
R K E X O L C O A C H G Q Q E
T P I D M A J O R L E A G U E
E L F V I Y J L D A N M P O I

**BATTER**
**COACH**
**FIELDING**
**GLOVE**
**HELMET**
**HOME PLATE**
**MAGIC NUMBER**
**MAJOR LEAGUE**
**OUTFIELDER**
**PITCHER**
**SCOREBOARD**
**SHORT STOP**
**SLIDER**
**STRIKE OUT**
**THROW**
**TRIPLE PLAY**
**UMPIRE**
**WALK**

## *No. 87* Commonly Collected

R S L K R V X O E T S A P A S
S S I R S E U Q I T N A P O J
K T A S T H G I E W R E P A P
O A E D Q P P R B U T T O N S
O M M K S E T A L P Y B V A G
B P A A C J P O R C E L A I N
Y S G P G I L C S G N T E T I
P P V X M A T C H B O X E S T
P A N F O A Z K O T M T L P N
Q N G W N S R I N E V U O S I
V U I H F A N B N L C T T H A
R Q B I Y Z S I L E T O S J P
O U N C T Z A R O E S G P Q O
A C E B Z U N I R C S L L O D
Z P P L R W S Y O B T F A I U

ANTIQUES
BOOKS
BUTTONS
COINS
DOLLS
MAGAZINES
MARBLES
MATCHBOXES
MONEY
PAINTINGS
PAPERWEIGHTS
PHOTOGRAPHS
PLATES
PORCELAIN
POTTERY
SOUVENIRS
STAMPS
TICKETS

Hot Springs *No. 88*

| | | | | | | | | | | | | | | |
|---|---|---|---|---|---|---|---|---|---|---|---|---|---|---|
| T | B | L | Q | I | X | U | P | A | C | T | L | E | M | U |
| A | U | R | A | O | P | J | Y | R | I | I | Y | I | S | L |
| T | F | C | H | E | N | A | T | E | I | R | R | U | M | R |
| K | M | Q | S | I | T | O | N | O | P | A | H | C | F | V |
| G | S | U | U | M | P | Q | U | A | C | G | C | T | L | Y |
| S | U | P | I | M | S | S | N | L | V | R | U | E | N | E |
| I | U | H | U | D | L | P | E | Q | E | O | D | K | R | X |
| Z | Q | A | O | L | A | W | H | D | Q | V | L | E | I | S |
| L | J | P | S | I | T | R | I | F | L | E | O | O | R | N |
| K | C | M | Z | H | E | E | J | L | A | R | S | U | T | E |
| G | X | A | K | Z | S | H | A | R | B | I | N | G | P | D |
| P | U | N | J | A | E | O | O | Y | T | U | K | H | R | R |
| P | P | L | L | I | J | Z | N | R | O | U | R | A | Y | N |
| T | A | E | I | H | P | M | R | O | L | S | Z | R | X | I |
| S | N | Y | T | W | E | C | L | I | E | P | L | Q | J | S |

CHENA
CIRCLE
ESALEN
GROVER
HARBIN
KEOUGH
MANLEY
MCCREDIE
MIRACLE
MURRIETA
OURAY
RADIUM
SLATES
SOL DUC
TOLOVANA
TONOPAH
UMPQUA
WILBUR

| | | | | | | | | | | | | | | |
|---|---|---|---|---|---|---|---|---|---|---|---|---|---|---|
| W | P | I | G | G | N | I | X | I | F | K | U | V | A | L |
| D | V | S | H | I | N | Y | R | F | S | R | O | E | P | Z |
| S | F | I | R | O | N | I | N | G | N | I | T | S | U | D |
| G | W | S | S | W | G | R | D | A | O | I | W | E | N | L |
| O | R | R | P | T | G | N | I | N | A | E | L | C | O | S |
| A | T | H | R | O | W | O | U | T | E | V | L | I | R | R |
| M | Y | R | U | S | T | L | G | P | G | M | S | A | R | P |
| A | R | E | C | Y | C | L | I | N | G | D | O | O | O | Y |
| N | D | T | E | H | D | N | E | I | I | N | S | L | T | T |
| K | N | T | U | A | G | E | F | S | W | P | I | T | R | R |
| I | U | U | P | P | K | T | P | U | S | S | P | Y | R | D |
| I | A | L | R | L | I | S | L | K | H | D | C | O | R | H |
| U | L | C | R | F | T | F | I | V | A | C | U | U | M | D |
| B | L | E | A | C | H | L | A | O | L | O | X | E | R | R |
| Q | P | D | E | U | U | D | F | J | J | O | H | R | B | U |

**BLEACH**
**CLEANING**
**DECLUTTER**
**DRYING**
**DUSTING**
**FIXING**
**IRONING**
**LAUNDRY**
**MENDING**
**MOPPING**
**POLISH**
**RECYCLING**
**SHINY**
**SPOTLESS**
**SPRUCE UP**
**SWEEPING**
**THROW OUT**
**VACUUM**

| | | | | | | | | | | | | | | |
|---|---|---|---|---|---|---|---|---|---|---|---|---|---|---|
| C | B | G | N | I | L | T | R | A | T | S | A | D | T | N |
| V | V | F | A | Y | F | E | A | R | S | O | M | E | P | E |
| X | F | R | I | G | H | T | E | N | I | N | G | R | P | R |
| F | P | E | T | R | I | F | Y | I | N | G | H | F | Y | V |
| S | P | I | N | E | C | H | I | L | L | I | N | G | F | E |
| R | E | T | S | I | N | I | S | W | E | S | P | I | H | R |
| O | M | L | T | R | O | U | B | L | I | N | G | O | F | A |
| M | H | O | G | L | X | H | I | E | E | I | R | E | E | C |
| E | U | C | N | C | R | E | E | P | Y | R | R | V | S | K |
| N | G | N | I | S | I | A | R | R | I | A | H | R | U | I |
| A | T | Y | M | A | T | U | A | F | V | T | A | A | X | N |
| C | I | R | R | P | W | R | Y | Q | P | Q | G | Z | R | G |
| I | N | A | A | U | Q | I | O | S | P | O | O | K | Y | O |
| N | S | C | L | E | N | D | A | U | N | T | I | N | G | Q |
| G | A | S | A | G | T | A | N | J | S | Z | E | O | Y | Y |

**ALARMING**
**CREEPY**
**DAUNTING**
**EERIE**
**FEARSOME**
**FRIGHTENING**
**HAIR-RAISING**
**HORRIFYING**
**MENACING**
**MONSTROUS**
**NERVE-RACKING**
**PETRIFYING**
**SCARY**
**SINISTER**
**SPINE-CHILLING**
**SPOOKY**
**STARTLING**
**TROUBLING**

| | | | | | | | | | | | | | | |
|---|---|---|---|---|---|---|---|---|---|---|---|---|---|---|
| V | C | G | L | U | A | P | A | T | R | I | C | K | D | E |
| S | M | I | C | H | A | E | L | F | S | H | I | F | W | R |
| A | P | D | U | B | J | D | E | R | S | R | N | C | E | E |
| F | E | P | E | Y | O | O | X | A | K | O | W | O | J | G |
| W | T | D | U | N | S | T | A | N | S | S | Q | U | X | R |
| W | E | G | R | O | E | G | N | C | S | P | T | Z | T | T |
| E | R | R | E | H | P | U | D | I | O | R | U | R | I | Y |
| T | O | L | D | T | H | T | E | S | Z | S | D | I | S | A |
| B | M | I | U | N | M | R | R | K | M | A | P | S | P | D |
| O | E | S | J | A | A | J | Q | Q | U | A | E | I | T | A |
| R | X | T | T | L | R | O | G | E | A | L | U | L | L | M |
| C | I | O | C | B | Y | E | J | U | U | Y | V | N | E | X |
| I | I | F | G | R | G | N | S | L | N | C | H | W | E | C |
| F | B | B | P | Q | E | O | T | E | A | D | O | B | U | O |
| D | V | X | Y | M | V | E | T | S | A | Q | T | E | G | Z |

**ALEXANDER**
**ANDREW**
**ANTHONY**
**BEDE**
**CLARE**
**DUNSTAN**
**ELMO**
**FRANCIS**
**GEORGE**
**JOAN**
**JOSEPH**
**JUDE**
**LUKE**
**MARY**
**MICHAEL**
**PATRICK**
**PAUL**
**PETER**

| | | | | | | | | | | | | | | |
|---|---|---|---|---|---|---|---|---|---|---|---|---|---|---|
| D | I | S | U | I | T | S | E | U | S | J | K | V | L | M |
| O | A | U | C | F | O | R | E | T | A | E | E | R | I | F |
| R | N | N | N | F | N | W | O | L | C | N | S | M | U | P |
| N | A | I | C | I | G | A | M | T | T | R | I | S | U | E |
| P | I | R | L | E | C | J | I | R | C | C | L | P | J | R |
| N | D | J | T | L | R | Y | I | C | A | A | P | U | U | A |
| N | E | R | Y | A | U | L | C | T | I | E | T | D | G | O |
| J | M | E | T | Z | O | S | A | L | T | S | R | L | G | F |
| E | O | G | H | Q | Q | A | I | E | I | Z | U | L | L | W |
| G | C | N | U | O | S | C | E | O | P | S | L | M | E | D |
| U | E | I | M | P | E | R | S | O | N | A | T | O | R | P |
| R | S | S | E | B | R | O | P | Q | O | I | U | Q | Q | Q |
| T | D | G | U | Z | A | B | E | Y | J | E | S | T | E | R |
| C | J | I | T | Z | V | A | Y | R | T | S | E | T | B | R |
| T | D | F | P | H | B | T | S | I | T | R | A | B | F | F |

**ACROBAT**
**ACTOR**
**ARTIST**
**CLOWN**
**COMEDIAN**
**DANCER**
**FIRE-EATER**
**ILLUSIONIST**
**IMPERSONATOR**
**JESTER**
**JUGGLER**
**MAGICIAN**
**MIMIC**
**MUSICIAN**
**PUPPETEER**
**SINGER**
**UNICYCLIST**
**VENTRILOQUIST**

| | | | | | | | | | | | | | | |
|---|---|---|---|---|---|---|---|---|---|---|---|---|---|---|
| E | X | S | R | A | I | R | F | K | C | A | L | B | C | I |
| N | S | K | E | W | G | A | R | D | E | N | S | A | G | T |
| I | C | I | R | C | L | E | L | I | N | E | N | K | Z | E |
| L | O | Y | O | E | Z | O | K | P | T | A | K | E | P | E |
| E | N | I | L | N | R | E | H | T | R | O | N | R | I | R |
| E | O | A | R | C | H | W | A | Y | A | I | I | S | X | T |
| L | T | R | R | C | L | W | W | S | L | N | C | T | I | S |
| I | G | S | Z | A | E | H | P | T | L | I | G | R | F | D |
| B | N | E | L | I | A | C | C | T | I | R | V | E | I | N |
| U | I | N | P | R | K | I | E | I | N | O | S | E | L | O |
| J | D | A | F | O | R | U | U | I | E | A | Q | T | X | B |
| S | D | L | H | T | I | M | S | R | E | M | M | A | H | A |
| N | A | R | S | C | C | T | T | S | I | M | G | R | X | N |
| Q | P | I | H | I | V | O | O | T | T | N | P | O | C | K |
| H | D | F | O | V | A | L | N | O | U | B | T | F | J | I |

**ANGEL**
**ARCHWAY**
**ARSENAL**
**BAKER STREET**
**BANK**
**BLACKFRIARS**
**BOND STREET**
**CANARY WHARF**
**CENTRAL LINE**
**CIRCLE LINE**
**DISTRICT LINE**
**EUSTON**
**HAMMERSMITH**
**JUBILEE LINE**
**KEW GARDENS**
**NORTHERN LINE**
**PADDINGTON**
**VICTORIA**

| | | | | | | | | | | | | | | |
|---|---|---|---|---|---|---|---|---|---|---|---|---|---|---|
| P | K | K | Y | P | C | O | W | U | J | D | C | H | T | R |
| O | A | U | M | E | H | B | E | E | F | S | T | E | A | K |
| H | A | S | O | B | E | R | Y | K | N | P | E | D | D | X |
| P | O | E | N | R | R | L | T | R | X | R | C | O | O | C |
| S | L | U | E | A | R | L | Y | G | I | R | L | M | R | A |
| B | A | U | Y | N | Y | A | R | F | I | R | A | I | A | M |
| O | M | R | M | D | C | R | E | N | Q | L | J | T | T | P |
| N | S | P | A | Y | T | H | T | D | I | P | Q | Y | I | A |
| J | F | L | K | W | O | C | A | C | L | Z | T | N | O | R |
| A | M | K | E | I | E | S | A | N | T | O | R | I | N | I |
| C | M | Z | R | N | T | N | D | I | T | A | Q | T | D | S |
| C | N | O | I | E | T | G | O | T | A | M | U | K | G | E |
| L | X | G | R | E | A | T | W | H | I | T | E | A | O | O |
| A | Y | P | A | U | L | R | O | B | E | S | O | N | U | D |
| B | P | J | U | B | I | L | E | E | C | I | P | U | T | S |

ADORATION
ALICANTE
BEEFSTEAK
BRANDYWINE
CAMPARI
CHERRY
EARLY GIRL
ENCHANTMENT
GREAT WHITE
JUBILEE
KUMATO
MONEYMAKER
PAUL ROBESON
PLUM
ROMA
SANTORINI
STUPICE
TINY TIM

| | | | | | | | | | | | | | | |
|---|---|---|---|---|---|---|---|---|---|---|---|---|---|---|
| X | C | R | A | N | B | E | R | R | Y | S | A | U | C | E |
| O | M | I | F | Y | E | C | S | A | E | M | W | O | X | C |
| P | U | R | Y | S | C | U | E | G | R | P | G | E | R | U |
| E | F | H | E | C | U | A | S | E | L | P | P | A | E | A |
| S | O | S | N | S | A | S | I | N | Q | F | U | E | P | S |
| T | R | I | T | P | S | N | A | I | S | S | H | P | P | T |
| O | W | L | U | G | Y | I | N | V | P | U | C | R | Q | O |
| H | D | E | H | X | O | S | N | E | M | U | T | A | Q | H |
| H | R | R | C | S | S | I | O | A | Y | P | E | G | R | B |
| T | A | B | A | S | C | O | Y | V | X | A | K | A | Z | H |
| X | L | L | Z | T | T | H | A | P | X | S | F | E | U | W |
| Q | S | T | L | A | S | R | M | U | O | V | R | S | E | V |
| A | F | Z | U | R | G | U | T | V | S | T | P | R | B | E |
| M | T | E | U | M | D | E | M | T | Q | T | Y | K | I | A |
| U | G | S | I | N | L | H | R | L | S | B | A | S | U | P |

**APPLE SAUCE**
**CHUTNEY**
**CRANBERRY SAUCE**
**GRAVY**
**HOISIN SAUCE**
**HOT SAUCE**
**KETCHUP**
**MAYONNAISE**
**MUSTARD**
**PEPPER**
**PESTO**
**RELISH**
**SALSA**
**SALT**
**SOY SAUCE**
**SYRUP**
**TABASCO**
**VINEGAR**

| | | | | | | | | | | | | | | |
|---|---|---|---|---|---|---|---|---|---|---|---|---|---|---|
| G | S | S | I | N | T | A | K | R | N | R | A | J | D | E |
| W | A | E | B | K | E | N | T | U | C | K | Y | O | F | T |
| R | O | R | E | D | S | P | A | R | R | O | W | Y | H | P |
| C | S | E | D | R | T | W | K | G | O | A | T | E | E | A |
| A | E | T | H | E | B | E | A | V | E | R | P | J | E | S |
| L | S | R | V | M | N | N | A | B | T | O | X | N | M | S |
| I | A | N | S | O | A | P | S | P | K | E | G | I | E | E |
| F | C | B | T | T | T | S | A | E | H | Y | A | T | D | N |
| O | D | O | T | H | S | V | R | R | R | K | S | U | I | G |
| R | L | R | L | E | A | H | R | A | T | E | N | Y | U | E |
| N | O | X | R | R | O | Z | W | J | R | Y | N | O | M | R |
| I | C | T | L | U | I | S | Q | U | K | E | P | A | M | S |
| A | C | S | S | L | I | K | E | C | R | A | Z | Y | E | P |
| A | N | E | H | U | N | G | E | R | G | A | M | E | S | S |
| E | L | L | I | V | S | I | U | O | L | L | U | Y | Q | T |

ACTRESS
CALIFORNIA
COLD CASE
GARDEN PARTY
HUNGER GAMES
JOY
KATNISS
KENTUCKY
LIKE CRAZY
LOUISVILLE
MEDIUM
MONK
MOTHER!
PASSENGERS
RED SPARROW
SERENA
THE BEAVER
THE POKER HOUSE

# Rhymes with "Zeal"

| | | | | | | | | | | | | | | |
|---|---|---|---|---|---|---|---|---|---|---|---|---|---|---|
| E | V | R | P | E | X | B | P | B | D | E | T | E | U | M |
| M | L | O | L | X | C | E | K | K | E | E | L | A | E | S |
| A | I | W | C | O | F | S | L | O | D | B | O | A | Q | R |
| A | Z | I | S | R | U | P | P | H | C | A | L | U | W | L |
| N | L | J | P | T | I | I | O | O | C | A | E | S | Y | A |
| B | O | U | U | V | E | O | X | T | Y | A | R | T | E | E |
| V | R | A | Z | F | A | A | S | R | L | E | N | A | V | G |
| B | Q | I | G | I | H | N | Q | L | E | E | N | K | C | K |
| T | G | I | E | A | T | U | C | L | E | E | F | I | S | Y |
| R | E | X | D | T | U | O | U | O | T | R | R | N | A | R |
| R | V | O | X | A | S | R | V | X | N | Z | E | P | E | H |
| R | Z | P | V | Q | P | T | R | H | E | C | P | V | O | H |
| J | N | V | I | A | S | E | E | E | G | E | E | R | E | J |
| J | C | X | S | Z | A | O | E | E | A | A | A | A | E | M |
| I | C | B | O | L | D | E | A | L | L | R | L | I | L | Z |

APPEAL
CONCEAL
DEAL
FEEL
GENTEEL
HEAL
HEEL
KEEL
KNEEL

MEAL
PEEL
REAL
REEL
REPEAL
REVEAL
SEAL
SQUEAL
STEEL

Cities in Africa *No. 98*

| | | | | | | | | | | | | | | |
|---|---|---|---|---|---|---|---|---|---|---|---|---|---|---|
| S | R | O | U | O | Y | E | K | L | U | S | A | K | A | P |
| G | A | P | S | T | P | E | Y | O | K | J | H | A | R | R |
| S | T | O | T | U | P | A | M | I | P | P | C | M | C | B |
| U | T | I | F | M | T | Y | N | A | R | A | R | P | C | U |
| I | P | B | R | O | P | S | R | E | I | G | L | A | A | E |
| D | E | O | R | G | H | L | S | R | K | N | M | L | F | W |
| E | R | R | R | A | I | V | O | R | N | O | M | A | J | K |
| L | T | I | S | D | E | F | R | E | E | T | O | W | N | T |
| D | I | A | P | I | R | W | A | H | N | Z | K | K | X | M |
| T | Z | N | T | S | A | R | G | Z | O | S | F | I | S | T |
| L | Z | N | T | H | R | N | R | N | R | A | K | A | D | W |
| V | O | N | O | U | A | K | C | H | O | T | T | N | X | S |
| L | X | X | I | A | H | Y | I | J | B | L | D | A | R | S |
| O | R | G | L | O | B | A | M | B | A | O | I | S | U | Q |
| T | Z | O | E | L | B | T | D | C | G | W | K | L | L | U |

**ACCRA**
**ALGIERS**
**CAIRO**
**DAKAR**
**FREETOWN**
**GABORONE**
**HARARE**
**KAMPALA**
**KINSHASA**
**LILONGWE**
**LOBAMBA**
**LUSAKA**
**MAPUTO**
**MOGADISHU**
**MONROVIA**
**NAIROBI**
**NIAMEY**
**NOUAKCHOTT**

| | | | | | | | | | | | | | | |
|---|---|---|---|---|---|---|---|---|---|---|---|---|---|---|
| X | U | N | H | U | R | R | I | E | D | G | L | A | X | L |
| U | K | D | V | H | O | I | T | T | L | N | Z | I | I | E |
| M | O | E | N | V | X | S | W | A | W | I | P | N | O | I |
| Y | J | H | Y | D | R | A | T | R | L | P | G | A | X | S |
| S | L | S | S | E | Z | R | B | E | T | E | P | C | Z | U |
| O | J | U | L | R | O | L | O | B | R | E | I | T | Z | R |
| I | Q | R | U | U | U | A | P | I | M | R | R | I | D | E |
| D | R | N | L | S | G | G | N | L | W | C | L | V | A | L |
| Q | V | U | E | A | S | G | N | E | O | F | A | E | W | Y |
| A | T | S | A | E | W | I | I | D | L | D | U | W | D | T |
| F | C | L | D | M | K | N | N | S | S | W | D | D | L | Y |
| L | O | A | E | A | U | G | K | E | H | M | A | I | I | E |
| B | T | S | N | L | U | K | I | C | R | D | R | T | N | R |
| E | F | F | D | P | I | E | I | U | I | T | G | E | G | G |
| A | S | G | P | R | R | A | Y | U | R | L | N | P | D | F |

**CREEPING**
**DAWDLING**
**DELIBERATE**
**GRADUAL**
**INACTIVE**
**INERT**
**LAGGING**
**LEADEN**
**LEISURELY**
**LINGERING**
**MEASURED**
**PLODDING**
**SEDATE**
**SLOW**
**SLUGGISH**
**TARDY**
**UNHURRIED**
**UNRUSHED**

| | | | | | | | | | | | | | | |
|---|---|---|---|---|---|---|---|---|---|---|---|---|---|---|
| U | F | W | Q | S | C | Y | U | I | D | O | E | M | O | V |
| D | D | W | H | A | O | O | C | O | T | E | T | F | R | W |
| I | A | D | E | T | E | R | M | I | N | E | D | C | H | H |
| J | O | Q | Q | G | S | I | F | E | E | Z | G | A | P | A |
| E | I | U | S | X | N | A | R | R | D | G | M | O | P | O |
| V | F | I | O | A | A | G | H | I | I | Q | R | R | O | V |
| I | A | E | N | M | E | D | S | H | F | E | G | R | A | T |
| S | R | T | F | T | A | T | L | E | N | L | N | V | E | P |
| S | R | K | I | X | A | G | U | O | O | T | I | D | U | S |
| E | O | C | O | N | B | R | N | T | C | N | M | N | L | H |
| R | G | T | T | C | S | P | P | E | B | E | R | C | K | Y |
| G | A | S | R | T | I | F | R | J | T | G | A | R | I | Q |
| G | N | I | V | I | G | R | O | F | O | I | H | U | N | T |
| A | T | M | M | B | T | E | V | I | S | I | C | E | D | N |
| T | P | T | T | A | O | E | J | R | X | Z | L | L | N | F |

**AGGRESSIVE**
**ARROGANT**
**CHARMING**
**COLD**
**CONFIDENT**
**CRUEL**
**DECISIVE**
**DETERMINED**
**DISTANT**
**DOMINANT**
**ENERGETIC**
**FORGIVING**
**FRIENDLY**
**GENTLE**
**KIND**
**MAGNETIC**
**QUIET**
**SHY**

| | | | | | | | | | | | | | | |
|---|---|---|---|---|---|---|---|---|---|---|---|---|---|---|
| F | L | L | R | I | S | A | X | O | P | V | C | E | T | U |
| C | M | C | S | A | A | P | Q | W | T | Q | Z | Y | T | T |
| E | O | T | K | P | A | S | H | E | P | A | R | D | B | E |
| R | S | L | R | I | Y | A | C | F | P | F | S | S | S | S |
| N | S | Y | L | L | M | V | U | O | S | Y | T | L | O | W |
| A | I | Z | L | I | Q | I | P | T | T | U | X | G | S | A |
| N | R | S | L | T | N | T | O | G | E | T | L | O | U | S |
| O | G | T | E | R | E | S | H | K | O | V | A | R | G | F |
| X | L | A | V | L | I | K | U | T | P | O | R | D | J | Y |
| E | E | F | O | I | R | A | U | L | D | S | E | O | A | W |
| H | N | F | L | U | R | Y | W | I | L | S | O | N | C | T |
| J | N | O | Z | M | U | A | R | A | S | I | G | P | N | T |
| U | K | R | N | Q | C | V | Q | O | A | R | V | A | I | L |
| K | E | D | I | R | A | Y | U | S | A | N | X | A | K | Y |
| C | F | P | U | I | A | T | Q | F | D | Y | O | U | N | G |

CERNAN
COLLINS
CURRIE
GLENN
GORDON
GRISSOM
LOVELL
RIDE
SAVITSKAYA
SCOTT
SHEPARD
STAFFORD
SULLIVAN
TERESHKOVA
VOSS
WILSON
YANG
YOUNG

| | | | | | | | | | | | | | | |
|---|---|---|---|---|---|---|---|---|---|---|---|---|---|---|
| Y | O | K | R | L | U | H | R | R | U | A | V | O | A | J |
| R | R | A | E | J | K | L | L | P | K | J | R | C | M | M |
| K | N | O | W | I | N | G | I | A | L | H | A | T | F | Z |
| M | F | I | B | O | O | F | U | S | N | S | E | H | P | S |
| A | E | E | S | I | W | B | I | I | M | I | U | E | V | Q |
| A | S | E | O | S | L | R | M | N | U | A | G | V | U | R |
| C | U | T | S | O | E | I | A | V | A | R | R | I | B | B |
| C | S | U | Y | T | D | L | G | E | P | S | C | T | R | D |
| L | T | T | N | I | G | L | I | N | S | K | R | P | I | O |
| E | E | S | I | C | E | I | N | T | W | H | E | E | G | P |
| V | U | A | A | A | A | A | A | I | N | P | A | C | H | V |
| E | R | H | R | N | B | N | T | V | V | J | T | R | T | W |
| R | K | P | B | N | L | T | I | E | Q | D | I | E | P | O |
| H | X | Y | P | Y | E | J | V | H | T | X | V | P | E | R |
| A | I | X | J | D | R | D | E | Q | A | R | E | I | G | Q |

**ASTUTE**
**BRAINY**
**BRIGHT**
**BRILLIANT**
**CANNY**
**CLEVER**
**CREATIVE**
**IMAGINATIVE**
**INVENTIVE**
**KNOWING**
**KNOWLEDGEABLE**
**LEARNED**
**ORIGINAL**
**PERCEPTIVE**
**QUICK-WITTED**
**SHARP**
**SMART**
**WISE**

| | | | | | | | | | | | | | | |
|---|---|---|---|---|---|---|---|---|---|---|---|---|---|---|
| R | U | R | E | M | L | D | F | A | R | X | V | S | M | V |
| Z | I | M | D | T | E | R | O | M | E | Q | U | L | K | A |
| S | V | O | A | H | T | I | N | Q | I | R | Y | J | S | W |
| A | P | Q | S | I | O | E | D | U | T | I | T | T | A | G |
| R | L | O | S | T | B | K | U | R | P | S | D | E | P | A |
| E | D | R | I | S | N | U | M | O | A | E | V | A | L | D |
| T | T | O | L | S | U | A | I | U | R | T | N | X | O | D |
| K | A | R | G | F | E | N | V | V | S | I | O | U | M | L |
| W | P | S | C | R | T | T | T | E | D | I | P | E | B | E |
| G | R | A | C | E | R | J | L | R | D | B | C | R | L | S |
| T | D | K | H | R | O | Z | E | T | A | L | X | U | O | P |
| S | H | H | B | B | G | I | G | R | N | C | K | T | C | W |
| X | T | T | O | O | L | P | R | U | C | T | A | S | O | S |
| T | G | R | H | V | R | E | R | X | E | L | F | O | I | N |
| I | A | C | U | O | S | O | D | O | A | H | O | P | F | O |

APLOMB
ATTITUDE
BARRE
BUN
DANCE
DEVANT
FLEX
FONDU
GLISSADE
GRACE
LEOTARD
MUSIC
OUVERT
PIROUETTE
POINTE
POISE
POSTURE
RISE

| | | | | | | | | | | | | | | |
|---|---|---|---|---|---|---|---|---|---|---|---|---|---|---|
| S | R | Y | N | E | Y | A | S | U | E | L | Q | R | O | V |
| A | E | F | I | Q | Y | E | U | D | S | A | P | T | Q | A |
| O | G | C | X | L | J | T | Y | Z | O | H | O | X | R | P |
| S | T | I | Y | X | A | H | D | D | X | T | V | V | W | S |
| H | J | S | L | S | C | R | O | N | I | C | A | P | X | F |
| G | L | P | I | B | R | U | R | F | L | T | I | L | D | O |
| N | S | U | O | T | G | S | B | R | F | Z | U | V | X | X |
| E | Q | M | R | L | E | H | S | S | E | M | E | L | S | X |
| T | H | I | A | I | Y | S | P | T | F | F | A | U | T | I |
| X | S | S | L | R | I | R | B | E | N | I | G | N | I | N |
| F | X | C | K | H | V | R | T | I | C | C | R | O | W | E |
| U | P | E | N | N | C | I | F | G | K | K | P | T | I | O |
| A | A | U | O | W | A | Y | N | E | W | R | S | U | H | H |
| I | M | A | X | J | G | H | R | R | E | I | T | I | O | P |
| M | A | W | R | U | E | T | R | F | M | E | G | F | L | F |

**BENIGNI**
**BRODY**
**CAGE**
**CROWE**
**DOUGLAS**
**FIRTH**
**FOXX**
**HANKS**
**HOFFMAN**
**MARVIN**
**PACINO**
**PECK**
**PENN**
**PHOENIX**
**POITIER**
**RUSH**
**STEIGER**
**WAYNE**

| | | | | | | | | | | | | | | |
|---|---|---|---|---|---|---|---|---|---|---|---|---|---|---|
| B | S | E | T | U | I | S | R | T | S | N | Z | U | U | Y |
| T | T | C | I | H | U | D | P | S | O | P | R | O | E | T |
| N | N | A | E | T | R | L | H | I | E | Z | T | T | R | L |
| A | O | R | G | Y | O | O | T | R | X | C | I | I | A | E |
| T | I | D | A | N | W | P | F | H | O | B | C | D | N | V |
| S | S | S | T | I | E | O | H | U | B | K | R | O | E | I |
| I | U | A | S | C | R | G | R | A | S | E | O | V | G | T |
| S | L | T | E | M | P | U | R | O | T | S | H | E | T | A |
| S | L | D | A | R | B | A | D | A | C | A | R | B | A | T |
| A | I | N | Z | O | S | K | H | L | H | F | T | L | N | I |
| S | C | Y | G | O | L | O | P | A | C | S | E | S | L | O |
| E | M | I | L | X | T | E | P | A | C | O | D | D | U | N |
| A | Z | M | V | A | N | I | S | H | A | O | E | G | J | A |
| S | U | A | R | E | C | N | E | I | D | U | A | S | D | A |
| U | J | W | I | J | U | G | G | L | I | N | G | S | U | J |

ABRACADABRA
ASSISTANT
AUDIENCE
CAPE
CARDS
DECEPTION
DOVE
ESCAPOLOGY
ILLUSION
JUGGLING
LEVITATION
PERFORMANCE
RABBIT
SHOW
STAGE
TOP HAT
TRICKS
VANISH

| | | | | | | | | | | | | | | |
|---|---|---|---|---|---|---|---|---|---|---|---|---|---|---|
| W | R | E | M | N | U | F | E | I | C | V | W | A | M | N |
| S | N | J | H | O | T | Y | A | B | N | I | E | E | A | R |
| E | M | I | S | S | O | B | Y | N | H | L | T | Y | J | B |
| W | Z | E | S | I | C | O | L | Y | E | I | R | U | U | I |
| Z | H | R | T | U | S | U | L | T | Z | S | R | W | B | O |
| T | G | Z | B | R | O | T | H | E | R | E | S | B | S | I |
| R | R | R | B | L | E | C | E | D | F | T | R | Q | W | M |
| S | B | H | A | E | A | H | E | R | E | A | W | M | E | O |
| E | T | F | U | M | M | N | C | T | E | A | T | R | H | T |
| T | S | T | R | N | T | P | D | A | U | L | L | H | P | H |
| P | S | O | R | I | C | O | L | L | E | A | G | U | E | E |
| I | E | B | S | E | E | L | U | O | O | T | L | S | N | R |
| A | A | T | P | C | M | N | E | O | Y | R | L | G | Q | R |
| A | P | S | X | E | L | Y | D | O | S | E | D | L | S | T |
| H | G | R | A | N | D | M | A | N | A | G | E | R | R | S |

**BOSS**
**BROTHER**
**COLLEAGUE**
**COUSIN**
**DENTIST**
**EMPLOYEE**
**FATHER**
**FRIEND**
**GRANDMA**
**LANDLORD**
**MANAGER**
**MOTHER**
**NEPHEW**
**NIECE**
**SISTER**
**SON**
**TEACHER**
**UNCLE**

| | | | | | | | | | | | | | | |
|---|---|---|---|---|---|---|---|---|---|---|---|---|---|---|
| S | M | C | I | S | T | O | H | B | U | M | F | A | S | E |
| S | R | D | O | U | B | S | E | V | I | L | O | A | I | O |
| O | Z | O | U | L | R | I | C | E | U | I | M | F | C | P |
| B | N | M | G | R | E | E | N | B | E | A | N | S | U | S |
| B | B | I | I | N | A | S | I | W | S | T | G | S | S | H |
| T | R | J | O | X | D | R | L | H | T | K | J | N | C | T |
| R | O | U | S | N | E | D | E | A | M | C | F | I | V | V |
| S | C | Y | S | M | R | D | I | U | W | O | M | K | T | E |
| S | C | O | V | C | P | I | S | P | T | C | X | S | A | T |
| N | O | V | Y | O | H | H | N | A | C | N | R | O | C | O |
| A | L | P | T | S | R | E | P | G | L | W | S | T | J | S |
| C | I | A | P | O | T | A | T | O | S | A | L | A | D | N |
| H | T | E | O | U | S | E | M | T | H | R | D | T | A | O |
| O | V | M | A | V | S | Y | R | K | A | P | K | O | V | G |
| S | S | M | Y | C | H | E | E | S | E | M | E | P | U | T |

**BREAD**
**BROCCOLI**
**BRUSCHETTA**
**CHEESE**
**COLESLAW**
**GREEN BEANS**
**MASHED POTATO**
**MIXED SALAD**
**MUSHROOMS**
**NACHOS**
**OLIVES**
**ONION RINGS**
**OYSTERS**
**POTATO SALAD**
**POTATO SKINS**
**PRAWN COCKTAIL**
**RICE**
**TAPAS**

| | | | | | | | | | | | | | | |
|---|---|---|---|---|---|---|---|---|---|---|---|---|---|---|
| P | R | O | O | L | J | S | J | P | S | J | O | E | S | X |
| Y | P | B | I | T | H | P | N | O | A | L | S | G | E | W |
| H | U | B | T | O | Q | N | I | F | D | O | E | N | K | C |
| Y | O | T | C | U | T | B | A | C | K | E | Q | A | A | T |
| P | T | H | G | Q | M | C | P | V | C | B | E | R | S | P |
| K | I | M | C | O | E | H | W | D | A | R | V | L | P | H |
| S | N | J | V | R | M | R | P | R | B | E | I | Y | R | L |
| C | L | T | Y | V | O | J | R | T | Y | U | D | S | A | Q |
| T | P | U | P | A | R | E | N | R | A | E | K | C | Y | R |
| Y | S | W | A | P | L | I | A | R | L | W | C | O | A | C |
| W | X | A | E | P | O | E | P | O | I | K | U | H | V | P |
| K | J | C | T | P | S | T | O | T | P | A | D | Q | I | S |
| R | B | K | H | T | R | S | A | M | I | W | U | R | P | G |
| R | J | X | Q | R | E | X | E | Z | P | D | R | Y | K | L |
| U | O | S | Q | C | A | D | Z | Y | E | G | E | B | U | T |

**AIR**
**BARREL**
**CARVE**
**CUTBACK**
**DUCK DIVE**
**FACE**
**FIN**
**GNARLY**
**LAYBACK**
**LEASH**
**LIP**
**LOOSE**
**POINT BREAK**
**RAIL**
**RIPTIDE**
**SNAP**
**SPRAY**
**TUBE**

| | | | | | | | | | | | | | | |
|---|---|---|---|---|---|---|---|---|---|---|---|---|---|---|
| Z | I | Q | Z | S | K | R | A | V | K | A | G | A | R | R |
| D | V | Q | W | P | R | H | N | Y | S | L | T | L | M | R |
| O | U | S | B | G | E | L | D | I | N | G | G | F | O | B |
| R | E | D | N | E | D | I | A | M | A | R | E | A | S | R |
| S | E | D | R | S | S | I | M | U | H | S | L | I | T | V |
| G | C | O | L | T | R | E | P | M | U | B | H | J | I | T |
| W | O | O | A | M | M | W | G | N | O | Z | A | O | U | X |
| R | E | N | N | U | R | T | N | O | R | F | L | G | E | Z |
| X | C | I | O | V | O | P | K | V | I | X | A | R | P | K |
| E | T | R | G | S | F | M | S | I | P | N | R | Q | I | L |
| Y | V | A | E | H | A | L | Z | C | L | E | G | P | D | A |
| B | L | I | N | K | E | R | S | E | A | U | V | A | J | H |
| F | O | R | E | P | A | D | D | O | C | K | G | K | R | R |
| L | K | R | P | R | E | L | I | N | E | V | U | J | I | P |
| V | N | K | U | H | P | A | K | N | F | I | V | T | A | G |

**BLINKERS**
**BOOKMAKER**
**BUMPER**
**COLT**
**DISTANCE**
**FORM**
**FRONT RUNNER**
**GELDING**
**GOING**
**HEAVY**
**JUVENILE**
**MAIDEN**
**MARE**
**NOVICE**
**ODDS**
**PADDOCK**
**PLACE**
**WEIGHED IN**

| | | | | | | | | | | | | | | |
|---|---|---|---|---|---|---|---|---|---|---|---|---|---|---|
| I | O | R | W | I | I | Y | O | M | H | P | O | N | X | F |
| M | Z | R | O | K | S | S | S | C | T | E | O | Y | P | M |
| A | I | E | L | M | N | A | B | R | U | R | A | G | A | S |
| A | N | L | J | K | A | T | C | I | L | S | E | C | M | X |
| C | N | L | N | Z | Q | N | T | M | A | T | R | Y | A | T |
| T | E | I | T | L | R | A | C | E | D | R | S | N | R | R |
| I | B | R | M | L | A | F | O | E | V | T | V | S | D | I |
| O | D | H | L | A | Y | C | T | W | E | S | T | E | R | N |
| N | I | T | N | D | T | E | I | R | N | Y | C | H | I | N |
| T | S | E | W | E | C | I | Y | S | T | G | O | E | N | H |
| L | A | C | I | T | I | L | O | P | U | R | M | R | M | D |
| X | S | A | I | S | Z | S | F | N | R | M | E | Z | F | L |
| A | T | V | O | Z | Y | F | S | O | E | J | D | A | L | S |
| D | E | I | M | J | V | P | R | I | K | G | Y | O | S | A |
| R | R | W | H | X | K | F | T | K | A | I | E | N | N | D |

**ACTION**
**ADVENTURE**
**ANIMATION**
**COMEDY**
**CRIME**
**DETECTIVE**
**DISASTER**
**DRAMA**
**FANTASY**
**HORROR**
**MUSICAL**
**MYSTERY**
**POLITICAL**
**ROMANCE**
**SAGA**
**THRILLER**
**URBAN**
**WESTERN**

| | | | | | | | | | | | | | | |
|---|---|---|---|---|---|---|---|---|---|---|---|---|---|---|
| A | R | S | Q | T | S | E | S | H | E | I | N | R | W | L |
| R | A | G | L | R | V | T | Z | A | H | A | Z | K | N | Y |
| P | J | A | T | J | F | I | N | E | S | S | E | U | G | T |
| H | I | S | C | T | A | U | T | M | E | D | L | Q | A | P |
| L | L | L | K | F | Y | D | A | V | S | U | F | O | T | J |
| R | I | A | B | G | L | L | R | T | I | M | Q | O | S | S |
| Y | A | E | L | U | L | A | B | A | S | M | G | S | D | T |
| I | N | D | K | S | A | E | U | W | C | Y | G | O | I | C |
| T | L | D | L | O | M | O | R | A | G | S | U | Z | B | A |
| D | R | A | O | B | V | T | I | E | U | B | I | C | E | R |
| A | M | U | S | O | R | E | R | A | L | C | E | D | U | T |
| R | E | Z | F | I | R | B | R | E | C | S | T | T | C | N |
| I | H | J | C | F | E | I | T | I | S | S | B | I | T | O |
| G | E | K | V | R | N | O | I | T | N | E | V | N | O | C |
| R | N | Y | R | T | N | E | R | Y | F | O | V | R | N | N |

AUCTION
BOARD
CONTRACT
CONVENTION
CUE BIDS
DEALS
DECLARER
DISCARD
DOUBLETON
DUMMY
ENTRY
FINESSE
GERBER
REVOKE
RUFF
SMALL SLAM
SQUEEZE
TRICK

| | | | | | | | | | | | | | | |
|---|---|---|---|---|---|---|---|---|---|---|---|---|---|---|
| P | T | D | S | A | J | R | H | Y | T | F | E | H | Y | M |
| E | O | R | V | D | T | A | Q | M | S | U | T | A | A | Y |
| K | O | W | M | I | G | H | T | Y | Y | T | O | S | S | Y |
| A | J | W | E | I | B | E | A | O | T | P | U | T | L | O |
| A | K | S | A | R | W | R | T | S | U | B | O | R | S | F |
| O | T | F | T | R | F | C | R | T | D | G | U | A | D | L |
| L | T | R | Y | B | A | U | U | A | Y | B | H | P | R | Y |
| U | R | L | B | Y | R | L | L | L | V | U | E | P | A | Q |
| Q | V | G | S | E | P | E | V | W | A | N | L | I | L | P |
| E | B | Q | E | L | B | A | K | A | E | R | B | N | U | S |
| F | A | S | T | R | O | N | G | R | H | P | A | G | C | U |
| A | Z | A | H | C | N | U | A | T | S | T | R | C | S | N |
| A | U | S | B | O | U | A | U | O | R | U | U | S | U | R |
| S | T | G | T | Y | V | R | F | E | O | F | D | T | M | J |
| E | L | P | L | R | Q | N | X | J | I | B | I | R | U | I |

**BURLY**
**DURABLE**
**HEAVY-DUTY**
**HEFTY**
**HERCULEAN**
**MEATY**
**MIGHTY**
**MUSCULAR**
**POWERFUL**
**ROBUST**
**STALWART**
**STAUNCH**
**STOUT**
**STRAPPING**
**STRONG**
**STURDY**
**TOUGH**
**UNBREAKABLE**

| | | | | | | | | | | | | | | |
|---|---|---|---|---|---|---|---|---|---|---|---|---|---|---|
| F | G | I | P | Y | K | R | O | P | T | U | P | G | E | X |
| E | T | K | A | O | P | O | O | B | Y | T | T | E | B | K |
| L | O | N | W | O | R | B | E | I | L | R | A | H | C | S |
| I | N | S | N | I | F | F | I | R | G | R | E | T | E | P |
| X | I | O | E | I | F | H | V | D | G | Y | D | P | R | N |
| T | K | N | S | J | F | A | S | Y | R | O | E | S | E | O |
| H | Y | A | U | P | R | F | C | S | N | W | Y | C | T | S |
| E | N | M | O | A | M | T | I | A | B | O | E | O | S | P |
| C | N | R | M | Y | S | I | L | R | G | T | P | O | E | M |
| A | U | E | Y | J | T | D | S | I | G | Q | O | B | V | I |
| T | B | P | E | U | D | E | B | R | T | S | P | Y | L | S |
| L | S | U | K | U | R | E | E | Y | E | L | I | D | Y | T |
| L | G | S | C | B | A | T | S | W | S | M | I | O | S | R |
| D | U | K | I | R | H | D | L | W | T | K | O | O | L | A |
| I | B | G | M | J | L | T | G | O | O | F | Y | H | R | B |

**BART SIMPSON**
**BETTY BOOP**
**BUGS BUNNY**
**CHARLIE BROWN**
**DONALD DUCK**
**FELIX THE CAT**
**GOOFY**
**HOMER SIMPSON**
**LOIS GRIFFIN**
**MICKEY MOUSE**
**PETER GRIFFIN**
**POPEYE**
**PORKY PIG**
**SCOOBY-DOO**
**SUPERMAN**
**SYLVESTER**
**TWEETY**
**YOGI BEAR**

| | | | | | | | | | | | | | | |
|---|---|---|---|---|---|---|---|---|---|---|---|---|---|---|
| M | Z | U | Q | I | Z | O | X | R | Q | S | O | U | R | A |
| S | X | F | S | K | E | O | G | X | Q | I | J | J | S | I |
| S | R | T | G | A | Y | H | N | U | R | T | I | I | F | S |
| W | K | T | S | U | N | I | G | Y | R | O | T | E | H | S |
| L | E | A | O | W | F | K | F | A | C | D | O | F | I | R |
| M | G | D | P | L | A | I | L | L | L | H | R | S | G | E |
| O | J | S | G | E | F | N | O | E | S | O | C | E | H | P |
| C | A | P | G | E | O | G | L | M | B | P | S | O | H | P |
| C | Z | O | S | H | S | B | R | P | R | O | T | H | E | I |
| A | Z | L | A | N | P | O | S | S | O | E | O | S | E | L |
| S | S | F | N | E | F | O | L | R | G | S | O | T | L | S |
| I | H | P | D | T | D | T | S | Q | U | P | B | R | S | F |
| N | O | I | A | T | Z | S | T | U | E | S | I | U | A | T |
| S | E | L | L | I | R | D | A | P | S | E | K | O | B | E |
| D | P | F | S | K | L | O | A | F | E | R | S | C | V | Q |

**ANKLE BOOTS**
**BROGUES**
**CLOGS**
**COURT SHOE**
**ESPADRILLES**
**FLIP-FLOPS**
**GALOSHES**
**HIGH HEELS**
**HIKING BOOTS**
**JAZZ SHOE**
**KITTEN HEEL**
**LOAFERS**
**MOCCASINS**
**PLATFORM SHOE**
**SANDALS**
**SKI BOOTS**
**SLIPPERS**
**WEDGES**

| | | | | | | | | | | | | | | |
|---|---|---|---|---|---|---|---|---|---|---|---|---|---|---|
| N | F | P | Y | Z | J | A | S | A | L | N | U | A | S | C |
| E | L | A | S | T | I | C | T | E | O | S | X | O | R | L |
| V | U | H | Y | G | N | O | P | S | U | D | R | O | U | A |
| H | F | E | S | P | P | M | Y | H | A | S | P | L | I | O |
| B | F | R | E | Q | L | P | N | G | Q | T | B | R | R | P |
| J | Y | I | T | T | U | R | E | U | A | E | I | T | H | S |
| P | L | I | A | B | L | E | A | S | N | G | S | N | E | A |
| V | P | S | C | F | Z | S | L | D | T | O | R | B | Y | T |
| C | P | T | I | J | H | S | Y | C | L | O | H | F | P | O |
| X | I | N | L | Y | S | I | R | H | H | E | M | X | L | U |
| U | F | L | E | X | I | B | L | E | G | Y | Y | B | U | V |
| I | C | C | D | K | E | L | I | T | C | U | D | O | P | F |
| P | Z | M | A | L | L | E | A | B | L | E | O | O | Y | R |
| I | B | E | C | C | S | I | U | R | T | E | Q | D | G | L |
| C | D | M | Y | G | M | U | S | H | Y | S | A | V | V | E |

**BENDY**
**COMPRESSIBLE**
**DELICATE**
**DOUGHY**
**DUCTILE**
**ELASTIC**
**FLEXIBLE**
**FLUFFY**
**GOOEY**
**MALLEABLE**
**MUSHY**
**PLIABLE**
**PULPY**
**SATINY**
**SILKEN**
**SPONGY**
**SQUASHY**
**SQUELCHY**

| | | | | | | | | | | | | | | |
|---|---|---|---|---|---|---|---|---|---|---|---|---|---|---|
| C | G | H | G | D | R | A | O | B | P | U | C | W | J | A |
| U | K | O | S | S | R | C | B | A | P | T | R | W | A | C |
| S | N | M | T | N | S | A | K | K | P | R | A | G | A | M |
| T | A | E | E | O | O | N | W | D | A | A | J | R | S | E |
| Q | B | W | D | O | A | U | I | I | I | I | P | M | A | L |
| Q | Y | O | D | T | D | W | N | A | N | E | J | R | P | Z |
| C | G | R | Y | R | E | I | L | T | T | G | X | H | Y | G |
| U | G | K | B | A | B | R | B | S | I | R | S | M | A | I |
| U | I | W | E | C | R | A | C | B | N | D | U | B | A | V |
| U | P | X | A | S | L | C | O | E | G | R | Y | C | C | A |
| P | J | R | R | X | D | O | P | O | S | T | E | R | S | W |
| A | T | D | E | S | K | R | T | N | T | S | R | I | S | J |
| W | L | R | P | S | M | T | N | H | N | T | E | B | I | D |
| S | X | H | F | B | J | T | K | L | E | T | R | O | A | S |
| S | T | E | X | S | W | P | T | G | O | S | Y | O | T | U |

BED
BOOKS
CARPET
CARTOONS
CLOTHES
CUPBOARD
CURTAINS
DESK
DRAWINGS
HOMEWORK
LAMP
PAINTINGS
PIGGY BANK
POSTERS
SECRET DEN
TEDDY BEAR
TOYS
UNTIDY

| | | | | | | | | | | | | | | |
|---|---|---|---|---|---|---|---|---|---|---|---|---|---|---|
| T | L | Z | E | U | P | X | Z | X | M | R | P | S | A | O |
| J | A | N | E | T | J | A | C | K | S | O | N | C | W | Y |
| S | N | M | I | S | S | Y | E | L | L | I | O | T | T | E |
| A | W | H | I | T | N | E | Y | H | O | U | S | T | O | N |
| U | O | N | N | O | T | X | A | R | B | I | N | O | T | E |
| O | R | P | A | S | U | R | T | A | S | O | I | Z | I | O |
| U | B | Z | A | H | A | A | O | L | Y | E | B | F | S | L |
| W | S | L | G | W | K | K | D | I | A | E | O | R | R | L |
| A | I | H | B | N | D | A | L | C | J | W | R | R | E | E |
| I | R | A | E | R | O | Q | K | I | O | C | Y | G | D | W |
| X | H | T | R | R | A | S | E | A | E | S | E | S | D | X |
| A | C | W | T | A | O | N | Y | K | H | N | K | L | I | A |
| R | V | U | E | K | A | R | D | E | T | C | O | U | N | M |
| Q | R | E | G | I | L | B | J | Y | R | A | M | A | G | A |
| S | D | I | A | N | A | R | O | S | S | T | S | K | L | U |

ALICIA KEYS
BRANDY
CHAKA KHAN
CHRIS BROWN
DIANA ROSS
DRAKE
JANET JACKSON
MARY J. BLIGE
MAXWELL
MISSY ELLIOTT
NE-YO
OTIS REDDING
SMOKEY ROBINSON
THE O'JAYS
TONI BRAXTON
TREY SONGZ
USHER
WHITNEY HOUSTON

| | | | | | | | | | | | | | | |
|---|---|---|---|---|---|---|---|---|---|---|---|---|---|---|
| K | X | D | E | U | G | E | L | M | Z | E | K | I | I | R |
| I | S | Z | T | F | B | E | C | X | T | F | R | K | H | I |
| A | G | N | I | M | M | A | J | T | L | I | E | S | B | A |
| R | G | N | I | B | B | A | D | B | P | N | P | G | B | P |
| B | B | M | A | J | R | D | I | R | R | G | A | N | E | S |
| T | U | V | Y | H | H | C | T | I | H | E | V | O | L | C |
| O | K | R | O | V | R | O | O | D | N | R | A | B | Y | E |
| T | N | C | A | H | B | E | T | G | C | B | F | F | T | X |
| L | R | N | A | B | T | U | V | E | A | O | U | E | S | T |
| V | E | A | P | B | O | R | T | O | E | A | R | U | E | E |
| D | R | A | V | X | Y | W | A | T | I | R | X | Q | N | N |
| I | S | M | D | E | T | A | L | M | R | D | E | L | I | D |
| C | O | R | N | E | R | U | L | I | V | E | R | O | P | E |
| X | O | T | W | L | R | S | N | C | N | C | S | J | L | R |
| D | R | T | I | A | T | R | E | D | N | E | C | S | A | T |

ABSEIL
ALPINE STYLE
ASCENDER
BARN DOOR
BOWLINE
BRIDGE
BUTTRESS
CLOVE HITCH
CORNER
DABBING
EXTENDER
FINGERBOARD
JAMMING
LAYBACK
LEADER
LIVE ROPE
OVERHANG
TRAVERSE

| | | | | | | | | | | | | | | |
|---|---|---|---|---|---|---|---|---|---|---|---|---|---|---|
| P | Y | G | I | S | R | P | E | A | D | O | G | R | A | F |
| O | D | L | E | F | N | I | E | S | A | T | O | R | A | T |
| J | F | R | I | E | N | D | S | I | P | T | T | V | B | A |
| I | M | A | D | M | E | N | E | E | Y | T | H | O | J | S |
| A | T | B | R | E | A | K | I | N | G | B | A | D | J | N |
| G | T | H | E | O | F | F | I | C | E | I | M | E | C | R |
| P | V | O | E | S | A | U | N | U | M | B | Q | I | T | F |
| A | P | N | A | S | O | N | A | R | P | O | S | E | H | T |
| X | B | I | G | L | I | T | T | L | E | L | I | E | S | A |
| Y | U | G | Y | L | I | M | A | F | P | D | S | H | T | Q |
| Z | A | J | J | E | P | S | P | A | R | G | O | I | U | L |
| T | H | E | X | F | I | L | E | S | O | T | X | M | V | J |
| A | Q | K | R | A | P | H | T | U | O | S | U | I | T | S |
| J | O | F | T | H | E | C | R | O | W | N | T | X | S | E |
| G | X | S | N | P | D | L | R | O | W | T | S | E | W | P |

**BIG LITTLE LIES**
**BREAKING BAD**
**FAMILY GUY**
**FARGO**
**FRIENDS**
**GOTHAM**
**MAD MEN**
**MODERN FAMILY**
**NCIS**
**SEINFELD**
**SOUTH PARK**
**SUITS**
**THE CROWN**
**THE OFFICE**
**THE SIMPSONS**
**THE SOPRANOS**
**THE X-FILES**
**WESTWORLD**

| | | | | | | | | | | | | | | |
|---|---|---|---|---|---|---|---|---|---|---|---|---|---|---|
| T | B | P | F | Y | T | E | I | T | T | T | L | N | O | M |
| A | U | M | S | L | A | Y | S | E | R | D | S | A | P | E |
| Y | V | E | B | E | I | B | N | K | P | E | E | P | U | V |
| R | W | A | L | P | A | G | F | O | E | I | T | L | E | H |
| X | N | S | B | M | R | A | H | C | L | I | U | F | X | Y |
| D | C | O | N | V | O | C | A | T | I | O | N | Q | A | T |
| L | G | N | I | R | E | T | T | A | H | C | C | D | L | R |
| U | N | O | I | T | A | G | E | R | G | N | O | C | T | R |
| U | B | P | T | Y | A | M | B | L | R | Y | P | R | A | L |
| Y | N | T | S | P | A | R | L | I | A | M | E | N | T | Y |
| S | E | G | O | T | O | D | U | O | T | L | F | V | I | S |
| P | V | E | P | O | P | T | T | M | G | J | T | T | O | S |
| R | R | S | D | B | C | O | N | G | R | E | S | S | N | C |
| R | O | V | J | G | U | F | A | V | S | U | R | I | U | S |
| T | T | T | R | P | Q | G | T | D | P | P | M | K | E | M |

**BAND**
**BEVY**
**BROOD**
**CHARM**
**CHATTERING**
**COLONY**
**CONGREGATION**
**CONGRESS**
**CONVOCATION**
**COVEY**
**EXALTATION**
**FLIGHT**
**GAGGLE**
**MURMURATION**
**PARLIAMENT**
**PEEP**
**RAFTER**
**SKEIN**

| | | | | | | | | | | | | | | |
|---|---|---|---|---|---|---|---|---|---|---|---|---|---|---|
| E | V | I | H | C | R | A | L | K | T | O | O | S | S | K |
| E | C | R | U | O | S | Y | R | A | D | N | O | C | E | S |
| G | Y | R | A | T | I | L | I | M | E | J | T | I | C | K |
| E | A | O | U | J | T | D | Z | R | A | S | E | T | N | L |
| Y | G | O | L | O | N | O | R | H | C | O | P | S | E | G |
| G | T | N | H | I | S | T | O | R | I | A | N | I | R | E |
| O | A | P | L | F | R | Y | A | S | P | A | S | T | E | N |
| L | H | A | G | I | O | G | R | A | P | H | Y | A | F | E |
| O | A | S | R | S | H | C | R | A | N | O | M | T | E | A |
| P | R | H | Q | T | O | P | G | D | M | Z | V | S | R | L |
| Y | X | Y | M | A | N | U | S | C | R | I | P | T | S | O |
| T | E | Y | G | O | L | O | E | A | H | C | R | A | T | G |
| R | R | K | B | I | B | L | I | O | G | R | A | P | H | Y |
| U | U | T | T | V | U | P | R | C | P | D | G | Y | R | G |
| S | E | L | T | T | A | B | M | Z | U | S | T | B | V | J |

ARCHAEOLOGY
ARCHIVE
BATTLES
BIBLIOGRAPHY
CHRONOLOGY
GENEALOGY
HAGIOGRAPHY
HISTORIAN
MANUSCRIPTS
MILITARY
MONARCHS
PAST
PRIMARY SOURCE
REFERENCES
SEAL
SECONDARY SOURCE
STATISTICS
TYPOLOGY

| | | | | | | | | | | | | | | |
|---|---|---|---|---|---|---|---|---|---|---|---|---|---|---|
| S | B | S | T | O | T | H | E | B | E | A | M | Z | V | E |
| N | E | T | O | Q | L | E | Z | N | U | P | A | R | I | T |
| L | V | E | H | N | S | E | B | R | O | K | R | R | E | H |
| A | C | C | B | E | C | I | M | P | L | A | Y | M | D | E |
| R | L | H | F | N | G | Y | U | N | Q | R | S | I | U | E |
| C | E | I | S | L | E | R | E | V | E | L | C | A | R | L |
| P | V | N | T | I | I | E | I | K | U | U | H | L | T | V |
| T | E | T | A | T | R | K | U | F | N | Z | I | L | U | E |
| M | R | R | X | T | E | O | M | Q | F | O | L | E | A | S |
| T | H | E | O | W | L | P | N | P | E | I | D | R | R | U |
| F | A | I | T | H | F | U | L | J | O | H | N | E | F | J |
| S | N | E | I | Q | P | T | S | C | O | E | T | D | H | T |
| A | S | I | L | N | A | E | L | D | O | H | E | N | V | T |
| L | T | F | R | A | U | H | O | L | L | E | N | I | U | O |
| T | T | U | P | N | M | Q | R | W | Y | O | B | C | S | O |

**CINDERELLA**
**CLEVER ELSIE**
**CLEVER HANS**
**FAITHFUL JOHN**
**FRAU HOLLE**
**FRAU TRUDE**
**HERR KORBES**
**IRON JOHN**
**LEAN LISA**
**MARY'S CHILD**
**OLD SULTAN**
**RAPUNZEL**
**THE BEAM**
**THE DONKEY**
**THE ELVES**
**THE GRIFFIN**
**THE OWL**
**THE QUEEN BEE**

| | | | | | | | | | | | | | | |
|---|---|---|---|---|---|---|---|---|---|---|---|---|---|---|
| V | B | J | H | J | R | L | H | Y | B | T | O | L | M | K |
| P | D | E | P | P | I | X | I | E | C | U | T | R | C | P |
| O | C | S | P | J | C | K | G | A | O | W | P | W | N | A |
| E | U | E | J | R | L | X | H | C | T | J | K | A | K | P |
| E | R | H | U | C | U | R | L | E | D | Y | X | A | C | W |
| M | V | C | R | I | M | P | I | N | G | O | N | O | W | X |
| R | S | N | S | T | E | L | G | N | I | R | M | O | P | R |
| A | B | U | C | T | I | X | H | S | B | B | O | B | P | I |
| E | E | B | N | H | K | U | T | X | O | U | H | O | I | T |
| P | E | A | R | D | I | A | S | V | U | Z | A | Q | L | D |
| N | H | E | F | A | E | G | E | C | F | Z | W | A | P | K |
| U | I | L | R | A | I | R | N | U | F | C | K | E | S | G |
| P | V | Z | B | A | J | D | C | O | A | U | R | G | S | L |
| T | E | L | L | U | M | G | S | U | N | T | I | C | P | I |
| T | P | I | E | S | Q | D | X | Z | T | B | J | F | S | I |

**BEEHIVE**
**BOB**
**BOUFFANT**
**BRAIDS**
**BUNCHES**
**BUZZ CUT**
**CHIGNON**
**COMB-OVER**
**CRIMPING**
**CURLED**
**HIGHLIGHTS**
**MOHAWK**
**MULLET**
**PERM**
**PIXIE CUT**
**PONYTAIL**
**RINGLETS**
**UNDERCUT**

Running Gear

*No. 124*

| | | | | | | | | | | | | | | |
|---|---|---|---|---|---|---|---|---|---|---|---|---|---|---|
| S | Y | U | E | S | H | O | R | T | S | I | V | T | N | J |
| S | P | S | T | I | M | R | D | N | T | I | J | R | J | M |
| E | E | E | T | A | N | W | E | A | T | T | S | A | D | U |
| V | D | S | H | E | D | A | N | A | E | X | R | B | N | S |
| O | O | S | A | W | K | K | E | U | L | B | G | N | A | I |
| L | M | A | T | A | T | C | A | B | S | U | L | V | B | C |
| G | E | L | T | O | W | L | A | T | I | M | O | T | T | P |
| T | T | G | P | I | S | A | R | J | R | F | I | S | A | L |
| S | E | N | S | E | N | O | H | P | D | A | E | H | E | A |
| E | R | U | U | O | P | Y | T | E | A | A | V | Q | W | Y |
| V | R | S | L | S | E | L | N | O | C | O | E | I | S | E |
| A | W | A | K | T | R | I | H | S | T | E | G | L | E | R |
| K | Y | C | V | X | T | I | W | Y | Q | O | E | E | Z | L |
| B | O | D | T | W | S | G | N | I | G | G | E | L | A | C |
| S | Z | L | Y | C | R | A | E | V | A | A | I | L | F | I |

**BEANIE**
**FLEECE**
**GLOVES**
**HAT**
**HEADPHONES**
**JACKET**
**LEGGINGS**
**LYCRA**
**MUSIC PLAYER**
**PEDOMETER**
**SHORTS**
**SOCKS**
**SPORTS BRA**
**SUNGLASSES**
**SWEATBAND**
**T-SHIRT**
**TANK TOP**
**VEST**

| | | | | | | | | | | | | | | |
|---|---|---|---|---|---|---|---|---|---|---|---|---|---|---|
| E | Y | Y | K | N | O | I | T | I | T | E | P | M | O | C |
| P | I | T | T | C | O | H | E | S | I | O | N | U | U | T |
| S | N | P | I | T | R | O | F | F | E | Y | E | F | U | N |
| E | I | O | R | L | J | O | E | W | T | N | I | E | O | E |
| C | M | A | I | B | I | U | E | I | U | T | A | I | G | M |
| N | O | F | N | T | O | B | N | U | N | T | T | L | R | T |
| A | T | O | A | A | A | U | A | E | E | A | V | E | Y | I |
| M | I | C | A | I | M | R | M | T | N | L | T | B | N | M |
| R | V | U | A | M | R | E | O | I | P | L | G | L | O | M |
| O | A | S | O | U | E | P | D | B | I | A | Y | C | M | O |
| F | T | C | G | R | I | R | L | A | A | A | D | X | R | C |
| R | I | R | G | R | O | U | P | A | R | L | U | A | A | G |
| E | O | A | Z | O | E | X | S | V | Y | Z | L | R | H | R |
| P | N | D | C | N | O | I | T | A | R | E | P | O | O | C |
| B | E | I | R | E | D | A | R | A | M | A | C | S | C | S |

ADAPTABILITY
AGREEMENT
BELIEF
CAMARADERIE
COHESION
COLLABORATION
COMMITMENT
COMMUNITY
COMPETITION
COOPERATION
COORDINATION
EFFORT
FAIR PLAY
FOCUS
GROUP
HARMONY
MOTIVATION
PERFORMANCE

Followed by "Board" *No. 126*

| | | | | | | | | | | | | | | |
|---|---|---|---|---|---|---|---|---|---|---|---|---|---|---|
| W | G | R | E | J | D | U | L | R | A | T | R | O | M | R |
| C | U | T | T | I | N | G | E | L | P | Z | D | Z | C | B |
| S | B | B | H | U | I | F | I | N | G | E | R | Q | Z | U |
| F | O | A | P | U | C | R | R | B | Q | U | T | Z | G | L |
| L | X | T | R | K | H | A | S | V | R | I | R | R | M | L |
| E | R | M | E | S | S | A | G | E | D | A | E | R | B | E |
| V | D | A | K | D | A | G | N | I | N | O | R | I | I | T |
| O | I | W | K | W | D | T | R | A | D | N | I | H | P | I |
| B | V | D | S | C | C | I | R | C | U | I | T | Q | C | N |
| A | I | O | R | P | A | L | U | S | L | T | O | S | R | N |
| F | N | U | V | A | R | B | E | L | Q | L | S | N | O | Y |
| K | G | U | Y | M | W | W | R | C | T | V | Q | T | P | R |
| R | X | U | G | E | G | I | A | P | T | P | I | T | H | N |
| P | R | B | A | A | K | I | N | O | A | C | Y | C | S | D |
| Y | P | T | S | S | E | H | C | G | E | P | R | F | T | C |

ABOVE
BACK
BREAD
BULLETIN
CHESS
CIRCUIT
CUP
CUTTING
DART

DASH
DIVING
DRAWING
FINGER
IRONING
KEY
MESSAGE
MORTAR
NOTICE

| | | | | | | | | | | | | | | |
|---|---|---|---|---|---|---|---|---|---|---|---|---|---|---|
| I | A | E | L | T | W | U | F | B | P | T | J | L | M | A |
| C | G | A | T | L | U | B | A | L | T | S | P | M | R | R |
| S | O | A | T | F | A | S | K | E | S | R | S | S | R | I |
| E | P | G | U | T | Q | F | B | S | E | Q | P | S | B | X |
| R | M | R | Z | P | R | X | N | K | E | H | L | L | E | D |
| G | M | A | E | U | C | R | E | Q | T | I | U | E | U | S |
| T | G | B | T | X | S | Z | T | L | K | T | W | R | S | S |
| C | Y | O | N | U | C | J | C | E | C | N | I | S | J | O |
| R | E | U | A | A | B | E | I | J | A | N | T | S | I | R |
| A | F | T | E | R | A | E | P | R | G | M | H | T | T | C |
| E | S | H | G | U | O | R | H | T | S | N | I | A | G | A |
| N | S | M | T | V | T | U | L | I | F | W | N | D | N | E |
| X | Z | M | E | W | A | U | N | A | N | P | U | P | O | N |
| Y | O | R | T | R | C | U | Q | D | A | D | B | L | L | C |
| U | S | X | V | V | H | W | N | N | E | G | M | R | A | K |

**ABOUT**
**ACROSS**
**AFTER**
**AGAINST**
**ALONG**
**AROUND**
**BEHIND**
**BUT**
**DURING**
**EXCEPT**
**LIKE**
**NEAR**
**OVER**
**PLUS**
**SINCE**
**THROUGH**
**UPON**
**WITHIN**

| | | | | | | | | | | | | | | |
|---|---|---|---|---|---|---|---|---|---|---|---|---|---|---|
| V | M | E | Y | E | O | L | X | G | P | N | K | U | I | S |
| Y | E | I | E | Q | E | Y | O | I | E | D | V | S | D | R |
| T | L | B | A | J | B | A | C | K | S | T | R | O | K | E |
| U | Y | F | B | S | K | L | D | D | A | E | L | I | S | K |
| R | T | L | R | Y | P | E | O | I | P | P | T | F | I | C |
| M | S | O | O | E | A | R | R | V | H | A | Y | R | P | O |
| E | E | A | B | L | T | S | I | I | S | T | R | O | L | L |
| B | E | T | T | D | K | T | N | N | A | J | O | N | Y | A |
| D | R | S | E | E | T | K | U | G | G | L | H | T | T | S |
| S | F | O | O | M | I | Q | R | B | S | B | N | C | T | E |
| A | X | C | D | C | O | W | U | O | W | H | O | R | S | N |
| Q | S | L | K | A | R | M | B | A | N | D | O | A | U | A |
| B | R | E | A | S | T | S | T | R | O | K | E | W | R | L |
| L | I | F | E | G | U | A | R | D | E | R | H | L | E | D |
| A | K | R | C | O | O | I | K | S | T | E | T | G | S | R |

**ARMBAND**
**BACKSTROKE**
**BREASTSTROKE**
**BUTTERFLY**
**DIVING BOARD**
**DOLPHIN KICK**
**FLOATS**
**FREESTYLE**
**FRONT CRAWL**
**LANES**
**LIFEGUARD**
**LOCKERS**
**MEDLEY**
**POOL**
**RELAY**
**SHOWER**
**SPRINGBOARD**
**STROKES**

| | | | | | | | | | | | | | | |
|---|---|---|---|---|---|---|---|---|---|---|---|---|---|---|
| F | T | P | O | Q | B | E | E | X | A | Y | A | U | M | O |
| I | B | Q | Z | N | L | P | X | S | J | R | T | F | O | K |
| U | M | B | B | X | R | J | H | S | U | E | D | W | I | Q |
| K | R | K | H | R | U | P | H | R | T | L | A | C | T | Z |
| C | P | R | S | A | Q | N | M | E | T | A | K | Q | S | R |
| Y | Y | F | U | L | L | H | O | U | S | E | W | T | E | W |
| D | N | I | L | B | G | I | B | I | R | D | K | E | B | Y |
| N | D | F | F | B | A | A | U | V | T | E | L | C | K | A |
| K | L | T | L | O | O | L | L | G | U | C | V | H | X | E |
| R | O | U | A | O | F | M | L | N | N | A | A | I | N | J |
| P | F | R | Y | D | P | J | B | I | Y | L | N | P | R | I |
| F | E | N | O | R | A | P | Y | T | N | L | T | S | M | S |
| Q | S | T | R | A | I | G | H | T | U | H | E | D | J | T |
| C | C | Y | M | W | Q | Z | G | E | L | I | N | M | M | L |
| C | A | R | I | S | M | M | P | B | A | Z | U | I | H | D |

ACTION
ALL-IN
ANTE
BETTING
BIG BLIND
BLUFF
CALL
CHIPS
DEALER
DRAW
FLOP
FOLD
FULL HOUSE
KICKER
RIVER
ROYAL FLUSH
STRAIGHT
TURN

| | | | | | | | | | | | | | | |
|---|---|---|---|---|---|---|---|---|---|---|---|---|---|---|
| A | A | R | C | R | X | B | E | L | F | R | Y | P | L | E |
| M | R | F | O | C | H | S | V | B | T | A | E | K | G | R |
| U | C | O | L | O | N | N | A | D | E | N | D | V | N | S |
| I | A | R | U | R | B | A | R | O | Q | U | E | E | L | A |
| R | D | E | M | N | R | C | T | P | A | I | S | L | E | U |
| T | E | C | N | I | S | T | I | W | B | E | I | Z | T | J |
| A | I | O | Z | C | S | T | H | H | G | W | G | R | C | Y |
| O | F | U | S | E | T | T | C | S | T | L | N | S | D | U |
| J | E | R | U | E | L | J | R | R | M | O | L | F | R | P |
| L | V | T | A | Y | E | B | A | P | S | E | G | H | T | L |
| I | B | J | H | M | V | O | R | O | T | P | S | R | E | M |
| T | T | E | U | U | E | C | R | A | T | Y | M | N | R | G |
| Q | H | B | A | L | C | O | N | Y | M | O | F | H | A | C |
| H | R | I | B | M | C | R | B | Y | A | S | F | R | J | H |
| A | R | P | R | O | S | D | I | L | I | R | C | O | R | C |

A-FRAME
AISLE
APSE
ARCADE
ARCHITRAVE
ATRIUM
BALCONY
BAROQUE
BAUHAUS
BEAMS
BELFRY
COLONNADE
COLUMN
CORNICE
DESIGN
FORECOURT
GOTHIC
MARBLE

# Hair

| | | | | | | | | | | | | | | |
|---|---|---|---|---|---|---|---|---|---|---|---|---|---|---|
| J | Y | M | L | M | L | B | H | L | R | O | T | R | D | C |
| T | T | A | U | R | L | D | S | E | N | C | O | J | V | R |
| C | U | R | R | O | L | T | U | C | G | O | S | I | I | I |
| H | E | C | W | P | T | D | R | O | T | N | G | K | D | M |
| S | A | D | W | K | S | A | B | S | O | O | I | A | R | P |
| N | R | I | P | E | O | R | R | S | R | P | N | R | M | E |
| Y | S | R | R | T | R | O | I | B | P | D | M | P | F | R |
| P | K | A | T | C | S | C | A | A | R | S | A | A | O | S |
| N | T | L | A | S | A | C | H | U | H | A | S | A | H | X |
| S | S | T | I | X | K | R | F | U | T | Z | M | Z | E | S |
| E | L | C | G | C | P | F | E | J | Z | H | M | R | E | P |
| W | S | C | O | N | D | I | T | I | O | N | E | R | W | E |
| T | T | M | S | G | G | A | R | X | S | A | T | S | N | P |
| S | B | S | K | R | L | F | R | O | L | L | E | R | S | Y |
| O | S | R | C | Z | C | U | R | L | S | W | J | T | T | P |

**BACK COMB**
**BLOW-DRY**
**CONDITIONER**
**CREW CUT**
**CRIMPERS**
**CURLS**
**DANDRUFF**
**FRINGE**
**FRIZZ**
**HAIRBRUSH**
**HAIRCARE**
**HAIRSPRAY**
**PERM**
**ROLLERS**
**ROOTS**
**SCISSORS**
**SERUM**
**SHAMPOO**

| | | | | | | | | | | | | | | |
|---|---|---|---|---|---|---|---|---|---|---|---|---|---|---|
| F | O | R | J | L | E | L | E | P | H | A | N | T | L | L |
| L | Y | S | L | E | E | B | L | A | X | T | W | E | P | E |
| E | D | L | W | R | Z | R | A | G | U | O | C | W | W | O |
| O | M | J | F | N | N | N | P | E | O | A | C | A | I | F |
| P | Z | T | V | I | A | O | K | A | M | R | C | B | R | P |
| A | K | D | A | C | P | M | H | W | V | A | I | U | N | E |
| R | H | K | O | P | M | A | I | T | M | B | Q | L | Q | L |
| D | Y | N | E | G | I | F | K | A | Y | Y | O | Y | L | G |
| R | D | B | A | X | H | R | R | O | C | P | X | C | A | A |
| A | U | S | A | R | C | R | U | U | B | A | K | J | G | E |
| U | X | E | R | B | I | C | R | I | I | C | A | C | O | Y |
| G | M | Q | K | R | H | P | M | O | R | T | H | M | O | P |
| A | L | J | E | J | L | S | L | O | T | H | B | E | A | R |
| J | E | I | V | M | S | U | U | N | M | I | T | A | Q | A |
| Y | T | N | R | N | T | B | R | B | R | N | E | Z | T | H |

**ANACONDA**
**BUSH BABY**
**CAIMAN**
**CAPYBARA**
**CHIMPANZEE**
**COUGAR**
**ELEPHANT**
**FRUIT BAT**
**GORILLA**
**HARPY EAGLE**
**JAGUAR**
**LEOPARD**
**MACAW**
**OKAPI**
**PIRANHA**
**ROCK PYTHON**
**SLOTH BEAR**
**TAPIR**

| | | | | | | | | | | | | | | |
|---|---|---|---|---|---|---|---|---|---|---|---|---|---|---|
| C | L | A | V | I | R | R | A | E | H | T | M | Y | X | N |
| T | H | E | B | F | G | U | F | H | R | S | A | R | I | I |
| N | H | A | R | X | B | N | Y | O | R | U | D | R | O | C |
| Y | O | V | R | U | N | S | H | O | H | N | E | E | R | S |
| E | R | O | C | L | T | T | A | P | D | I | L | B | D | T |
| L | R | N | M | O | O | S | O | E | Y | I | I | M | Y | E |
| N | I | E | R | T | R | T | V | H | T | Z | N | A | C | L |
| A | D | R | E | M | H | A | T | T | M | W | E | J | N | L |
| T | H | E | J | U | N | G | L | E | B | O | O | K | A | A |
| S | E | H | O | L | O | E | I | I | S | Y | E | N | N | L |
| T | N | S | U | L | P | P | L | N | N | W | Z | V | Y | U |
| A | R | S | R | E | W | D | X | N | D | E | E | C | C | N |
| L | Y | E | A | O | L | I | V | I | A | O | V | B | N | A |
| F | B | R | R | C | R | P | W | W | R | T | O | H | A | D |
| O | L | P | A | M | A | T | I | L | D | A | E | G | F | Y |

**CHARLOTTE'S WEB**
**CORALINE**
**CORDUROY**
**FANCY NANCY**
**FLAT STANLEY**
**GOODNIGHT MOON**
**HORRID HENRY**
**JAMBERRY**
**LITTLE PEA**
**MADELINE**
**MATILDA**
**OLIVIA**
**PRESS HERE**
**STELLALUNA**
**THE ARRIVAL**
**THE BFG**
**THE JUNGLE BOOK**
**WINNIE-THE-POOH**

## Egyptian Pharaohs *No. 134*

| | | | | | | | | | | | | | | |
|---|---|---|---|---|---|---|---|---|---|---|---|---|---|---|
| W | G | W | T | T | S | A | L | S | T | R | B | N | T | S |
| G | F | H | R | V | S | K | V | T | I | L | R | P | O | L |
| Y | Z | G | I | N | U | H | Y | P | R | N | C | S | X | Q |
| W | U | P | S | H | A | X | N | L | V | E | S | X | A | O |
| W | W | Q | A | P | O | R | D | E | W | F | K | J | M | B |
| D | E | D | H | P | G | U | M | Q | B | E | U | E | A | K |
| V | L | S | U | D | J | O | S | E | R | R | N | K | E | D |
| Q | S | L | R | R | E | U | S | E | R | K | A | R | E | N |
| S | I | H | E | P | S | C | Z | K | A | A | E | T | J | O |
| T | R | Q | F | E | L | U | F | U | H | K | K | R | S | T |
| W | C | O | E | T | D | D | R | A | Y | A | D | I | O | R |
| R | O | H | N | E | R | E | M | A | I | P | F | P | N | R |
| X | T | M | S | T | Q | X | R | R | S | B | W | R | B | C |
| H | I | U | G | I | Y | S | L | W | L | Z | R | S | E | A |
| U | N | A | S | E | D | Y | T | E | P | I | M | E | F | S |

BAKA
DJOSER
HUNI
KHAFRE
KHUFU
MENKAURE
MERENHOR
NARMER
NEBRA
NEFERKA
NIKARE
NITOCRIS
SAHURE
SNEFERU
SONBEF
TETI
UNAS
USERKARE

# Pig Breeds

| | | | | | | | | | | | | | | |
|---|---|---|---|---|---|---|---|---|---|---|---|---|---|---|
| R | G | A | U | N | A | B | O | G | M | S | E | S | C | B |
| G | N | I | J | G | N | E | F | E | A | P | C | H | A | R |
| R | S | U | J | B | Z | L | L | S | X | S | O | L | N | L |
| V | G | E | I | O | A | U | V | T | R | C | C | E | T | U |
| H | U | T | N | A | B | R | E | I | T | O | V | O | O | W |
| A | Y | C | M | U | K | O | T | A | N | A | I | Z | N | R |
| E | O | S | O | C | U | E | W | Z | I | T | W | B | E | P |
| B | R | I | T | I | S | H | L | O | P | V | A | D | S | A |
| M | U | L | E | F | O | O | T | E | X | E | S | S | E | S |
| K | E | A | R | G | D | B | G | T | L | O | X | A | C | R |
| S | A | I | B | E | R | I | A | N | D | U | N | F | P | E |
| J | D | L | S | J | O | M | T | S | H | A | A | E | S | P |
| A | L | A | A | H | L | U | V | G | Q | O | C | E | Y | B |
| V | L | L | P | Q | A | X | C | N | D | U | R | O | C | R |
| N | P | C | T | H | B | N | G | R | I | C | E | J | S | J |

**BANTU**
**BASQUE**
**BAZNA**
**BREITOVO**
**BRITISH LOP**
**CANTONESE**
**CHOCTAW HOG**
**DUROC**
**ESSEX**
**FENGJING**
**GASCON**
**GRICE**
**IBERIAN**
**KELE**
**MEISHAN**
**MUKOTA**
**MULEFOOT**
**RED WATTLE**

| | | | | | | | | | | | | | | |
|---|---|---|---|---|---|---|---|---|---|---|---|---|---|---|
| N | Z | T | D | I | W | T | H | O | R | N | E | T | S | G |
| O | R | M | E | R | W | T | Z | D | R | D | I | T | S | R |
| D | Y | Y | I | I | S | P | N | L | T | S | N | O | R | T |
| G | H | W | N | S | R | A | U | A | K | I | I | A | E | S |
| I | A | A | M | E | L | L | H | R | T | L | L | B | Y | A |
| H | N | A | T | P | S | U | N | S | E | L | R | O | N | P |
| N | D | R | O | V | B | N | C | E | O | E | E | L | O | A |
| A | O | C | E | W | O | H | O | N | V | T | B | C | L | K |
| P | S | E | D | A | K | A | L | C | U | T | A | T | D | K |
| J | L | P | J | R | S | U | E | S | G | A | P | Q | S | U |
| A | I | W | E | A | W | A | M | B | R | R | P | J | I | U |
| T | T | R | H | A | I | H | A | P | E | D | A | B | F | M |
| G | L | A | S | S | V | I | N | D | W | A | Z | Q | E | E |
| T | L | G | S | N | A | M | U | H | C | S | C | P | Y | V |
| L | A | K | E | Q | B | C | O | A | T | E | S | H | E | Q |

ADAMS
BEACH
BERLIN
COATES
COLEMAN
COPLAND
DRATTELL
GLASS
HALL
HIGDON
HOWE
LARSEN
PORTER
REYNOLDS
SCHUMAN
SEDAKA
THORNE
ZAPPA

| | | | | | | | | | | | | | | |
|---|---|---|---|---|---|---|---|---|---|---|---|---|---|---|
| N | R | C | R | C | Y | C | M | W | I | B | U | S | E | W |
| L | J | B | P | L | A | A | R | D | L | N | L | O | T | S |
| A | V | B | V | E | Q | O | L | S | A | T | S | T | P | A |
| R | E | O | P | C | T | L | U | P | P | E | T | U | E | O |
| Y | B | L | L | S | H | O | O | T | S | R | D | C | B | J |
| G | A | K | B | U | D | S | X | Y | H | I | R | S | N | Q |
| H | S | E | R | F | Y | V | M | I | C | E | D | J | K | K |
| Y | K | L | T | T | E | M | L | E | A | V | E | S | S | F |
| X | E | L | A | E | E | R | U | T | S | I | O | M | O | B |
| L | T | Y | R | T | E | R | E | E | C | V | L | O | T | S |
| C | G | N | R | V | E | R | Z | U | A | Y | D | O | N | T |
| P | S | Y | E | D | I | P | G | Q | D | T | Y | L | Y | V |
| S | A | V | O | C | B | N | L | U | E | B | H | B | D | L |
| M | D | U | T | I | S | Z | K | O | A | S | T | T | T | Z |
| I | I | T | R | Y | H | B | A | B | T | R | J | J | S | P |

**BASKET**
**BLOOM**
**BOUQUET**
**BUDS**
**CASCADE**
**CREATE**
**CUT**
**DISPLAY**
**DRY**
**FOOD**
**FRESH**
**LEAVES**
**MOISTURE**
**PETALS**
**POSY**
**SCENT**
**SHOOTS**
**SYMMETRY**

| | | | | | | | | | | | | | | |
|---|---|---|---|---|---|---|---|---|---|---|---|---|---|---|
| G | N | O | L | T | H | G | I | N | L | L | A | E | T | A |
| Q | E | V | O | L | D | E | T | N | I | A | T | C | D | I |
| E | T | A | K | E | O | N | M | E | M | Y | T | N | N | N |
| U | F | A | I | T | H | I | L | O | G | R | I | A | E | T |
| N | T | W | S | E | A | T | D | P | P | C | T | T | I | N |
| Y | A | D | N | O | M | E | U | L | B | S | A | S | R | O |
| T | W | O | T | T | R | S | X | A | T | E | E | O | F | B |
| A | R | L | G | N | H | R | P | B | L | V | B | L | A | O |
| N | E | E | L | I | E | N | O | E | M | O | C | A | T | D |
| O | T | O | T | R | B | S | C | T | L | D | D | F | S | Y |
| E | V | E | R | Y | W | H | E | R | E | N | R | F | U | A |
| E | S | S | L | L | S | I | V | R | R | E | I | U | J | C |
| I | T | T | A | K | E | S | T | W | O | H | V | B | R | R |
| R | E | D | N | U | N | W | O | D | K | W | E | H | S | F |
| U | N | D | E | R | P | R | E | S | S | U | R | E | X | R |

AIN'T NOBODY
ALL NIGHT LONG
BEAT IT
BLUE MONDAY
BUFFALO STANCE
COME ON EILEEN
DOWN UNDER
DRIVE
EVERYWHERE
FAITH
IT TAKES TWO
JUST A FRIEND
MODERN LOVE
PUSH IT
TAINTED LOVE
TAKE ON ME
UNDER PRESSURE
WHEN DOVES CRY

| | | | | | | | | | | | | | | |
|---|---|---|---|---|---|---|---|---|---|---|---|---|---|---|
| V | N | C | R | O | T | A | R | E | N | E | G | Z | S | O |
| S | P | R | I | N | K | L | E | R | Z | M | N | M | I | I |
| I | H | E | S | R | R | D | T | T | L | W | O | T | Y | R |
| T | E | T | I | L | E | V | E | R | Z | T | T | R | T | S |
| A | L | S | R | U | L | W | M | T | L | P | A | D | A | R |
| S | A | E | E | A | L | S | O | C | W | K | M | R | P | R |
| K | T | V | E | R | E | W | R | M | E | S | O | E | G | I |
| R | H | R | O | T | P | W | G | K | N | A | T | Z | C | V |
| I | E | A | I | I | O | Q | Y | E | F | W | U | O | S | S |
| L | N | H | P | A | R | S | H | U | B | O | A | D | R | E |
| S | I | W | S | M | P | D | L | C | S | L | P | L | P | C |
| U | G | Y | S | E | T | C | R | E | G | N | U | L | P | R |
| U | N | W | L | T | R | A | C | T | O | R | R | U | F | E |
| V | E | E | A | U | N | H | X | D | A | N | H | B | T | F |
| U | I | O | M | E | A | A | T | A | W | R | A | S | Z | R |

**AUTOMATON**
**BULLDOZER**
**CRANE**
**ENGINE**
**FULCRUM**
**GENERATOR**
**HARVESTER**
**HYGROMETER**
**LATHE**
**LAWN MOWER**
**LEVER**
**PLUNGER**
**PROPELLER**
**RAKE**
**SPRINKLER**
**TANK**
**THRESHER**
**TRACTOR**

| | | | | | | | | | | | | | | |
|---|---|---|---|---|---|---|---|---|---|---|---|---|---|---|
| P | D | T | R | F | E | L | H | X | U | L | S | P | T | B |
| R | Y | T | T | E | B | E | S | R | U | N | A | K | M | Y |
| E | B | P | B | A | T | M | A | N | B | E | G | I | N | S |
| H | E | L | N | S | T | H | G | I | N | K | T | S | A | L |
| C | N | A | S | T | R | E | E | T | S | M | A | R | T | Y |
| T | H | E | C | O | N | T | R | A | C | T | V | O | H | P |
| A | U | S | T | F | T | C | D | W | I | U | J | X | Y | S |
| C | R | U | N | L | S | A | G | E | V | T | S | A | L | K |
| M | R | T | D | O | L | P | H | I | N | T | A | L | E | A |
| A | S | C | D | V | S | M | O | M | E | N | T | U | M | E |
| E | U | I | R | E | N | I | A | R | D | R | A | H | G | R |
| R | M | V | N | M | U | P | D | X | P | E | W | L | S | B |
| D | P | N | M | N | S | E | F | E | W | A | O | L | F | T |
| R | C | I | P | G | N | E | V | I | G | R | O | F | N | U |
| M | A | N | E | I | S | D | R | E | Y | M | M | U | T | O |

**BATMAN BEGINS**
**BEN-HUR**
**DEEP IMPACT**
**DOLPHIN TALE**
**DREAMCATCHER**
**EDISON**
**FEAST OF LOVE**
**GLORY**
**HARD RAIN**
**INVICTUS**
**LAST KNIGHTS**
**LAST VEGAS**
**MOMENTUM**
**NURSE BETTY**
**OUTBREAK**
**STREET SMART**
**THE CONTRACT**
**UNFORGIVEN**

| | | | | | | | | | | | | | | |
|---|---|---|---|---|---|---|---|---|---|---|---|---|---|---|
| Y | W | G | T | B | C | M | T | F | S | T | A | C | T | S |
| E | C | B | J | S | P | L | A | L | E | Q | D | E | U | Y |
| S | U | Q | E | Q | U | L | E | R | C | L | R | T | G | X |
| F | I | E | S | N | F | I | T | M | T | L | I | S | R | A |
| D | B | C | U | W | E | A | R | L | E | I | A | X | T | R |
| R | E | A | N | G | T | D | R | O | L | N | N | A | T | S |
| U | Q | F | I | A | E | H | I | E | N | N | T | A | P | J |
| Z | E | I | L | P | R | N | I | C | H | O | L | A | S | Y |
| Q | B | N | M | P | R | F | I | S | T | C | H | J | U | A |
| Y | R | O | G | E | R | G | Y | U | S | E | O | T | T | N |
| E | O | B | T | V | S | U | A | I | S | N | J | E | X | R |
| C | E | E | G | G | A | R | S | P | J | T | H | P | I | P |
| V | P | A | U | R | V | L | Y | W | A | A | E | O | S | U |
| T | I | I | L | T | H | I | A | E | S | O | L | N | J | A |
| G | Q | G | R | S | X | R | C | O | R | U | N | S | T | H |

**ADRIAN**
**BENEDICT**
**BONIFACE**
**CLEMENT**
**EUGENIUS**
**FELIX**
**FRANCIS**
**GREGORY**
**HONORIUS**
**INNOCENT**
**JOHN**
**LEO**
**LINUS**
**MARTIN**
**NICHOLAS**
**PETER**
**PIUS**
**SIXTUS**

| | | | | | | | | | | | | | | |
|---|---|---|---|---|---|---|---|---|---|---|---|---|---|---|
| H | J | S | A | A | R | K | Y | O | A | I | S | U | I | P |
| V | W | I | D | O | H | J | L | W | O | A | U | C | Q | V |
| I | P | S | I | I | S | C | F | A | U | N | A | T | M | R |
| M | D | N | A | H | R | U | O | H | T | G | R | V | W | C |
| S | P | F | L | K | P | D | B | T | D | S | Z | L | I | I |
| P | R | F | T | S | B | A | T | T | E | R | Y | R | T | M |
| J | E | W | A | V | Q | T | R | P | P | K | A | R | R | S |
| V | U | U | Q | C | S | E | A | G | E | E | C | R | C | T |
| B | U | C | K | L | E | L | C | G | O | N | L | O | Q | O |
| A | D | C | T | R | A | I | H | Q | S | N | D | O | P | P |
| F | J | R | S | R | L | T | A | S | U | O | O | A | E | W |
| P | Y | O | M | S | P | R | I | N | G | A | P | R | N | A |
| J | Q | R | A | M | Y | X | N | G | D | V | R | L | H | T |
| E | L | S | C | T | Y | V | C | K | I | N | E | T | I | C |
| M | C | B | T | K | R | F | A | I | K | D | Y | C | Z | H |

ALARM
BATTERY
BUCKLE
CHAIN
CHRONOGRAPH
CRYSTAL
DATE
DIAL
DIGITAL
FACE
FOB
HOUR HAND
KINETIC
PENDANT
POCKET
QUARTZ
SPRING
STOPWATCH

## Elvis Presley Songs

| | | | | | | | | | | | | | | |
|---|---|---|---|---|---|---|---|---|---|---|---|---|---|---|
| I | S | R | E | T | S | I | S | E | L | T | T | I | L | S |
| K | S | L | A | N | O | I | C | I | P | S | U | S | T | S |
| S | C | A | C | M | H | A | N | D | S | O | F | F | A | E |
| S | E | O | H | S | E | D | E | U | S | E | U | L | B | P |
| H | P | N | R | C | F | S | F | C | R | R | L | R | R | A |
| H | N | E | W | E | U | S | S | G | H | S | K | T | A | R |
| C | A | N | O | R | S | S | N | O | H | E | L | E | B | A |
| U | M | I | N | C | T | U | L | O | F | D | I | W | R | T |
| M | R | G | Y | V | A | R | O | O | O | B | A | E | F | E |
| O | A | H | A | V | T | K | U | H | O | M | L | Y | K | W |
| O | T | T | D | A | U | Y | R | H | L | F | E | U | F | A |
| T | I | O | Y | P | I | X | R | S | L | I | A | U | E | Y |
| B | U | R | N | I | N | G | L | O | V | E | A | N | L | S |
| G | G | J | A | G | O | D | D | N | U | O | H | J | B | B |
| R | Y | G | L | T | R | A | E | H | E | H | T | R | O | F |

**A FOOL SUCH AS I**
**A MESS OF BLUES**
**ALL SHOOK UP**
**ANY DAY NOW**
**BLUE MOON**
**BLUE SUEDE SHOES**
**BURNING LOVE**
**FOR THE HEART**
**GUITAR MAN**
**HANDS OFF**
**HOUND DOG**
**HURT**
**JAILHOUSE ROCK**
**LITTLE SISTER**
**ONE NIGHT**
**SEPARATE WAYS**
**SUSPICION**
**TOO MUCH**

| | | | | | | | | | | | | | | |
|---|---|---|---|---|---|---|---|---|---|---|---|---|---|---|
| P | Y | I | A | W | L | H | T | A | A | P | L | A | O | V |
| S | I | T | B | L | R | D | S | L | C | A | J | L | R | M |
| X | N | U | U | Y | A | O | C | F | L | R | R | O | S | I |
| I | C | N | M | A | N | C | H | U | T | R | A | N | L | M |
| F | E | T | C | H | E | R | O | K | E | E | L | I | X | A |
| J | N | S | E | E | G | B | C | S | T | S | J | U | O | R |
| R | S | E | W | A | Q | I | F | N | S | J | X | O | J | O |
| P | E | H | S | A | U | H | Y | F | W | K | S | U | M | Q |
| R | I | C | P | E | M | H | L | B | U | R | R | O | I | H |
| K | R | K | Y | N | N | P | E | D | B | B | U | F | S | F |
| A | I | L | L | E | M | A | C | P | L | N | I | U | P | P |
| E | A | N | I | H | C | T | P | E | T | E | A | D | B | E |
| M | R | F | A | H | N | O | M | A | N | N | I | C | J | D |
| E | P | O | M | U | A | P | I | C | J | J | P | F | F | U |
| C | A | R | O | L | I | N | A | E | P | B | V | V | O | O |

**BEACH**
**BUFF BEAUTY**
**BURR**
**CAMELLIA**
**CAROLINA**
**CHEROKEE**
**CHESTNUT**
**CHINA**
**CINNAMON**
**FIELD**
**INCENSE**
**JAPANESE**
**MANCHU**
**MOUNTAIN**
**MUSK**
**PEACE**
**PRAIRIE**
**SWAMP**

| | | | | | | | | | | | | | | |
|---|---|---|---|---|---|---|---|---|---|---|---|---|---|---|
| Z | U | J | C | S | T | E | L | P | Q | J | O | I | E | U |
| F | G | I | G | L | P | L | U | Q | O | N | J | E | R | E |
| F | N | K | N | U | L | L | J | P | X | O | A | Y | S | R |
| O | I | W | I | F | T | Z | U | S | D | P | W | T | D | I |
| E | D | A | D | V | B | G | N | I | R | A | O | S | T | H |
| K | N | V | I | R | T | D | R | H | U | T | A | V | K | Q |
| A | A | I | L | N | W | E | I | T | R | T | F | I | L | O |
| T | L | A | G | N | C | S | A | A | A | L | R | S | A | P |
| N | E | T | N | T | K | C | V | P | I | V | A | U | F | E |
| E | I | I | I | Y | A | E | O | G | A | N | R | R | O | X |
| C | Z | O | S | T | L | N | H | P | V | S | S | F | S | B |
| S | N | N | I | Z | U | T | R | V | I | Y | W | R | O | O |
| A | O | D | U | B | P | D | S | P | J | B | L | B | T | E |
| J | O | U | R | N | E | Y | E | T | L | W | K | S | S | W |
| I | L | S | C | T | T | J | T | F | Z | M | Y | G | Z | T |

AIR
ALTITUDE
ASCENT
AVIATION
CRUISING
DESCENT
DIRECTION
FLIGHT
GLIDING
JOURNEY
LANDING
LIFT
PATH
SKY
SOARING
SWOOP
TAKE OFF
TRAVEL

| | | | | | | | | | | | | | | |
|---|---|---|---|---|---|---|---|---|---|---|---|---|---|---|
| S | N | I | E | C | N | A | N | O | S | S | A | L | H | I |
| Q | I | C | Y | P | L | L | D | O | P | Y | C | U | L | T |
| T | S | M | A | R | V | M | E | T | A | P | H | O | R | E |
| A | Y | E | I | E | O | O | D | J | E | T | M | Y | G | S |
| S | N | X | P | L | S | G | L | J | L | A | H | P | G | R |
| W | T | J | S | O | E | U | E | T | L | V | Y | A | S | E |
| S | A | A | O | S | U | N | R | L | A | H | P | S | D | V |
| K | X | J | T | T | F | C | U | A | L | D | E | E | I | K |
| E | C | N | A | N | O | S | S | I | D | A | R | H | C | N |
| R | H | Y | M | E | I | A | S | F | J | E | B | Q | T | A |
| N | R | S | G | O | Z | W | S | T | K | D | O | I | I | L |
| T | L | A | N | N | T | I | U | O | N | V | L | K | O | B |
| L | M | Q | A | M | T | E | N | N | O | S | E | I | N | O |
| I | N | T | K | E | V | A | T | C | O | D | T | F | A | S |
| Q | S | T | O | T | E | L | P | U | O | C | S | P | U | L |

**ALLEGORY**
**ALLUSION**
**ASSONANCE**
**BLANK VERSE**
**CAESURA**
**COUPLET**
**DICTION**
**DISSONANCE**
**HYPERBOLE**
**IMAGE**
**METAPHOR**
**OCTAVE**
**RHYME**
**SIMILE**
**SONNET**
**STANZA**
**SYNTAX**
**VOLTA**

| | | | | | | | | | | | | | | |
|---|---|---|---|---|---|---|---|---|---|---|---|---|---|---|
| A | J | Y | H | R | A | L | L | Y | I | N | G | H | R | D |
| U | E | A | C | A | V | E | D | I | V | I | N | G | O | Q |
| U | T | G | N | I | N | N | U | R | E | E | R | F | K | S |
| U | S | X | B | U | N | G | E | E | J | U | M | P | R | L |
| U | K | L | I | X | U | C | G | N | I | E | O | N | A | C |
| G | I | I | P | A | R | A | G | L | I | D | I | N | G | A |
| N | I | C | T | S | S | K | Y | D | I | V | I | N | G | H |
| I | N | S | C | E | J | C | T | Z | G | D | Y | S | F | U |
| C | G | P | B | A | S | E | J | U | M | P | I | N | G | S |
| A | P | R | R | U | O | K | R | A | P | L | A | N | V | T |
| R | S | N | O | W | B | O | A | R | D | I | N | G | G | P |
| X | P | A | R | A | C | H | U | T | I | N | G | P | S | U |
| M | I | C | E | C | L | I | M | B | I | N | G | K | E | U |
| B | O | D | Y | B | O | A | R | D | I | N | G | T | H | R |
| W | A | K | E | B | O | A | R | D | I | N | G | S | T | L |

BASE JUMPING
BMX RACING
BODYBOARDING
BUNGEE JUMP
CANOEING
CAVE DIVING
FREE RUNNING
HANG-GLIDING
ICE CLIMBING
JET SKIING
KITE SKATING
PARACHUTING
PARAGLIDING
PARKOUR
RALLYING
SKYDIVING
SNOWBOARDING
WAKEBOARDING

| | | | | | | | | | | | | | | |
|---|---|---|---|---|---|---|---|---|---|---|---|---|---|---|
| E | O | R | J | O | S | V | Q | A | E | U | N | V | A | S |
| H | C | T | W | N | W | B | C | T | A | R | Q | K | A | G |
| C | U | U | I | A | Y | T | A | L | K | C | A | Z | J | C |
| I | E | W | W | U | R | K | L | Z | S | J | R | T | O | U |
| V | N | N | W | K | Q | R | E | A | R | K | S | N | L | F |
| E | C | C | T | R | U | A | A | F | C | S | X | I | L | O |
| C | A | J | L | A | E | A | C | B | W | S | U | H | I | J |
| U | W | V | J | U | V | B | S | S | I | Q | E | C | S | S |
| Y | V | A | N | R | E | O | E | C | A | A | Z | U | A | Y |
| X | R | L | M | O | D | L | N | Y | A | J | T | P | P | A |
| O | H | C | O | T | O | P | A | X | I | T | A | A | U | S |
| A | G | T | P | R | P | U | F | A | O | B | N | C | D | R |
| R | R | E | O | Z | G | S | B | M | A | C | H | A | L | A |
| S | W | A | S | L | U | M | I | X | Z | H | O | F | M | E |
| L | R | R | X | J | S | H | R | T | V | G | S | S | D | M |

**AZUAY**
**CAPUCHIN**
**CENTAVO**
**CEVICHE**
**COTOPAXI**
**CUENCA**
**EL CAJAS**
**EL ORO**
**FANESCA**
**GUAYAQUIL**
**IBARRA**
**LOJA**
**MACHALA**
**MANTA**
**PASILLO**
**QUEVEDO**
**QUITO**
**SLOTH**

| | | | | | | | | | | | | | | |
|---|---|---|---|---|---|---|---|---|---|---|---|---|---|---|
| F | T | X | A | I | G | R | O | E | G | L | R | D | S | U |
| E | T | R | L | M | V | L | I | T | V | F | E | J | P | A |
| N | E | R | A | K | S | A | L | A | J | Z | T | P | E | V |
| R | W | U | B | D | Y | K | C | U | T | N | E | K | N | K |
| T | U | I | A | M | I | C | H | I | G | A | N | Q | I | Q |
| R | K | J | M | C | M | A | R | Y | L | A | N | D | A | R |
| S | H | S | A | S | N | A | K | R | A | A | E | I | M | H |
| E | M | S | I | U | I | E | W | W | U | Z | S | I | L | S |
| B | P | I | T | K | N | E | W | J | E | R | S | E | Y | S |
| R | O | A | S | N | Y | S | K | Y | I | S | E | U | Q | O |
| T | H | C | O | L | O | R | A | D | O | A | E | T | S | G |
| A | A | Y | Y | I | R | M | R | U | P | R | U | J | O | M |
| A | D | E | L | A | W | A | R | E | T | C | K | L | A | I |
| N | I | T | V | S | W | I | F | E | R | T | M | K | L | S |
| N | S | F | A | K | J | T | N | E | V | A | D | A | T | A |

**ALABAMA**
**ALASKA**
**ARKANSAS**
**COLORADO**
**DELAWARE**
**GEORGIA**
**IDAHO**
**KENTUCKY**
**MAINE**
**MARYLAND**
**MICHIGAN**
**MISSOURI**
**NEVADA**
**NEW JERSEY**
**NEW YORK**
**TENNESSEE**
**UTAH**
**VERMONT**

| | | | | | | | | | | | | | | |
|---|---|---|---|---|---|---|---|---|---|---|---|---|---|---|
| P | I | G | W | T | D | S | I | V | S | W | E | S | H | C |
| C | J | Y | G | U | T | P | S | E | D | K | Y | I | E | S |
| I | A | S | R | W | Q | P | P | V | S | L | P | R | A | R |
| L | E | L | A | R | G | C | I | L | R | A | G | O | M | E |
| B | C | Y | C | S | E | T | N | I | C | A | I | N | U | M |
| M | A | A | O | I | A | B | I | V | U | T | J | A | I | M |
| H | N | E | K | M | U | I | N | E | L | E | S | I | S | W |
| Y | I | T | I | I | E | M | O | A | O | U | R | R | E | L |
| G | H | N | R | W | G | G | T | I | R | Q | A | E | N | Z |
| U | C | E | E | N | I | M | A | S | O | C | U | L | G | X |
| X | E | E | D | N | N | R | L | T | V | J | P | A | A | I |
| D | L | R | K | Y | S | L | E | J | H | O | H | V | M | T |
| B | G | G | I | O | E | K | M | K | P | R | I | Q | I | F |
| A | O | Y | L | C | N | I | Z | I | R | Q | E | A | S | T |
| Q | L | O | R | E | G | N | I | G | T | G | J | E | E | G |

**CALCIUM**
**CRANBERRY**
**ECHINACEA**
**GARLIC**
**GINGER**
**GINKGO**
**GINSENG**
**GLUCOSAMINE**
**GREEN TEA**
**IRON**
**MAGNESIUM**
**MELATONIN**
**NIACIN**
**OMEGA THREE**
**SELENIUM**
**VALERIAN**
**VITAMIN C**
**ZINC**

## Windsurfing

| | | | | | | | | | | | | | | |
|---|---|---|---|---|---|---|---|---|---|---|---|---|---|---|
| T | T | Y | E | L | P | D | O | S | L | L | A | A | A | E |
| R | S | T | U | L | P | E | I | P | Z | Y | T | C | O | O |
| S | K | T | W | S | X | C | V | B | P | P | T | S | A | P |
| I | S | K | K | G | D | K | C | H | N | D | E | U | O | B |
| S | D | H | O | G | N | I | G | G | A | L | F | F | U | A |
| X | R | F | S | O | I | I | R | R | A | R | F | T | J | T |
| S | G | R | T | R | W | E | F | O | P | S | N | A | T | T |
| T | L | S | D | U | T | U | S | F | H | V | Z | E | R | E |
| D | I | A | Y | C | N | A | Y | O | U | B | X | W | S | N |
| E | L | Y | T | S | E | E | R | F | N | L | E | L | O | S |
| W | R | S | H | T | R | E | A | E | L | K | Q | I | T | E |
| I | Y | C | S | T | A | R | B | O | A | R | D | A | S | L |
| L | P | R | Q | O | P | T | F | R | I | O | N | R | A | S |
| N | P | G | P | D | P | Q | N | G | O | C | L | L | M | U |
| G | N | I | T | S | A | L | B | R | E | B | M | A | C | N |

**APPARENT WIND**
**BATTENS**
**BLASTING**
**BUOYANCY AID**
**CAMBER**
**DECK**
**FLAGGING**
**FREESTYLE**
**HARNESS**
**KNOTS**
**LUFFING**
**MAST**
**NOSE**
**OFFSHORE**
**RAIL**
**RIG**
**STANCE**
**STARBOARD**

| | | | | | | | | | | | | | | |
|---|---|---|---|---|---|---|---|---|---|---|---|---|---|---|
| P | N | O | R | X | Y | U | E | I | Z | J | Q | A | O | R |
| E | S | O | T | T | F | E | N | I | A | I | R | K | A | J |
| O | L | C | I | F | F | T | N | Q | R | P | H | I | N | T |
| T | L | A | W | T | R | E | B | M | E | C | E | D | G | J |
| E | E | R | T | S | A | M | T | S | I | R | H | C | E | A |
| L | B | O | R | N | N | R | F | A | O | H | O | L | L | Y |
| T | S | L | A | M | K | G | B | Q | A | Q | C | R | F | F |
| S | S | S | D | R | I | C | H | E | S | T | N | U | T | S |
| I | F | A | I | F | N | S | Z | Y | L | I | M | A | F | H |
| M | I | H | T | E | C | A | N | D | L | E | S | G | R | O |
| T | T | S | I | W | E | F | R | U | I | T | C | A | K | E |
| L | L | M | O | S | N | O | I | T | A | R | O | C | E | D |
| I | V | R | N | P | S | L | Z | R | S | E | T | L | Y | G |
| A | D | G | F | D | E | E | S | Y | A | R | J | T | I | R |
| Y | V | K | J | Q | A | A | V | S | S | R | O | N | B | N |

ANGEL
BELLS
CANDLES
CAROLS
CELEBRATION
CHESTNUTS
CHIMNEY
CHRISTMAS TREE
DECEMBER
DECORATIONS
FAMILY
FRANKINCENSE
FRUIT CAKE
GIFTS
HOLLY
MISTLETOE
STAR
TRADITION

| | | | | | | | | | | | | | | |
|---|---|---|---|---|---|---|---|---|---|---|---|---|---|---|
| E | T | R | L | E | S | N | S | P | O | U | C | R | R | F |
| S | S | E | S | C | I | D | O | G | B | X | I | E | R | T |
| J | Z | T | M | O | O | N | T | N | Y | X | N | H | D | U |
| E | N | A | I | O | J | O | U | A | W | T | L | G | I | K |
| V | I | R | N | D | C | U | L | B | R | I | F | O | O | B |
| Y | U | C | U | E | R | E | P | G | A | U | R | O | R | A |
| C | R | E | G | T | B | E | T | I | R | O | E | T | E | M |
| T | R | Y | K | I | A | U | D | B | T | J | W | P | T | I |
| U | L | N | T | L | N | S | L | D | G | E | F | X | S | P |
| Q | E | A | I | L | N | O | V | A | W | A | R | Z | A | S |
| I | P | K | I | E | L | O | H | K | C | A | L | B | R | U |
| K | T | R | Q | T | N | A | I | G | D | E | R | A | B | R |
| Q | M | S | Y | A | W | Y | K | L | I | M | X | F | X | I |
| P | N | T | V | S | P | S | D | G | S | L | M | A | L | Y |
| A | G | Z | E | I | H | T | A | Y | K | U | I | S | T | F |

ASTEROID
AURORA
BIG BANG
BLACK HOLE
COMET
CRATER
GALAXY
JUPITER
METEORITE
MILKY WAY
MOON
NEBULA
NOVA
PLUTO
RED DWARF
RED GIANT
SATELLITE
SATURN

| | | | | | | | | | | | | | | |
|---|---|---|---|---|---|---|---|---|---|---|---|---|---|---|
| L | Y | R | M | R | X | S | C | T | E | X | M | D | R | T |
| T | Z | B | P | W | S | J | P | G | S | N | E | P | T | U |
| K | Z | H | P | P | U | F | K | S | T | S | X | R | I | Z |
| R | O | S | Y | F | Y | B | T | S | A | E | G | J | F | K |
| J | I | O | T | Q | H | R | R | P | M | N | L | O | L | T |
| T | S | K | W | M | P | R | E | U | P | C | I | Y | O | B |
| F | D | I | N | P | A | L | X | D | S | L | T | C | T | R |
| N | O | B | B | I | R | O | R | U | I | H | T | S | J | P |
| S | Y | Y | G | S | G | E | F | T | I | O | E | U | L | G |
| R | A | I | C | T | I | I | S | U | S | Q | R | S | U | K |
| I | D | V | R | N | L | K | E | N | U | T | V | B | Z | P |
| E | F | E | N | I | L | V | K | I | T | A | B | L | M | F |
| X | A | W | A | A | A | G | N | I | P | I | P | S | R | E |
| R | R | L | H | P | C | S | S | Y | X | R | C | U | A | L |
| D | Z | C | B | V | O | U | L | L | H | T | J | O | U | T |

**BATIK**
**BRUSHES**
**CALLIGRAPHY**
**CANVAS**
**CHALK**
**EMBROIDERY**
**FELT**
**FOAM**
**FOIL**
**GLITTER**
**GLUE**
**INK**
**PAINT**
**PENS**
**PIPING**
**RIBBON**
**SEQUINS**
**STAMPS**

## *No. 155* Marketing Words

```
E C I R P T S E B L Y R O S P
R J S T C X N Z T L L L N A E
G U A R A N T E E D B I T V R
Z D B F L A S T M I N U T E F
F R R E T M U B T U A Q O V E
S E A V O L P E A C E A H G C
E S H D O W U S T M L T B Q T
Y E E S M T O T A Q S A A A S
W R B R I T O Q E M S P R E R
N A A R R D E U A C A E G V I
U E I K A D H A R Z H Z A L N
F Z B Y C R H L Q U O O I R P
P O P U L A R I R C N R N N O
A N F O E S U T J W E N T S G
T R E P X E O Y E C H R W L A
```

**ABSOLUTELY**
**ACT TODAY**
**AMAZING**
**BARGAIN**
**BEST PRICE**
**BEST QUALITY**
**EASY**
**EXPERT**
**FREE**
**GUARANTEED**
**LAST-MINUTE**
**MIRACLE**
**MODERN**
**NEW**
**NO HASSLE**
**PERFECT**
**POPULAR**
**SAVE**

| | | | | | | | | | | | | | | |
|---|---|---|---|---|---|---|---|---|---|---|---|---|---|---|
| P | O | U | B | T | T | F | S | X | V | R | Z | N | R | F |
| F | P | L | R | P | B | F | V | R | O | N | E | V | F | D |
| A | I | A | U | E | E | U | O | M | O | D | R | U | I | A |
| L | N | I | A | W | V | B | A | R | M | Y | B | E | K | K |
| S | K | N | L | T | N | N | M | E | U | N | I | S | H | A |
| A | F | A | Q | U | T | A | O | A | O | P | S | B | N | O |
| T | O | C | J | U | N | C | I | C | S | T | A | D | O | E |
| I | O | S | F | D | T | I | E | N | Q | U | F | R | B | S |
| A | T | T | Y | E | K | R | X | S | A | R | B | A | R | E |
| N | E | N | K | A | B | E | P | J | E | R | R | V | U | N |
| D | D | K | L | O | Y | M | H | H | A | O | E | A | O | I |
| D | N | U | I | E | X | A | B | Q | P | X | R | M | B | H |
| E | G | N | H | U | N | G | A | R | I | A | N | A | O | C |
| A | M | E | N | A | C | I | R | F | A | E | E | N | F | P |
| S | O | T | E | Y | P | F | P | P | I | L | G | R | I | M |

AFRICAN
ALSATIAN
AMERICAN BUFF
BEAN
BOURBON
BRECON BUFF
CHINESE
DRAVA
EMDEN
FAROESE
HUNGARIAN
KALUGA
NORMANDY
PILGRIM
PINK-FOOTED
POMERANIAN
ROMAN TUFTED
SCANIA

## Cathedrals

| | | | | | | | | | | | | | | |
|---|---|---|---|---|---|---|---|---|---|---|---|---|---|---|
| L | L | H | R | P | S | M | E | D | A | K | M | C | G | F |
| I | T | S | E | I | L | P | U | N | Y | M | R | M | P | Z |
| P | R | R | N | O | S | R | E | I | M | S | I | S | E | F |
| R | Y | R | G | O | Y | Q | S | K | E | L | Q | E | S | S |
| C | Q | D | O | L | A | L | A | V | A | L | R | G | N | T |
| I | H | O | L | Y | T | R | I | N | I | T | Y | R | I | S |
| D | H | A | O | O | F | L | N | Y | L | M | H | U | Q | E |
| N | L | M | C | R | L | Y | T | L | O | G | R | O | R | Q |
| N | A | L | D | E | O | D | I | I | O | M | C | B | R | R |
| C | H | A | R | T | R | E | S | N | P | O | M | S | K | R |
| O | H | P | J | E | E | H | A | C | R | T | Q | A | S | E |
| F | B | K | S | M | N | A | A | O | E | Y | E | R | I | R |
| A | W | D | X | A | C | G | C | L | V | I | S | T | R | Y |
| U | E | L | V | R | E | T | S | N | I | M | T | S | E | W |
| N | H | A | L | T | D | T | P | U | L | X | L | J | O | Z |

**AMIENS**
**BOURGES**
**CHARTRES**
**COLOGNE**
**DRESDEN**
**ELY**
**FLORENCE**
**HOLY TRINITY**
**LINCOLN**
**LIVERPOOL**
**MEDAK**
**MILAN**
**PALMA**
**REIMS**
**SAINT ISAAC'S**
**SEVILLE**
**STRASBOURG**
**WESTMINSTER**

| | | | | | | | | | | | | | | |
|---|---|---|---|---|---|---|---|---|---|---|---|---|---|---|
| T | A | C | U | L | T | Z | T | A | S | Q | R | T | P | N |
| T | R | I | A | N | G | L | E | P | Y | A | C | A | Z | P |
| Z | J | R | N | O | G | A | T | P | E | H | R | O | Y | X |
| A | A | C | C | R | H | R | P | O | M | A | E | U | N | U |
| V | A | L | N | E | A | E | T | L | L | I | S | T | O | A |
| C | R | E | A | C | N | T | T | L | R | N | C | Z | N | S |
| D | M | R | L | T | T | A | E | I | A | V | E | R | A | I |
| Q | T | U | A | A | K | L | N | L | K | S | N | R | G | T |
| T | Y | G | V | N | O | I | N | O | G | A | T | C | O | X |
| N | O | E | O | G | O | R | H | O | M | B | U | S | N | U |
| N | L | R | R | L | A | D | N | O | G | A | C | E | D | D |
| W | F | A | H | E | X | A | G | O | N | Y | T | E | B | C |
| J | M | U | A | R | O | U | J | U | L | H | L | G | U | C |
| X | Z | Q | S | Y | N | Q | X | K | V | I | P | O | U | O |
| F | E | S | Y | I | R | S | R | U | J | O | Q | Y | P | V |

CIRCLE
CRESCENT
DECAGON
HEART
HEPTAGON
HEXAGON
KITE
NONAGON
OCTAGON
OVAL
PARALLELOGRAM
PENTAGON
POLYGON
QUADRILATERAL
RECTANGLE
RHOMBUS
SQUARE
TRIANGLE

| | | | | | | | | | | | | | | |
|---|---|---|---|---|---|---|---|---|---|---|---|---|---|---|
| R | O | C | T | C | G | R | S | S | B | Z | B | L | L | D |
| T | F | H | S | T | H | E | T | A | L | I | S | M | A | N |
| O | O | R | F | V | P | D | G | A | O | E | O | U | V | A |
| L | D | I | L | D | W | O | J | U | C | N | N | F | I | T |
| S | U | S | V | S | F | D | Y | O | I | T | W | A | V | S |
| M | M | T | Z | B | N | O | C | G | Y | Z | R | S | E | E |
| E | A | I | O | Z | L | C | H | R | R | V | I | Z | R | H |
| L | K | N | Y | R | A | T | A | M | E | S | T | E | P | T |
| A | E | E | N | S | S | O | Q | I | S | Z | I | F | I | H |
| S | Y | G | X | H | L | R | A | E | I | B | N | N | E | E |
| J | L | R | I | Q | E | S | U | E | M | A | G | R | Q | M |
| R | U | F | J | O | Y | L | A | N | D | A | N | S | K | I |
| E | T | O | J | T | H | E | S | H | I | N | I | N | G | S |
| E | C | A | R | R | I | E | A | I | P | A | G | R | X | T |
| A | M | K | D | E | S | P | E | R | A | T | I | O | N | L |

**BAG OF BONES**
**CARRIE**
**CHRISTINE**
**CUJO**
**DESPERATION**
**DOCTOR SLEEP**
**DUMA KEY**
**JOYLAND**
**MISERY**
**NIGHT SHIFT**
**ON WRITING**
**PET SEMATARY**
**REVIVAL**
**SALEM'S LOT**
**THE MIST**
**THE SHINING**
**THE STAND**
**THE TALISMAN**

| | | | | | | | | | | | | | | |
|---|---|---|---|---|---|---|---|---|---|---|---|---|---|---|
| W | F | L | S | B | T | Y | W | T | K | W | S | A | A | T |
| N | E | O | O | J | A | V | O | H | T | E | E | T | O | G |
| A | V | O | O | O | D | B | E | X | A | M | S | V | I | K |
| A | N | H | Y | D | G | J | I | F | R | S | U | R | O | Y |
| S | A | C | E | P | N | E | R | E | L | P | O | E | P | L |
| R | O | S | J | I | I | G | T | T | S | Y | H | O | M | A |
| H | C | H | R | F | L | A | N | C | F | A | I | T | L | X |
| U | E | O | U | I | L | I | H | I | N | X | T | N | R | U |
| P | A | P | N | G | A | R | F | I | V | Z | P | A | G | P |
| T | N | P | N | O | F | R | M | O | B | I | L | F | U | R |
| J | G | I | I | P | L | A | P | P | R | S | R | T | L | S |
| R | E | N | N | A | L | M | H | R | L | E | T | D | K | M |
| B | L | G | G | S | B | A | E | X | R | J | S | A | G | D |
| V | S | C | B | L | C | E | O | E | T | I | E | T | X | R |
| Z | Z | D | R | U | U | A | T | R | R | C | D | R | E | P |

**ANGELS**
**ANIMALS**
**BABIES**
**BEING LATE**
**DRIVING**
**EXAMS**
**FALLING**
**FLYING**
**FOOD**
**HOUSES**
**LOVE**
**MARRIAGE**
**OCEAN**
**PEOPLE**
**RUNNING**
**SCHOOL**
**SHOPPING**
**TEETH**

| | | | | | | | | | | | | | | |
|---|---|---|---|---|---|---|---|---|---|---|---|---|---|---|
| Q | B | O | L | E | S | C | T | A | S | O | I | E | U | I |
| P | G | O | L | E | L | U | Y | X | T | S | S | H | A | R |
| S | N | L | R | T | L | H | E | T | R | U | P | R | C | Q |
| D | I | A | V | A | B | B | F | F | S | T | R | R | Q | Z |
| O | D | S | S | L | I | A | R | I | E | T | J | U | C | E |
| S | D | C | S | O | R | S | U | A | O | E | T | O | Y | A |
| A | E | G | B | C | T | E | I | R | M | S | Z | A | A | P |
| O | W | R | Z | O | H | O | T | N | W | H | P | P | G | R |
| D | B | R | E | H | D | R | R | C | T | R | N | I | K | A |
| M | S | A | G | C | A | P | I | R | H | C | O | X | C | L |
| Z | Y | P | N | G | Y | C | Z | S | A | E | M | T | O | E |
| E | A | P | O | A | S | H | S | M | T | C | E | L | F | S |
| X | I | L | P | M | N | W | S | E | D | M | L | S | F | Y |
| T | O | E | S | Y | P | A | V | L | O | V | A | S | E | L |
| B | M | T | C | T | U | Y | G | E | N | O | I | S | E | S |

**APPLE**
**BANANA**
**BIRTHDAY**
**CARROT**
**CHEESE**
**CHOCOLATE**
**CHRISTMAS**
**COFFEE**
**FRUIT**
**GENOISE**
**LEMON**
**MARBLE**
**PAVLOVA**
**RAISIN**
**SPICE**
**SPONGE**
**WEDDING**
**YULE LOG**

| | | | | | | | | | | | | | | |
|---|---|---|---|---|---|---|---|---|---|---|---|---|---|---|
| T | N | E | T | N | O | C | A | H | R | W | T | U | R | P |
| B | I | T | N | O | F | H | J | G | A | Z | S | A | K | T |
| J | A | M | E | T | A | D | A | T | A | C | E | Z | E | N |
| I | E | B | G | J | F | A | N | P | H | U | B | N | Y | W |
| N | E | G | A | P | T | I | X | E | P | V | O | L | W | K |
| O | O | X | R | C | G | A | M | I | X | L | B | X | O | Q |
| I | R | I | E | D | K | A | R | V | L | N | E | K | R | G |
| S | L | S | S | B | H | L | W | F | A | U | S | T | D | P |
| S | I | A | U | S | R | V | I | S | I | T | O | R | S | L |
| E | T | R | T | G | E | O | E | N | H | T | R | I | T | E |
| R | R | D | O | O | T | R | W | U | K | H | Z | U | P | O |
| P | A | N | I | S | V | Q | P | S | T | L | E | X | A | R |
| M | E | T | S | E | C | O | M | M | E | R | C | E | R | L |
| O | S | B | A | Z | N | S | L | I | I | R | O | X | V | S |
| C | A | P | T | C | H | A | F | F | T | L | F | R | E | M |

AJAX
APPLET
BACKLINK
BLOG
BROWSER
CAPTCHA
COMPRESSION
CONTENT
E-COMMERCE
EXIT PAGE
FONT
HTML
IMPRESSION
KEYWORDS
METADATA
SCHEMA
USER AGENT
VISITORS

| | | | | | | | | | | | | | | |
|---|---|---|---|---|---|---|---|---|---|---|---|---|---|---|
| F | T | S | Y | T | G | I | R | K | O | T | Y | D | H | L |
| O | A | O | S | Y | L | F | Z | W | E | Q | A | Q | T | J |
| O | S | C | L | Q | H | Y | R | X | W | U | W | X | N | K |
| T | Z | Z | E | Q | D | T | U | N | Y | Q | T | O | I | L |
| S | M | T | Y | M | I | G | D | L | Y | K | W | O | A | M |
| I | E | O | E | U | O | R | N | T | X | C | M | W | A | U |
| A | I | K | S | S | Q | D | R | E | L | M | P | C | L | J |
| W | R | I | S | T | L | R | I | I | T | Z | W | C | S | B |
| M | O | U | T | H | A | E | N | S | B | R | T | N | P | H |
| H | K | B | X | T | E | O | P | A | S | H | R | S | E | E |
| N | E | R | L | S | S | P | C | N | Z | D | W | I | R | F |
| E | O | A | N | E | C | K | H | M | U | K | P | S | A | A |
| V | T | I | D | H | A | I | R | A | E | A | O | R | R | Y |
| E | N | N | E | C | O | A | T | T | Y | R | P | Q | A | S |
| I | U | A | R | I | Q | W | G | S | S | R | H | Y | A | K |

ARM
BACK
BRAIN
CHEST
EAR
ELBOW
EYE
FACE
FOOT
HAIR
HEAD
MOUTH
NECK
NOSE
RIB
TOE
WAIST
WRIST

| | | | | | | | | | | | | | | |
|---|---|---|---|---|---|---|---|---|---|---|---|---|---|---|
| S | R | G | S | Q | S | P | I | A | L | J | S | L | K | D |
| R | L | O | R | E | G | M | R | O | F | T | A | L | P | E |
| F | S | E | G | N | I | H | T | O | L | C | S | S | S | S |
| Z | A | U | D | I | E | N | C | E | C | U | E | S | O | I |
| T | Y | S | N | O | I | T | C | E | L | L | O | C | B | G |
| P | N | T | H | U | M | R | S | R | U | N | W | A | Y | N |
| S | O | R | X | I | A | S | E | O | J | A | V | L | N | E |
| R | D | U | P | H | O | T | O | G | R | A | P | H | E | R |
| T | N | T | O | R | C | N | T | T | H | A | I | D | W | S |
| Q | O | L | I | Y | N | K | S | I | U | S | A | V | Y | B |
| S | L | E | E | H | H | G | I | H | T | Q | R | W | O | C |
| R | S | B | H | A | U | T | E | C | O | U | T | U | R | E |
| E | K | M | T | E | A | Q | Y | A | P | W | D | V | K | N |
| D | P | A | R | I | S | H | O | W | C | A | S | E | P | T |
| H | O | I | T | L | A | B | M | A | Y | Z | U | W | T | D |

ACCESSORIES
ATTITUDE
AUDIENCE
CLOTHING
COLLECTIONS
DESIGNERS
FASHION SHOW
HAUTE COUTURE
HIGH HEELS
LONDON
MODELS
NEW YORK
PARIS
PHOTOGRAPHER
PLATFORM
RUNWAY
SHOWCASE
STRUT

| | | | | | | | | | | | | | | |
|---|---|---|---|---|---|---|---|---|---|---|---|---|---|---|
| O | T | B | Z | R | Y | S | P | A | R | K | L | E | R | S |
| U | B | E | Y | M | R | K | G | Y | T | E | F | A | S | P |
| C | V | R | W | H | I | Z | Z | T | T | B | L | N | R | T |
| R | B | E | U | H | E | V | S | R | G | U | R | F | O | B |
| O | S | G | R | P | G | A | R | X | C | N | O | P | C | R |
| S | L | U | L | E | R | P | T | A | O | U | A | E | K | I |
| R | S | E | A | O | K | B | T | I | N | Q | L | B | E | I |
| Z | R | N | V | E | V | C | S | T | P | E | H | P | T | O |
| A | W | E | I | Z | E | E | A | E | B | R | Q | Y | S | K |
| S | U | P | T | P | O | I | S | R | D | X | Z | A | Z | Z |
| L | O | W | S | W | N | Q | A | M | C | I | E | L | K | P |
| L | Z | L | E | S | R | T | L | X | S | E | R | P | P | U |
| E | A | M | F | W | I | R | A | E | H | L | R | S | O | N |
| H | O | C | N | O | I | S | O | L | P | X | E | I | S | R |
| S | P | I | N | N | E | R | S | Z | E | Q | P | D | F | O |

**BANG**
**CELEBRATION**
**DISPLAY**
**EXPLOSION**
**FESTIVAL**
**FIRECRACKER**
**FOUNTAINS**
**GLOVES**
**HEAT**
**NOISE**
**RIDES**
**ROCKETS**
**SAFETY**
**SHELLS**
**SPARKLERS**
**SPECTACULAR**
**SPINNERS**
**WHIZZ**

| | | | | | | | | | | | | | | |
|---|---|---|---|---|---|---|---|---|---|---|---|---|---|---|
| Y | B | Z | T | P | W | I | Z | O | C | S | S | F | R | A |
| U | N | L | R | E | W | E | X | A | D | R | J | P | V | U |
| D | O | S | U | S | H | A | M | M | E | R | R | T | S | P |
| X | P | Z | C | W | I | E | S | D | A | P | I | T | L | U |
| Z | T | S | B | U | I | L | D | E | R | K | S | L | N | B |
| V | S | A | S | U | P | A | L | L | E | T | U | A | L | X |
| T | I | N | S | U | L | A | T | I | O | N | F | F | B | L |
| S | O | D | M | B | A | L | L | A | S | T | O | S | T | A |
| X | J | L | S | A | P | B | D | L | T | O | T | C | C | Y |
| Z | R | P | A | K | S | Z | T | O | T | Y | I | E | I | P |
| K | P | L | Y | W | O | O | D | I | Z | D | M | K | C | X |
| A | E | N | A | R | C | O | N | C | R | E | T | E | H | D |
| B | R | E | D | R | I | G | I | R | N | R | R | P | B | S |
| B | R | I | C | K | S | R | G | T | Y | P | N | T | H | Z |
| B | O | P | O | S | E | P | V | T | E | U | N | V | A | O |

**BALLAST**
**BRICKS**
**BUILDER**
**BULLDOZER**
**CEMENT**
**CONCRETE**
**CRANE**
**DRILL**
**FOOTINGS**
**GIRDER**
**HAMMER**
**INSULATION**
**JOIST**
**LADDER**
**MASONRY**
**PALLET**
**PLYWOOD**
**SAND**

| | | | | | | | | | | | | | | |
|---|---|---|---|---|---|---|---|---|---|---|---|---|---|---|
| M | I | Y | G | J | C | I | A | E | T | I | R | U | S | W |
| C | R | V | E | K | C | H | P | D | N | A | L | T | U | R |
| O | U | A | S | R | R | R | E | I | X | E | S | S | E | U |
| R | W | E | E | E | R | I | H | S | D | R | O | F | X | O |
| N | I | B | R | W | A | U | C | Y | H | D | U | Z | B | S |
| W | L | S | E | I | D | K | S | E | F | I | E | R | E | U |
| A | T | U | A | R | H | N | T | S | D | R | R | V | T | T |
| L | S | F | O | S | K | S | A | R | T | O | O | E | O | G |
| L | H | F | D | N | U | S | P | E | L | L | R | U | L | N |
| O | I | O | K | E | N | T | H | M | N | N | U | S | T | Q |
| S | R | L | Z | F | P | X | H | I | A | Y | U | A | E | D |
| T | E | K | E | O | V | B | O | W | R | H | T | S | Q | T |
| K | L | O | F | R | O | N | X | O | V | E | O | X | I | K |
| E | R | I | H | S | D | R | O | F | T | R | E | H | O | B |
| O | K | O | E | R | I | H | S | A | C | N | A | L | D | M |

BERKSHIRE
CHESHIRE
CORNWALL
DEVON
DORSET
ESSEX
HAMPSHIRE
HERTFORDSHIRE
KENT
LANCASHIRE
MERSEYSIDE
NORFOLK
OXFORDSHIRE
RUTLAND
SUFFOLK
SURREY
TYNE AND WEAR
WILTSHIRE

| | | | | | | | | | | | | | | |
|---|---|---|---|---|---|---|---|---|---|---|---|---|---|---|
| E | X | T | E | R | N | U | S | U | I | R | O | S | I | R |
| G | X | U | I | N | A | S | A | L | I | S | T | U | W | I |
| E | J | D | I | O | N | E | T | Y | R | A | K | P | Q | A |
| S | S | U | E | N | I | T | C | E | P | W | F | I | O | B |
| I | I | T | S | K | P | H | P | E | Q | G | R | N | I | B |
| D | L | R | I | U | K | J | D | I | S | E | O | A | V | W |
| I | I | S | L | P | I | I | I | V | T | Q | N | T | I | A |
| Z | C | O | A | A | U | V | G | S | L | D | T | O | P | M |
| K | A | L | T | S | I | L | A | I | H | C | A | R | B | S |
| F | R | E | N | L | L | M | S | L | V | A | L | K | J | Y |
| X | G | U | E | E | E | G | T | P | C | S | I | P | A | T |
| L | Z | S | M | R | E | D | R | K | L | B | S | L | F | A |
| N | L | Y | C | L | A | C | I | R | B | M | U | L | O | L |
| M | I | O | U | V | U | X | C | M | U | T | Z | S | L | P |
| I | E | C | A | P | S | F | R | J | S | A | L | N | K | X |

**ARYTENOID**
**BRACHIALIS**
**CREMASTER**
**DELTOID**
**DIGASTRIC**
**EXTERNUS**
**FRONTALIS**
**GRACILIS**
**LUMBRICAL**
**MENTALIS**
**NASALIS**
**PECTINEUS**
**PLATYSMA**
**RISORIUS**
**SOLEUS**
**STAPEDIUS**
**SUBCLAVIUS**
**SUPINATOR**

| | | | | | | | | | | | | | | |
|---|---|---|---|---|---|---|---|---|---|---|---|---|---|---|
| O | F | J | A | O | U | S | U | O | I | X | N | A | E | T |
| S | U | O | I | V | N | E | T | I | N | N | A | P | Y | K |
| H | M | L | A | P | C | S | W | R | V | E | A | R | S | T |
| O | G | L | M | X | O | E | O | O | E | C | I | O | P | P |
| C | S | Y | A | R | M | T | R | L | A | S | P | L | N | O |
| K | W | X | C | C | F | T | R | U | H | T | S | D | S | D |
| E | S | V | J | R | O | D | I | U | E | A | E | E | K | B |
| D | S | B | K | P | R | E | E | N | W | T | Q | S | D | S |
| E | H | I | Y | O | T | T | D | R | C | I | J | I | X | S |
| T | X | S | N | F | A | S | R | E | E | C | M | R | N | R |
| I | Q | L | C | M | B | U | L | C | O | T | R | P | U | R |
| C | R | S | T | I | L | G | U | Z | H | L | S | R | O | T |
| X | Y | E | I | D | E | S | O | P | M | O | C | U | H | S |
| E | L | S | A | N | E | I | D | E | R | A | C | S | L | D |
| A | D | H | E | A | G | D | E | V | E | I | L | E | R | F |

**ANXIOUS**
**CALM**
**COMPOSED**
**DISGUSTED**
**ECSTATIC**
**ENVIOUS**
**EXCITED**
**FLUSTERED**
**HURT**
**JOLLY**
**NEGLECTED**
**RELIEVED**
**SCARED**
**SHOCKED**
**STRESSED**
**SURPRISED**
**UNCOMFORTABLE**
**WORRIED**

| | | | | | | | | | | | | | | |
|---|---|---|---|---|---|---|---|---|---|---|---|---|---|---|
| V | W | A | T | R | O | O | D | E | H | T | O | X | F | E |
| X | K | G | Y | A | C | A | P | O | B | M | U | R | T | N |
| B | I | N | N | Y | S | X | R | E | R | A | B | U | U | F |
| D | S | I | M | O | M | O | D | T | W | Y | G | H | X | X |
| S | T | H | G | I | N | E | T | I | H | W | N | C | R | S |
| Y | I | T | H | E | H | A | W | K | X | U | I | N | K | B |
| E | E | H | I | T | C | H | C | O | C | K | R | A | O | H |
| W | C | C | R | I | T | I | C | A | L | C | A | R | E | T |
| V | E | U | S | R | E | G | N | I | F | N | E | E | R | G |
| X | D | S | T | Q | A | X | I | N | L | R | L | V | L | T |
| D | L | O | G | N | I | N | A | M | O | W | C | O | H | P |
| E | A | N | T | H | E | P | L | E | D | G | E | L | E | Q |
| P | Y | A | S | R | N | E | E | U | Q | E | H | T | B | Q |
| Y | O | G | R | W | I | N | C | H | E | S | T | E | R | L |
| V | R | U | B | I | L | A | C | X | E | B | F | A | O | P |

**ARTHUR**
**CRITICAL CARE**
**EXCALIBUR**
**GREENFINGERS**
**HITCHCOCK**
**LOVE RANCH**
**NO SUCH THING**
**ROYAL DECEIT**
**THE CLEARING**
**THE DEBT**
**THE DOOR**
**THE HAWK**
**THE PLEDGE**
**THE QUEEN**
**TRUMBO**
**WHITE NIGHTS**
**WINCHESTER**
**WOMAN IN GOLD**

| | | | | | | | | | | | | | | |
|---|---|---|---|---|---|---|---|---|---|---|---|---|---|---|
| E | N | O | M | E | N | A | T | I | O | Q | T | Q | Y | W |
| D | Q | O | S | V | J | R | U | S | N | I | O | O | R | T |
| I | F | T | B | I | L | M | A | Z | R | S | A | N | M | C |
| S | U | N | I | H | C | E | C | I | U | S | U | L | L | S |
| R | P | W | G | E | R | T | R | A | I | D | A | I | S | Y |
| E | R | N | C | E | P | B | L | R | T | D | F | Q | W | T |
| V | T | O | U | B | G | X | Y | L | N | F | N | I | F | D |
| I | M | I | B | A | R | T | E | M | I | S | I | A | M | O |
| R | T | B | I | J | O | U | D | E | A | M | R | S | R | P |
| O | E | E | E | Y | T | U | B | U | T | Y | W | C | H | G |
| G | C | O | M | E | T | O | R | L | N | L | D | A | T | M |
| O | P | Y | U | R | O | U | W | M | U | Y | N | S | S | Y |
| V | K | V | M | F | M | A | Z | L | O | E | E | T | Y | A |
| N | H | B | E | S | O | R | V | L | F | Q | A | L | C | Y |
| X | T | P | B | R | O | R | H | P | F | P | R | E | R | U |

ANEMONE
ARTEMISIA
AURUM
BEEHIVE
BIG CUB
BIJOU
BLUE
CASTLE
CATFISH
CLIFF
COMET
DAISY
ECHINUS
FOUNTAIN
GRAND
GROTTO
RIVERSIDE
SAWMILL

| | | | | | | | | | | | | | | |
|---|---|---|---|---|---|---|---|---|---|---|---|---|---|---|
| P | S | O | E | I | A | L | A | T | F | E | E | J | T | W |
| A | S | Z | A | P | U | X | C | D | F | W | N | P | H | P |
| I | O | M | T | Y | T | S | Y | N | O | M | E | L | O | S |
| B | C | E | E | U | N | F | A | I | T | H | F | U | L | D |
| R | M | U | V | T | T | X | X | R | I | S | K | T | S | Z |
| U | I | S | S | O | S | P | R | E | K | Z | T | I | Y | U |
| T | M | C | T | A | L | K | T | H | A | T | T | A | L | K |
| S | D | B | P | O | N | D | E | R | E | P | L | A | Y | A |
| I | A | Q | R | N | T | J | N | P | R | P | J | U | S | T |
| D | U | P | T | E | W | S | A | U | B | S | T | P | X | U |
| Z | B | L | A | D | L | O | T | Y | O | B | E | D | U | R |
| A | Z | A | E | I | N | L | D | H | V | F | I | S | H | P |
| U | U | Z | H | R | I | W | A | N | D | T | E | A | M | O |
| F | U | E | P | E | T | A | K | E | A | B | O | W | B | I |
| E | K | R | O | W | R | S | D | N | O | M | A | I | D | I |

BREAK IT OFF
DIAMONDS
DISTURBIA
LEMON
MAN DOWN
PON DE REPLAY
REHAB
RUDE BOY
SOS
STAY
TAKE A BOW
TALK THAT TALK
TE AMO
UMBRELLA
UNFAITHFUL
WE FOUND LOVE
WE RIDE
WORK

| | | | | | | | | | | | | | | |
|---|---|---|---|---|---|---|---|---|---|---|---|---|---|---|
| E | N | L | V | B | A | A | R | U | J | C | A | O | J | L |
| H | H | S | E | Y | W | P | M | A | L | A | S | G | U | Z |
| E | R | S | M | B | Q | P | I | O | I | P | X | G | L | Q |
| A | B | R | S | O | V | L | V | X | S | A | P | G | O | Z |
| S | R | W | A | A | L | E | V | Q | C | S | S | T | E | O |
| M | R | E | I | E | R | E | B | M | U | C | U | C | P | I |
| L | L | T | C | K | G | G | V | I | S | P | G | E | C | A |
| F | O | N | Z | U | K | Q | L | L | E | Y | A | X | Y | V |
| E | D | A | J | S | T | O | S | S | L | S | R | M | H | Z |
| U | L | L | T | Z | C | T | R | W | T | B | A | S | I | L |
| P | E | P | A | C | T | U | E | L | T | B | P | S | E | N |
| S | T | U | O | R | P | S | S | L | E | S | S | U | R | B |
| G | O | R | F | R | E | Z | B | A | N | I | A | U | S | M |
| T | B | C | T | N | I | M | N | B | R | T | C | I | T | E |
| S | A | U | N | U | N | S | E | T | A | I | A | U | V | P |

APPLE
ASPARAGUS
BASIL
BEANS
BROCCOLI
BRUSSELS SPROUTS
CLOVER
CUCUMBER
EMERALD
FROG
GRASS
JADE
LETTUCE
MINT
MOSS
NETTLES
PEAS
PLANT

| | | | | | | | | | | | | | | |
|---|---|---|---|---|---|---|---|---|---|---|---|---|---|---|
| P | T | U | T | U | C | J | L | I | V | E | B | A | L | L |
| I | F | Q | G | E | L | B | B | I | R | D | S | S | A | P |
| V | A | S | F | X | S | L | L | A | B | D | A | E | D | R |
| S | S | D | R | A | U | G | T | N | I | O | P | Q | E | R |
| S | T | M | A | T | C | H | U | P | S | Y | K | T | T | O |
| U | B | C | B | A | S | K | E | T | L | D | N | T | B | R |
| P | R | L | U | O | F | I | P | L | S | I | P | E | J | P |
| U | E | T | L | I | R | I | A | D | O | O | N | P | W | T |
| X | A | H | T | H | V | B | H | P | P | C | F | V | S | S |
| L | K | X | J | O | P | G | E | E | H | C | A | S | E | W |
| U | U | E | T | M | K | E | N | W | P | O | O | H | Z | O |
| T | L | G | U | I | R | X | G | N | I | K | C | O | L | B |
| U | A | J | E | H | A | G | M | F | R | M | M | Q | R | A |
| A | Z | G | T | Z | W | O | R | H | T | E | E | R | F | Q |
| L | D | R | A | O | B | K | C | A | B | N | F | V | G | U |

**BACKBOARD**
**BASKET**
**BENCH**
**BLOCKING**
**DEAD BALL**
**DRIBBLE**
**FAST BREAK**
**FOUL**
**FREE THROW**
**HOOP**
**JUMP BALL**
**LIVE BALL**
**MATCH-UPS**
**OPEN**
**PASS**
**PIVOT**
**POINT GUARD**
**THREE-POINTER**

| | | | | | | | | | | | | | | |
|---|---|---|---|---|---|---|---|---|---|---|---|---|---|---|
| D | E | A | D | L | I | N | E | S | C | H | O | O | L | P |
| E | T | M | T | R | R | S | Y | S | S | M | L | S | C | U |
| B | A | D | I | V | O | R | C | E | T | E | E | U | N | S |
| T | L | S | P | D | A | Z | C | N | N | W | H | L | Q | G |
| I | G | D | A | U | A | L | S | L | E | S | X | E | Y | N |
| R | N | S | I | A | G | N | F | L | M | G | Y | S | R | I |
| D | I | T | A | M | P | N | G | I | U | V | P | M | A | K |
| B | E | A | E | A | S | R | I | E | G | D | D | A | L | C |
| T | B | N | A | R | A | B | O | K | R | O | W | X | G | A |
| I | S | N | P | I | V | Y | C | N | A | N | G | E | R | P |
| I | P | I | W | C | H | I | L | D | R | E | N | J | U | A |
| P | W | V | T | N | E | M | E | V | A | E | R | E | B | O |
| U | S | J | R | N | S | V | L | W | U | F | S | B | K | X |
| L | H | M | O | N | E | Y | T | I | S | Y | U | I | S | E |
| Q | O | W | R | J | O | D | I | E | X | Q | X | C | E | P |

**ARGUMENTS**
**BEING LATE**
**BEREAVEMENT**
**BREAKING UP**
**BURGLARY**
**CHILDREN**
**DANGER**
**DEADLINES**
**DEBT**
**DENTIST**
**DIVORCE**
**EXAMS**
**ILLNESS**
**INTERVIEWS**
**MONEY**
**PACKING**
**PREGNANCY**
**SCHOOL**

| | | | | | | | | | | | | | | |
|---|---|---|---|---|---|---|---|---|---|---|---|---|---|---|
| N | R | N | S | D | X | P | L | U | Q | F | Y | I | R | S |
| A | K | I | T | T | R | V | Y | N | U | X | C | H | L | N |
| E | S | E | N | D | E | A | J | P | C | T | P | E | Q | W |
| D | U | U | U | P | N | U | W | P | Y | J | R | A | A | A |
| B | B | G | R | E | S | S | L | R | U | L | R | O | O | T |
| S | J | R | S | T | C | A | T | N | O | C | H | L | A | R |
| L | E | R | U | G | I | L | K | A | O | F | L | A | G | V |
| A | C | T | U | N | R | M | R | A | Q | U | S | A | S | D |
| T | T | A | T | T | A | C | H | M | E | N | T | L | C | U |
| L | I | E | J | I | H | I | O | R | T | D | I | B | P | G |
| O | X | Y | L | I | N | B | O | X | E | O | I | L | O | R |
| T | K | G | V | E | L | G | A | M | L | P | O | L | L | X |
| S | R | E | D | L | O | F | S | L | E | A | L | T | O | B |
| U | Y | I | J | A | S | L | K | D | D | P | A | Y | A | P |
| L | T | Q | I | U | Z | S | E | A | S | L | Q | X | B | V |

**ARCHIVE**
**ATTACHMENT**
**CONTACTS**
**DELETE**
**EDIT**
**FLAG**
**FOLDERS**
**FORWARD**
**INBOX**
**JUNK MAIL**
**OUTBOX**
**PLAIN TEXT**
**REPLY**
**SEND**
**SETTINGS**
**SUBJECT**
**UNDO**
**UPLOAD**

| | | | | | | | | | | | | | | |
|---|---|---|---|---|---|---|---|---|---|---|---|---|---|---|
| Z | Y | I | E | M | M | X | I | E | Q | F | H | A | S | Z |
| O | M | A | S | Q | S | J | A | V | E | L | I | N | A | O |
| S | F | F | L | E | L | I | P | M | U | J | G | N | O | L |
| R | P | U | G | E | N | S | V | C | G | D | H | O | P | Y |
| T | I | C | S | L | R | A | T | O | G | E | J | H | L | M |
| A | A | N | T | W | E | I | L | L | P | C | U | T | T | P |
| T | T | O | L | R | M | D | U | T | R | A | M | A | X | I |
| S | I | L | P | B | M | Z | A | S | D | T | P | R | A | C |
| P | N | H | A | E | A | T | V | X | E | H | S | A | D | S |
| A | I | T | D | Y | H | S | E | S | A | L | O | M | G | S |
| G | O | A | Z | L | P | D | L | U | S | O | D | S | L | Y |
| N | L | T | O | I | R | F | O | C | L | N | C | R | H | A |
| Z | K | N | K | L | O | R | P | S | Y | A | W | O | U | O |
| L | S | E | N | I | L | H | S | I | N | I | F | S | P | H |
| S | S | P | S | G | R | H | V | D | O | A | Q | Z | N | U |

**BATON**
**DECATHLON**
**DISCUS**
**FINISH LINE**
**GOLD MEDAL**
**HAMMER**
**HEPTATHLON**
**HIGH JUMP**
**HURDLES**
**JAVELIN**
**LANES**
**LONG JUMP**
**MARATHON**
**OLYMPICS**
**PENTATHLON**
**POLE VAULT**
**RELAY**
**SPIKES**

Five-letter Countries *No. 178*

| | | | | | | | | | | | | | | |
|---|---|---|---|---|---|---|---|---|---|---|---|---|---|---|
| N | K | D | E | U | V | I | D | I | O | K | W | N | V | S |
| A | K | E | L | Q | J | T | O | L | Z | H | Z | R | N | N |
| X | S | L | A | T | L | A | M | I | Z | W | H | X | K | U |
| C | F | T | P | O | E | L | I | H | C | O | Z | G | P | T |
| O | A | S | E | A | M | Y | A | I | I | H | O | F | R | Y |
| R | A | Y | N | E | K | A | N | I | H | C | H | O | W | Z |
| Z | N | R | I | I | R | O | S | M | D | R | M | W | H | E |
| N | I | I | A | S | G | A | B | O | N | N | O | A | G | N |
| B | N | A | P | A | J | E | G | Y | P | T | I | B | L | A |
| Q | E | G | S | N | G | M | R | P | A | T | E | G | P | Q |
| I | B | L | P | A | D | X | P | I | I | I | I | J | G | R |
| B | D | A | G | H | A | S | J | W | T | R | U | R | X | E |
| J | M | T | Q | G | L | M | L | D | B | O | O | U | B | L |
| M | H | L | U | F | U | Y | G | U | R | O | J | L | I | B |
| O | B | E | S | U | T | A | A | U | I | L | U | L | R | I |

**BENIN**
**CHILE**
**CHINA**
**EGYPT**
**GABON**
**GHANA**
**HAITI**
**INDIA**
**ITALY**
**JAPAN**
**KENYA**
**MALTA**
**NEPAL**
**NIGER**
**QATAR**
**SAMOA**
**SPAIN**
**SYRIA**

| | | | | | | | | | | | | | | |
|---|---|---|---|---|---|---|---|---|---|---|---|---|---|---|
| R | M | S | Z | F | K | O | O | B | E | T | O | N | U | K |
| B | I | P | S | A | L | P | H | A | B | E | T | M | O | O |
| W | W | J | D | O | S | S | L | I | C | N | E | P | S | O |
| S | C | I | S | S | O | R | S | Q | S | V | S | S | M | B |
| O | F | M | X | Q | I | O | U | S | V | L | T | R | C | T |
| P | Y | I | X | U | N | G | T | G | L | O | B | E | I | X |
| Y | R | A | N | O | I | T | C | I | D | X | S | S | P | E |
| T | R | E | R | E | T | U | P | M | O | C | R | M | R | T |
| K | P | N | H | R | P | P | S | A | Y | S | W | J | P | C |
| P | S | P | E | C | E | P | A | T | Y | S | R | N | Q | H |
| T | A | E | T | C | A | L | C | U | L | A | T | O | R | A |
| A | T | I | D | M | E | E | U | E | F | P | T | Y | P | I |
| I | E | T | N | R | V | O | T | R | R | M | J | A | R | R |
| D | E | E | X | T | S | F | A | V | P | O | I | R | E | I |
| Z | K | C | O | L | C | S | V | P | N | C | Z | C | A | O |

**ALPHABET**
**CALCULATOR**
**CHAIR**
**CLOCK**
**COMPASS**
**COMPUTER**
**CRAYON**
**DESK**
**DICTIONARY**
**GLOBE**
**MAPS**
**NOTEBOOK**
**PAINT**
**PENCILS**
**RULER**
**SCISSORS**
**TEACHER**
**TEXTBOOK**

| | | | | | | | | | | | | | | |
|---|---|---|---|---|---|---|---|---|---|---|---|---|---|---|
| S | E | U | P | A | L | A | T | E | N | A | M | E | L | J |
| U | O | I | D | U | Z | T | F | R | T | A | R | P | Y | S |
| J | I | F | Y | S | M | O | K | O | Y | R | O | T | P | D |
| A | S | L | R | T | A | B | D | S | E | R | T | M | P | E |
| R | L | R | R | P | I | R | E | I | H | W | S | T | T | D |
| A | R | U | T | T | I | V | C | O | S | O | I | O | O | I |
| H | G | S | E | L | Y | L | A | N | A | C | T | O | O | R |
| P | S | T | L | W | H | R | Y | C | W | C | I | T | T | O |
| L | W | W | Y | I | T | E | E | T | H | L | V | H | H | U |
| Q | W | K | H | O | P | U | I | B | T | U | I | P | P | L |
| C | P | U | D | H | G | E | L | S | U | S | G | A | I | F |
| M | X | G | R | U | D | P | T | A | O | I | N | S | C | R |
| A | S | U | M | E | W | D | Q | D | M | O | I | T | K | A |
| V | S | S | O | L | F | I | L | L | I | N | G | E | X | W |
| J | T | M | O | P | O | R | I | L | T | N | K | R | B | Y |

BITE
CAVITY
DECAY
DRILL
ENAMEL
EROSION
FILLING
FLOSS
FLUORIDE
GINGIVITIS
GUMS
MOUTHWASH
OCCLUSION
PALATE
ROOT CANAL
TEETH
TOOTHPASTE
TOOTHPICK

| | | | | | | | | | | | | | | |
|---|---|---|---|---|---|---|---|---|---|---|---|---|---|---|
| G | C | A | Q | V | Z | R | G | T | O | Y | R | R | C | B |
| E | R | S | T | L | T | U | P | A | L | L | M | A | L | L |
| O | C | I | E | P | E | L | U | J | T | N | I | M | O | N |
| T | A | A | L | H | K | R | A | F | T | P | C | U | Y | U |
| R | K | T | M | U | O | C | R | E | I | B | M | O | Z | C |
| O | Y | I | I | R | K | P | A | R | A | D | I | S | E | R |
| R | V | A | G | R | S | N | I | L | L | O | C | M | O | T |
| P | Z | M | O | I | A | N | R | S | T | N | E | F | K | D |
| U | R | S | O | C | H | G | U | P | C | E | L | X | M | A |
| O | E | A | S | A | P | O | R | D | N | O | M | E | L | I |
| I | T | K | C | N | R | V | X | A | J | S | S | R | X | Q |
| K | U | I | I | E | L | Z | O | F | M | A | F | O | U | U |
| U | W | H | J | M | D | M | B | S | I | P | N | K | U | I |
| N | E | G | R | O | N | I | U | G | I | N | S | O | U | R |
| A | R | U | P | E | M | S | S | L | M | K | O | F | R | I |

**CAIPIRINHA**
**DAIQUIRI**
**GIMLET**
**GIN SOUR**
**HURRICANE**
**JACK ROSE**
**LEMON DROP**
**MAI TAI**
**MARGARITA**
**MINT JULEP**
**MOJITO**
**NEGRONI**
**PALL MALL**
**PARADISE**
**PISCO SOUR**
**SIDECAR**
**TOM COLLINS**
**ZOMBIE**

| | | | | | | | | | | | | | | |
|---|---|---|---|---|---|---|---|---|---|---|---|---|---|---|
| A | H | E | E | R | O | T | V | I | D | H | B | L | G | I |
| N | A | W | L | G | Q | P | T | N | T | N | I | A | T | C |
| U | L | B | T | T | A | T | N | E | G | A | M | T | S | A |
| R | R | P | Y | Y | S | N | A | P | A | I | E | C | Y | O |
| O | A | H | H | Z | R | I | P | O | A | R | L | Z | H | E |
| O | E | R | O | Y | A | L | H | R | R | Y | M | E | T | I |
| F | I | L | S | Q | U | N | S | T | R | T | B | C | E | T |
| T | L | O | M | M | S | H | T | O | S | A | B | N | M | F |
| I | N | P | V | U | Q | T | U | I | R | R | A | E | A | U |
| I | L | L | P | O | L | Y | T | L | U | U | S | N | I | C |
| N | V | I | T | D | N | B | S | E | E | M | D | I | G | H |
| T | M | L | M | A | U | V | E | H | U | A | F | M | H | S |
| M | L | A | V | E | N | D | E | R | N | C | I | E | Y | I |
| T | E | C | M | A | R | D | I | G | R | A | S | A | S | A |
| R | R | D | I | H | C | R | O | I | A | Y | L | A | S | U |

**AMETHYST**
**BYZANTIUM**
**EMINENCE**
**FANDANGO**
**FUCHSIA**
**HELIOTROPE**
**LAVENDER**
**LILAC**
**MAGENTA**
**MARDI GRAS**
**MAUVE**
**MULBERRY**
**ORCHID**
**PANSY**
**PLUM**
**ROYAL**
**THISTLE**
**TYRIAN**

| | | | | | | | | | | | | | | |
|---|---|---|---|---|---|---|---|---|---|---|---|---|---|---|
| T | U | V | C | E | C | N | A | D | T | E | E | R | T | S |
| T | E | A | I | A | I | V | F | E | N | C | I | N | G | K |
| K | W | A | T | E | R | E | X | E | R | C | I | S | E | A |
| E | K | K | E | B | C | D | R | U | S | O | W | L | O | R |
| T | U | I | L | E | U | M | I | X | L | R | B | Z | G | A |
| T | E | C | L | L | I | O | A | O | I | H | C | I | A | T |
| L | W | K | A | L | T | C | B | Q | S | Y | S | L | C | E |
| E | N | B | B | Y | T | P | M | A | C | T | O | O | B | S |
| B | Q | O | C | D | R | D | C | A | P | O | E | I | R | A |
| E | L | X | B | A | A | S | E | T | A | L | I | P | S | D |
| L | C | I | G | N | I | L | C | Y | C | P | U | O | R | G |
| L | G | N | I | C | N | A | D | A | S | L | A | S | Q | O |
| S | E | G | P | I | I | L | U | Y | I | P | S | O | C | G |
| M | T | S | I | N | N | P | P | R | A | I | Z | R | O | O |
| Q | A | L | D | G | G | T | A | E | K | W | O | N | D | O |

**AEROBICS**
**BALLET**
**BELLY DANCING**
**BOOT CAMP**
**CAPOEIRA**
**CARDIO STEP**
**CIRCUIT TRAINING**
**FENCING**
**GROUP CYCLING**
**KARATE**
**KETTLEBELLS**
**KICKBOXING**
**PILATES**
**SALSA DANCING**
**STREET DANCE**
**TAEKWONDO**
**TAI CHI**
**WATER EXERCISE**

| | | | | | | | | | | | | | | |
|---|---|---|---|---|---|---|---|---|---|---|---|---|---|---|
| T | T | Y | A | A | M | T | E | R | U | C | A | D | I | Z |
| A | E | N | G | O | L | O | C | R | O | V | S | N | S | P |
| T | L | G | R | U | B | M | I | L | L | A | L | P | J | D |
| S | E | O | I | O | V | A | R | G | T | L | V | Z | K | V |
| H | D | H | G | O | L | B | U | S | G | L | W | U | O | J |
| A | P | O | C | X | L | E | L | S | R | E | V | R | H | T |
| V | T | A | I | N | S | L | D | C | O | T | R | C | L | P |
| A | B | A | E | F | I | R | E | N | E | T | W | A | L | R |
| N | S | A | C | Y | T | B | Q | R | I | A | R | T | I | U |
| A | O | R | I | S | G | E | Y | L | O | M | B | N | M | V |
| Z | D | S | N | E | E | K | F | T | P | T | R | A | A | U |
| B | N | U | E | J | S | U | Z | P | A | R | I | S | S | L |
| J | O | T | V | J | A | R | L | I | X | O | P | O | S | J |
| X | W | N | R | L | R | A | O | B | O | R | U | R | O | N |
| W | F | Q | Q | R | T | R | S | M | T | U | N | H | L | R |

BINCHE
BOGOTA
CADIZ
COLOGNE
HAVANA
LIMASSOL
LIMBURG
MINDELO
ORURO
OVAR
PARIS
SANTA CRUZ
SITGES
TENERIFE
TORELLO
VALLETTA
VENICE
VIAREGGIO

| | | | | | | | | | | | | | | |
|---|---|---|---|---|---|---|---|---|---|---|---|---|---|---|
| V | P | E | U | B | U | P | U | E | I | E | T | I | A | C |
| N | Y | Q | S | E | G | G | S | W | A | Y | H | T | A | U |
| U | E | Z | N | E | K | C | I | H | C | M | L | A | U | H |
| S | K | I | T | F | E | N | U | P | A | I | T | Q | C | C |
| S | R | K | H | L | V | H | T | V | R | L | R | P | X | B |
| E | U | E | E | T | T | A | C | U | R | K | L | K | O | R |
| L | T | R | E | T | O | S | F | J | O | E | Q | B | J | C |
| Q | Y | N | N | B | M | O | R | E | T | T | U | B | O | V |
| E | Q | I | I | M | A | T | M | T | S | C | Y | R | S | I |
| U | Z | X | W | A | T | K | U | S | T | H | U | R | S | T |
| S | P | D | Q | L | O | C | V | H | E | U | Y | U | W | M |
| A | E | O | S | A | E | E | O | V | A | P | L | C | N | O |
| I | K | O | M | I | S | E | H | U | K | M | A | K | T | Y |
| E | A | R | E | R | N | Q | O | Y | B | U | H | H | I | B |
| D | G | F | O | J | I | S | X | H | P | N | Y | U | A | T |

BEEF
BEER
BUTTER
CARROTS
CELERY
CHEESE
CHICKEN
EGGS
HAM
KETCHUP
LAMB
LETTUCE
MILK
SMOOTHIE
STEAK
TOMATOES
TURKEY
WINE

| | | | | | | | | | | | | | | |
|---|---|---|---|---|---|---|---|---|---|---|---|---|---|---|
| B | R | A | Z | I | L | A | U | O | I | E | O | Z | E | J |
| F | F | O | E | B | W | K | N | R | G | I | Y | T | I | H |
| S | A | U | T | C | E | T | A | A | E | R | P | R | Z | O |
| O | F | L | E | A | U | N | L | I | Y | P | J | S | A | H |
| P | A | R | A | G | U | A | Y | N | B | U | G | Z | I | V |
| T | A | J | U | O | P | Q | D | F | T | M | G | A | P | P |
| T | B | S | U | A | O | O | E | O | D | T | O | U | R | R |
| K | R | R | G | H | B | R | Q | R | R | S | G | L | C | C |
| A | P | O | A | N | I | T | N | E | G | R | A | H | O | S |
| J | S | P | Z | S | C | O | A | S | T | L | I | N | E | C |
| A | O | V | T | L | I | N | Q | T | V | L | T | R | O | I |
| T | L | A | I | V | I | L | O | B | E | T | N | E | T | P |
| J | Q | P | E | M | A | N | I | R | U | S | A | J | U | O |
| V | O | P | L | R | Z | S | P | A | N | I | S | H | T | R |
| M | A | V | Y | O | E | C | M | V | T | I | W | O | I | T |

ARGENTINA
BOLIVIA
BRASILIA
BRAZIL
CHILE
COASTLINE
COLOMBIA
ECUADOR
EQUATOR
GALAPAGOS
GUYANA
PARAGUAY
PERU
RAINFOREST
SANTIAGO
SPANISH
SURINAME
TROPICS

| | | | | | | | | | | | | | | |
|---|---|---|---|---|---|---|---|---|---|---|---|---|---|---|
| M | L | T | D | Q | Y | O | Y | J | W | J | P | S | O | B |
| Y | R | S | E | I | H | F | N | O | Q | Q | H | A | O | N |
| H | B | R | I | L | L | S | I | P | I | B | W | E | E | S |
| K | T | M | H | L | L | T | I | R | I | S | S | P | T | L |
| S | C | Z | A | M | W | U | E | F | A | K | P | E | M | P |
| A | E | P | L | C | Z | R | M | N | T | F | R | W | E | Q |
| U | E | K | I | P | K | G | R | T | C | A | A | N | L | B |
| F | G | D | B | I | J | E | R | A | J | H | C | O | D | T |
| T | V | P | U | S | W | O | R | D | T | A | I | L | A | M |
| T | P | I | T | Z | A | N | H | E | R | R | I | N | G | G |
| Q | J | K | Y | T | A | L | P | N | L | U | O | R | S | R |
| L | N | S | R | T | L | E | M | S | D | Y | I | U | T | H |
| C | A | J | Q | Q | Z | U | D | O | O | O | O | U | T | T |
| T | A | Z | O | J | E | L | Q | A | N | H | R | M | R | X |
| Z | S | G | J | L | T | W | L | L | G | O | B | Y | S | X |

BRILL
CARP
CATFISH
COD
GOBY
HALIBUT
HERRING
JOHN DORY
MACKEREL
MULLET
PIKE
PLATY
SALMON
SMELT
STURGEON
SWORDTAIL
TENCH
TROUT

| | | | | | | | | | | | | | | |
|---|---|---|---|---|---|---|---|---|---|---|---|---|---|---|
| U | N | T | V | P | C | V | M | D | S | R | T | H | I | A |
| O | P | O | U | N | H | O | N | E | Y | M | O | O | N | D |
| Q | Y | C | C | B | T | E | Q | J | U | C | S | R | V | N |
| R | Y | V | I | S | R | E | W | O | L | F | W | N | I | F |
| R | S | D | S | L | J | I | M | R | R | D | D | D | T | C |
| I | F | C | U | H | T | A | D | Q | M | W | B | J | A | R |
| C | H | A | M | P | A | G | N | E | D | P | T | K | T | E |
| R | D | R | R | F | I | R | N | G | S | R | E | K | I | C |
| F | S | Y | G | I | E | U | T | A | Z | M | E | L | O | E |
| Z | A | D | O | C | G | R | O | O | M | S | A | S | N | P |
| X | K | B | E | B | H | G | U | E | S | T | L | I | S | T |
| M | S | Y | D | A | E | U | R | I | N | G | S | T | D | I |
| A | A | O | Z | I | E | G | R | P | I | D | U | E | R | O |
| O | N | G | T | A | S | T | A | C | T | F | H | I | B | N |
| P | H | O | T | O | G | R | A | P | H | E | R | R | I | Y |

**BEST MAN**
**BRIDESMAID**
**CAKE**
**CAR**
**CHAMPAGNE**
**CHURCH**
**DRESS**
**FLOWERS**
**GROOM**
**GUEST LIST**
**HONEYMOON**
**INVITATIONS**
**MENU**
**MUSIC**
**PAGEBOY**
**PHOTOGRAPHER**
**RECEPTION**
**RINGS**

|   |   |   |   |   |   |   |   |   |   |   |   |   |   |   |
|---|---|---|---|---|---|---|---|---|---|---|---|---|---|---|
| A | H | Y | J | O | U | N | L | F | S | I | I | V | A | O |
| U | E | T | R | F | P | Z | A | C | O | M | P | A | C | T |
| S | R | O | P | O | T | S | F | X | S | E | L | S | I | Z |
| L | A | T | I | G | I | D | S | W | J | G | R | I | F | X |
| L | O | S | U | L | A | N | D | S | C | A | P | E | F | N |
| D | M | F | U | E | R | U | T | R | E | P | A | Y | T | D |
| T | R | O | T | X | T | Y | E | B | G | I | U | G | E | U |
| S | G | C | N | P | R | P | G | A | A | X | R | V | T | O |
| S | H | U | I | O | O | R | C | A | M | E | E | A | N | L |
| T | A | S | R | S | P | R | L | T | I | L | T | Q | W | I |
| U | G | P | P | U | S | O | R | S | O | M | T | T | X | F |
| R | I | T | Q | R | O | B | D | P | C | G | U | Z | F | M |
| Y | L | P | B | E | E | O | X | A | L | E | H | V | P | E |
| N | A | A | L | A | U | Y | E | R | R | R | S | H | E | N |
| T | T | A | I | M | Q | Y | X | D | S | A | E | U | A | L |

**APERTURE**
**COMPACT**
**DEVELOP**
**DIGITAL**
**EXPOSURE**
**F-STOP**
**FILM**
**FOCUS**
**IMAGE**

**LANDSCAPE**
**MACRO**
**MEGAPIXEL**
**MONOPOD**
**PORTRAIT**
**PRINT**
**RAW**
**SHUTTER**
**SLR**

| | | | | | | | | | | | | | | |
|---|---|---|---|---|---|---|---|---|---|---|---|---|---|---|
| W | S | T | A | O | U | R | N | H | Z | I | U | B | R | I |
| H | I | D | P | U | U | C | O | L | L | A | R | E | D | X |
| N | N | J | E | S | U | O | H | H | M | O | K | U | E | A |
| W | D | A | A | L | D | Q | A | E | W | K | A | V | T | F |
| S | I | N | B | E | L | W | R | N | O | I | R | R | A | C |
| Q | A | B | D | U | A | I | H | T | F | E | R | O | U | M |
| O | N | R | W | I | C | E | B | I | H | S | O | Y | G | L |
| T | J | B | I | A | A | U | S | E | R | O | L | F | K | V |
| L | U | A | N | D | G | H | O | Q | G | J | T | A | A | R |
| T | N | R | E | T | S | E | W | H | T | R | O | N | Z | S |
| R | G | D | W | A | I | F | N | A | C | I | A | M | A | J |
| U | L | J | O | H | L | O | N | G | B | I | L | L | E | D |
| F | E | L | T | T | I | L | F | S | R | A | Q | H | N | D |
| P | N | A | I | S | V | E | P | A | C | L | T | O | Z | I |
| I | E | S | P | Y | X | E | M | I | K | S | O | T | R | P |

AMERICAN
BROWN-HEADED
CAPE
CARRION
COLLARED
CUBAN
FISH
FLORES
HAWAIIAN
HOODED
HOUSE
INDIAN JUNGLE
JAMAICAN
LARGE-BILLED
LITTLE
LONG-BILLED
MARIANA
NORTHWESTERN

| | | | | | | | | | | | | | | |
|---|---|---|---|---|---|---|---|---|---|---|---|---|---|---|
| T | D | E | D | I | C | A | T | E | D | G | T | A | I | S |
| I | R | T | S | A | F | D | A | E | T | S | A | Y | U | R |
| M | A | A | V | Z | I | O | P | T | P | I | S | I | O | E |
| C | O | S | W | I | E | E | U | E | A | P | O | R | U | R |
| F | L | U | X | L | N | M | R | N | S | S | B | E | S | R |
| P | A | H | G | D | A | S | P | A | S | H | L | E | T | C |
| T | Y | I | A | M | I | T | O | C | I | G | R | S | O | J |
| C | O | B | T | S | R | U | S | I | O | T | G | M | M | B |
| F | L | G | T | H | I | I | E | O | N | R | M | O | B | M |
| E | O | E | S | R | F | S | F | U | A | I | T | L | U | F |
| H | N | C | E | X | T | U | U | S | T | N | E | T | N | I |
| T | E | V | U | N | F | A | L | T | E | R | I | N | G | X |
| H | E | F | N | S | T | N | E | T | S | I | S | N | I | E |
| S | K | R | I | B | E | D | D | T | A | A | M | G | I | D |
| E | O | U | T | A | B | D | F | A | A | R | B | O | T | L |

**COMMITTED**
**DEDICATED**
**DEPENDABLE**
**FAITHFUL**
**FIRM**
**FIXED**
**FOCUSED**
**INSISTENT**
**INTENT**
**KEEN**
**LOYAL**
**PASSIONATE**
**PERSISTENT**
**PURPOSEFUL**
**STALWART**
**STEADFAST**
**TENACIOUS**
**UNFALTERING**

| | | | | | | | | | | | | | | |
|---|---|---|---|---|---|---|---|---|---|---|---|---|---|---|
| Q | A | F | T | L | E | S | C | P | A | O | E | S | T | R |
| O | F | P | E | H | J | D | F | U | S | A | A | S | R | W |
| R | S | T | I | S | O | P | E | D | R | M | G | T | A | S |
| G | L | E | R | B | M | O | Q | N | O | R | L | U | N | W |
| P | X | G | B | E | O | H | G | O | X | T | P | S | A | I |
| O | Y | A | K | U | S | S | R | M | A | N | A | G | E | R |
| L | E | G | E | C | N | E | I | B | M | A | M | T | U | T |
| A | A | G | Y | M | L | E | R | C | R | R | E | L | R | Z |
| B | I | U | R | G | M | F | Z | V | I | U | N | R | I | O |
| N | T | L | N | E | U | F | S | A | A | A | I | P | I | A |
| H | L | I | O | D | I | O | I | A | P | T | T | R | M | A |
| N | S | P | N | K | R | C | I | A | F | S | I | I | U | T |
| R | E | M | Y | T | T | Y | N | E | A | E | E | O | S | I |
| H | V | Q | O | S | A | F | L | O | O | R | S | E | N | A |
| S | U | M | A | T | N | U | O | C | C | A | E | R | Z | S |

ACCOUNT
AMBIENCE
AMENITIES
ATRIUM
COFFEE SHOP
CONCIERGE
DEPOSIT
FLOOR
GYM
KEY
LAUNDRY
LUGGAGE
MANAGER
RESERVATION
RESTAURANT
SAFE
SINGLE ROOM
SPA

|   |   |   |   |   |   |   |   |   |   |   |   |   |   |   |
|---|---|---|---|---|---|---|---|---|---|---|---|---|---|---|
| T | X | N | L | T | A | R | U | Z | R | E | P | V | T | R |
| U | K | W | U | E | A | T | E | L | U | O | B | T | D | R |
| A | O | O | O | I | G | R | E | T | A | W | M | B | B | S |
| N | A | V | S | O | D | A | E | R | B | E | Y | R | S | O |
| F | A | D | M | T | V | K | B | L | J | L | O | I | F | V |
| P | P | A | L | E | N | B | V | S | L | W | G | O | A | N |
| A | A | G | N | I | K | A | B | G | N | T | I | C | L | R |
| S | R | E | R | R | F | I | S | B | Y | C | C | H | L | T |
| H | D | R | F | L | O | U | R | S | C | T | L | E | I | R |
| R | K | U | U | E | C | E | O | R | I | T | O | O | T | T |
| P | H | T | S | T | A | P | L | E | F | O | O | D | R | A |
| T | R | X | D | D | C | H | G | U | O | D | R | U | O | S |
| W | L | E | N | J | C | C | J | U | W | D | M | C | T | W |
| M | S | T | Z | R | I | R | T | S | L | M | D | R | E | L |
| I | D | A | T | T | A | B | A | I | C | T | S | I | H | S |

BAGEL
BAKING
BOULE
BRIOCHE
BROWN BREAD
CIABATTA
CROISSANT
FLOUR
FOCACCIA
LEAVENED
NAAN
RYE BREAD
SODA
SOURDOUGH
STAPLE FOOD
TEXTURE
TORTILLA
WATER

| | | | | | | | | | | | | | | |
|---|---|---|---|---|---|---|---|---|---|---|---|---|---|---|
| O | P | S | D | C | F | A | M | H | G | T | O | S | O | P |
| M | U | L | F | O | R | I | T | E | O | A | A | S | N | K |
| R | A | E | G | U | T | E | K | U | T | I | S | P | C | M |
| O | C | K | S | O | P | Q | N | T | L | N | E | A | O | A |
| C | K | R | C | S | V | E | P | I | A | A | C | L | L | P |
| L | W | S | S | I | A | Y | U | A | N | I | M | E | U | U |
| M | H | W | Q | Z | W | N | H | Q | D | N | H | L | M | I |
| F | G | E | U | L | R | D | T | G | L | A | E | G | B | A |
| T | U | T | U | O | N | I | R | E | M | K | B | P | I | T |
| V | S | P | C | X | A | O | O | E | R | S | R | S | A | O |
| Z | A | J | H | R | M | E | W | S | H | A | I | E | R | I |
| G | H | A | U | A | A | C | P | B | O | N | D | S | X | V |
| E | O | C | R | X | N | E | O | O | U | A | E | O | G | E |
| Y | N | K | R | I | A | B | O | C | A | J | A | S | I | H |
| U | K | I | A | L | P | I | C | E | L | A | N | D | I | C |

**APENNINE**
**ASKANIAN**
**BOND**
**CHEVIOT**
**CHURRA**
**COLUMBIA**
**COOPWORTH**
**CORMO**
**GOTLAND**
**GROMARK**
**GUTE**
**HEBRIDEAN**
**HERDWICK**
**ICELANDIC**
**JACOB**
**MERINO**
**OUESSANT**
**PANAMA**

| | | | | | | | | | | | | | | |
|---|---|---|---|---|---|---|---|---|---|---|---|---|---|---|
| W | U | X | I | S | A | I | R | G | A | O | S | G | T | T |
| I | R | F | P | R | Q | C | P | M | L | S | C | H | A | K |
| O | A | Y | E | U | A | F | I | X | U | D | U | L | G | A |
| C | T | P | I | Y | A | N | E | R | E | S | A | L | O | P |
| U | P | Q | A | J | Y | L | C | S | A | P | R | L | M | H |
| M | U | A | Q | N | B | P | E | A | I | T | V | A | I | A |
| E | D | P | C | O | T | R | S | N | G | T | L | F | K | N |
| T | A | A | S | L | T | O | T | B | R | U | Q | L | O | O |
| S | H | Q | S | L | A | A | F | Q | M | T | A | O | P | G |
| Y | U | P | U | E | N | T | E | A | L | T | O | R | E | K |
| E | E | S | V | A | N | D | E | S | G | L | U | I | S | E |
| J | L | R | S | A | N | B | E | R | N | A | R | D | O | J |
| T | E | T | E | I | S | E | D | N | O | C | S | A | L | H |
| E | L | Q | I | O | Q | I | K | H | Q | R | I | T | I | I |
| F | V | X | U | Q | O | Z | O | G | A | I | T | N | A | S |

**ANDES**
**ANTOFAGASTA**
**ARICA**
**DESERT**
**EL BOSQUE**
**IQUIQUE**
**LA FLORIDA**
**LA PINTANA**
**LA SERENA**
**LAS CONDES**
**PESO**
**PUDAHUEL**
**PUENTE ALTO**
**RANCAGUA**
**SAN BERNARDO**
**SANTIAGO**
**TALCA**
**TEMUCO**

| | | | | | | | | | | | | | | |
|---|---|---|---|---|---|---|---|---|---|---|---|---|---|---|
| H | D | L | H | M | I | L | L | K | E | U | W | T | E | L |
| I | G | L | Y | T | R | P | T | U | W | U | S | O | X | O |
| G | A | J | Y | E | C | N | E | P | S | R | P | E | T | G |
| R | G | O | R | E | L | A | D | N | O | M | L | Z | S | I |
| T | Q | H | G | S | R | K | G | U | H | C | K | S | A | C |
| C | W | N | T | A | I | H | R | T | G | M | V | U | J | K |
| M | O | S | C | X | J | T | P | A | D | A | W | E | S | X |
| M | N | O | S | L | I | W | R | M | B | R | N | P | M | M |
| T | T | N | L | O | B | N | C | U | U | S | B | R | R | P |
| T | N | R | P | I | E | J | H | U | C | H | R | V | A | Q |
| H | T | I | D | R | D | W | E | N | G | A | A | G | U | B |
| T | R | E | X | F | L | G | N | S | O | L | Z | U | T | R |
| O | N | G | R | O | O | S | E | V | E | L | T | E | G | Q |
| F | X | S | A | Z | N | R | Y | O | Y | S | K | I | X | H |
| F | S | S | T | L | E | C | D | O | S | S | D | W | Z | P |

**AGNEW**
**BARKLEY**
**BIDEN**
**CHENEY**
**COOLIDGE**
**CURTIS**
**DAWES**
**FORD**
**GARNER**
**GORE**
**HUMPHREY**
**JOHNSON**
**MARSHALL**
**MONDALE**
**NIXON**
**PENCE**
**ROOSEVELT**
**WILSON**

| | | | | | | | | | | | | | | |
|---|---|---|---|---|---|---|---|---|---|---|---|---|---|---|
| R | O | T | T | P | O | N | F | O | Z | C | F | Z | N | E |
| S | M | R | A | N | E | P | O | Y | E | S | T | W | R | P |
| S | H | G | I | E | L | Y | A | K | A | P | W | W | U | L |
| B | H | N | E | V | O | L | I | E | N | O | E | H | T | L |
| R | E | G | N | A | H | C | F | O | D | N | I | W | I | R |
| O | R | B | B | E | R | I | F | N | O | S | M | O | O | R |
| K | O | D | S | H | J | F | W | D | E | I | K | A | F | R |
| E | A | N | G | E | L | S | L | H | A | E | V | I | R | D |
| N | O | V | E | M | B | E | R | R | A | I | N | E | P | J |
| W | P | I | S | W | I | T | H | O | U | T | Y | O | U | M |
| I | O | I | L | O | V | E | H | U | R | T | S | V | L | R |
| N | I | S | T | H | I | S | L | O | V | E | R | U | Z | A |
| G | S | M | I | S | S | I | N | G | Y | O | U | E | P | X |
| S | O | T | S | L | H | Z | T | G | E | L | W | N | W | Y |
| Y | N | R | P | T | V | Y | P | A | S | V | O | P | P | O |

**ALONE**
**ANGELS**
**BROKEN WINGS**
**DRIVE**
**HERO**
**IS THIS LOVE**
**KAYLEIGH**
**LOVE HURTS**
**MISSING YOU**
**NOVEMBER RAIN**
**OPEN ARMS**
**POISON**
**ROOMS ON FIRE**
**SHOW ME HEAVEN**
**THE ONE I LOVE**
**WHAT'S UP**
**WIND OF CHANGE**
**WITHOUT YOU**

| | | | | | | | | | | | | | | |
|---|---|---|---|---|---|---|---|---|---|---|---|---|---|---|
| M | A | M | M | A | L | R | K | D | X | V | R | R | W | U |
| S | R | D | O | P | O | R | H | T | R | A | E | O | F | E |
| I | S | E | P | D | Z | T | X | L | M | I | F | N | A | I |
| N | X | S | P | U | E | U | C | P | E | P | B | A | Z | S |
| A | T | D | Z | T | W | D | H | V | Y | S | S | E | V | V |
| G | N | L | U | W | I | I | O | C | R | H | T | C | E | L |
| R | C | O | L | D | B | L | O | O | D | E | D | A | R | R |
| O | A | A | C | I | U | Y | E | H | L | R | U | T | T | W |
| T | M | E | A | T | K | E | O | M | S | B | A | S | E | A |
| C | B | N | I | O | U | S | M | O | C | I | M | U | B | I |
| E | R | O | V | I | N | R | A | C | W | V | F | R | R | B |
| S | N | E | R | O | V | I | N | M | O | O | S | C | A | P |
| N | W | V | D | I | N | O | S | A | U | R | S | R | T | W |
| I | O | U | N | U | T | I | P | O | L | E | J | Q | E | M |
| R | Q | L | Q | G | K | T | V | P | R | D | Y | O | B | I |

**AMPHIBIAN**
**ARTHROPOD**
**BIRD**
**CARNIVORE**
**COLD-BLOODED**
**CRUSTACEAN**
**DINOSAUR**
**EVOLUTION**
**FISH**
**HERBIVORE**
**INSECT**
**MAMMAL**
**NOCTURNAL**
**OMNIVORE**
**ORGANISM**
**REPTILE**
**VERTEBRATE**
**WARM-BLOODED**

## Jobs with Uniforms

| | | | | | | | | | | | | | | |
|---|---|---|---|---|---|---|---|---|---|---|---|---|---|---|
| S | F | A | K | Q | G | Z | T | S | P | S | L | E | P | L |
| D | F | D | R | O | L | I | A | S | U | W | O | U | N | E |
| E | L | R | E | T | H | G | I | F | E | R | I | F | I | B |
| F | R | A | E | U | L | T | M | P | I | I | G | B | C | G |
| E | Y | U | T | C | R | H | Q | U | R | R | R | E | L | V |
| W | K | G | T | S | I | C | A | M | R | A | H | P | O | A |
| C | O | Y | R | R | E | F | E | R | E | E | R | S | W | N |
| P | I | T | O | L | I | P | F | P | E | Q | R | R | N | Q |
| Q | C | I | D | E | M | R | W | O | J | I | E | J | P | P |
| K | X | R | Y | T | S | I | T | N | E | D | D | E | S | N |
| I | D | U | M | E | C | H | A | N | I | C | L | L | L | U |
| Q | F | C | R | O | A | P | O | V | T | O | I | R | O | R |
| A | R | E | V | I | R | D | O | M | I | L | U | L | O | S |
| U | T | S | H | S | P | X | S | G | I | K | B | A | O | E |
| S | J | Y | E | C | S | R | J | E | S | H | O | L | H | P |

**BUILDER**
**CHEF**
**CLOWN**
**DENTIST**
**FIREFIGHTER**
**LIMO DRIVER**
**MECHANIC**
**MEDIC**
**NURSE**
**PHARMACIST**
**PILOT**
**POLICE OFFICER**
**PRIEST**
**REFEREE**
**SAILOR**
**SECURITY GUARD**
**SOLDIER**
**SURGEON**

| | | | | | | | | | | | | | | |
|---|---|---|---|---|---|---|---|---|---|---|---|---|---|---|
| D | E | T | R | A | P | E | D | E | H | T | R | R | P | O |
| R | E | N | A | W | S | K | C | A | L | B | N | E | S | R |
| L | A | N | N | A | T | T | T | Z | R | E | A | T | R | A |
| E | M | T | T | S | I | Y | A | I | T | G | M | H | O | A |
| I | K | O | A | I | L | A | N | R | S | C | D | G | X | U |
| A | R | G | O | V | L | L | C | K | I | Z | R | I | P | B |
| F | I | E | B | N | A | L | A | A | T | S | I | L | O | K |
| S | K | Y | F | A | L | L | I | L | R | J | B | T | A | O |
| F | N | T | Z | G | I | I | G | F | A | M | M | O | L | O |
| I | U | A | R | S | C | O | G | V | E | L | R | P | R | B |
| H | D | S | A | I | E | R | A | H | H | O | A | S | H | N |
| Z | H | J | X | R | B | Y | I | U | T | B | F | N | L | E |
| H | S | J | S | C | Q | A | G | L | O | H | S | P | D | E |
| Z | M | V | D | D | N | O | I | T | P | E | C | N | I | R |
| X | S | C | Y | A | S | T | R | Y | T | I | V | A | R | G |

**A STAR IS BORN**
**ARGO**
**AVATAR**
**BIRDMAN**
**BLACK SWAN**
**DUNKIRK**
**GRAVITY**
**GREEN BOOK**
**HUGO**
**INCEPTION**
**LA LA LAND**
**LIFE OF PI**
**MOONLIGHT**
**SKYFALL**
**SPOTLIGHT**
**STILL ALICE**
**THE ARTIST**
**THE DEPARTED**

| | | | | | | | | | | | | | | |
|---|---|---|---|---|---|---|---|---|---|---|---|---|---|---|
| P | E | U | B | E | S | U | T | F | S | Q | X | I | I | N |
| T | T | U | U | E | L | B | A | T | I | B | U | D | N | I |
| O | N | U | U | U | L | E | S | E | R | E | S | D | C | A |
| S | A | E | N | N | A | R | U | E | T | L | W | E | O | T |
| U | C | G | D | M | C | Y | L | S | R | B | T | E | N | R |
| N | O | Q | E | I | O | H | X | S | T | A | B | T | T | E |
| D | N | I | N | S | V | G | A | E | T | T | U | N | E | C |
| I | C | S | I | T | I | E | S | L | T | U | O | A | S | I |
| S | L | T | A | A | U | R | U | T | L | F | D | R | T | V |
| P | U | H | B | K | Q | U | O | B | H | E | D | A | A | C |
| U | S | U | L | A | E | S | I | U | P | R | N | U | B | B |
| T | I | R | E | B | N | P | V | O | U | R | O | G | L | J |
| E | V | B | T | L | U | T | B | D | E | I | Y | T | E | I |
| D | E | T | S | E | T | N | O | C | N | U | E | I | T | D |
| D | E | I | N | D | I | S | P | U | T | A | B | L | E | W |

**BEYOND DOUBT**
**CERTAIN**
**CONCLUSIVE**
**DOUBTLESS**
**EVIDENT**
**GUARANTEED**
**INCONTESTABLE**
**INDISPUTABLE**
**INDUBITABLE**
**IRREFUTABLE**
**OBVIOUS**
**SURE**
**UNCHALLENGED**
**UNCONTESTED**
**UNDENIABLE**
**UNDISPUTED**
**UNEQUIVOCAL**
**UNMISTAKABLE**

| | | | | | | | | | | | | | | |
|---|---|---|---|---|---|---|---|---|---|---|---|---|---|---|
| T | E | L | S | N | I | W | E | T | A | K | R | R | O | X |
| G | G | S | C | P | S | A | I | R | O | F | J | A | O | E |
| A | W | E | H | E | X | U | L | E | N | A | O | N | M | V |
| J | Y | N | A | E | J | D | O | C | A | S | D | N | N | A |
| U | N | O | R | R | U | R | J | N | M | A | I | E | E | Y |
| D | E | T | L | T | L | E | A | E | D | N | E | H | R | R |
| I | T | S | I | S | I | Y | N | P | I | A | F | A | R | R |
| D | H | A | Z | L | A | H | I | S | K | D | O | T | I | E |
| E | P | M | E | Y | R | E | L | A | E | L | S | H | M | B |
| N | A | M | T | R | O | P | E | I | L | A | T | A | N | E |
| C | L | E | H | E | B | B | G | V | O | S | E | W | E | L |
| H | T | Z | E | M | E | U | N | A | C | E | R | A | L | L |
| Q | R | E | R | A | R | R | A | T | I | O | T | Y | E | A |
| T | O | B | O | E | T | N | Y | C | N | Z | J | U | H | H |
| S | W | S | N | O | S | P | M | O | H | T | A | M | M | E |

**ANGELINA JOLIE**
**ANNE HATHAWAY**
**AUDREY HEPBURN**
**CHARLIZE THERON**
**EMMA STONE**
**EMMA THOMPSON**
**GWYNETH PALTROW**
**HALLE BERRY**
**HELEN MIRREN**
**JODIE FOSTER**
**JUDI DENCH**
**JULIA ROBERTS**
**KATE WINSLET**
**MERYL STREEP**
**NATALIE PORTMAN**
**NICOLE KIDMAN**
**OCTAVIA SPENCER**
**ZOE SALDANA**

| | | | | | | | | | | | | | | |
|---|---|---|---|---|---|---|---|---|---|---|---|---|---|---|
| R | R | Y | O | X | S | A | M | W | W | S | L | A | A | V |
| K | S | P | O | R | P | A | U | L | S | F | A | R | I | A |
| S | K | L | Q | O | R | L | G | S | R | O | T | C | A | E |
| K | U | B | E | P | V | Q | I | N | H | W | M | A | H | Q |
| M | L | N | A | D | Y | S | A | E | I | U | R | M | U | P |
| F | I | L | U | N | O | E | T | D | S | N | G | E | S | U |
| I | N | R | L | I | D | M | T | I | D | A | N | R | R | I |
| L | S | W | R | I | P | U | C | R | W | S | I | A | Q | L |
| M | E | A | T | O | R | T | S | E | L | E | T | R | L | A |
| I | G | I | A | O | R | S | A | C | G | Q | H | A | O | P |
| N | N | R | R | L | E | O | L | T | P | U | G | C | A | T |
| G | G | F | I | U | N | C | L | O | T | H | I | N | G | O |
| S | L | D | D | A | N | C | E | R | S | R | L | T | P | P |
| I | U | E | I | O | U | G | I | Y | R | C | Z | A | A | K |
| R | G | O | T | R | R | R | L | A | J | W | P | V | L | R |

ACTORS
BAND
CAMERA
CLOTHING
COSTUMES
DANCERS
DIRECTOR
EDITING
FILMING
GUITAR
LAPTOP
LIGHTING
MIRROR
MODELS
MUSIC
PLANNING
PROPS
RUNNER

| | | | | | | | | | | | | | | |
|---|---|---|---|---|---|---|---|---|---|---|---|---|---|---|
| R | C | U | U | F | U | U | N | L | R | P | Q | S | P | N |
| F | T | U | K | T | F | E | G | G | F | D | U | M | A | L |
| A | T | P | F | T | U | A | C | U | H | L | F | D | M | W |
| R | V | K | R | G | E | W | O | I | E | T | P | S | X | N |
| J | J | V | I | Y | Y | S | A | D | M | T | G | B | T | T |
| T | D | H | E | F | L | I | R | E | I | R | V | R | T | R |
| A | S | R | H | L | T | N | O | N | I | A | C | E | P | A |
| H | I | O | Y | K | O | A | F | N | P | E | G | B | M | R |
| U | D | R | P | V | A | R | T | O | O | U | J | Q | M | V |
| R | V | A | E | O | A | E | U | R | B | M | G | R | O | C |
| A | Q | R | R | A | R | T | X | E | Z | C | S | S | K | S |
| L | W | I | P | T | T | C | X | S | O | G | R | U | N | B |
| E | W | H | K | A | N | T | I | M | E | S | K | D | P | T |
| S | L | D | T | T | O | I | R | M | R | A | U | K | D | U |
| P | F | O | E | J | C | A | Z | T | A | L | S | S | S | R |

**ANTI**
**COM**
**CONTRA**
**DIS**
**EXTRA**
**HEMI**
**HYPER**
**INFRA**
**INTER**
**INTRA**
**MICRO**
**MONO**
**NON**
**OUT**
**OVER**
**POST**
**PRE**
**SEMI**

## At the Farmyard

| | | | | | | | | | | | | | | |
|---|---|---|---|---|---|---|---|---|---|---|---|---|---|---|
| N | B | Y | R | A | D | S | T | E | A | L | U | S | L | P |
| L | U | P | S | R | H | F | N | Y | C | O | L | T | R | I |
| K | S | L | U | L | J | L | U | P | K | F | T | A | O | G |
| X | X | E | H | E | J | D | U | S | F | L | A | C | T | S |
| M | G | Y | G | O | O | S | E | S | G | O | R | E | P | B |
| L | B | S | U | I | S | N | E | H | L | U | Z | W | U | M |
| L | I | A | A | T | S | N | K | I | M | L | L | A | M | A |
| Y | A | R | R | S | R | L | L | F | N | T | U | Q | P | L |
| P | A | K | M | G | Y | R | Y | M | E | O | L | B | Q | A |
| B | U | Y | S | D | U | C | K | I | D | S | P | A | T | G |
| R | L | R | Q | G | T | Q | A | U | I | T | R | F | D | I |
| U | B | B | D | A | L | I | T | U | F | R | C | O | W | S |
| Y | D | S | U | P | G | J | S | M | P | I | G | X | H | K |
| S | L | F | Z | O | K | I | D | L | L | C | L | E | Z | A |
| C | T | Y | C | A | A | A | X | F | L | H | H | S | D | Q |

**BULL**
**CALF**
**CATS**
**COLT**
**COWS**
**DOG**
**DUCK**
**FOXES**
**GOAT**

**GOOSE**
**HENS**
**HORSE**
**KIDS**
**LAMBS**
**LLAMA**
**OSTRICH**
**PIGS**
**PONIES**

| | | | | | | | | | | | | | | |
|---|---|---|---|---|---|---|---|---|---|---|---|---|---|---|
| A | R | T | E | P | H | U | T | K | U | B | M | I | T | C |
| E | P | T | C | U | T | D | F | Q | G | E | F | K | H | K |
| E | V | O | A | O | L | B | E | U | P | S | O | A | T | R |
| C | K | Y | L | T | M | A | A | F | T | A | C | M | M | A |
| O | Z | L | A | H | A | M | J | A | T | O | A | O | L | P |
| E | S | O | P | B | R | Z | X | I | C | T | U | C | A | U |
| I | T | M | M | W | G | I | O | U | O | N | I | Z | K | L |
| R | B | A | I | A | L | N | L | B | T | M | T | U | I | A |
| D | L | C | E | A | Z | T | O | E | I | R | G | C | A | B |
| A | S | P | H | N | U | H | T | L | P | L | W | F | B | A |
| T | A | I | N | R | I | N | I | H | A | O | T | O | E | N |
| B | L | Y | E | L | A | I | N | S | S | H | T | Y | K | I |
| Y | E | L | L | A | V | U | D | N | A | M | H | T | A | K |
| R | D | S | B | R | Y | G | G | E | N | L | O | I | L | P |
| Y | R | A | J | N | A | D | L | I | K | T | S | C | C | T |

ANJAR
BLENHEIM PALACE
BRYGGEN
CHACO CULTURE
CITY OF CUZCO
HA LONG BAY
KATHMANDU VALLEY
KINABALU PARK
LAKE BAIKAL
MATOBO HILLS
MOUNT ETNA
PETRA
ST. KILDA
TAJ MAHAL
TAOS PUEBLO
TAXILA
TIMBUKTU
TIPASA

| | | | | | | | | | | | | | | |
|---|---|---|---|---|---|---|---|---|---|---|---|---|---|---|
| U | O | A | A | N | E | L | A | A | W | E | S | P | C | N |
| P | W | V | U | Y | F | D | I | M | T | K | V | L | O | O |
| E | A | C | I | S | K | I | D | A | U | S | G | U | L | S |
| Z | S | I | R | G | I | T | G | Z | C | R | S | C | U | O |
| A | R | U | R | J | E | L | C | O | O | D | O | C | M | R |
| M | F | F | E | Z | O | E | R | N | Y | E | U | I | B | I |
| B | S | K | P | V | D | A | N | U | B | E | Y | T | I | N |
| E | N | A | E | R | T | I | K | U | X | A | Z | J | A | O |
| Z | T | Q | I | H | O | O | R | T | N | V | J | A | R | C |
| I | R | A | N | I | N | A | S | G | R | L | X | A | L | O |
| N | Y | O | D | N | L | Z | T | C | Y | E | L | L | O | W |
| Z | I | N | Z | E | B | Z | R | E | G | I | N | L | T | C |
| I | K | L | E | B | E | D | R | U | G | P | M | H | X | P |
| A | Y | E | E | U | S | T | K | J | E | A | I | S | P | W |
| Y | Y | A | R | K | A | N | S | A | S | O | A | P | I | H |

AMAZON
AMUR
ARKANSAS
COLUMBIA
DANUBE
DNIEPER
LENA
NIGER
NILE
ORINOCO
RHINE
TIGRIS
URAL
VOLGA
YANGTZE
YELLOW
YUKON
ZAMBEZI

| | | | | | | | | | | | | | | |
|---|---|---|---|---|---|---|---|---|---|---|---|---|---|---|
| H | O | L | N | Y | U | S | L | J | L | J | A | A | T | L |
| S | D | O | I | R | E | P | V | R | A | N | S | B | A | S |
| T | X | E | I | U | U | M | T | G | R | N | H | T | X | V |
| S | B | F | U | T | U | R | E | F | E | P | N | D | J | E |
| K | C | A | D | N | O | C | E | S | R | E | A | U | B | K |
| R | I | W | E | E | K | N | O | B | F | M | R | R | A | J |
| Z | G | S | T | C | E | U | I | C | I | U | O | I | E | L |
| R | G | N | R | M | R | J | C | G | T | R | R | N | D | C |
| A | M | U | I | I | O | T | S | T | H | E | L | G | A | E |
| H | O | U | R | N | F | R | J | N | G | T | N | L | C | I |
| N | X | D | A | U | E | B | S | A | I | I | E | S | E | O |
| T | A | Y | E | T | B | V | P | L | N | N | I | Q | D | Q |
| X | G | V | Y | E | S | T | E | R | D | A | Y | S | E | S |
| S | A | O | U | R | G | J | O | A | I | E | J | Z | T | L |
| T | T | L | S | P | X | M | R | P | M | A | O | S | T | O |

ANNUAL
BEFORE
CALENDAR
CENTURY
DECADE
DURING
EVENING
FUTURE
HOUR
MIDNIGHT
MINUTE
MORNING
PERIOD
SECOND
TONIGHT
WEEK
YEAR
YESTERDAY

| | | | | | | | | | | | | | | |
|---|---|---|---|---|---|---|---|---|---|---|---|---|---|---|
| I | I | F | B | R | O | P | D | E | W | D | R | O | P | A |
| Q | R | G | R | E | E | N | C | R | A | B | T | R | C | T |
| O | U | A | V | L | W | D | L | P | T | P | S | E | O | Y |
| P | P | E | L | P | O | L | B | Z | L | D | Z | R | L | A |
| K | S | E | A | M | D | Y | E | A | C | L | J | B | O | E |
| J | T | L | I | T | I | E | E | N | C | Q | Y | M | N | V |
| V | E | A | V | O | W | N | A | E | N | K | T | O | I | A |
| E | N | R | N | M | N | O | S | T | O | U | T | S | A | C |
| U | T | R | P | I | W | M | Q | P | S | S | F | A | L | N |
| R | F | A | H | S | O | N | A | M | S | T | N | U | H | S |
| S | I | B | R | B | R | O | W | N | H | O | U | S | E | M |
| O | W | S | E | I | B | M | L | C | G | T | P | V | L | Q |
| X | S | G | N | I | P | M | U | J | K | I | S | R | E | S |
| E | Q | B | T | F | L | O | W | N | E | D | R | A | G | L |
| O | A | X | T | C | P | C | U | P | S | T | K | O | T | X |

**BROWN HOUSE**
**BROWN WIDOW**
**CAVE**
**COLONIAL**
**COMMON MONEY**
**DEWDROP**
**FUNNEL-WEB**
**GARDEN WOLF**
**GREEN CRAB**
**HUNTSMAN**
**JUMPING**
**PELLET**
**PIRATE**
**REDBACK**
**SOMBRERO**
**STOUT SAC**
**SWIFT**
**TENT**

| | | | | | | | | | | | | | | |
|---|---|---|---|---|---|---|---|---|---|---|---|---|---|---|
| P | S | P | A | N | F | E | R | K | E | L | E | B | I | W |
| Q | A | H | E | N | D | L | P | S | N | E | F | O | A | T |
| P | U | U | A | D | U | R | T | K | E | D | F | Z | O | K |
| I | E | T | Z | O | N | E | D | A | L | U | O | R | N | S |
| E | R | G | D | R | Y | G | N | S | L | N | U | I | X | V |
| F | K | I | U | T | F | N | E | S | O | F | P | L | M | F |
| N | R | F | Q | U | S | I | H | L | T | P | B | V | L | K |
| A | A | I | E | P | Q | R | C | E | S | M | R | T | G | T |
| N | U | P | K | B | U | P | U | R | P | A | A | D | S | T |
| I | T | W | I | A | D | S | K | W | S | D | T | U | U | M |
| E | A | P | A | Z | D | U | B | P | Y | L | W | R | N | A |
| B | R | S | I | R | R | E | E | N | B | R | U | R | U | S |
| S | U | A | K | S | B | A | L | T | R | A | R | L | U | H |
| I | T | J | G | Q | O | T | M | L | B | G | S | U | S | N |
| E | L | E | B | U | L | E | T | T | E | N | T | C | C | K |

BRATWURST
BULETTEN
CURRYWURST
DAMPFNUDEL
EISBEIN
FRIKADELLE
HENDL
KASSLER
KNIPP
LABSKAUS
LEBKUCHEN
MARZIPAN
ROULADEN
SAUERKRAUT
SPANFERKEL
SPRINGERLE
STOLLEN
WIBELE

| | | | | | | | | | | | | | | |
|---|---|---|---|---|---|---|---|---|---|---|---|---|---|---|
| L | R | A | T | L | T | S | M | N | G | A | J | I | B | P |
| S | G | R | M | M | J | S | E | L | O | U | F | I | I | C |
| S | R | E | N | I | L | R | I | A | M | S | P | A | O | T |
| T | E | T | I | K | T | D | A | P | P | L | O | N | A | S |
| A | P | H | G | W | E | U | J | P | A | L | C | U | W | T |
| P | P | G | Y | R | T | E | U | N | S | O | A | O | E | F |
| C | O | I | R | O | T | P | E | C | R | E | T | N | I | F |
| N | H | F | O | T | D | S | M | D | K | L | S | Y | E | P |
| O | C | G | C | O | R | T | E | J | O | B | M | U | J | T |
| O | G | D | O | R | O | S | Q | P | U | I | E | L | L | P |
| L | V | T | P | C | N | T | M | T | S | G | B | L | S | Z |
| L | D | T | T | R | E | T | P | O | C | I | L | E | H | K |
| A | X | R | E | A | S | L | A | A | I | R | I | I | N | T |
| B | I | T | R | F | T | E | T | B | L | I | M | L | S | T |
| B | U | T | L | T | T | P | T | S | G | D | P | K | N | E |

AIRLINER
BALLOON
BIPLANE
BLIMP
CHOPPER
CONCORDE
DIRIGIBLE
DRONE
FIGHTER
GLIDER
GYROCOPTER
HELICOPTER
INTERCEPTOR
JUMBO JET
JUMP JET
KITE
ROTORCRAFT
SEAPLANE

## Astrology *No. 212*

```
I P M I I E Y I L E O S X P N
W S Y L T A U R U S G A I R U
T A P U W A Q R D U E O O R T
J N B S P C S U W O M C R N P
P O H E E B U C A H I T S R F
M Y F T S I F S E R N A Z S S
A D F T F E R T P N I R M D R
Z T P I R L M A O M D U S L Z
O X N H R S C L C Z M A S R P
A X A H T E C T S S I G N V C
U A O R Q C B O O J E A R T H
A H V C B S D R R E C N A C M
O I O V C I C C O P C S T O R
H E E E T P L R H J I E I O A
I I X N N T D C T X L O U L P
```

AIR
AQUARIUS
ARIES
ASCENDANT
CANCER
CAPRICORN
CUSP
EARTH
FIRE
GEMINI
HOROSCOPE
HOUSE
LEO
LIBRA
PISCES
SCORPIO
SIGN
TAURUS

| | | | | | | | | | | | | | | |
|---|---|---|---|---|---|---|---|---|---|---|---|---|---|---|
| G | L | A | T | Y | B | U | R | M | P | P | Q | L | B | B |
| X | C | V | H | I | J | X | L | A | P | O | E | R | I | F |
| T | P | R | A | T | W | T | U | M | R | G | H | Z | B | L |
| T | I | B | E | M | E | R | A | L | D | T | F | L | W | M |
| C | R | S | W | I | R | L | E | T | S | O | M | D | T | S |
| J | O | U | E | T | I | T | A | P | A | A | N | R | U | T |
| A | A | M | E | T | H | Y | S | T | R | O | S | E | R | U |
| S | D | V | K | E | Q | L | Y | C | M | W | G | N | Q | F |
| P | K | D | M | P | D | P | A | A | P | A | T | T | U | T |
| E | I | A | Y | E | C | S | I | E | R | M | E | I | O | O |
| R | I | O | D | M | I | D | R | N | L | T | H | Z | I | P |
| E | X | A | L | T | O | I | E | W | A | T | B | T | S | A |
| T | J | Y | E | I | D | T | O | G | U | U | R | W | E | Z |
| X | S | A | N | O | T | S | A | P | P | H | I | R | E | W |
| A | O | B | T | O | T | E | N | I | R | T | I | C | K | Q |

AGATE
AMETHYST
APATITE
CITRINE
DIAMOND
EMERALD
FIRE OPAL
GARNET
IOLITE
JADE
JASPER
MARCASITE
ONYX
PERIDOT
RUBY
SAPPHIRE
TOPAZ
TURQUOISE

| | | | | | | | | | | | | | | |
|---|---|---|---|---|---|---|---|---|---|---|---|---|---|---|
| B | N | B | U | G | C | C | F | U | H | V | Z | T | E | C |
| W | A | B | A | J | Q | P | O | L | A | R | I | S | R | J |
| U | C | N | Q | J | U | B | I | L | E | E | S | W | T | Z |
| T | M | Y | S | T | I | Q | U | E | O | U | D | A | R | T |
| E | A | A | C | H | U | A | R | G | R | S | G | E | T | E |
| Z | B | R | P | L | E | S | M | N | G | A | S | O | T | W |
| X | P | H | E | R | O | E | P | A | A | R | A | U | R | L |
| L | B | I | S | H | O | P | M | H | G | M | G | O | S | A |
| S | Y | K | Q | A | E | B | S | C | O | N | E | Z | P | N |
| W | B | O | R | T | I | E | C | R | I | E | E | C | P | X |
| E | S | V | R | T | R | D | F | A | V | M | N | T | I | U |
| L | I | A | T | W | S | Z | Q | L | R | T | I | I | O | R |
| E | X | H | T | O | F | A | I | O | E | U | L | M | X | Q |
| S | L | A | V | D | K | D | E | I | L | D | R | Q | E | E |
| S | B | O | Y | W | S | U | F | B | I | F | G | O | P | V |

**ARCHANGEL**
**BANSHEE**
**BEAST**
**BISHOP**
**COLOSSUS**
**CYCLOPS**
**GAMBIT**
**HAVOK**
**ICEMAN**
**JUBILEE**
**MAGNETO**
**MIMIC**
**MYSTIQUE**
**PETRA**
**PHOENIX**
**POLARIS**
**ROGUE**
**SAGE**

| | | | | | | | | | | | | | | |
|---|---|---|---|---|---|---|---|---|---|---|---|---|---|---|
| R | I | E | S | W | I | C | M | A | J | K | V | W | E | R |
| I | O | Q | I | S | U | S | Y | L | C | L | A | T | R | T |
| O | Y | Y | S | S | R | R | A | A | L | E | L | R | Q | I |
| V | I | Q | Q | E | S | U | O | T | R | S | T | L | C | B |
| R | N | F | E | B | S | L | V | O | R | V | P | S | X | E |
| E | L | S | J | L | I | E | E | A | U | U | S | S | Z | T |
| S | E | E | B | T | E | C | N | F | B | U | P | G | B | P |
| E | T | J | E | S | R | K | L | O | R | N | U | P | W | B |
| R | D | R | C | E | F | R | A | P | Y | L | B | P | G | N |
| I | Q | R | E | S | Y | E | G | L | F | A | O | W | U | R |
| L | U | K | O | A | E | V | O | C | S | N | B | R | E | R |
| L | I | L | Z | J | M | I | O | I | D | A | F | O | B | U |
| L | S | H | G | E | F | R | N | A | E | C | O | H | A | T |
| T | G | R | F | N | U | T | R | L | E | H | R | Z | O | R |
| M | R | L | B | A | G | M | Z | Z | M | S | A | J | T | V |

BASIN
BAY
CANAL
COVE
CREEK
FJORD
GEYSER
GULF
INLET
LAGOON
LAKE
OCEAN
POND
RESERVOIR
RILL
RIVER
SEA
STREAM

| | | | | | | | | | | | | | | |
|---|---|---|---|---|---|---|---|---|---|---|---|---|---|---|
| S | F | Y | L | I | R | G | A | S | L | E | H | U | P | B |
| H | N | R | E | M | O | V | E | D | X | K | S | U | A | L |
| O | O | J | T | R | R | U | E | T | Y | T | U | T | V | O |
| C | E | V | L | O | S | S | I | D | R | S | R | X | Q | T |
| N | R | M | U | G | T | R | C | I | O | I | C | A | B | O |
| H | E | Z | A | R | P | Y | K | R | C | C | D | R | O | U |
| U | R | X | O | A | J | E | S | T | A | M | P | O | U | T |
| W | H | Y | T | I | O | A | A | B | N | T | M | O | F | U |
| S | E | E | L | U | O | H | O | S | C | D | C | B | T | O |
| A | T | G | T | R | G | L | D | O | E | P | A | H | V | B |
| L | U | N | N | A | I | R | L | U | L | O | I | C | T | U |
| A | J | U | E | S | I | C | X | E | A | S | E | F | G | R |
| M | R | P | H | O | T | U | T | M | K | U | L | U | W | C |
| I | M | X | I | H | A | X | V | O | W | P | S | I | N | O |
| Q | F | E | S | A | R | E | S | R | V | K | T | Q | T | O |

**ABOLISH**
**ANNUL**
**BLOT OUT**
**CANCEL**
**CRUSH**
**DESTROY**
**DISSOLVE**
**ERASE**
**EXCISE**
**EXPUNGE**
**EXTIRPATE**
**GET RID OF**
**RAZE**
**REMOVE**
**RUB OUT**
**SCRATCH**
**STAMP OUT**
**STRIKE OUT**

| | | | | | | | | | | | | | | |
|---|---|---|---|---|---|---|---|---|---|---|---|---|---|---|
| G | L | G | T | V | G | E | N | H | R | L | I | A | S | L |
| E | L | S | N | E | H | A | N | D | I | C | A | P | I | B |
| R | W | I | E | I | N | V | D | G | I | L | I | P | I | Z |
| L | P | I | E | D | T | O | R | R | G | U | F | R | O | I |
| A | B | I | R | D | Q | A | N | V | T | B | D | O | O | M |
| S | O | U | G | A | A | L | R | I | E | I | L | A | Y | N |
| G | M | A | N | C | P | B | B | E | E | V | Z | C | M | W |
| B | S | U | P | K | O | A | A | N | S | L | C | H | S | T |
| R | B | P | I | G | E | T | D | I | I | R | O | S | V | P |
| S | W | T | E | A | E | R | W | N | U | S | U | H | W | T |
| D | T | Y | O | J | I | O | J | T | O | R | T | O | P | D |
| Z | E | F | S | V | C | S | X | N | D | U | Y | T | C | J |
| Z | S | O | E | I | I | S | C | O | K | W | O | I | N | L |
| I | I | R | F | I | R | D | O | R | V | R | J | R | J | L |
| O | T | W | S | O | O | W | A | F | A | I | R | W | A | Y |

**ALBATROSS**
**APPROACH SHOT**
**BIRDIE**
**BOGEY**
**BUNKER**
**CADDIE**
**CLUB**
**COURSE RATING**
**DIVOT**
**DRIVER**
**FAIRWAY**
**FRONT NINE**
**GREEN**
**HANDICAP**
**HOLE IN ONE**
**IRON**
**TEE**
**WOOD**

| | | | | | | | | | | | | | | |
|---|---|---|---|---|---|---|---|---|---|---|---|---|---|---|
| G | S | F | G | B | J | O | E | U | D | O | O | S | P | S |
| M | B | I | N | V | K | S | A | C | X | X | D | S | D | Q |
| L | E | N | I | L | T | N | O | R | F | X | T | I | L | R |
| R | U | G | L | L | W | N | P | W | T | U | H | R | O | L |
| S | E | E | I | H | T | I | A | F | G | C | L | D | C | D |
| E | R | R | A | U | M | U | M | U | R | C | L | U | M | O |
| R | A | T | S | R | E | H | T | O | N | A | G | K | V | B |
| Q | S | I | O | E | T | T | K | L | O | I | O | E | P | U |
| Y | O | P | G | M | G | C | A | R | C | N | R | H | Z | R |
| N | L | S | I | D | A | E | C | I | O | J | B | S | U | L |
| A | E | V | O | L | Y | E | H | G | O | V | A | L | R | A |
| S | D | E | B | O | N | Y | E | Y | E | S | F | S | U | T |
| I | W | I | S | H | J | S | E | M | E | Q | U | V | O | E |
| J | Q | X | O | Y | A | D | N | U | F | L | O | Y | E | L |
| I | L | U | T | U | I | M | T | E | T | Y | O | A | A | Y |

**ANOTHER STAR**
**BLACK ORCHID**
**CONTUSION**
**DO I DO**
**EBONY EYES**
**FAITH**
**FINGERTIPS**
**FRONT LINE**
**FUN DAY**
**HEY LOVE**
**HOLD ME**
**I GO SAILING**
**I WISH**
**LATELY**
**MOON BLUE**
**MY GIRL**
**OVERJOYED**
**SIR DUKE**

| | | | | | | | | | | | | | | |
|---|---|---|---|---|---|---|---|---|---|---|---|---|---|---|
| S | Y | U | D | I | S | R | O | U | I | S | L | V | T | M |
| A | C | O | U | I | I | D | B | J | D | N | M | A | V | V |
| T | R | L | N | S | R | O | A | N | K | A | V | T | P | I |
| B | E | Y | A | E | L | B | M | I | R | T | C | U | H | L |
| A | W | A | N | U | E | C | A | R | E | N | W | P | F | E |
| U | T | U | T | M | A | N | D | E | L | A | A | O | T | H |
| U | A | U | E | R | F | O | D | D | X | G | N | E | S | G |
| O | L | O | T | G | M | S | A | K | I | I | N | F | L | P |
| I | A | E | A | E | N | L | M | M | A | R | A | H | S | Y |
| D | R | U | M | C | E | I | S | U | S | R | N | O | C | P |
| A | K | R | O | U | H | W | B | O | U | O | M | V | B | A |
| B | A | U | Z | O | H | R | O | A | N | C | A | A | Z | O |
| E | R | E | S | S | B | I | X | B | R | J | L | R | N | P |
| T | S | U | P | H | L | U | I | T | G | A | W | J | Q | R |
| O | U | E | R | W | N | Y | T | O | R | M | Q | I | M | U |

**ADDAMS**
**ANNAN**
**CARTER**
**CORRIGAN**
**DUNANT**
**EBADI**
**GBOWEE**
**HUME**
**KARMAN**
**LUTULI**
**MANDELA**
**OBAMA**
**RABIN**
**SIRLEAF**
**TRIMBLE**
**TUTU**
**WILSON**
**XIAOBO**

## Sporting Words *No. 220*

| | | | | | | | | | | | | | | |
|---|---|---|---|---|---|---|---|---|---|---|---|---|---|---|
| P | R | D | Y | L | I | C | T | T | B | C | H | R | S | W |
| X | F | O | E | H | K | R | Q | E | X | O | I | A | I | A |
| R | S | V | J | F | A | O | R | Q | A | V | R | S | B | K |
| A | P | H | T | W | E | W | U | Q | D | E | G | U | F | W |
| G | X | P | A | U | G | N | O | P | P | S | R | T | K | S |
| Q | O | Y | C | S | N | P | D | E | R | L | I | O | R | P |
| U | L | A | K | P | E | M | N | P | G | L | T | M | B | J |
| M | H | V | L | N | L | A | H | U | R | L | U | S | K | P |
| E | R | O | E | W | L | J | S | C | O | R | E | H | G | G |
| E | P | R | M | T | A | O | O | O | T | T | X | A | D | S |
| S | R | O | Y | E | H | R | O | J | N | A | M | Q | S | L |
| Q | A | P | G | A | C | W | D | L | A | E | M | P | G | A |
| Z | Q | U | O | M | T | Q | Z | B | S | H | O | V | E | O |
| S | X | P | E | P | S | Q | O | I | P | K | B | U | I | Q |
| W | I | V | H | O | N | W | F | U | R | D | L | I | S | W |

**AWAY**
**CHALLENGE**
**CROWN**
**CUP**
**DEFEND**
**DRAW**
**GAME**
**GOAL**
**HEAT**
**HOME**
**MAJOR**
**MATCH**
**OPENER**
**PENALTY**
**SCORE**
**SEASON**
**TACKLE**
**TEAM**

| | | | | | | | | | | | | | | |
|---|---|---|---|---|---|---|---|---|---|---|---|---|---|---|
| R | G | B | Q | C | E | L | E | B | R | A | T | I | O | N |
| T | T | A | O | A | G | W | R | A | Y | N | Z | D | E | E |
| E | O | M | Z | R | F | O | Y | T | R | G | R | Q | T | M |
| L | K | A | N | U | D | O | N | T | T | E | L | L | M | E |
| U | Y | Z | G | I | F | E | I | E | S | L | P | Y | Z | U |
| C | Y | I | I | L | C | E | R | S | Z | S | H | Z | C | C |
| K | S | N | I | J | I | H | Y | L | K | O | H | W | H | S |
| Y | U | G | U | D | S | O | T | S | I | O | R | E | E | E |
| S | H | Q | A | I | U | U | W | A | L | N | R | F | F | R |
| T | U | D | J | U | M | P | U | I | A | I | E | X | J | O |
| A | N | G | P | A | R | A | D | I | S | E | N | Q | H | U |
| R | G | G | E | A | T | A | G | H | Y | S | T | O | T | M |
| Z | U | L | B | T | Y | A | T | S | Q | W | Q | A | M | S |
| I | P | O | R | U | R | Y | J | L | S | W | K | A | R | L |
| T | S | H | L | T | Z | I | A | E | S | U | N | W | E | I |

AMAZING
ANGEL
BORDERLINE
CELEBRATION
CHERISH
DON'T TELL ME
DRESS YOU UP
FROZEN
GONE
HOLIDAY
HUNG UP
JUMP
LUCKY STAR
MUSIC
PARADISE
RAY OF LIGHT
RESCUE ME
STAY

| | | | | | | | | | | | | | | |
|---|---|---|---|---|---|---|---|---|---|---|---|---|---|---|
| G | B | I | F | B | R | T | X | D | O | G | B | A | S | E |
| U | K | T | A | R | F | A | A | O | I | G | V | R | P | G |
| J | R | E | D | T | E | N | S | I | O | N | T | O | K | D |
| V | A | L | L | E | Y | F | O | L | D | I | S | S | I | E |
| R | E | V | E | R | S | E | F | O | L | D | Z | A | T | D |
| C | S | S | O | S | U | A | P | K | J | L | M | D | E | E |
| E | T | S | S | W | I | V | E | L | F | O | L | D | F | D |
| T | I | B | B | R | K | S | P | R | N | F | O | S | O | L |
| H | B | O | O | E | Q | L | T | D | C | T | K | T | L | O |
| C | B | C | O | I | C | L | B | I | R | S | Y | H | D | F |
| J | A | R | K | V | P | A | P | T | A | I | I | M | A | L |
| U | R | X | F | I | S | L | F | O | N | W | F | N | T | A |
| O | U | K | O | E | I | W | E | R | E | T | W | B | K | T |
| M | F | D | L | O | F | H | S | A | U | Q | S | S | M | E |
| X | A | H | D | P | I | T | O | Q | T | S | R | E | A | P |

**BOOK FOLD**
**CRANE**
**CREASE**
**DIAMOND BASE**
**DOG BASE**
**FOLDED EDGE**
**KITE FOLD**
**PETAL FOLD**
**PLEAT**
**RABBIT'S EAR**
**REVERSE FOLD**
**SINK**
**SQUASH FOLD**
**SURFACE**
**SWIVEL FOLD**
**TENSION**
**TWIST FOLDING**
**VALLEY FOLD**

| | | | | | | | | | | | | | | |
|---|---|---|---|---|---|---|---|---|---|---|---|---|---|---|
| O | Z | C | I | A | M | O | E | S | R | R | H | Q | X | K |
| L | T | A | S | E | I | T | I | S | P | U | O | S | N | C |
| O | H | B | A | G | G | N | G | V | I | T | M | G | B | U |
| M | P | L | T | N | M | R | G | O | T | S | E | O | E | U |
| F | O | C | N | E | U | X | A | O | O | O | R | X | B | O |
| R | A | D | O | L | P | H | M | M | R | C | Q | H | T | T |
| C | G | U | M | S | X | A | I | I | M | S | D | E | Z | Z |
| E | P | L | B | O | N | J | L | E | H | I | T | R | H | T |
| R | I | J | O | N | Y | I | H | N | E | D | T | M | Z | I |
| Q | O | L | E | R | S | R | O | J | L | U | P | A | A | P |
| V | L | U | R | A | I | D | U | F | F | M | A | N | I | J |
| D | D | A | T | A | B | A | S | E | E | H | Z | A | B | T |
| S | Z | E | L | A | H | R | E | T | Y | B | S | O | R | P |
| X | R | G | R | V | B | C | C | Q | V | T | N | T | E | D |
| L | R | T | E | U | T | A | E | G | R | T | S | X | O | C |

**APU**
**BART**
**CHARLIE**
**DATABASE**
**DISCO STU**
**DOLPH**
**DUFFMAN**
**GLORIA**
**HERMAN**
**HOMER**
**LISA**
**MAGGIE**
**MARGE**
**MILHOUSE**
**MOE**
**NED**
**NELSON**
**OTTO MANN**

| | | | | | | | | | | | | | | |
|---|---|---|---|---|---|---|---|---|---|---|---|---|---|---|
| T | O | Y | F | Z | T | Y | A | I | T | A | Q | L | P | A |
| S | P | D | L | M | U | I | L | L | A | R | E | V | R | I |
| P | P | J | I | G | L | I | N | J | I | A | R | Y | Y | L |
| Q | X | M | Y | L | I | L | H | T | N | I | C | A | Y | H |
| T | H | T | N | Y | P | I | Y | R | O | N | A | B | P | A |
| V | R | S | E | E | B | K | D | G | G | U | M | L | P | D |
| E | P | O | U | I | L | B | R | R | E | T | E | M | O | V |
| B | N | E | S | T | X | K | A | X | B | E | L | U | P | R |
| C | J | C | D | E | P | C | N | E | O | P | L | S | A | M |
| M | U | M | J | U | P | P | G | I | L | R | I | S | Y | S |
| S | O | R | N | L | E | Q | E | I | W | A | A | Y | I | I |
| X | S | D | O | Y | O | K | A | N | L | I | Z | L | Q | P |
| R | W | Z | T | L | N | O | I | T | A | N | R | A | C | S |
| O | J | P | A | K | Y | D | S | I | T | A | M | E | L | C |
| I | P | T | L | M | F | K | R | O | L | Z | S | A | P | A |

**ALLIUM**
**ALYSSUM**
**AZALEA**
**BEGONIA**
**CAMELLIA**
**CARNATION**
**CLEMATIS**
**DAHLIA**
**HIBISCUS**
**HYACINTH**
**HYDRANGEA**
**LILY**
**PEONY**
**PERIWINKLE**
**PETUNIA**
**POPPY**
**ROSE**
**TULIP**

| | | | | | | | | | | | | | | |
|---|---|---|---|---|---|---|---|---|---|---|---|---|---|---|
| N | X | M | Q | P | Q | M | A | F | I | Z | S | V | O | L |
| Y | E | K | G | J | R | R | A | P | T | A | X | C | L | X |
| R | V | T | T | N | A | R | A | L | C | E | D | I | U | U |
| U | E | S | C | R | O | W | R | F | I | E | A | T | S | I |
| J | S | A | E | T | A | I | R | O | R | C | E | N | S | B |
| R | T | T | R | K | E | E | T | A | T | S | E | T | N | I |
| E | C | I | L | P | M | O | C | C | A | U | K | E | U | L |
| P | A | U | E | T | I | V | A | D | I | F | F | A | B | A |
| L | T | S | G | A | Z | Y | O | U | F | V | I | I | X | V |
| K | A | W | A | E | R | Y | N | L | Y | A | N | H | N | W |
| K | P | A | C | V | G | R | S | Q | A | O | R | O | T | A |
| C | S | L | Y | A | S | D | T | I | R | P | L | U | C | I |
| L | T | S | E | C | R | Z | U | Y | F | U | I | A | A | H |
| T | Y | E | W | A | O | B | S | J | F | R | A | U | R | E |
| M | A | S | O | R | I | D | O | I | A | L | J | K | A | M |

ACCOMPLICE
AFFIDAVIT
AFFRAY
ALIBI
CAVEAT
CONVICTION
CULPRIT
DECLARANT
ESCROW
FIAT
INTESTATE
JUDGE
LAWSUIT
LEGACY
MALICE
PERJURY
PLEA
TRIAL

| | | | | | | | | | | | | | | |
|---|---|---|---|---|---|---|---|---|---|---|---|---|---|---|
| A | I | S | B | G | K | I | O | G | S | G | V | U | B | C |
| L | P | J | A | C | E | T | N | A | L | P | D | N | A | H |
| L | C | O | C | R | M | I | T | E | V | E | A | P | L | I |
| F | C | P | K | A | O | O | K | S | M | I | F | N | L | C |
| P | L | U | F | I | F | N | S | A | H | L | E | V | I | K |
| C | U | A | L | L | P | O | E | C | F | L | E | V | R | E |
| W | D | F | I | I | A | A | H | T | G | O | B | B | O | N |
| R | B | P | P | L | V | I | Z | I | W | I | T | G | G | S |
| E | I | E | L | K | C | O | F | U | U | O | S | R | W | A |
| Q | O | R | W | A | C | W | P | S | O | V | A | O | I | L |
| E | R | F | N | S | B | A | R | G | E | S | O | N | G | A |
| O | T | E | A | Z | U | E | B | U | F | T | R | B | A | D |
| Y | G | C | S | H | I | F | T | Y | K | G | N | A | P | T |
| P | L | T | U | N | T | L | U | U | A | A | Q | R | K | C |
| B | M | I | C | Q | A | W | I | O | M | L | I | O | G | V |

**AIR-TO-FAKIE**
**BACK FLIP**
**CHICANE**
**CHICKEN SALAD**
**CRAIL**
**FLAIL**
**GORILLA**
**HANDPLANT**
**LAYBACK**
**MUTE**
**NOSE GRAB**
**OLLIE**
**ONE-TWO**
**PERFECT**
**ROAST BEEF**
**SATO FLIP**
**SHIFTY**
**SUITCASE**

| | | | | | | | | | | | | | | |
|---|---|---|---|---|---|---|---|---|---|---|---|---|---|---|
| M | J | I | C | S | E | R | X | T | E | H | P | D | U | E |
| R | V | R | H | R | A | D | A | N | E | R | G | E | A | P |
| J | J | O | M | O | C | P | F | R | Z | R | U | L | U | U |
| P | W | P | I | A | K | R | V | A | I | W | A | W | S | O |
| B | L | X | V | A | I | K | O | U | O | E | A | L | T | L |
| A | L | L | I | U | G | N | A | E | D | O | D | L | T | E |
| R | R | A | T | R | D | O | M | I | N | I | C | A | S | D |
| B | H | D | B | L | P | I | G | Y | D | X | U | N | M | A |
| A | O | R | A | C | N | P | O | E | R | O | O | Z | W | U |
| D | D | E | Q | O | A | I | L | S | A | C | R | A | I | G |
| O | E | U | R | Z | B | J | M | R | E | U | F | R | O | C |
| S | S | C | M | I | S | I | K | E | T | U | W | O | E | B |
| K | A | R | Z | R | X | F | C | J | E | G | Z | T | Q | T |
| O | U | A | L | H | E | G | U | E | R | N | S | E | Y | J |
| B | D | L | N | A | O | B | T | L | C | I | A | T | S | O |

**AILSA CRAIG**
**ANGUILLA**
**BARBADOS**
**BERMUDA**
**CORFU**
**CRETE**
**DOMINICA**
**FIJI**
**GRENADA**
**GUADELOUPE**
**GUERNSEY**
**HOKKAIDO**
**IBIZA**
**JERSEY**
**LANZAROTE**
**MADEIRA**
**MINORCA**
**RHODES**

| | | | | | | | | | | | | | | |
|---|---|---|---|---|---|---|---|---|---|---|---|---|---|---|
| A | R | D | I | L | P | O | S | E | D | A | R | G | M | A |
| Q | U | C | U | E | E | R | E | S | O | S | X | S | A | X |
| O | O | H | A | Y | A | V | O | S | L | W | T | L | Q | A |
| N | L | R | T | P | V | U | E | A | L | H | E | X | S | B |
| A | G | H | P | E | T | A | C | L | A | S | C | O | R | E |
| O | S | R | F | D | T | S | E | C | R | E | T | T | E | P |
| U | H | I | W | E | T | X | O | H | G | C | V | O | O | N |
| X | P | A | L | U | A | D | G | M | Q | U | T | S | R | N |
| T | P | H | Z | R | L | O | A | D | E | R | P | S | A | Y |
| F | J | I | X | L | D | W | E | S | A | I | B | W | T | J |
| I | G | T | P | O | Y | N | U | N | N | T | O | U | E | I |
| I | J | Z | N | R | S | W | K | L | A | Y | P | H | D | K |
| R | A | P | Q | U | T | N | G | I | Q | Y | O | A | M | O |
| T | L | B | P | X | G | T | X | G | N | P | F | R | L | Y |
| Z | A | U | L | I | A | L | T | T | A | P | I | D | H | S |

**CAT**
**CLASS**
**DOG**
**DOLLAR**
**DOWN**
**GRADE**
**HEAVY**
**LEVEL**
**LOADER**
**MOST**
**NOTCH**
**RANK**
**RATED**
**SCORE**
**SECRET**
**SECURITY**
**SPIN**
**STORY**

## Olympic Swimmers

| | | | | | | | | | | | | | | |
|---|---|---|---|---|---|---|---|---|---|---|---|---|---|---|
| M | N | I | A | T | L | H | Z | G | K | S | P | I | T | Z |
| A | V | O | K | H | C | O | L | K | S | N | L | J | A | A |
| T | H | O | R | P | E | S | S | N | C | Y | P | L | T | J |
| T | T | O | T | K | Y | B | T | R | R | K | H | L | H | L |
| H | E | T | V | T | I | U | I | V | I | C | E | O | I | S |
| E | F | T | H | O | M | P | S | O | N | E | L | C | T | I |
| S | W | O | N | R | P | X | R | L | I | D | P | H | W | I |
| L | D | D | R | R | O | O | N | L | L | E | S | T | G | K |
| S | I | R | B | E | L | A | P | M | K | L | A | E | Y | T |
| U | E | M | V | S | P | O | S | E | N | E | Z | P | S | B |
| Q | J | R | J | C | R | D | F | R | A | S | E | R | T | L |
| R | T | T | E | A | M | T | B | S | R | L | H | Z | K | O |
| S | B | B | I | D | D | T | P | E | F | A | U | R | Q | I |
| W | E | I | S | I | N | D | G | R | Z | T | I | A | L | V |
| S | I | B | E | Z | U | E | P | C | B | E | S | H | W | L |

**BIONDI**
**EGERSZEGI**
**ENDER**
**FRANKLIN**
**FRASER**
**KLOCHKOVA**
**LEDECKY**
**LOCHTE**
**MATTHES**
**OTTO**
**PEIRSOL**
**PHELPS**
**POPOV**
**SPITZ**
**THOMPSON**
**THORPE**
**TORRES**
**VOLLMER**

| | | | | | | | | | | | | | | |
|---|---|---|---|---|---|---|---|---|---|---|---|---|---|---|
| V | S | T | R | E | E | T | K | I | N | G | S | Y | E | C |
| S | E | C | I | T | S | U | J | C | I | T | E | O | P | P |
| K | I | D | O | O | H | T | N | E | R | A | P | N | E | O |
| A | G | D | E | K | A | E | R | F | R | K | T | O | C | I |
| T | H | U | E | T | B | O | W | I | X | H | W | M | N | N |
| H | L | D | R | B | A | N | V | A | E | R | Q | E | E | T |
| E | E | Y | D | U | Y | E | P | M | T | J | P | D | D | B |
| G | T | H | T | U | R | S | A | X | O | C | A | N | I | R |
| I | T | A | W | S | B | T | I | U | L | C | H | O | V | E |
| F | I | R | E | I | R | E | S | D | S | D | N | E | O | A |
| T | N | D | S | I | W | P | L | A | E | U | E | N | R | K |
| K | G | B | X | D | T | A | A | T | H | O | H | E | P | N |
| E | G | A | T | B | A | W | J | E | T | T | Q | H | P | R |
| I | O | L | D | X | B | A | T | C | A | I | P | T | L | S |
| S | C | L | W | A | J | Y | G | N | I | Y | L | F | P | F |

FLYING
FREAKED
HARDBALL
LETTING GO
LITTLE BUDDHA
ONE STEP AWAY
PARENTHOOD
POETIC JUSTICE
POINT BREAK
PROVIDENCE
RIVER'S EDGE
SIDE BY SIDE
SPEED
STREET KINGS
THE GIFT
THE MATRIX
THE NEON DEMON
THE WATCHER

## Mountain Ranges

| | | | | | | | | | | | | | | |
|---|---|---|---|---|---|---|---|---|---|---|---|---|---|---|
| T | I | A | F | J | R | I | A | R | N | S | E | Z | V | S |
| A | T | L | A | S | Q | D | R | P | Y | T | B | L | L | K |
| B | S | S | I | E | R | R | A | M | A | D | R | E | K | S |
| S | E | D | N | A | O | L | L | A | B | A | R | A | C | E |
| N | B | S | E | H | I | M | A | L | A | Y | A | S | P | N |
| R | I | W | E | S | T | E | R | N | G | H | A | T | S | I |
| L | T | F | R | T | N | E | J | A | Q | R | P | E | P | N |
| Q | L | I | F | P | Z | S | U | Y | K | C | O | R | Z | N |
| I | W | S | A | A | L | S | A | L | T | R | A | N | G | E |
| H | B | R | E | N | B | R | A | Y | R | I | U | G | R | P |
| S | E | A | T | H | S | U | K | U | D | N | I | H | L | A |
| R | P | O | L | Z | L | H | O | O | B | I | R | A | C | T |
| O | K | U | C | E | G | N | A | R | E | L | T | T | A | B |
| A | S | P | S | Z | E | A | O | N | U | R | U | S | T | F |
| R | T | T | I | M | R | E | M | T | Y | O | B | R | B | U |

**ANDES**
**APENNINES**
**ATLAS**
**BAFFIN**
**BALE**
**BATTLE RANGE**
**CARABALLO**
**CARIBOO**
**EASTERN GHATS**
**HIMALAYAS**
**HINDU KUSH**
**PARE**
**ROCKY**
**SALT RANGE**
**SIERRA MADRE**
**TIAN SHAN**
**TIBESTI**
**WESTERN GHATS**

| | | | | | | | | | | | | | | |
|---|---|---|---|---|---|---|---|---|---|---|---|---|---|---|
| O | R | E | S | D | E | S | O | P | X | E | X | B | X | I |
| R | L | L | Y | A | A | G | K | Q | A | O | T | H | S | F |
| V | C | B | P | R | I | N | S | E | C | U | R | E | R | U |
| E | F | A | S | N | U | B | G | Q | R | V | J | O | T | J |
| W | U | T | A | G | N | I | N | E | T | A | E | R | H | T |
| Z | N | C | O | E | N | I | A | T | R | E | C | N | U | R |
| V | S | I | I | S | L | G | N | P | E | O | P | L | A | I |
| G | T | D | Q | S | U | B | L | C | A | R | U | I | R | C |
| U | A | E | X | K | Z | O | A | L | C | R | E | S | D | K |
| R | B | R | A | E | L | E | L | R | H | H | L | R | R | Y |
| O | L | P | S | P | R | P | H | I | E | R | A | O | A | R |
| M | E | N | A | C | I | N | G | L | R | N | J | N | U | L |
| T | O | U | C | H | A | N | D | G | O | E | L | F | C | S |
| F | P | R | E | C | A | R | I | O | U | S | P | U | A | Y |
| H | H | A | Z | A | R | D | O | U | S | O | Y | E | V | A |

CHANCY
DANGEROUS
EXPOSED
HAZARDOUS
INSECURE
MENACING
PARLOUS
PERILOUS
PRECARIOUS
THREATENING
TOUCH-AND-GO
TREACHEROUS
TRICKY
UNCERTAIN
UNPREDICTABLE
UNSAFE
UNSTABLE
VULNERABLE

| | | | | | | | | | | | | | | |
|---|---|---|---|---|---|---|---|---|---|---|---|---|---|---|
| L | E | N | O | I | S | A | C | C | O | Y | D | S | B | E |
| E | M | O | T | I | O | N | A | L | G | W | T | F | D | B |
| C | J | I | P | L | A | N | N | I | N | G | P | K | A | C |
| S | O | T | O | H | P | D | L | O | I | T | R | Q | J | I |
| I | L | A | E | M | R | L | S | L | R | O | N | A | T | J |
| N | O | T | I | R | T | T | R | L | E | T | F | R | P | S |
| I | A | I | U | E | A | S | U | E | H | D | E | P | X | X |
| M | R | V | A | L | V | J | S | G | T | T | M | T | F | L |
| E | F | N | G | A | O | E | R | T | A | H | L | K | Y | I |
| R | O | I | J | T | U | C | N | E | G | M | G | L | T | U |
| X | A | W | H | I | E | Y | A | T | E | U | E | U | R | S |
| R | A | G | I | V | S | O | S | T | E | A | R | S | A | Y |
| H | H | Q | X | E | B | E | U | M | I | W | E | R | P | L |
| C | T | E | O | S | U | S | E | I | R | O | T | S | D | I |
| S | Q | V | E | T | E | Q | L | E | F | U | N | G | I | L |

EMOTIONAL
EVENT
FUN
GAMES
GATHERING
INVITATION
LAUGHTER
LOCATION
MEAL
NOSTALGIA
OCCASION
OLD PHOTOS
PARTY
PLANNING
RELATIVES
REMINISCE
STORIES
TEARS

| | | | | | | | | | | | | | | |
|---|---|---|---|---|---|---|---|---|---|---|---|---|---|---|
| G | H | H | E | R | M | A | N | A | T | E | E | K | O | L |
| H | L | W | A | S | E | A | H | O | R | S | E | B | T | B |
| I | Q | S | E | A | L | S | N | I | U | G | N | E | P | R |
| P | I | A | K | O | E | L | Z | T | A | U | E | H | A | A |
| E | E | S | I | O | P | R | O | P | A | L | N | S | S | T |
| T | M | L | I | I | L | H | B | N | S | R | E | I | Y | A |
| K | G | N | J | Q | A | Q | O | W | I | A | A | F | U | B |
| W | S | U | P | O | T | C | O | S | L | H | K | Y | D | O |
| R | B | I | Y | L | Y | Q | B | I | R | V | P | L | U | E |
| O | A | Z | S | V | P | B | O | Q | T | U | S | L | G | G |
| H | R | L | U | I | U | N | X | E | T | U | S | E | O | W |
| X | C | Z | N | H | S | I | F | R | A | T | S | J | N | D |
| A | Z | S | D | W | Y | S | I | V | N | U | I | S | G | A |
| Z | O | S | K | R | A | H | S | Q | U | I | D | K | J | T |
| S | E | O | P | D | L | O | H | D | L | R | L | P | A | A |

**BOXFISH**
**CRABS**
**DOLPHIN**
**DUGONG**
**EELS**
**JELLYFISH**
**MANATEE**
**MANTA RAY**
**OCTOPUS**
**PENGUINS**
**PLATYPUS**
**PORPOISE**
**SEA LIONS**
**SEAHORSE**
**SEALS**
**SHARKS**
**SQUID**
**STARFISH**

| | | | | | | | | | | | | | | |
|---|---|---|---|---|---|---|---|---|---|---|---|---|---|---|
| I | L | L | Y | J | E | T | P | X | O | H | K | U | Y | N |
| A | G | F | T | U | W | I | I | I | E | V | M | A | C | I |
| R | E | N | F | S | P | R | E | A | D | I | N | G | A | A |
| U | T | E | I | I | I | H | T | S | S | J | O | R | L | W |
| B | L | H | B | N | U | S | R | E | D | N | I | C | A | R |
| B | O | N | F | I | R | E | F | I | G | H | T | E | R | Z |
| L | R | O | O | C | R | U | M | C | S | Q | A | S | M | I |
| E | S | E | H | S | A | A | B | O | M | Y | R | I | Z | P |
| P | Z | Y | G | D | R | I | N | U | O | U | G | G | G | A |
| T | R | E | X | N | A | A | O | G | K | A | A | N | H | T |
| Z | E | G | C | M | A | T | C | H | E | S | L | I | T | H |
| N | L | Y | T | R | Z | D | U | I | H | K | F | T | S | H |
| U | M | R | Y | R | A | I | D | N | E | C | N | I | Q | V |
| P | S | T | I | E | E | N | E | G | Y | X | O | O | A | T |
| P | N | C | W | T | L | F | E | A | X | O | C | N | A | I |

**ALARM**
**ARSON**
**ASHES**
**BONFIRE**
**BURNING**
**CINDERS**
**CONFLAGRATION**
**COUGHING**
**DANGER**
**FIREFIGHTER**
**HEAT**
**IGNITION**
**INCENDIARY**
**MATCHES**
**OXYGEN**
**RUBBLE**
**SMOKE**
**SPREADING**

| | | | | | | | | | | | | | | |
|---|---|---|---|---|---|---|---|---|---|---|---|---|---|---|
| C | L | A | S | A | G | R | I | C | U | L | T | U | R | E |
| R | L | N | O | I | T | U | L | L | O | P | F | C | O | S |
| O | E | G | O | T | P | K | C | O | T | S | E | V | I | L |
| P | Y | C | L | I | M | A | T | E | C | H | A | N | G | E |
| S | H | T | Y | O | T | Z | A | H | P | S | R | T | Q | U |
| S | B | A | I | C | B | A | G | N | I | D | O | O | L | F |
| I | S | N | B | S | L | A | V | E | T | E | I | E | E | L |
| D | R | J | G | I | R | I | L | R | V | P | E | C | Y | I |
| Z | A | Y | N | S | T | E | N | W | E | A | O | S | E | S |
| U | J | G | I | N | M | A | V | G | A | S | R | N | O | S |
| E | K | R | H | A | H | E | T | I | Y | R | N | R | U | O |
| R | R | E | S | E | B | S | T | S | D | X | M | O | E | F |
| E | K | N | I | C | H | O | T | S | Y | O | U | I | C | O |
| P | D | E | F | O | R | E | S | T | A | T | I | O | N | L |
| I | I | M | E | R | M | E | S | O | J | W | P | B | V | G |

AGRICULTURE
BIODIVERSITY
CLIMATE CHANGE
CONSERVATION
CROPS
DEFORESTATION
ECOSYSTEM
ENERGY
FISHING
FLOODING
FOSSIL FUELS
GLOBAL WARMING
HABITATS
LIVESTOCK
OCEANS
POLLUTION
RECYCLING
WASTE

| | | | | | | | | | | | | | | |
|---|---|---|---|---|---|---|---|---|---|---|---|---|---|---|
| R | Y | E | F | W | T | Q | D | Y | S | T | O | J | R | R |
| T | U | V | O | A | A | T | S | A | R | L | P | V | S | E |
| R | T | S | U | M | O | N | E | Y | F | T | T | P | A | O |
| T | C | G | L | A | S | S | W | A | R | E | A | S | M | P |
| H | R | H | S | S | N | O | I | H | S | U | C | L | Q | C |
| R | A | T | I | B | T | O | B | E | G | A | G | G | U | L |
| O | E | M | V | N | N | I | F | F | T | P | T | T | C | O |
| R | T | P | P | P | A | I | N | T | I | N | G | U | P | C |
| R | I | Q | V | E | N | G | A | P | M | A | H | C | O | K |
| I | L | V | U | K | R | S | E | L | I | T | X | E | T | H |
| M | A | P | W | G | N | I | D | D | E | B | O | I | T | C |
| R | Y | E | C | Y | R | E | L | T | U | C | X | S | E | I |
| S | O | J | H | I | B | L | E | N | D | E | R | M | R | T |
| C | X | K | S | F | O | P | T | V | A | O | G | O | Y | R |
| U | T | U | Q | O | E | L | R | P | S | Y | J | L | P | V |

**BEDDING**
**BLENDER**
**CHAMPAGNE**
**CHINA**
**CLOCK**
**CUSHIONS**
**CUTLERY**
**GLASSWARE**
**HAMPER**
**KNIFE SET**
**LUGGAGE**
**MIRROR**
**MONEY**
**PAINTING**
**PORCELAIN**
**POTTERY**
**TEXTILES**
**TOASTER**

Unhappy *No. 238*

| | | | | | | | | | | | | | | |
|---|---|---|---|---|---|---|---|---|---|---|---|---|---|---|
| Z | Z | S | B | V | J | X | L | U | L | E | P | J | L | R |
| T | D | E | R | D | S | I | S | M | N | R | M | E | O | X |
| F | P | I | R | D | E | T | C | E | J | E | D | O | W | N |
| T | P | N | S | M | T | S | W | G | A | I | Q | T | E | A |
| O | E | N | D | M | N | S | S | E | L | R | E | E | H | C |
| G | N | I | R | I | A | P | S | E | D | O | U | L | T | T |
| X | S | I | O | L | C | L | E | E | R | C | O | I | R | S |
| C | I | T | S | I | M | I | S | S | E | P | U | M | H | O |
| I | V | B | N | D | F | P | O | H | A | I | E | T | Y | G |
| C | E | L | N | R | O | L | R | O | F | D | H | D | T | S |
| U | L | U | F | N | R | U | O | M | R | Y | M | G | E | Z |
| I | Q | E | D | P | S | R | M | U | L | G | J | G | Y | P |
| T | M | E | L | A | N | C | H | O | L | Y | L | V | J | J |
| U | N | R | U | D | A | P | K | U | L | P | R | N | Y | L |
| T | D | O | X | T | O | F | P | V | L | Z | X | D | L | R |

**BLUE**
**CHEERLESS**
**DEJECTED**
**DEPRESSED**
**DESPAIRING**
**DESPONDENT**
**DISMAL**
**DOWN**
**FORLORN**
**GLOOMY**
**GLUM**
**LOW**
**MELANCHOLY**
**MOROSE**
**MOURNFUL**
**PENSIVE**
**PESSIMISTIC**
**SAD**

## Confine

| | | | | | | | | | | | | | | |
|---|---|---|---|---|---|---|---|---|---|---|---|---|---|---|
| V | T | R | K | J | V | S | A | L | Y | U | R | Z | I | A |
| G | U | R | A | S | P | S | Q | A | R | S | Y | G | V | T |
| M | L | V | P | T | Y | E | U | R | Y | A | A | R | E | A |
| H | E | R | U | C | E | S | S | E | Z | I | W | G | J | O |
| G | L | S | I | A | U | I | S | O | R | U | P | C | Y | J |
| O | K | S | L | U | J | L | G | I | L | U | I | U | U | A |
| H | C | E | T | T | W | O | I | X | O | C | M | I | I | O |
| I | A | R | C | R | E | C | L | A | K | L | N | M | W | Y |
| C | H | P | I | A | T | K | B | P | J | H | P | E | I | I |
| S | S | E | R | P | P | U | S | I | I | O | Y | A | A | K |
| F | O | R | T | J | R | P | P | B | U | L | L | X | E | O |
| I | R | E | S | T | R | A | I | N | C | A | G | E | I | K |
| N | K | R | E | E | I | T | D | T | M | O | P | T | R | T |
| R | C | I | R | C | U | M | S | C | R | I | B | E | C | B |
| J | R | E | C | I | O | M | U | D | N | I | B | G | Q | T |

**BIND**
**CAGE**
**CIRCUMSCRIBE**
**ENCLOSE**
**IMMURE**
**IMPOUND**
**INHIBIT**
**JAIL**
**KEEP IN**
**LOCK UP**
**REPRESS**
**RESTRAIN**
**RESTRICT**
**SECURE**
**SHACKLE**
**SUPPRESS**
**TIE**
**TRAP**

| | | | | | | | | | | | | | | |
|---|---|---|---|---|---|---|---|---|---|---|---|---|---|---|
| E | T | E | L | I | A | L | E | R | W | N | O | R | T | I |
| R | W | C | A | M | E | G | Y | B | A | N | L | C | B | B |
| D | F | R | B | U | F | F | D | E | I | T | L | H | S | X |
| U | I | E | H | E | M | M | U | A | A | T | G | C | J | J |
| F | R | A | L | N | I | I | A | V | G | A | H | T | R | Z |
| R | A | M | I | I | E | G | T | I | A | U | R | V | R | Q |
| C | J | S | U | M | S | O | E | S | Z | V | K | A | A | R |
| P | S | K | Q | S | E | L | P | A | N | E | C | R | U | O |
| I | Q | T | N | A | T | D | S | L | N | T | A | L | O | A |
| O | D | U | O | J | H | A | O | I | K | A | H | K | C | S |
| S | I | A | J | C | F | L | R | Q | W | Q | D | T | P | R |
| A | P | W | O | F | I | T | O | D | A | K | I | M | G | P |
| H | G | U | R | O | I | R | A | A | R | D | E | Q | W | T |
| D | P | O | N | C | R | L | P | G | T | E | K | N | T | C |
| P | N | A | S | A | R | E | I | A | S | Z | D | A | X | P |

**AMBER**
**APRICOT**
**BEIGE**
**BUFF**
**CITRINE**
**CREAM**
**ECRU**
**GOLD**
**JASMINE**
**JONQUIL**
**KHAKI**
**LION**
**MAIZE**
**MIKADO**
**MUSTARD**
**NAPLES**
**SAFFRON**
**STRAW**

| | | | | | | | | | | | | | | |
|---|---|---|---|---|---|---|---|---|---|---|---|---|---|---|
| S | A | P | E | F | T | P | C | X | T | P | B | S | N | O |
| H | O | E | A | T | Z | T | X | E | R | A | P | P | S | A |
| E | L | A | K | N | T | R | Z | I | C | O | B | A | X | E |
| L | N | B | T | A | A | E | N | O | M | H | E | B | Z | T |
| U | I | I | R | D | N | C | N | H | A | A | G | S | L | L |
| R | D | R | R | N | E | S | A | N | M | I | G | U | E | L |
| O | L | D | P | A | O | A | E | P | A | O | R | R | G | O |
| T | U | R | S | M | M | N | L | L | A | F | O | D | N | Z |
| O | O | O | K | R | N | T | H | C | T | T | C | N | A | S |
| A | B | C | P | E | A | A | S | R | A | T | K | A | N | S |
| R | Q | K | G | H | G | C | Y | A | G | T | A | D | D | D |
| L | P | I | T | S | M | R | R | W | E | T | R | R | L | H |
| L | T | P | N | K | S | U | G | A | R | L | O | A | F | I |
| R | B | P | S | N | J | Z | T | T | O | L | U | A | Z | I |
| S | O | A | N | V | E | W | A | H | Y | T | E | U | N | I |

ALCATRAZ
ANACAPA
ANDRUS
ANGEL
BACON
BEGG ROCK
BIRD ROCK
BOULDIN
EAST MARIN
FANNETTE
NEGIT
PAOHA
PRINCE
RATTLESNAKE
SAN MIGUEL
SANTA CRUZ
SHERMAN
SUGARLOAF

| | | | | | | | | | | | | | | |
|---|---|---|---|---|---|---|---|---|---|---|---|---|---|---|
| R | E | P | P | O | R | D | R | O | Q | O | T | A | P | P |
| E | D | V | F | R | O | B | C | U | C | A | W | H | T | A |
| I | G | A | U | T | O | C | L | A | V | E | M | I | S | S |
| F | M | U | S | E | T | T | E | R | U | B | Y | D | E | U |
| I | E | L | F | P | L | D | L | A | I | I | I | O | M | U |
| D | P | L | I | I | I | B | E | H | E | X | N | O | L | Y |
| I | O | E | L | L | R | R | I | I | Z | G | C | H | U | I |
| M | C | N | T | R | O | T | A | C | C | I | S | E | D | T |
| U | S | N | E | R | A | O | N | T | U | N | V | M | S | R |
| H | O | U | R | E | I | P | S | E | O | R | N | U | G | A |
| U | R | F | P | U | T | D | L | R | C | R | C | F | U | J |
| T | C | L | A | M | P | I | I | N | A | H | H | Q | F | L |
| N | I | A | P | S | E | A | K | S | A | L | F | A | O | L |
| N | M | B | E | A | K | E | R | B | H | L | I | H | L | E |
| R | D | U | R | E | N | R | U | B | N | E | S | N | U | B |

**ASPIRATOR**
**AUTOCLAVE**
**BEAKER**
**BELL JAR**
**BUNSEN BURNER**
**BURETTE**
**CENTRIFUGE**
**CLAMP**
**CRUCIBLE**
**DESICCATOR**
**DROPPER**
**FILTER PAPER**
**FLASK**
**FUME HOOD**
**FUNNEL**
**HUMIDIFIER**
**MICROSCOPE**
**PETRI DISH**

| | | | | | | | | | | | | | | |
|---|---|---|---|---|---|---|---|---|---|---|---|---|---|---|
| R | S | E | S | P | J | H | E | R | E | I | A | M | W | H |
| R | I | D | I | A | U | F | N | B | M | S | A | P | H | E |
| E | Q | B | C | N | L | E | L | E | E | N | T | E | O | A |
| R | I | A | H | A | S | L | V | Y | V | G | O | A | P | R |
| O | S | N | R | I | V | I | F | I | I | A | M | B | E | T |
| C | U | G | I | D | W | M | D | O | G | N | E | R | N | S |
| K | O | T | S | E | V | R | T | E | R | T | G | H | R | O |
| S | Y | H | T | T | T | E | Y | Q | O | L | N | B | O | N |
| T | O | E | M | L | P | A | U | B | F | U | O | O | A | F |
| E | T | D | A | I | T | D | E | S | E | A | T | V | D | I |
| A | K | R | S | E | U | Y | G | N | S | B | V | C | E | R |
| D | C | U | T | S | L | I | K | E | A | K | N | I | F | E |
| Y | A | M | I | E | C | I | V | R | E | S | M | O | O | R |
| L | B | A | M | I | T | S | O | N | L | Y | L | O | V | E |
| R | T | H | E | V | R | T | T | I | P | R | G | X | O | U |

**ALL FOR LOVE**
**BACK TO YOU**
**BANG THE DRUM**
**CHRISTMAS TIME**
**CUTS LIKE A KNIFE**
**DIANA**
**DON'T GIVE UP**
**FLYING**
**HEARTS ON FIRE**
**HEAVEN**
**HERE I AM**
**I'M READY**
**INSIDE OUT**
**IT'S ONLY LOVE**
**OPEN ROAD**
**PLEASE FORGIVE ME**
**ROCK STEADY**
**ROOM SERVICE**

| | | | | | | | | | | | | | | |
|---|---|---|---|---|---|---|---|---|---|---|---|---|---|---|
| R | M | N | O | I | S | N | E | T | X | E | G | E | L | Y |
| R | G | F | R | E | E | W | E | I | G | H | T | S | V | S |
| S | G | I | N | D | O | O | R | R | O | W | E | R | T | R |
| R | A | R | O | E | F | D | A | L | R | A | M | U | P | E |
| J | P | U | H | F | L | L | I | M | D | A | E | R | T | W |
| C | L | P | N | W | P | L | M | E | T | B | D | D | U | O |
| U | O | M | J | A | C | U | Z | Z | I | G | T | X | R | H |
| T | C | P | L | O | O | P | G | N | I | M | M | I | W | S |
| U | K | S | H | O | U | L | D | E | R | P | R | E | S | S |
| P | E | R | S | O | N | A | L | T | R | A | I | N | E | R |
| E | R | W | A | T | E | R | M | A | C | H | I | N | E | T |
| U | R | E | K | I | B | E | S | I | C | R | E | X | E | Q |
| B | O | O | L | S | S | T | E | A | M | R | O | O | M | N |
| W | O | R | E | N | I | A | R | T | S | S | O | R | C | S |
| W | M | J | R | I | I | L | E | G | P | R | E | S | S | V |

CROSS-TRAINER
EXERCISE BIKE
FREE WEIGHTS
INDOOR ROWER
JACUZZI
LATERAL PULL DOWN
LEG EXTENSION
LEG PRESS
LOCKER ROOM
MAT
PERSONAL TRAINER
SAUNA
SHOULDER PRESS
SHOWERS
STEAM ROOM
SWIMMING POOL
TREADMILL
WATER MACHINE

| | | | | | | | | | | | | | | |
|---|---|---|---|---|---|---|---|---|---|---|---|---|---|---|
| A | P | F | L | E | R | O | V | I | U | M | V | S | Q | I |
| U | C | A | L | I | F | O | R | N | I | U | M | M | P | H |
| T | T | U | T | N | V | X | K | A | H | S | U | E | A | Z |
| U | E | N | I | S | S | E | N | N | E | T | O | I | M | E |
| L | U | U | F | T | E | D | R | O | A | G | O | T | E | B |
| A | E | N | M | E | T | A | U | M | B | R | W | N | R | O |
| X | P | O | U | I | R | L | B | B | O | E | S | E | I | H |
| D | R | C | I | N | E | M | R | O | N | R | L | R | C | R |
| H | D | T | C | I | P | O | I | K | R | I | I | I | I | I |
| A | T | I | N | U | M | E | A | U | O | G | U | U | U | U |
| S | L | U | E | M | E | G | N | Y | M | D | I | M | M | M |
| S | S | M | R | F | G | U | A | T | U | Y | V | U | L | P |
| I | G | W | W | U | Y | C | T | Y | I | B | Y | I | M | Q |
| U | T | T | A | A | S | C | U | R | I | U | M | R | U | W |
| M | U | I | L | E | K | R | E | B | K | I | M | R | R | P |

**AMERICIUM**
**BERKELIUM**
**BOHRIUM**
**CALIFORNIUM**
**CURIUM**
**DUBNIUM**
**EINSTEINIUM**
**FERMIUM**
**FLEROVIUM**
**HASSIUM**
**LAWRENCIUM**
**LIVERMORIUM**
**MEITNERIUM**
**NOBELIUM**
**SEABORGIUM**
**TENNESSINE**
**UNUNOCTIUM**
**UNUNPENTIUM**

| | | | | | | | | | | | | | | |
|---|---|---|---|---|---|---|---|---|---|---|---|---|---|---|
| T | O | K | O | O | I | S | G | N | I | R | T | S | C | L |
| U | I | S | R | Y | K | T | T | D | A | E | T | V | N | U |
| M | F | Z | O | V | C | I | T | E | H | T | A | P | W | U |
| V | E | C | F | B | S | M | U | E | V | E | I | S | O | J |
| R | E | A | R | I | V | E | M | W | A | O | V | V | D | I |
| Z | L | R | Y | U | R | I | G | P | C | E | I | E | E | T |
| A | I | O | W | T | O | S | O | M | G | P | O | V | N | S |
| A | N | U | V | O | U | Y | T | U | X | P | L | R | U | S |
| P | G | S | E | V | N | A | S | D | S | M | E | S | A | M |
| T | T | E | G | R | A | T | Y | S | A | E | N | S | G | U |
| W | H | L | P | H | J | P | O | B | I | T | C | S | U | H |
| T | I | R | A | M | E | H | T | N | A | M | E | P | U | U |
| H | S | G | N | I | M | M | E | L | S | G | I | U | E | E |
| G | L | B | F | P | N | X | J | R | G | M | O | D | W | X |
| U | B | A | K | A | O | S | R | W | S | S | M | S | O | R |

ANTHEM
CAROUSEL
DOWN
DUMPWEED
EASY TARGET
FEELING THIS
FIRST DATE
I MISS YOU
JOSIE
LEMMINGS
MUTT
NATIVES
NOT NOW
OBVIOUS
PATHETIC
STRINGS
TIME
VIOLENCE

No. 247 Rome

| | | | | | | | | | | | | | | |
|---|---|---|---|---|---|---|---|---|---|---|---|---|---|---|
| L | T | T | P | G | C | A | Q | V | Y | O | I | C | F | P |
| R | O | S | A | I | S | A | Y | T | Z | L | A | T | I | N |
| S | G | T | T | I | B | S | E | I | E | P | G | I | R | V |
| Y | E | A | Y | M | Z | P | T | S | Z | L | S | B | W | Z |
| E | L | E | A | C | I | L | I | S | A | B | B | E | X | A |
| Y | A | U | M | P | U | T | E | D | I | R | K | R | R | D |
| E | T | Y | R | O | T | S | I | H | U | R | O | S | A | Q |
| N | O | E | H | T | N | A | P | M | I | A | U | V | E | M |
| Q | P | P | P | H | T | J | U | L | I | L | U | O | C | U |
| W | S | N | J | O | A | N | C | I | E | N | T | G | T | R |
| P | R | O | R | E | P | M | E | T | P | B | E | P | Y | O |
| L | X | A | M | L | E | W | M | I | M | X | E | E | Z | F |
| A | E | R | C | N | B | A | Z | N | O | K | L | I | Q | L |
| S | O | S | A | E | W | Z | K | P | P | D | S | L | A | N |
| N | R | H | H | E | A | X | A | K | A | Z | P | S | Q | N |

ANCIENT
BASILICA
CAESAR
EMPEROR
FORUM
GELATO
GLADIATOR
HISTORY
ITALY
LATIN
MARBLE
PANTHEON
PIZZA
PLEBEIAN
POMPEII
POPE
TIBER
TOURISTS

| | | | | | | | | | | | | | | |
|---|---|---|---|---|---|---|---|---|---|---|---|---|---|---|
| R | M | P | H | Q | H | R | K | E | P | A | L | U | X | U |
| Y | T | H | E | R | A | P | Y | P | W | K | O | Y | D | M |
| U | S | Y | L | R | W | P | B | U | L | S | B | S | A | A |
| O | A | V | O | D | S | U | A | U | B | P | K | C | C | Z |
| C | T | S | U | B | C | O | N | S | C | I | O | U | S | A |
| T | A | G | X | R | L | G | N | A | T | G | G | F | W | T |
| D | U | Q | J | K | E | T | N | A | I | M | E | A | I | T |
| F | G | N | I | K | N | I | H | T | E | E | R | E | L | I |
| L | T | H | E | O | R | Y | A | M | L | E | E | T | L | T |
| E | H | C | Y | S | P | T | O | I | N | E | T | C | R | U |
| S | G | E | S | N | I | T | N | E | T | E | L | U | W | D |
| K | T | I | O | O | I | G | S | P | D | O | A | U | I | E |
| R | A | S | N | O | S | S | T | H | G | U | O | H | T | L |
| A | I | A | N | X | I | E | T | Y | Q | Q | Q | Y | S | A |
| S | I | S | Y | L | A | N | A | V | S | E | J | A | T | I |

**ALTER EGO**
**ANALYSIS**
**ANXIETY**
**ATTITUDE**
**AWARENESS**
**COGITATION**
**EMOTIONS**
**FEELINGS**
**HYPNOSIS**
**PERSONA**
**PSYCHE**
**SELF**
**SUBCONSCIOUS**
**THEORY**
**THERAPY**
**THINKING**
**THOUGHTS**
**WILL**

| | | | | | | | | | | | | | | |
|---|---|---|---|---|---|---|---|---|---|---|---|---|---|---|
| J | F | T | R | G | D | S | S | D | P | G | S | E | O | A |
| S | O | E | V | D | F | Y | I | J | R | O | H | T | U | A |
| Y | U | V | U | C | V | B | R | I | T | I | S | H | M | D |
| G | D | S | S | Q | O | A | E | U | A | N | F | K | Y | M |
| V | W | E | T | S | E | M | Y | H | R | G | I | A | Y | D |
| T | T | T | T | H | E | T | W | I | T | S | R | D | E | S |
| W | P | H | T | P | E | L | H | L | S | O | A | L | A | W |
| G | L | E | E | W | O | M | B | K | T | L | W | I | R | E |
| S | Q | H | S | W | P | A | I | A | D | O | I | T | E | G |
| R | P | O | I | I | I | S | T | N | F | P | B | A | L | P |
| Y | T | N | O | R | S | T | A | Y | P | O | H | M | A | U |
| I | A | E | T | D | C | L | C | M | Y | I | W | S | T | N |
| O | V | Y | R | I | E | M | T | H | X | Z | N | T | A | P |
| D | J | S | O | H | P | N | O | V | E | L | I | S | T | R |
| D | I | R | T | Y | B | E | A | S | T | S | T | C | W | P |

**AUTHOR**
**BOY**
**BRITISH**
**DIRTY BEASTS**
**ESIO TROT**
**GOING SOLO**
**KISS KISS**
**MATILDA**
**MY YEAR**
**NOVELIST**
**RHYME STEW**
**THE BFG**
**THE HONEYS**
**THE LANDLADY**
**THE MINPINS**
**THE TWITS**
**THE WITCHES**
**TWO FABLES**

| | | | | | | | | | | | | | | |
|---|---|---|---|---|---|---|---|---|---|---|---|---|---|---|
| U | U | A | D | V | S | T | H | M | S | A | I | D | A | R |
| T | C | J | G | I | S | E | A | B | C | L | A | A | E | E |
| G | F | W | Y | B | R | C | I | T | A | T | S | S | M | N |
| O | H | A | U | R | N | E | T | D | S | W | I | E | L | E |
| T | S | L | L | S | F | G | C | T | I | S | J | R | I | W |
| K | B | S | A | B | R | R | Y | T | T | R | E | E | Y | A |
| T | U | M | I | U | E | A | C | A | T | P | G | P | Z | B |
| S | M | H | T | G | Q | H | N | C | N | K | E | M | S | L |
| O | C | O | N | D | U | C | T | I | O | N | S | A | H | E |
| M | B | U | E | G | E | N | E | R | A | T | O | R | D | W |
| V | Q | T | T | G | N | J | B | C | U | R | R | E | N | T |
| M | D | L | O | V | C | O | T | U | R | F | O | W | R | E |
| B | J | E | P | Y | Y | R | N | I | T | A | B | T | I | Y |
| D | H | T | U | P | O | M | W | T | O | I | R | J | O | E |
| Y | U | A | P | S | Q | I | S | C | G | E | F | I | F | M |

AMPERES
BULB
CHARGE
CIRCUIT
CONDUCTION
CURRENT
DIRECT
FREQUENCY
GENERATOR
GRID
MOTOR
OHM'S LAW
OUTLET
POTENTIAL
RENEWABLE
RESISTANCE
STATIC
SWITCH

## At the Cinema

| | | | | | | | | | | | | | | |
|---|---|---|---|---|---|---|---|---|---|---|---|---|---|---|
| P | P | A | I | K | K | T | Z | H | A | N | I | A | S | P |
| Z | P | L | R | R | L | I | B | E | I | I | J | F | L | S |
| G | B | I | N | R | O | C | P | O | P | C | S | P | S | U |
| T | A | D | R | I | N | K | S | S | I | E | P | H | A | J |
| Z | X | I | R | S | P | E | A | K | E | R | S | O | J | R |
| B | U | N | S | E | G | T | F | L | O | U | F | T | A | O |
| J | R | R | V | L | H | S | J | J | E | N | O | D | A | T |
| C | O | U | P | L | E | S | E | E | A | I | Y | O | W | O |
| X | R | L | R | A | D | C | U | R | G | C | E | G | A | R |
| R | C | U | T | K | T | R | A | I | L | E | R | S | A | S |
| A | P | I | B | O | X | O | F | F | I | C | E | R | A | B |
| R | N | A | R | M | R | E | S | T | U | R | C | E | P | E |
| G | N | E | E | R | C | S | T | I | D | E | R | C | V | F |
| P | B | N | T | Q | R | I | S | X | R | A | T | A | P | I |
| T | D | X | S | X | B | E | R | E | I | M | E | R | P | X |

AISLE
ARMREST
BOX OFFICE
COUPLES
CREDITS
DRINKS
FOYER
HOT DOGS
ICE CREAM
POPCORN
PREMIERE
PROJECTOR
SCREEN
SEATING
SPEAKERS
TICKETS
TRAILERS
USHER

Sources of Calcium *No. 252*

| | | | | | | | | | | | | | | |
|---|---|---|---|---|---|---|---|---|---|---|---|---|---|---|
| B | D | T | P | A | A | L | L | B | L | B | T | M | P | Y |
| P | O | M | N | Z | L | T | L | A | E | T | C | H | U | I |
| J | E | R | A | L | L | E | R | A | Z | Z | O | M | Y | H |
| T | D | S | A | L | M | O | N | D | S | B | T | B | O | A |
| S | C | A | G | N | E | O | A | R | K | O | T | B | J | U |
| K | E | B | C | K | G | S | A | E | F | I | A | R | T | V |
| R | R | S | M | L | P | E | G | U | J | R | G | O | A | E |
| A | E | G | A | I | T | T | J | I | F | L | E | C | T | A |
| K | A | L | E | M | X | S | T | U | F | L | C | C | T | R |
| N | L | O | R | Q | E | A | E | T | I | D | H | O | O | S |
| I | L | S | C | J | U | S | X | A | A | C | E | L | C | C |
| Y | S | A | R | D | I | N | E | S | W | U | E | I | I | M |
| B | O | E | O | I | B | L | A | E | H | E | S | B | R | U |
| T | B | L | A | C | K | E | Y | E | D | P | E | A | S | D |
| Y | L | M | E | G | X | S | T | L | W | S | R | D | L | S |

**ALMONDS**
**BLACK-EYED PEAS**
**BROCCOLI**
**CEREAL**
**COTTAGE CHEESE**
**CREAM**
**DRIED FIGS**
**KALE**
**MILK**
**MOZZARELLA**
**OKRA**
**ORANGE JUICE**
**RICOTTA**
**SALMON**
**SARDINES**
**SEAWEED**
**SESAME SEEDS**
**TOFU**

| | | | | | | | | | | | | | | |
|---|---|---|---|---|---|---|---|---|---|---|---|---|---|---|
| S | L | L | S | N | A | I | S | A | R | U | E | V | S | A |
| V | E | S | H | A | O | I | E | V | J | S | R | S | N | C |
| M | N | S | S | I | L | M | W | N | V | S | W | R | L | E |
| E | D | O | M | R | E | K | A | U | R | U | R | E | O | G |
| X | S | E | D | E | W | S | U | N | B | E | A | R | R | Z |
| I | R | T | B | B | X | Y | L | J | N | W | G | V | A | G |
| C | G | O | B | I | G | R | K | G | R | I | Z | Z | L | Y |
| A | U | V | Y | S | S | I | C | O | V | G | C | A | O | M |
| N | E | U | L | B | S | A | A | R | D | R | C | L | P | O |
| T | W | O | X | D | S | N | L | S | I | I | T | G | A | R |
| R | T | O | H | R | S | R | B | T | E | E | A | F | T | R |
| H | L | I | R | C | E | S | J | R | A | V | D | K | R | O |
| Y | O | N | A | B | W | Y | I | M | H | D | N | X | X | P |
| S | L | A | I | J | O | N | X | R | R | A | A | P | X | U |
| E | A | S | R | R | A | F | Y | U | L | K | P | K | R | L |

**ATLAS**
**BLACK**
**BLUE**
**BROWN**
**CINNAMON**
**EURASIAN**
**GLACIER**
**GOBI**
**GRIZZLY**
**KERMODE**
**KODIAK**
**MEXICAN**
**PANDA**
**POLAR**
**SIBERIAN**
**SLOTH**
**SUN BEAR**
**SYRIAN**

| | | | | | | | | | | | | | | |
|---|---|---|---|---|---|---|---|---|---|---|---|---|---|---|
| Q | U | A | C | O | O | K | I | E | C | U | T | T | E | R |
| I | E | S | R | U | N | J | C | T | L | V | E | Q | S | A |
| T | F | I | N | E | T | O | O | T | H | D | U | I | O | X |
| C | J | L | S | P | I | N | N | E | R | E | L | U | N | R |
| E | K | V | C | W | B | D | E | L | L | I | R | F | D | S |
| G | B | E | I | Y | O | Z | S | U | V | E | I | I | R | S |
| V | P | R | S | E | L | B | M | A | R | B | P | O | A | I |
| R | N | T | O | O | J | A | B | P | N | N | Q | O | H | Z |
| I | Y | I | Y | A | N | A | K | E | I | D | A | B | R | X |
| B | Z | P | F | O | D | K | I | A | G | Y | B | M | P | M |
| G | U | L | P | E | R | F | C | U | P | O | F | A | I | T |
| O | M | D | F | L | T | Q | I | A | A | S | N | B | R | P |
| L | E | O | T | H | G | I | N | N | L | A | R | G | E | A |
| R | R | M | F | D | U | S | K | Y | T | B | E | P | T | E |
| Y | R | P | M | U | G | T | S | R | S | L | G | P | M | R |

**BAMBOO**
**BLACKNOSE**
**BRAMBLE**
**BROADFIN**
**COOKIECUTTER**
**DUSKY**
**EPAULETTE**
**FINETOOTH**
**FRILLED**
**GULPER**
**HARDNOSE**
**KITEFIN**
**NIGHT**
**NURSE**
**SANDBAR**
**SILVERTIP**
**SPINNER**
**WOBBEGONG**

| | | | | | | | | | | | | | | |
|---|---|---|---|---|---|---|---|---|---|---|---|---|---|---|
| A | O | E | R | E | F | R | I | G | E | R | A | T | O | R |
| A | P | P | L | E | S | L | I | C | E | R | Q | S | E | E |
| R | V | T | T | T | Y | A | R | T | G | N | I | K | A | B |
| S | E | N | E | V | O | R | P | K | N | I | V | E | S | B |
| X | S | D | T | S | L | O | I | F | R | E | E | Z | E | R |
| S | S | R | N | I | A | B | Z | S | P | A | T | U | L | A |
| Q | E | P | F | E | V | L | Z | R | A | M | S | I | N | K |
| S | R | B | O | W | L | S | A | S | L | I | B | G | M | A |
| P | P | Y | R | G | C | B | C | D | U | F | J | Y | E | L |
| O | C | V | A | T | P | E | U | O | T | U | O | R | S | P |
| O | I | Q | Y | N | L | L | T | T | I | O | J | R | Q | J |
| N | L | A | X | P | J | T | T | C | S | L | N | O | K | P |
| S | R | C | A | N | O | P | E | N | E | R | V | G | M | S |
| O | A | P | R | L | D | R | R | X | V | U | I | Z | S | E |
| B | G | N | A | P | G | N | I | Y | R | F | E | R | Z | W |

APPLE SLICER
BAKING TRAY
BLENDER
BOWL
CAN OPENER
FORKS
FREEZER
FRYING PAN
GARLIC PRESS
JUICER
KNIVES
OVEN
PIZZA CUTTER
REFRIGERATOR
SALAD TONGS
SINK
SPATULA
SPOONS

| | | | | | | | | | | | | | | |
|---|---|---|---|---|---|---|---|---|---|---|---|---|---|---|
| L | I | U | M | U | U | P | L | A | B | U | Z | O | A | U |
| Q | S | X | U | D | N | L | X | B | P | B | S | L | A | S |
| R | U | Y | I | R | P | U | S | S | N | Q | N | J | E | U |
| B | U | E | L | G | A | E | S | W | D | Q | Q | F | L | P |
| C | S | F | E | F | B | W | O | H | L | N | D | I | L | H |
| I | M | U | N | H | R | R | R | E | W | C | X | O | D | O |
| A | K | V | R | I | C | E | C | A | E | R | I | F | A | A |
| R | R | F | V | X | H | S | T | R | T | W | R | L | H | I |
| M | O | O | N | T | U | P | O | T | O | S | L | T | N | L |
| T | T | H | A | A | Q | S | L | L | U | K | S | N | U | X |
| O | T | E | C | S | E | L | Y | O | Q | B | A | I | J | I |
| J | F | P | R | N | O | G | A | R | D | R | P | G | I | S |
| J | L | E | G | N | A | S | E | R | I | X | R | L | H | S |
| A | H | R | P | O | A | H | T | R | Z | A | P | P | D | G |
| N | S | U | T | Z | C | A | S | P | J | O | F | N | T | Z |

**ANCHOR**
**ANGEL**
**BUTTERFLY**
**CROSS**
**CROWN**
**DOLPHIN**
**DRAGON**
**EAGLE**
**FAIRY**
**FEATHER**
**FIRE**
**HEART**
**MOON**
**QUOTE**
**ROSE**
**SKULL**
**STAR**
**SUN**

| | | | | | | | | | | | | | | |
|---|---|---|---|---|---|---|---|---|---|---|---|---|---|---|
| I | T | M | A | R | Y | S | E | A | C | O | L | E | J | O |
| A | Z | I | A | S | E | R | E | T | R | E | H | T | O | M |
| M | M | H | M | O | L | K | K | N | A | Q | T | M | A | A |
| E | A | B | E | I | L | N | K | N | N | U | U | C | N | R |
| L | R | R | L | S | E | A | R | E | N | E | R | O | O | I |
| I | Y | O | I | C | H | R | Z | C | E | E | T | C | F | E |
| A | M | S | Z | L | S | F | I | A | B | N | R | O | A | C |
| E | A | A | A | E | Y | E | U | L | O | V | E | C | R | U |
| A | G | P | B | O | R | N | H | E | L | I | N | H | C | R |
| R | D | A | E | P | A | N | M | V | E | C | R | A | Q | I |
| H | A | R | T | A | M | A | V | O | Y | T | U | N | B | E |
| A | L | K | H | T | R | L | I | L | N | O | O | E | S | A |
| R | E | S | I | R | Z | E | I | A | E | R | J | L | I | B |
| T | N | Y | R | A | N | S | D | D | P | I | O | T | M | J |
| N | E | T | S | U | A | E | N | A | J | A | S | E | U | A |

ADA LOVELACE
AMELIA EARHART
ANNE BOLEYN
ANNE FRANK
CLEOPATRA
COCO CHANEL
ELIZABETH I
JANE AUSTEN
JOAN OF ARC
MARIE CURIE
MARILYN MONROE
MARY MAGDALENE
MARY SEACOLE
MARY SHELLEY
MOTHER TERESA
QUEEN VICTORIA
ROSA PARKS
SOJOURNER TRUTH

| | | | | | | | | | | | | | | |
|---|---|---|---|---|---|---|---|---|---|---|---|---|---|---|
| L | M | O | M | R | X | A | A | S | U | A | Y | V | P | M |
| A | U | R | J | P | R | W | L | U | O | E | S | A | A | T |
| L | S | A | O | I | E | E | I | D | X | E | A | D | M | P |
| R | C | P | S | O | U | L | M | N | U | K | R | Z | N | O |
| T | A | O | H | S | G | L | A | A | Q | I | R | R | A | I |
| H | T | U | P | J | A | I | D | M | D | S | E | Z | I | Z |
| R | T | R | U | R | R | N | J | H | I | Y | B | O | O | X |
| Z | U | O | Y | O | P | G | S | T | G | S | N | D | R | E |
| Q | T | E | T | R | A | T | A | A | B | N | A | A | L | U |
| Z | U | C | A | P | E | O | T | K | N | A | C | D | R | E |
| B | I | O | U | L | P | N | R | L | R | T | U | H | A | S |
| V | G | Y | O | R | I | S | A | J | L | I | I | G | X | Z |
| F | F | M | K | G | U | N | K | P | Q | A | R | A | J | O |
| B | L | O | N | D | O | N | A | R | H | E | T | B | G | E |
| C | D | W | O | R | F | P | J | M | A | N | A | M | A | O |

**BAGHDAD**
**CANBERRA**
**JAKARTA**
**KATHMANDU**
**LIMA**
**LONDON**
**MADRID**
**MANAMA**
**MANILA**
**MUSCAT**
**NASSAU**
**PRAGUE**
**SANTIAGO**
**SEOUL**
**TEHRAN**
**ULAANBAATAR**
**VICTORIA**
**WELLINGTON**

| | | | | | | | | | | | | | | |
|---|---|---|---|---|---|---|---|---|---|---|---|---|---|---|
| P | P | T | O | R | U | V | A | E | R | Z | A | C | T | C |
| I | A | M | N | T | K | C | O | R | U | U | P | N | U | L |
| E | B | L | A | C | K | C | U | C | K | O | O | A | X | O |
| D | N | U | O | R | G | R | A | T | E | W | T | E | T | V |
| C | N | T | A | M | I | L | O | T | P | U | E | B | L | E |
| U | S | U | R | A | P | A | F | R | U | I | T | B | A | N |
| C | T | K | O | G | Q | G | N | R | R | D | Y | I | Q | F |
| K | E | L | T | R | U | T | N | A | E | P | O | R | U | E |
| O | V | R | K | E | G | H | E | I | F | L | W | A | A | A |
| O | S | O | L | N | T | E | Z | F | N | R | M | C | I | T |
| R | E | Q | J | A | A | L | U | G | R | R | U | P | L | H |
| E | T | D | W | D | T | U | T | L | D | P | U | I | U | E |
| U | A | L | U | A | O | O | S | A | B | H | M | O | T | R |
| Z | C | O | S | O | C | O | R | R | O | H | T | U | M | E |
| A | P | U | B | P | A | L | A | U | G | R | O | U | N | D |

**AZUERO**
**BLACK CUCKOO**
**BLUE GROUND**
**CARIBBEAN**
**CLOVEN-FEATHERED**
**EUROPEAN TURTLE**
**GRENADA**
**MARIANA FRUIT**
**MOURNING**
**PALAU GROUND**
**PIED CUCKOO**
**RAPA FRUIT**
**ROCK**
**SOCORRO**
**STOCK**
**TOLIMA**
**TUXTLA QUAIL**
**WETAR GROUND**

| | | | | | | | | | | | | | | |
|---|---|---|---|---|---|---|---|---|---|---|---|---|---|---|
| U | E | R | P | I | Z | Z | T | F | T | N | I | C | F | G |
| L | A | S | U | I | D | U | A | L | C | I | O | T | H | O |
| A | A | U | D | O | M | I | T | I | A | N | U | F | K | R |
| C | A | L | I | G | U | L | A | H | S | O | D | C | A | E |
| B | N | A | I | Q | U | I | N | T | I | L | L | U | S | N |
| S | R | B | U | S | S | T | A | U | G | U | S | T | U | S |
| L | C | A | R | U | S | N | I | T | E | A | M | W | N | A |
| I | K | G | T | N | T | G | T | B | S | P | R | O | E | L |
| F | V | A | R | I | I | M | E | T | E | E | I | T | I | Q |
| S | R | L | N | R | K | A | L | T | I | R | T | V | P | P |
| K | C | E | O | C | T | Z | C | U | A | T | I | O | U | X |
| F | P | I | R | A | R | R | O | C | P | I | U | U | P | W |
| Z | B | Y | S | M | M | I | I | C | A | N | O | S | S | R |
| I | T | R | N | I | S | G | D | X | Y | A | T | R | G | E |
| T | T | D | A | S | L | A | Q | C | L | X | U | U | F | L |

**AUGUSTUS**
**CALIGULA**
**CARUS**
**CLAUDIUS**
**CONSTANTINE**
**DIOCLETIAN**
**DOMITIAN**
**ELAGABALUS**
**GETA**
**LEO**
**MACRINUS**
**NERO**
**OTHO**
**PERTINAX**
**PUPIENUS**
**QUINTILLUS**
**TIBERIUS**
**TITUS**

| | | | | | | | | | | | | | | |
|---|---|---|---|---|---|---|---|---|---|---|---|---|---|---|
| R | A | P | G | L | T | P | M | O | J | A | B | B | Q | D |
| X | S | O | O | B | O | T | S | K | I | L | E | E | X | E |
| E | Y | X | A | E | L | O | A | N | I | E | B | L | O | H |
| A | E | C | K | A | E | I | G | S | E | R | B | L | P | Z |
| V | O | A | T | T | G | G | K | R | S | S | O | I | B | U |
| N | L | B | D | A | N | G | A | V | I | A | S | N | C | P |
| B | W | O | E | N | A | A | O | A | W | B | C | I | S | H |
| V | U | T | R | A | L | V | L | F | W | T | H | M | I | F |
| R | A | T | Q | T | E | A | H | K | P | S | Y | E | Y | T |
| A | X | I | I | N | H | R | A | O | S | S | A | C | I | P |
| P | J | C | I | O | C | A | K | E | C | T | B | I | E | W |
| H | G | E | I | F | I | C | D | A | V | I | N | C | I | W |
| A | U | L | L | T | M | S | L | E | W | F | S | C | A | O |
| E | P | L | A | T | E | N | O | M | N | F | T | E | T | T |
| L | L | I | D | Q | Y | N | I | U | G | U | A | G | R | J |

**BACON**
**BELLINI**
**BLAKE**
**BOSCH**
**BOTTICELLI**
**CARAVAGGIO**
**CASSATT**
**DA VINCI**
**DALI**
**FONTANA**
**GAUGUIN**
**GOYA**
**HOLBEIN**
**KAHLO**
**MICHELANGELO**
**MONET**
**PICASSO**
**RAPHAEL**

| | | | | | | | | | | | | | | |
|---|---|---|---|---|---|---|---|---|---|---|---|---|---|---|
| C | E | V | O | L | U | T | I | O | N | A | R | Y | M | V |
| O | Q | V | Y | A | Z | Q | S | Z | L | U | I | L | A | I |
| M | R | W | E | T | R | L | A | C | L | Q | S | A | N | S |
| P | Q | S | U | N | E | C | O | L | O | G | I | C | A | L |
| A | U | Q | H | E | T | E | R | O | D | O | X | I | G | A |
| R | T | N | E | M | P | O | L | E | V | E | D | S | E | M |
| A | L | M | O | N | E | T | A | R | Y | E | K | S | R | I |
| T | J | Z | S | O | C | I | A | L | I | S | T | A | I | C |
| I | N | T | E | R | N | A | T | I | O | N | A | L | A | X |
| V | C | L | F | I | N | A | N | C | I | A | L | C | L | E |
| E | I | U | M | V | R | S | F | N | Q | T | I | O | N | I |
| U | L | A | T | N | E | M | I | R | E | P | X | E | R | K |
| T | B | T | R | E | S | O | U | R | C | E | R | N | U | P |
| P | U | E | U | U | S | T | L | I | J | G | R | V | E | X |
| Z | P | J | U | S | D | C | S | T | Y | M | A | G | T | P |

**COMPARATIVE**
**DEVELOPMENT**
**ECOLOGICAL**
**ENERGY**
**ENVIRONMENTAL**
**EVOLUTIONARY**
**EXPERIMENTAL**
**FINANCIAL**
**GREEN**
**HETERODOX**
**INTERNATIONAL**
**ISLAMIC**
**MANAGERIAL**
**MONETARY**
**NEOCLASSICAL**
**PUBLIC**
**RESOURCE**
**SOCIALIST**

| | | | | | | | | | | | | | | |
|---|---|---|---|---|---|---|---|---|---|---|---|---|---|---|
| L | I | T | J | S | R | P | R | E | Y | Y | A | I | L | R |
| U | A | G | Q | P | R | P | W | T | B | D | X | H | P | E |
| R | E | R | E | L | S | R | L | H | Z | S | G | Z | X | H |
| N | S | S | U | C | N | O | S | K | C | A | J | V | N | A |
| T | I | E | U | H | R | S | G | R | R | V | B | K | C | I |
| T | T | J | Y | P | T | E | S | F | V | A | J | X | A | K |
| D | J | O | H | A | R | R | I | S | O | N | U | W | S | M |
| R | T | H | Q | B | H | E | A | P | S | B | M | H | U | M |
| L | I | N | C | O | L | N | D | A | U | U | A | G | C | O |
| T | A | S | X | D | T | R | D | C | T | R | D | K | U | N |
| I | B | O | S | C | L | A | H | X | A | E | I | L | E | R |
| V | K | N | T | E | M | A | Y | A | H | N | S | D | K | O |
| E | N | I | L | S | N | F | I | L | L | M | O | R | E | E |
| E | S | B | L | A | K | L | O | E | O | Q | N | I | P | N |
| G | R | A | N | T | M | T | Y | L | E | R | B | E | R | G |

**ADAMS**
**ARTHUR**
**BUCHANAN**
**FILLMORE**
**GARFIELD**
**GRANT**
**HARRISON**
**HAYES**
**JACKSON**
**JOHNSON**
**LINCOLN**
**MADISON**
**MCKINLEY**
**MONROE**
**PIERCE**
**TAYLOR**
**TYLER**
**VAN BUREN**

| | | | | | | | | | | | | | | |
|---|---|---|---|---|---|---|---|---|---|---|---|---|---|---|
| S | E | U | G | E | C | K | O | S | A | B | W | O | U | L |
| U | J | A | S | O | F | R | U | F | S | Q | F | A | O | M |
| R | A | L | L | I | H | C | N | I | H | C | X | Y | M | G |
| G | N | V | N | U | H | E | O | M | O | P | E | E | H | S |
| E | T | A | O | G | Y | M | G | Y | P | K | E | K | K | L |
| X | S | V | I | I | E | E | A | D | C | A | A | N | Y | K |
| R | D | A | P | U | K | P | R | K | E | P | R | O | M | P |
| T | K | U | R | P | N | M | D | N | N | H | Y | M | F | P |
| U | N | K | O | V | O | A | D | D | O | U | T | U | T | N |
| C | E | A | C | J | D | U | E | Z | I | L | K | S | H | R |
| F | W | P | S | T | O | X | D | X | G | G | H | S | L | R |
| T | I | C | G | U | T | F | R | Z | U | N | D | O | L | R |
| G | E | N | J | R | M | U | A | R | A | B | Y | P | A | C |
| S | U | O | C | P | I | L | E | U | N | Z | A | A | M | H |
| Y | B | A | B | H | S | U | B | V | A | S | C | A | A | K |

ANTS
BEARDED DRAGON
BUSHBABY
CAPYBARA
CHINCHILLA
DONKEY
FINCH
GECKO
HEDGEHOG
IGUANA
LLAMA
MONKEY
PIG
POSSUM
PYGMY GOAT
SCORPION
SHEEP
SKUNK

| | | | | | | | | | | | | | | |
|---|---|---|---|---|---|---|---|---|---|---|---|---|---|---|
| S | B | I | P | L | R | L | A | U | K | T | E | P | C | I |
| O | U | A | A | I | L | S | V | R | S | Q | B | Q | E | N |
| A | Q | B | A | T | V | J | A | A | E | B | S | J | P | P |
| H | F | Z | E | O | L | P | R | N | G | R | Q | I | R | M |
| C | L | T | B | R | O | T | B | U | S | U | E | E | K | A |
| D | R | V | F | L | E | Q | H | S | J | R | V | M | N | O |
| E | I | I | L | M | H | E | Y | L | A | V | S | K | I | V |
| M | A | O | I | P | R | W | E | T | U | R | L | O | U | J |
| E | S | S | N | A | I | E | L | B | O | R | Y | S | Y | Q |
| T | Q | P | T | Y | N | A | H | L | S | Z | U | E | I | D |
| E | O | Y | Y | R | S | E | M | R | E | H | P | Y | T | S |
| R | K | L | A | A | A | U | H | X | T | N | A | R | U | U |
| V | T | A | M | V | H | E | S | T | I | A | X | D | X | B |
| F | F | C | I | R | C | E | A | K | A | R | E | S | E | R |
| M | A | M | H | B | T | A | E | H | U | D | R | S | R | S |

APOLLO
ARES
ARTEMIS
ASTRAEA
ATHENA
ATLAS
CALYPSO
CHAOS
CIRCE
DEMETER
DIONYSUS
EREBUS
HADES
HERA
HERMES
HESTIA
NIKE
URANUS

| | | | | | | | | | | | | | | |
|---|---|---|---|---|---|---|---|---|---|---|---|---|---|---|
| U | R | S | P | K | S | R | O | M | I | R | P | Q | S | R |
| G | L | N | T | A | G | S | N | C | R | H | C | W | U | O |
| D | D | P | N | A | L | D | T | I | Y | P | O | X | H | S |
| A | T | E | I | I | J | D | Y | O | O | Q | P | I | R | T |
| N | B | A | S | K | L | A | I | N | C | Z | E | S | A | O |
| S | T | A | P | T | N | L | P | S | I | K | N | L | A | C |
| K | S | F | D | O | C | I | A | E | K | A | H | B | R | K |
| L | T | U | A | E | R | D | S | T | I | I | A | O | Q | R |
| A | R | H | A | I | P | I | A | L | J | L | G | S | L | Y |
| G | R | O | B | G | N | I | S | L | E | H | E | C | B | M |
| P | Q | S | O | W | Q | H | A | T | Z | H | N | S | N | R |
| K | G | L | Q | A | O | P | Y | L | S | D | I | R | B | T |
| L | W | Y | U | U | S | U | K | R | K | V | A | G | I | R |
| G | R | U | B | S | R | E | T | E | P | T | N | I | A | S |
| I | T | M | U | U | G | A | A | I | A | K | X | I | W | O |

AARHUS
COPENHAGEN
GDANSK
GDYNIA
HELSINGBORG
HELSINKI
KLAIPEDA
LIEPAJA
MUUGA
PALDISKI
PORI
PRIMORSK
RIGA
ROSTOCK
SAINT-PETERSBURG
STOCKHOLM
TALLINN
VISBY

| | | | | | | | | | | | | | | |
|---|---|---|---|---|---|---|---|---|---|---|---|---|---|---|
| L | M | A | L | T | A | G | S | E | A | T | S | R | V | J |
| L | S | L | L | S | R | P | V | Q | B | F | F | S | E | Y |
| M | X | B | E | L | A | R | U | S | U | R | P | Y | C | P |
| L | D | A | D | I | S | N | O | R | W | A | Y | R | X | R |
| B | E | N | N | T | W | H | Q | T | U | N | S | B | H | L |
| F | S | I | A | I | N | O | T | S | E | C | R | U | B | U |
| G | U | A | L | L | W | H | T | T | D | E | N | K | R | L |
| T | R | K | G | I | E | R | K | Z | N | G | A | R | R | A |
| P | A | E | N | R | I | R | O | M | A | N | I | A | K | S |
| F | Z | P | E | A | O | I | I | R | L | Q | V | I | A | I |
| J | E | R | W | C | T | C | Y | A | O | Y | T | N | O | T |
| O | H | R | O | M | E | A | G | A | P | A | A | E | S | S |
| R | C | O | O | E | Z | U | J | E | L | R | L | A | U | I |
| I | R | I | R | S | V | A | S | Y | U | L | T | K | F | S |
| D | I | E | C | S | L | N | U | V | M | L | S | P | E | V |

**ALBANIA**
**AUSTRIA**
**BELARUS**
**CYPRUS**
**ENGLAND**
**ESTONIA**
**FRANCE**
**GREECE**
**HUNGARY**
**IRELAND**
**ITALY**
**LATVIA**
**MALTA**
**NORWAY**
**POLAND**
**ROMANIA**
**SPAIN**
**UKRAINE**

| | | | | | | | | | | | | | | |
|---|---|---|---|---|---|---|---|---|---|---|---|---|---|---|
| C | O | M | M | U | N | I | O | N | Z | G | X | W | Q | R |
| O | R | D | I | N | A | T | I | O | N | W | W | S | R | O |
| E | B | B | G | N | I | S | U | I | Z | B | E | L | L | S |
| C | R | Y | W | U | I | X | N | N | X | N | T | T | J | W |
| I | I | O | E | A | H | E | B | O | O | I | S | A | T | L |
| O | O | I | D | E | T | G | N | I | R | E | H | T | A | G |
| J | H | P | D | S | L | E | S | T | A | Y | W | H | L | E |
| E | C | P | I | O | D | S | L | A | N | W | R | M | T | P |
| R | V | R | N | F | E | S | P | M | D | O | V | S | Q | A |
| H | H | P | G | F | A | O | Y | R | V | R | O | I | Y | S |
| C | V | B | N | R | H | H | P | I | J | S | Y | T | E | I |
| P | A | O | Z | S | V | V | Y | F | Y | H | T | P | M | I |
| F | C | A | I | T | T | A | E | N | E | I | W | A | L | L |
| R | Y | B | V | I | C | A | R | O | P | P | S | B | B | R |
| E | P | R | A | Y | E | R | T | C | Q | S | A | K | X | A |

**BAPTISM**
**BELLS**
**BISHOP**
**CHOIR**
**CHRISTENING**
**COMMUNION**
**CONFESSION**
**CONFIRMATION**
**GATHERING**
**HYMN**
**MASS**
**ORDINATION**
**PRAYER**
**REJOICE**
**SING**
**VICAR**
**WEDDING**
**WORSHIP**

| G | T | W | O | N | P | O | C | M | B | H | D | Q | T | D |
|---|---|---|---|---|---|---|---|---|---|---|---|---|---|---|
| M | J | J | O | O | T | L | S | T | L | F | O | H | E | D |
| A | A | N | D | C | R | I | C | K | E | T | E | K | A | J |
| Y | L | F | R | E | T | T | U | B | V | C | R | H | K | I |
| F | G | R | A | S | S | H | O | P | P | E | R | C | I | G |
| L | D | H | G | V | Y | L | F | L | E | S | M | A | D | S |
| Y | J | M | O | S | Q | U | I | T | O | N | L | O | K | C |
| R | U | G | N | N | C | A | D | A | C | I | C | R | T | C |
| D | Z | Z | F | B | E | D | B | U | G | K | F | K | U | H |
| H | U | S | L | T | A | Y | E | E | G | C | T | C | A | I |
| A | S | U | Y | N | R | I | B | A | E | I | I | O | E | G |
| I | A | P | X | L | I | V | E | E | W | T | W | C | T | J |
| Y | Z | U | C | S | A | U | R | L | E | S | L | R | N | J |
| D | C | V | L | I | C | L | R | F | M | B | Z | E | A | R |
| C | E | D | Y | I | M | L | S | W | C | C | S | T | Q | E |

**ANT**
**BEDBUG**
**BEETLE**
**BUTTERFLY**
**CICADA**
**COCKROACH**
**CRICKET**
**DAMSELFLY**
**DRAGONFLY**
**EARWIG**
**FLEA**
**GRASSHOPPER**
**HONEYBEE**
**MAYFLY**
**MOSQUITO**
**MOTH**
**STICK INSECT**
**WEEVIL**

Enzymes *No. 270*

| | | | | | | | | | | | | | | |
|---|---|---|---|---|---|---|---|---|---|---|---|---|---|---|
| E | Y | K | A | U | P | A | A | T | P | W | U | B | T | M |
| S | Z | B | U | L | K | H | M | R | U | H | T | A | H | T |
| A | U | M | F | S | S | U | O | K | I | N | A | S | E | R |
| D | T | C | S | V | T | T | Z | Y | L | P | W | O | S | N |
| I | Q | S | R | E | E | S | A | N | I | I | L | L | A | P |
| X | L | I | G | A | S | E | U | D | N | R | B | A | L | S |
| O | I | L | S | E | S | A | L | O | M | S | E | D | U | A |
| A | P | E | J | S | H | E | L | I | C | A | S | E | L | S |
| R | A | E | S | A | D | I | N | O | R | U | C | U | L | G |
| F | S | J | A | L | Q | Z | N | I | R | A | C | E | E | S |
| A | E | E | S | A | L | O | D | L | A | D | Q | T | C | V |
| E | B | E | O | T | H | E | W | E | V | P | Y | S | E | T |
| S | W | E | S | A | T | S | A | I | D | R | L | H | R | Q |
| E | M | H | R | C | R | L | L | A | M | Y | L | A | S | E |
| P | S | N | L | H | P | O | V | R | A | R | U | Z | C | W |

**ALDOLASE**
**ALLIINASE**
**AMYLASE**
**CALPAIN**
**CATALASE**
**CELLULASE**
**DESMOLASE**
**DIASTASE**
**ECARIN**
**GLUCURONIDASE**
**HELICASE**
**HYDROLASE**
**KINASE**
**LIGASE**
**LIPASE**
**OXIDASE**
**PROTEASE**
**SUCRASE**

| | | | | | | | | | | | | | | |
|---|---|---|---|---|---|---|---|---|---|---|---|---|---|---|
| T | U | Z | T | P | V | T | N | A | O | E | Q | I | D | X |
| H | Q | H | Z | I | H | H | Y | I | U | Y | R | F | E | W |
| T | B | A | K | V | P | Z | X | Z | T | S | N | T | D | T |
| E | H | U | K | R | U | W | S | V | S | P | E | O | K | M |
| B | U | E | N | R | U | O | B | L | E | M | V | I | P | N |
| A | C | N | A | I | L | A | R | T | S | U | A | S | E | I |
| Z | I | P | S | V | W | Z | T | G | C | W | E | T | H | X |
| I | N | Q | G | N | I | S | S | I | M | E | H | T | U | E |
| L | D | G | A | Z | R | A | I | R | D | Q | L | S | R | U |
| E | E | R | V | N | R | L | T | H | E | G | I | F | T | A |
| T | R | O | B | I | N | H | O | O | D | G | A | S | O | O |
| H | E | A | R | T | L | A | N | D | R | O | N | A | T | U |
| T | L | E | B | A | B | U | H | E | L | O | R | A | C | S |
| E | L | I | S | E | L | V | M | K | P | Y | S | M | B | R |
| P | A | R | K | L | A | N | D | S | T | I | D | N | A | B |

AUSTRALIAN
BABEL
BANDITS
BANGERS
CAROL
CINDERELLA
ELISE
ELIZABETH
HANNA
HEARTLAND
HEAVEN
MELBOURNE
PARKLANDS
PONYO
ROBIN HOOD
THE AVIATOR
THE GIFT
THE MISSING

Italian Cheeses *No. 272*

| | | | | | | | | | | | | | | |
|---|---|---|---|---|---|---|---|---|---|---|---|---|---|---|
| U | F | K | S | C | P | Y | X | E | A | C | O | V | F | Q |
| L | E | E | B | A | A | A | F | P | O | A | N | G | R | S |
| D | T | L | O | N | I | R | O | C | E | P | I | S | U | I |
| R | O | H | I | F | A | Y | N | B | U | R | R | A | T | A |
| H | A | L | C | Y | K | N | T | K | N | E | P | A | A | G |
| B | O | C | C | O | N | C | I | N | I | T | A | T | P | I |
| O | N | C | A | E | N | A | N | L | A | T | C | T | K | M |
| R | I | R | R | B | L | I | A | M | O | A | L | O | H | Y |
| M | N | U | D | E | C | A | H | J | K | Z | R | I | U | A |
| I | A | C | D | L | S | O | T | C | L | I | R | C | L | H |
| N | B | O | A | P | R | C | N | T | C | K | I | A | Z | Z |
| O | L | L | P | A | O | S | E | O | E | A | S | C | M | A |
| B | A | O | R | E | M | I | T | N | A | J | R | M | O | H |
| O | G | A | I | S | A | T | A | T | Z | I | T | T | V | Q |
| U | U | X | O | E | A | N | M | Q | B | A | Q | S | S | Y |

**ASIAGO**
**BEL PAESE**
**BOCCONCINI**
**BORMINO**
**BURRATA**
**CACIOTTA**
**CAPRETTA**
**CAPRINO**
**CRESCENZA**
**CRUCOLO**
**DOLCELATTE**
**FONTINA**
**GALBANINO**
**MARZOLINA**
**PADDRACCIO**
**PECORINO**
**RICOTTA**
**STRACCHINO**

| | | | | | | | | | | | | | | |
|---|---|---|---|---|---|---|---|---|---|---|---|---|---|---|
| C | T | M | S | R | C | A | L | O | N | A | R | G | S | I |
| H | Y | V | V | S | H | F | F | B | C | L | A | S | B | S |
| X | P | C | O | C | O | N | U | T | S | I | S | W | Q | H |
| B | L | R | G | G | C | J | D | U | V | T | P | O | S | T |
| L | S | R | S | O | O | H | G | A | R | J | B | T | S | J |
| U | N | N | E | N | L | H | E | A | Z | T | E | O | U | N |
| E | A | O | L | J | A | D | W | R | A | V | R | F | T | A |
| B | E | M | K | Q | T | B | E | Z | R | A | R | F | X | S |
| E | B | A | N | W | E | S | P | N | I | I | I | E | P | V |
| R | Y | N | I | R | S | O | N | B | S | Y | E | E | K | M |
| R | L | N | R | Z | A | E | L | A | H | Y | S | S | S | T |
| I | L | I | P | X | U | J | K | N | C | L | R | A | T | L |
| E | E | C | S | Z | C | A | R | A | M | E | L | U | L | U |
| S | J | E | A | Z | E | Z | T | N | L | V | P | C | P | C |
| O | A | L | M | O | N | D | S | A | R | F | T | E | S | Y |

**ALMONDS**
**BANANA**
**BLUEBERRIES**
**CARAMEL**
**CHERRIES**
**CHOCOLATE SAUCE**
**CINNAMON**
**COCONUT**
**FLAKE**
**FUDGE**
**GOLDEN SYRUP**
**GRANOLA**
**JELLY BEANS**
**PECANS**
**RASPBERRIES**
**SPRINKLES**
**STRAWBERRIES**
**TOFFEE SAUCE**

| | | | | | | | | | | | | | | |
|---|---|---|---|---|---|---|---|---|---|---|---|---|---|---|
| E | M | O | U | P | C | K | G | S | S | Q | S | I | T | A |
| O | Y | D | O | N | R | E | P | A | W | F | P | O | J | T |
| P | W | M | C | D | E | I | U | B | M | A | R | D | S | S |
| O | O | R | U | H | M | A | R | A | S | C | H | I | N | O |
| S | T | L | U | B | E | N | E | D | I | C | T | I | N | E |
| A | A | T | L | A | D | R | K | V | U | R | W | H | T | T |
| B | D | M | E | E | E | Z | R | A | T | A | F | I | A | T |
| S | Q | V | B | R | C | R | M | Y | C | S | H | R | R | E |
| I | Y | U | O | U | A | N | T | U | B | I | L | A | M | S |
| N | L | E | T | C | C | M | O | N | Y | R | U | B | K | I |
| T | I | W | L | O | A | A | A | M | I | C | A | A | A | N |
| H | C | R | J | I | O | A | O | P | I | O | H | N | Z | A |
| E | M | F | L | D | A | O | T | L | L | L | C | A | D | P |
| L | Z | Y | A | O | S | B | A | K | U | M | M | E | L | Y |
| I | L | J | T | E | R | U | T | A | U | L | N | E | I | Z |

ABSINTHE
ADVOCAAT
AMARETTO
ANISETTE
BAILEYS
BENEDICTINE
CHERRY BRANDY
COINTREAU
CREME DE CACAO
DRAMBUIE
KAHLUA
KUMMEL
LIMONCELLO
MALIBU
MARASCHINO
PERNOD
RATAFIA
SAMBUCA

# *No. 275* Bruce Springsteen Songs

| | | | | | | | | | | | | | | |
|---|---|---|---|---|---|---|---|---|---|---|---|---|---|---|
| P | O | I | N | T | B | L | A | N | K | C | N | A | S | U |
| K | G | T | H | U | N | D | E | R | R | O | A | D | V | E |
| S | Y | A | D | Y | R | O | L | G | E | V | N | P | Y | R |
| R | H | T | A | S | M | O | U | R | D | E | D | N | L | G |
| O | U | X | T | R | J | X | T | U | N | R | O | I | O | A |
| S | N | R | L | H | U | A | K | N | E | M | L | K | C | K |
| A | G | O | A | U | N | G | L | U | R | E | R | S | A | S |
| L | R | H | N | M | G | Y | N | J | R | O | D | N | L | A |
| I | Y | E | T | A | L | A | R | I | U | O | B | A | H | R |
| T | H | G | I | N | E | H | T | E | S | U | A | C | E | B |
| A | E | E | C | T | L | O | P | G | O | I | E | I | R | E |
| L | A | R | C | O | A | R | D | H | N | R | R | R | O | N |
| J | R | U | I | U | N | O | R | E | V | I | R | E | H | T |
| U | T | D | T | C | D | W | T | D | A | K | J | M | H | L |
| S | R | A | Y | H | Y | E | N | O | M | Y | S | A | E | T |

**AMERICAN SKIN**
**ATLANTIC CITY**
**BECAUSE THE NIGHT**
**BORN TO RUN**
**COVER ME**
**EASY MONEY**
**GLORY DAYS**
**HUMAN TOUCH**
**HUNGRY HEART**
**JUNGLELAND**
**LOCAL HERO**
**NEBRASKA**
**NO SURRENDER**
**POINT BLANK**
**ROSALITA**
**THE RISING**
**THE RIVER**
**THUNDER ROAD**

| | | | | | | | | | | | | | | |
|---|---|---|---|---|---|---|---|---|---|---|---|---|---|---|
| R | P | Q | Y | P | V | R | N | A | S | T | L | E | E | S |
| V | A | T | Y | L | A | A | O | R | T | L | R | Y | Q | J |
| O | R | Z | I | I | S | O | J | A | O | E | O | E | F | V |
| S | R | C | O | E | C | P | T | F | I | U | P | T | E | X |
| N | O | O | P | R | A | H | A | P | D | V | I | S | S | R |
| I | W | M | X | S | L | S | I | M | R | P | K | P | R | I |
| H | S | P | E | F | P | N | E | F | I | N | K | E | N | O |
| U | C | A | F | P | E | N | C | I | L | A | L | N | P | X |
| Q | Y | S | A | E | L | A | A | A | L | A | G | F | R | N |
| K | T | S | D | A | G | G | E | R | C | U | O | A | S | R |
| H | H | L | E | S | I | H | C | W | W | T | V | N | S | L |
| P | E | S | E | B | I | O | V | A | T | P | U | G | R | Z |
| I | C | L | R | V | A | L | Y | B | Y | X | O | S | A | Q |
| A | U | C | X | L | K | L | I | N | O | M | T | E | A | U |
| Y | Q | P | E | D | O | Y | L | B | X | F | C | C | N | W |

**ARROW**
**CACTUS**
**CHISEL**
**COMPASS**
**DAGGER**
**DRILL**
**FANGS**
**HARPOON**
**HOLLY**
**KNIFE**
**NEEDLE**
**PENCIL**
**PIN**
**PLIERS**
**RAZOR**
**SAW**
**SCALPEL**
**SCYTHE**

| | | | | | | | | | | | | | | |
|---|---|---|---|---|---|---|---|---|---|---|---|---|---|---|
| C | A | A | C | U | I | E | C | A | F | Y | B | A | B | R |
| M | A | R | K | N | O | C | K | O | U | T | T | U | T | Z |
| O | H | P | L | C | L | E | A | N | F | I | N | I | S | H |
| R | R | A | E | I | U | I | N | R | S | S | K | U | M | S |
| G | E | R | D | A | M | P | P | U | O | I | P | U | B | I |
| W | J | B | R | J | B | H | R | T | R | S | I | R | R | N |
| I | O | A | B | E | E | T | A | E | P | S | H | E | O | I |
| S | O | E | T | O | R | U | T | L | O | O | S | C | A | F |
| P | K | J | Q | C | J | O | R | B | V | T | P | R | D | E |
| U | A | U | M | H | A | M | I | U | H | Q | M | O | W | S |
| D | O | G | M | N | C | U | X | O | M | R | U | F | A | L |
| A | L | A | G | F | K | R | L | D | F | T | J | N | Y | A |
| Z | T | L | W | C | P | D | R | E | F | E | R | E | E | F |
| N | E | N | R | A | F | S | U | P | J | O | V | G | S | Z |
| M | S | C | X | Q | G | D | R | A | W | E | T | U | Z | I |

ANGLE
BABYFACE
BROADWAY
CLEAN FINISH
DOUBLE TURN
DRAW
ENFORCER
FALSE FINISH
FEUD
JOBBER
JUMP SHIP
KNOCKOUT
LUMBERJACK
MARK
MOUTHPIECE
POP
REFEREE
REST HOLD

| | | | | | | | | | | | | | | |
|---|---|---|---|---|---|---|---|---|---|---|---|---|---|---|
| L | F | J | H | O | S | S | E | R | P | L | L | L | N | S |
| N | R | T | Y | R | O | T | S | D | A | E | L | R | U | S |
| X | O | S | L | E | E | I | R | S | K | C | X | B | R | R |
| F | N | I | E | H | C | W | I | E | R | T | S | R | N | T |
| U | T | N | T | P | Q | S | E | O | S | C | U | A | E | V |
| T | P | M | T | A | G | L | S | I | R | N | T | R | W | C |
| T | A | U | E | R | L | S | J | I | V | I | I | C | S | L |
| G | G | L | R | G | W | U | P | W | O | R | B | A | P | R |
| D | E | O | S | O | S | T | C | N | N | E | E | R | R | P |
| R | P | C | R | T | I | I | A | R | R | V | N | T | I | S |
| T | O | D | E | O | S | L | U | O | I | O | I | O | N | S |
| G | R | T | N | H | P | G | F | T | Y | C | L | O | T | I |
| K | Y | K | V | P | R | S | G | I | D | K | Y | N | G | D |
| Z | Z | A | P | Z | A | T | X | D | O | W | B | K | M | U |
| T | A | T | R | T | R | O | P | E | R | D | L | I | H | P |

**BYLINE**
**CARTOON**
**CIRCULATION**
**COLUMNIST**
**COVER**
**CROSSWORD**
**EDITOR**
**FRONT PAGE**
**INSERTS**
**INTERVIEWER**
**LEAD STORY**
**LETTERS**
**NATIONAL**
**NEWSPRINT**
**PHOTOGRAPHER**
**PRESS**
**REPORT**
**SUBSCRIPTION**

No. 279 Move

| | | | | | | | | | | | | | | |
|---|---|---|---|---|---|---|---|---|---|---|---|---|---|---|
| Y | S | R | Z | T | E | I | U | R | J | E | X | R | S | I |
| R | Y | L | C | R | E | D | E | U | E | R | U | N | L | O |
| V | Y | Q | S | S | C | U | T | T | L | E | T | R | M | B |
| L | X | Y | O | W | Y | P | U | K | B | T | V | T | E | O |
| T | R | U | F | W | H | O | P | J | M | N | D | C | A | E |
| T | C | K | A | T | D | U | O | E | A | U | N | T | N | R |
| S | U | C | K | L | D | A | E | F | T | A | B | J | D | N |
| T | E | S | S | U | E | Z | W | L | V | S | O | G | E | E |
| O | E | L | S | A | C | T | G | D | R | O | E | K | R | A |
| R | T | L | H | P | A | O | A | K | L | S | T | S | M | Z |
| A | A | R | T | N | P | D | L | K | R | E | D | N | A | W |
| J | R | H | R | I | H | D | L | G | S | D | K | N | R | K |
| A | N | E | H | S | K | K | O | R | K | I | B | I | C | P |
| R | Q | V | L | C | X | X | P | L | I | L | F | P | H | S |
| T | B | I | R | T | S | F | Y | D | P | G | O | F | P | G |

**ADVANCE**
**AMBLE**
**DAWDLE**
**GALLOP**
**GLIDE**
**HIKE**
**HOP**
**MARCH**
**MEANDER**
**PACE**
**PLOD**
**RUN**
**SAUNTER**
**SCUTTLE**
**SKATE**
**SKIP**
**STEP**
**WANDER**

| | | | | | | | | | | | | | | |
|---|---|---|---|---|---|---|---|---|---|---|---|---|---|---|
| F | A | C | B | A | K | L | A | V | A | M | U | U | C | A |
| F | U | M | T | A | T | C | L | Q | E | A | S | O | A | S |
| O | I | O | U | K | I | E | B | Z | K | O | Z | D | L | K |
| U | X | T | Q | Z | D | L | E | B | K | B | A | V | A | O |
| Z | P | A | T | S | A | S | I | A | S | I | X | X | M | R |
| O | G | O | C | W | X | O | D | K | D | O | A | H | A | D |
| A | C | L | P | H | S | S | S | I | I | K | R | I | R | A |
| I | I | I | A | P | X | O | R | S | A | P | O | Y | I | L |
| D | L | V | S | Q | D | V | R | S | N | N | P | D | G | I |
| Y | O | E | T | Q | A | R | S | V | A | I | U | I | S | A |
| M | I | S | I | S | O | U | U | G | A | V | Q | R | T | M |
| G | O | A | T | D | O | Z | E | R | P | G | G | N | R | V |
| R | O | E | S | M | Z | R | T | H | H | T | B | M | A | L |
| Q | A | F | I | P | O | S | O | U | V | L | A | K | I | J |
| S | G | P | O | E | E | I | N | F | D | W | T | A | C | K |

**BAKLAVA**
**CALAMARI**
**DAKOS**
**GAVROS**
**GYROS**
**LAMB**
**MEZE**
**MOUSSAKA**
**MYDIA**
**OLIVES**
**OREGANO**
**OUZO**
**PASTITSIO**
**PATSAS**
**PIKILIA**
**SAVRIDIA**
**SKORDALIA**
**SOUVLAKI**

| | | | | | | | | | | | | | | |
|---|---|---|---|---|---|---|---|---|---|---|---|---|---|---|
| B | C | K | S | Q | L | E | Z | T | E | R | P | C | S | Q |
| T | R | A | W | U | U | S | P | L | R | W | R | Y | U | U |
| N | E | E | T | U | I | T | U | F | A | O | O | E | O | N |
| S | P | T | Z | F | P | G | R | T | I | F | S | U | C | I |
| K | E | U | D | N | O | F | Y | S | R | A | C | S | S | Q |
| P | K | G | G | R | L | K | S | L | D | L | I | P | U | A |
| T | O | S | S | E | E | A | E | I | D | A | U | O | O | S |
| Z | Q | U | B | T | N | Y | L | H | S | F | T | H | C | A |
| L | L | S | T | T | T | L | P | D | I | E | T | C | Y | Z |
| T | K | H | U | I | A | V | A | A | X | L | O | Y | Y | U |
| T | D | I | O | R | N | S | M | S | E | L | A | S | F | J |
| V | A | K | G | F | V | E | U | F | A | L | K | R | X | R |
| X | P | P | A | K | O | R | A | U | B | R | L | A | Q | R |
| M | E | L | R | M | H | M | L | G | F | P | Y | A | N | V |
| D | B | R | H | E | V | T | M | R | X | Y | R | G | S | O |

**CHOP SUEY**
**COUSCOUS**
**CREPE**
**CROISSANT**
**FALAFEL**
**FONDUE**
**FRITTER**
**KOFTA**
**MAPLE SYRUP**
**PAELLA**
**PAKORA**
**POLENTA**
**POUTINE**
**PRETZEL**
**PROSCIUTTO**
**QUESADILLA**
**RAGOUT**
**SUSHI**

| | | | | | | | | | | | | | | |
|---|---|---|---|---|---|---|---|---|---|---|---|---|---|---|
| S | K | Q | Y | N | Y | A | C | M | Y | O | A | L | L | C |
| L | I | O | L | Y | E | I | H | U | V | M | N | S | A | O |
| O | V | H | U | P | U | N | E | M | C | T | T | P | P | T |
| O | E | L | C | R | S | S | N | B | X | V | R | U | O | T |
| S | A | O | K | O | T | G | N | A | G | G | D | L | H | R |
| E | E | S | N | G | K | S | A | I | U | U | L | L | B | T |
| T | E | R | O | S | Y | M | I | J | C | N | R | I | U | Y |
| R | R | A | W | D | I | R | A | H | R | P | T | B | S | S |
| T | U | S | W | M | T | R | E | A | A | C | O | G | R | U |
| U | P | A | T | N | A | R | N | G | K | A | D | T | Y | T |
| A | I | F | I | T | R | N | E | R | T | I | R | I | S | I |
| H | A | I | I | Y | U | I | A | A | H | Y | S | L | F | Q |
| V | J | U | Y | M | M | U | Z | L | V | O | Y | O | P | B |
| H | R | A | T | L | F | R | E | T | I | U | T | R | E | Q |
| B | U | R | Z | L | A | D | B | C | B | W | Q | W | O | K |

AGRA
BHOPAL
CHENNAI
DELHI
GANGTOK
GOA
GUJARAT
HARIDWAR
JAIPUR
KOCHI
LUCKNOW
MANALI
MUMBAI
MUNNAR
MYSORE
PATNA
PUDUCHERRY
PUNE

| | | | | | | | | | | | | | | |
|---|---|---|---|---|---|---|---|---|---|---|---|---|---|---|
| J | P | E | D | V | C | H | R | A | A | X | P | O | S | B |
| U | R | I | A | C | A | H | S | H | U | U | K | A | N | F |
| S | E | G | A | O | K | E | D | R | L | R | O | T | I | W |
| O | R | C | R | C | A | R | E | S | J | B | D | S | M | Z |
| T | E | R | U | O | U | B | E | U | T | P | H | D | A | U |
| E | N | D | U | N | D | S | S | P | R | O | Q | E | T | I |
| E | L | R | L | U | A | I | L | P | I | P | F | C | I | J |
| R | W | I | B | T | I | X | A | L | S | X | L | C | V | W |
| N | I | E | T | O | R | P | Y | E | H | W | A | R | R | O |
| A | A | D | E | I | Y | Y | U | M | T | D | X | A | S | V |
| V | E | F | J | L | F | L | E | E | Q | N | S | C | N | J |
| L | A | R | Y | S | R | G | I | N | V | Z | E | K | I | T |
| E | F | U | O | S | E | E | S | T | O | R | E | E | A | L |
| T | U | I | T | E | E | E | E | S | I | H | D | R | R | M |
| I | S | T | U | N | E | F | U | B | L | S | O | S | G | G |

ACAI
COCONUT OIL
CRACKERS
DAIRY-FREE
DRIED FRUIT
FISH OIL
FLAXSEED
GRAINS
GREEN TEA
HERBS
HONEY
NUTS
OATS
PULSES
SEEDS
SUPPLEMENTS
VITAMINS
WHEY PROTEIN

| | | | | | | | | | | | | | | |
|---|---|---|---|---|---|---|---|---|---|---|---|---|---|---|
| E | L | O | L | B | A | R | B | E | T | O | R | R | A | P |
| P | B | Q | X | A | R | X | O | N | I | K | A | N | A | M |
| X | R | O | Q | S | W | R | G | T | R | S | I | R | Y | O |
| L | O | E | P | P | U | O | B | U | O | B | A | R | U | T |
| R | Z | X | L | I | C | T | H | S | U | K | J | P | C | M |
| G | S | A | R | Y | T | I | T | D | E | K | S | A | M | O |
| A | T | R | L | A | D | P | G | E | O | Y | S | R | G | T |
| X | E | C | P | A | E | E | T | R | M | S | L | R | E | B |
| K | L | O | T | Y | R | R | S | U | O | A | E | U | U | Q |
| Y | N | C | T | I | C | Z | W | W | F | A | C | B | I | U |
| D | E | K | G | H | P | E | A | F | O | W | L | A | C | B |
| R | E | A | O | A | J | R | S | H | S | L | H | K | W | F |
| Z | R | T | Y | J | Y | T | E | E | K | I | R | O | L | R |
| V | G | O | I | O | E | D | R | I | B | E | V | O | L | M |
| P | L | O | G | N | I | M | A | L | F | F | P | K | P | P |

ANI
BARBET
BOUBOU
BUDGERIGAR
CASSOWARY
COCKATOO
FLAMINGO
GREENLET
KOOKABURRA
LORIKEET
LOVEBIRD
MACAW
MANAKIN
MASKED TITYRA
MOTMOT
PARAKEET
PARROT
PEAFOWL

| | | | | | | | | | | | | | | |
|---|---|---|---|---|---|---|---|---|---|---|---|---|---|---|
| R | Q | B | F | B | J | Q | M | T | G | P | R | R | J | E |
| I | Y | O | Y | U | L | R | H | A | W | A | I | I | G | V |
| N | G | O | D | O | N | L | Y | K | N | O | W | S | O | L |
| M | V | Y | U | E | M | H | T | I | W | E | B | U | O | O |
| Y | I | G | E | T | A | R | O | U | N | D | E | F | D | O |
| C | O | M | E | G | O | W | I | T | H | M | E | I | V | Z |
| A | V | L | L | S | C | Y | T | S | D | A | R | L | I | N |
| R | E | V | O | L | F | O | L | E | P | A | H | C | B | T |
| I | R | A | F | A | S | N | I | F | R | U | S | E | R | I |
| A | G | N | O | L | R | E | M | M | U | S | L | L | A | P |
| C | A | K | E | V | A | W | A | H | C | T | A | C | T | W |
| A | M | E | A | N | T | F | O | R | Y | O | U | T | I | Z |
| A | P | X | E | B | U | S | C | R | E | V | E | R | O | F |
| X | T | I | U | B | B | A | R | B | A | R | A | A | N | N |
| G | U | H | A | R | E | T | R | V | T | T | T | C | S | C |

ALL SUMMER LONG
BARBARA ANN
BE WITH ME
CATCH A WAVE
CHAPEL OF LOVE
COME GO WITH ME
DARLIN
FOREVER
GOD ONLY KNOWS
GOOD VIBRATIONS
HAWAII
I DO
I GET AROUND
I WENT TO SLEEP
IN MY CAR
JUDY
MEANT FOR YOU
SURFIN' SAFARI

| | | | | | | | | | | | | | | |
|---|---|---|---|---|---|---|---|---|---|---|---|---|---|---|
| Z | S | D | W | V | K | X | S | A | I | A | V | E | U | S |
| R | H | Z | P | N | S | T | L | P | N | Z | Y | J | Y | T |
| E | R | P | M | K | T | T | P | Y | R | C | A | E | G | J |
| I | F | R | Y | L | S | S | E | L | M | Y | T | G | F | S |
| M | T | C | R | L | Y | G | Y | F | E | P | F | S | E | B |
| G | G | S | R | C | G | N | Q | C | S | Z | H | L | B | Q |
| I | I | E | H | T | L | M | X | S | A | V | W | U | J | R |
| E | R | G | H | P | S | Y | R | D | D | V | R | L | S | Y |
| E | L | T | Z | H | M | H | Y | U | I | S | N | G | W | N |
| H | I | M | A | T | R | Y | S | T | T | P | C | I | C | S |
| L | P | C | G | Y | M | Y | N | R | C | R | A | E | F | U |
| N | W | E | M | M | T | S | U | D | Z | I | A | V | T | U |
| I | S | F | W | Q | O | Z | V | V | T | A | Y | Z | I | L |
| S | O | A | J | J | L | S | P | A | V | M | P | Y | Q | C |
| X | W | K | T | N | P | A | P | S | D | E | A | W | L | I |

CRYPT
CYST
DRY
FLY
FRY
GLYPH
GYM
HYMN
LYMPH
LYNX
MYRRH
MYTH
NYMPH
PRY
PSYCH
SKY
SLY
TRYST

| | | | | | | | | | | | | | | |
|---|---|---|---|---|---|---|---|---|---|---|---|---|---|---|
| S | P | U | I | T | W | U | R | X | D | Y | R | K | A | S |
| T | T | E | G | S | S | L | W | M | E | D | Y | K | J | K |
| O | S | R | C | N | L | P | B | I | A | P | D | R | A | Y |
| W | H | E | Q | L | I | S | P | U | T | R | R | E | T | I |
| R | A | T | J | A | X | N | F | O | J | V | Q | T | L | P |
| C | D | W | O | A | D | S | N | P | U | J | D | B | F | Y |
| D | U | N | K | L | U | C | T | U | D | E | C | O | Y | T |
| U | A | R | E | F | P | X | Q | H | C | H | O | A | X | G |
| X | R | E | S | A | L | O | A | E | B | L | A | Z | O | P |
| L | F | U | L | L | I | I | P | K | T | T | A | P | X | U |
| S | F | L | E | S | C | T | E | A | O | A | I | A | K | Q |
| M | U | K | W | E | I | I | S | F | E | U | E | M | R | Y |
| P | L | O | Y | O | T | M | A | U | S | K | Y | H | T | T |
| F | B | N | N | C | Y | R | E | N | A | C | I | H | C | X |
| A | A | L | A | B | Z | T | V | P | E | O | S | S | M | F |

**BLUFF**
**CHEAT**
**CHICANERY**
**CUNNING**
**DECEPTION**
**DECOY**
**DUPLICITY**
**FAKE**
**FALSE**
**FOOL**
**FRAUD**
**HOAX**
**JEST**
**JOKE**
**LIE**
**MISLEAD**
**PLOT**
**PLOY**

Rock Music Genres *No. 288*

| | | | | | | | | | | | | | | |
|---|---|---|---|---|---|---|---|---|---|---|---|---|---|---|
| E | T | A | C | B | G | M | P | S | A | A | L | V | T | O |
| M | Y | L | L | I | B | A | K | C | O | R | M | I | J | P |
| T | Q | O | A | T | N | S | R | L | P | F | A | M | F | U |
| A | A | V | C | Y | F | O | R | A | O | K | T | F | X | H |
| E | U | Q | I | T | T | U | R | I | G | F | I | P | A | C |
| R | S | A | P | K | S | Y | N | T | H | E | S | R | N | E |
| D | Y | C | O | U | I | C | O | K | C | Y | D | O | R | T |
| S | V | R | R | O | N | N | S | O | C | E | D | G | R | T |
| X | E | J | T | Z | D | K | G | H | T | U | L | R | P | R |
| A | B | T | A | E | A | G | E | A | I | A | Y | E | I | J |
| H | P | L | J | R | L | D | M | E | C | A | P | S | R | A |
| M | C | D | T | A | E | B | G | I | B | N | L | S | S | H |
| T | T | K | M | L | M | R | D | R | Y | N | O | I | N | D |
| I | E | V | I | T | A | N | R | E | T | L | A | V | A | N |
| Q | O | C | S | M | D | O | T | L | D | D | R | E | R | S |

ACID
ALTERNATIVE
BIG BEAT
ELECTRONIC
FOLK
FUNK
GARAGE
GLAM
HARD
PROGRESSIVE
PSYCHEDELIC
PUNK
ROCKABILLY
SOFT
SPACE
SYNTH
TROPICAL
VIKING

| | | | | | | | | | | | | | | |
|---|---|---|---|---|---|---|---|---|---|---|---|---|---|---|
| S | Y | P | O | E | S | A | E | S | I | D | W | G | A | J |
| S | R | M | I | V | R | I | U | R | N | R | A | N | Q | T |
| N | E | B | B | I | O | U | T | L | C | W | M | I | O | A |
| A | N | S | E | B | B | R | L | I | U | S | O | Y | C | A |
| K | E | E | E | U | I | I | U | I | P | B | L | L | P | T |
| E | E | Q | S | S | E | N | K | R | A | D | A | F | C | Z |
| S | D | G | S | R | P | S | S | C | R | F | U | T | U | R |
| U | L | N | I | P | P | R | T | B | F | I | V | S | S | K |
| X | E | A | R | L | R | E | A | E | G | N | S | T | Q | U |
| L | S | L | T | E | R | D | C | S | N | S | T | H | S | B |
| D | E | H | S | I | O | I | H | Y | I | E | F | G | G | L |
| G | E | F | A | N | P | P | K | R | V | C | A | I | O | S |
| O | T | F | L | Y | O | S | T | S | I | T | N | E | D | I |
| G | E | I | P | I | A | S | O | V | R | S | M | H | I | N |
| Q | G | P | J | O | R | E | J | H | D | S | Z | T | T | P |

BACTERIA
BATS
BEES
CATS
CLOWNS
DARKNESS
DENTISTS
DISEASE
DOGS
DRIVING
FAILURE
FLYING
HEIGHTS
HOSPITALS
INSECTS
NEEDLES
SNAKES
SPIDERS

| | | | | | | | | | | | | | | |
|---|---|---|---|---|---|---|---|---|---|---|---|---|---|---|
| B | H | R | F | G | H | A | D | R | P | T | T | H | U | A |
| Z | C | K | E | R | N | A | K | O | I | I | S | I | U | Y |
| L | E | S | G | S | N | I | E | P | C | H | E | S | S | L |
| T | B | K | D | C | Y | T | K | R | R | N | D | T | N | T |
| R | L | T | I | E | R | K | A | A | T | R | P | T | W | P |
| B | O | N | R | Y | E | F | R | P | B | O | L | U | Q | H |
| M | G | G | B | L | T | R | A | M | S | E | P | I | D | F |
| Y | G | N | F | N | T | W | O | S | K | T | I | J | S | I |
| A | I | I | G | X | O | R | K | X | N | U | G | U | D | S |
| N | N | T | I | F | P | E | E | K | S | O | D | G | I | H |
| Z | G | N | I | T | L | I | U | Q | U | X | T | G | U | I |
| G | N | I | W | E | S | R | R | S | A | D | H | L | P | N |
| S | T | A | M | P | C | O | L | L | E | C | T | I | N | G |
| T | F | P | E | U | R | G | N | I | T | T | I | N | K | T |
| T | O | C | Z | A | A | R | E | A | D | I | N | G | L | A |

**BAKING**
**BLOGGING**
**BRIDGE**
**CHESS**
**CRAFT**
**DANCING**
**FISHING**
**JUGGLING**
**KARAOKE**
**KEEP FIT**
**KNITTING**
**PAINTING**
**POETRY**
**POTTERY**
**QUILTING**
**READING**
**SEWING**
**STAMP COLLECTING**

| | | | | | | | | | | | | | | |
|---|---|---|---|---|---|---|---|---|---|---|---|---|---|---|
| T | G | S | Y | S | U | N | R | I | S | E | G | R | N | S |
| D | E | R | I | T | H | O | A | A | P | F | D | R | X | U |
| B | I | E | E | R | J | O | K | D | Y | M | F | A | D | S |
| S | J | P | U | E | K | A | W | V | W | W | A | L | L | D |
| A | H | P | U | T | W | I | G | E | A | H | U | X | D | A |
| J | J | I | S | C | H | O | O | L | R | U | N | I | J | O |
| I | I | L | C | H | E | C | K | E | M | A | I | L | B | U |
| R | R | S | R | I | A | T | S | N | W | O | D | R | I | R |
| O | L | S | H | F | H | D | H | S | A | W | E | S | R | T |
| F | O | P | E | E | L | S | A | T | S | A | F | S | D | G |
| D | I | N | D | A | J | T | V | X | K | N | S | E | S | D |
| Z | S | O | Q | A | L | O | E | F | F | D | S | K | O | E |
| R | G | C | K | S | J | A | A | U | N | S | B | G | N | L |
| L | A | A | H | T | Z | S | R | M | U | O | Y | L | G | P |
| L | A | B | S | J | T | T | G | M | O | N | A | T | M | R |

**ALARM**
**BACON**
**BIRDSONG**
**BREAKFAST**
**CHECK E-MAIL**
**DOWNSTAIRS**
**FAST ASLEEP**
**SCHOOL RUN**
**SHAVE**
**SHOWER**
**SLIPPERS**
**STRETCH**
**SUNRISE**
**TIRED**
**TOAST**
**WAKE UP**
**WALK THE DOG**
**WASH**

| | | | | | | | | | | | | | | |
|---|---|---|---|---|---|---|---|---|---|---|---|---|---|---|
| I | K | I | E | R | K | S | V | W | E | P | A | L | I | S |
| W | G | L | A | H | O | T | O | I | L | A | N | U | A | S |
| U | H | P | L | C | E | A | T | E | W | T | A | E | R | H |
| U | W | F | S | A | A | R | E | N | C | C | V | C | F | R |
| O | R | M | U | G | S | O | U | R | I | H | A | O | A | I |
| P | T | H | X | O | C | M | J | C | U | T | T | O | Z | N |
| K | L | O | N | Y | A | A | S | E | I | C | W | A | R | A |
| T | Y | T | E | R | L | T | S | R | G | N | I | O | B | O |
| K | L | T | T | D | M | H | O | A | E | A | A | D | R | A |
| S | O | U | O | Z | P | E | O | M | L | L | S | M | E | B |
| A | O | B | E | T | J | R | L | A | Z | A | A | S | U | P |
| M | P | R | E | P | M | A | P | A | L | P | I | X | A | R |
| E | D | A | T | W | I | P | K | X | S | B | L | C | E | M |
| E | B | G | A | H | E | Y | Z | G | T | E | S | F | A | K |
| X | T | M | P | Y | T | D | F | Z | F | T | R | I | E | F |

**AROMATHERAPY**
**BATH**
**BROW TINT**
**CALM**
**FACIAL**
**HOT OIL**
**HOT TUB**
**LASER**
**MANICURE**
**MASK**
**MASSAGE**
**PAMPER**
**PEDICURE**
**POOL**
**REIKI**
**RELAX**
**SAUNA**
**YOGA**

| | | | | | | | | | | | | | | |
|---|---|---|---|---|---|---|---|---|---|---|---|---|---|---|
| V | P | U | V | S | P | I | K | S | J | S | M | U | D | T |
| U | G | Z | T | S | O | V | S | R | I | C | T | N | O | N |
| R | M | X | T | A | D | U | H | A | A | E | A | D | P | L |
| G | U | G | D | R | P | N | T | K | E | P | O | A | A | W |
| S | S | U | E | G | U | R | E | D | K | Q | P | L | O | S |
| T | I | O | E | I | W | S | F | I | O | E | S | A | A | P |
| E | C | I | U | J | E | G | N | A | R | O | O | S | E | F |
| K | S | A | L | F | O | S | A | P | M | F | R | T | P | U |
| N | O | P | C | S | I | N | L | X | A | I | M | S | H | U |
| A | T | E | U | J | U | A | S | J | O | S | L | F | S | R |
| L | I | P | C | C | T | E | K | S | A | B | K | Y | V | I |
| B | U | R | W | E | R | C | S | K | R | O | C | D | S | B |
| F | R | E | S | H | A | I | R | L | E | R | I | J | R | O |
| S | F | U | R | Y | O | I | K | I | O | A | K | S | R | B |
| Y | V | H | B | W | P | U | U | Z | S | O | W | A | E | E |

**BASKET**
**BLANKET**
**CAKES**
**CORKSCREW**
**CUPS**
**FAMILY**
**FLASK**
**FRESH AIR**
**FRIENDS**
**FRUIT**
**GRASS**
**MUSIC**
**NAPKINS**
**ORANGE JUICE**
**OUTDOORS**
**PAPER PLATES**
**PARK**
**SALAD**

| | | | | | | | | | | | | | | |
|---|---|---|---|---|---|---|---|---|---|---|---|---|---|---|
| S | Z | M | R | P | E | I | P | Y | R | R | E | H | C | G |
| N | N | M | T | U | R | N | O | V | E | R | I | I | L | A |
| D | R | I | A | C | R | O | I | S | S | A | N | T | E | C |
| A | O | L | S | C | O | Y | F | Q | A | N | A | R | D | H |
| N | H | L | A | I | A | A | R | I | A | L | C | E | U | A |
| I | M | E | L | B | A | R | V | M | T | L | A | X | R | R |
| S | A | F | R | O | R | R | O | A | L | E | L | O | T | L |
| H | E | E | Q | A | R | N | X | N | L | E | R | T | S | O |
| P | R | U | X | O | R | G | S | U | J | K | P | O | E | T |
| A | C | I | L | O | K | P | I | H | A | S | A | I | L | T |
| S | L | L | L | A | A | J | N | F | E | N | O | B | P | E |
| T | A | L | O | C | O | H | C | U | A | N | I | A | P | V |
| R | R | E | I | P | E | L | P | P | A | I | G | A | A | R |
| Y | D | M | A | N | T | Y | T | F | R | T | A | U | P | M |
| I | W | G | N | A | U | L | A | T | T | I | C | E | U | L |

**APPLE PIE**
**APPLE STRUDEL**
**BAKLAVA**
**CHARLOTTE**
**CHERRY PIE**
**CINNAMON ROLL**
**CREAM HORN**
**CROISSANT**
**DANISH PASTRY**
**ECLAIR**
**FIG ROLL**
**LATTICE**
**MACARON**
**MILLE-FEUILLE**
**PAIN AU CHOCOLAT**
**PAIN AUX RAISINS**
**PROFITEROLE**
**TURNOVER**

| | | | | | | | | | | | | | | |
|---|---|---|---|---|---|---|---|---|---|---|---|---|---|---|
| L | S | R | H | T | C | H | B | L | I | X | T | S | A | O |
| D | E | C | A | S | U | A | H | O | C | P | M | C | H | G |
| B | T | K | E | P | L | E | R | S | R | M | R | M | H | R |
| R | F | A | R | A | D | A | Y | I | E | Y | X | O | I | O |
| R | Y | P | B | S | L | L | Q | I | D | K | D | J | P | X |
| L | N | S | N | T | O | J | T | E | T | G | U | L | H | Y |
| T | E | I | S | E | V | N | S | D | K | J | A | S | T | Z |
| R | N | I | W | U | E | X | G | I | U | V | H | N | S | I |
| R | I | O | R | R | L | K | N | S | E | O | A | I | R | R |
| T | B | S | T | U | A | R | A | O | O | H | W | L | G | I |
| O | U | Z | I | W | C | D | M | N | F | L | K | K | W | N |
| A | R | P | I | P | E | I | N | S | T | E | I | N | O | U |
| A | H | L | S | A | T | N | Y | O | R | T | N | A | A | N |
| U | O | T | W | A | L | S | E | T | T | J | G | R | U | K |
| H | B | I | V | W | R | S | F | U | U | A | P | F | M | J |

**BOHR**
**CURIE**
**DARWIN**
**DIRAC**
**EDISON**
**EINSTEIN**
**FARADAY**
**FEYNMAN**
**FRANKLIN**
**HAWKING**
**HODGKIN**
**KEPLER**
**LOVELACE**
**MEITNER**
**NEWTON**
**PASTEUR**
**RUBIN**
**TESLA**

## Writing a Book *No. 296*

| | | | | | | | | | | | | | | |
|---|---|---|---|---|---|---|---|---|---|---|---|---|---|---|
| G | S | C | O | B | T | A | G | M | D | R | R | R | B | L |
| T | W | K | N | H | N | T | W | Z | C | T | C | I | R | T |
| B | E | U | U | U | E | Q | D | I | A | L | O | G | U | E |
| U | S | H | P | U | G | T | I | N | B | G | N | C | J | Y |
| I | C | H | A | R | A | C | T | E | R | S | C | B | E | E |
| H | E | R | O | J | O | A | S | A | R | N | E | X | E | A |
| U | S | E | A | F | G | T | P | T | J | L | P | R | T | N |
| L | P | H | Z | O | S | H | A | N | O | I | T | C | I | F |
| E | S | S | N | E | Y | Y | R | G | C | L | L | U | R | S |
| D | I | I | L | A | L | C | S | A | O | E | P | E | W | T |
| I | S | L | T | P | I | R | C | S | U | N | A | M | T | H |
| T | E | B | E | C | R | E | A | T | I | V | I | T | Y | S |
| R | E | U | F | I | Z | T | F | A | N | T | A | S | Y | M |
| E | V | P | D | E | V | E | L | O | P | M | E | N | T | P |
| E | G | V | K | K | L | A | G | N | T | M | S | R | P | M |

**AGENT**
**ANTAGONIST**
**BESTSELLER**
**BIOGRAPHY**
**CHARACTERS**
**CONCEPT**
**CREATIVITY**
**DEVELOPMENT**
**DIALOGUE**
**EDIT**
**FANTASY**
**FICTION**
**HERO**
**MANUSCRIPT**
**PLOT**
**PROTAGONIST**
**PUBLISHER**
**WRITE**

## No. 297 European Ryder Cup Golfers

| | | | | | | | | | | | | | | |
|---|---|---|---|---|---|---|---|---|---|---|---|---|---|---|
| V | Y | F | L | C | L | H | F | E | Z | V | M | F | F | R |
| T | N | O | S | D | L | A | N | O | D | R | E | Q | S | A |
| G | W | S | T | R | I | R | A | N | I | L | O | M | W | D |
| P | O | U | L | T | E | R | A | P | S | E | W | T | K | A |
| L | O | U | Q | P | W | I | S | O | P | E | S | O | Q | H |
| P | S | R | O | S | E | N | V | R | V | R | B | I | R | S |
| F | N | V | B | H | S | G | A | E | R | X | K | K | T | L |
| C | A | S | E | Y | T | T | A | V | K | L | A | O | F | V |
| E | M | L | S | Y | W | O | R | L | I | R | S | R | H | I |
| E | K | O | D | Y | O | N | F | E | L | L | A | B | L | L |
| T | A | C | K | O | O | I | L | S | A | A | L | L | R | A |
| O | Y | C | S | Y | D | L | S | L | U | S | C | U | C | N |
| O | M | C | I | L | R | O | Y | R | A | J | L | H | S | G |
| S | E | S | T | E | N | S | O | N | A | G | J | O | E | E |
| Q | R | A | M | L | Z | O | S | J | M | S | W | C | C | R |

CASEY
CLARKE
COLSAERTS
DONALDSON
FALDO
GALLACHER
HARRINGTON
KARLSSON
KAYMER
LANGER
MCILROY
MOLINARI
POULTER
ROSE
STENSON
SULLIVAN
WESTWOOD
WOOSNAM

| | | | | | | | | | | | | | | |
|---|---|---|---|---|---|---|---|---|---|---|---|---|---|---|
| T | E | Y | T | U | A | E | B | K | C | A | L | B | H | T |
| H | T | N | H | S | B | N | D | I | V | A | N | H | O | E |
| E | O | Q | E | S | E | L | I | K | S | A | T | S | L | E |
| H | X | W | D | M | W | P | E | M | A | R | A | E | L | L |
| O | I | L | A | N | O | P | M | A | A | E | P | R | E | T |
| B | U | A | V | R | X | W | F | E | K | L | M | J | H | A |
| B | Q | P | I | O | D | V | E | N | T | H | F | E | T | T |
| I | N | Y | N | H | M | S | E | L | K | E | O | A | O | A |
| T | O | G | C | T | C | E | E | R | T | D | H | U | R | M |
| E | D | M | I | T | U | T | E | N | Y | T | S | T | S | M |
| L | M | A | C | B | E | T | H | S | D | E | I | U | A | E |
| M | S | L | O | O | S | A | S | P | Y | S | E | L | R | K |
| A | M | I | D | D | L | E | M | A | R | C | H | N | U | D |
| H | T | O | E | I | Y | G | T | P | O | H | S | G | A | R |
| J | T | N | N | K | L | W | C | S | Y | G | A | Y | O | J |

**ANIMAL FARM**
**BLACK BEAUTY**
**BLEAK HOUSE**
**DON QUIXOTE**
**EMMA**
**HAMLET**
**HOWARD'S END**
**IVANHOE**
**JANE EYRE**
**LITTLE WOMEN**
**MACBETH**
**MIDDLEMARCH**
**OTHELLO**
**PYGMALION**
**THE DA VINCI CODE**
**THE HOBBIT**
**THE ODYSSEY**
**THE TEMPEST**

## No. 299 On a Ship

R V S H K K I E L C E J D N R
H U P N Y V P S T M R V U S B
U G D D I E P T G T S T O T U
E R A Q L B L N T L S H U C O
K R E N Z S A T S A U L D A T
H Q H L G G A C S T M E O A T
N U K E L W O B S V S S Y X R
J N L L E E A S E E H L R T N
V O U L N N P Y M S T G R O R
I Z B Y N G B O O M R S I P D
S A T E U I L R R U E R A Q L
T S Q L F N U A D P B G O M G
H R G L R E G D I R B P L Q V
V A H A W S E R I R T W Z I L
C A R G O R A D A R L I X Y B

BERTH
BILGE
BOOM
BOW
BRIDGE
BULKHEAD
CABINS
CARGO
ENGINES
FUNNEL
GALLEY
GANGWAY
HAWSER
HULL
MAST
PROPELLER
RADAR
RUDDER

Credit Cards *No. 300*

| | | | | | | | | | | | | | | |
|---|---|---|---|---|---|---|---|---|---|---|---|---|---|---|
| T | J | T | W | N | L | N | S | S | I | T | I | S | O | T |
| Q | C | I | E | E | I | J | R | S | D | Z | L | Z | T | P |
| L | A | D | D | X | C | N | C | B | S | T | B | E | D | A |
| K | S | E | C | U | R | I | T | Y | C | O | D | E | R | H |
| I | H | R | I | N | F | W | T | E | C | N | A | L | A | B |
| C | A | C | H | F | G | S | X | S | R | S | X | M | C | L |
| M | D | F | A | C | C | A | C | P | A | E | C | O | N | D |
| S | V | O | E | Z | I | D | E | H | U | L | S | N | E | T |
| J | A | E | R | U | T | A | N | G | I | S | P | T | J | B |
| A | N | N | U | A | L | F | E | E | R | P | B | H | V | I |
| J | C | I | S | D | T | I | V | K | N | A | B | L | E | T |
| L | E | L | P | U | R | E | M | W | Y | D | H | Y | F | U |
| A | K | B | K | H | C | E | S | I | R | J | P | C | I | Q |
| O | A | D | R | K | A | T | V | Q | T | T | I | R | Z | S |
| Q | F | R | Y | S | Y | A | A | O | E | P | I | S | W | X |

ANNUAL FEE
BALANCE
BANK
CARD
CASH ADVANCE
CHARGE
CHIP
DEBT
INTEREST
LIMIT
LINE OF CREDIT
MONTHLY
OVERDUE
PIN
PLASTIC
RATES
SECURITY CODE
SIGNATURE

*No. 1*

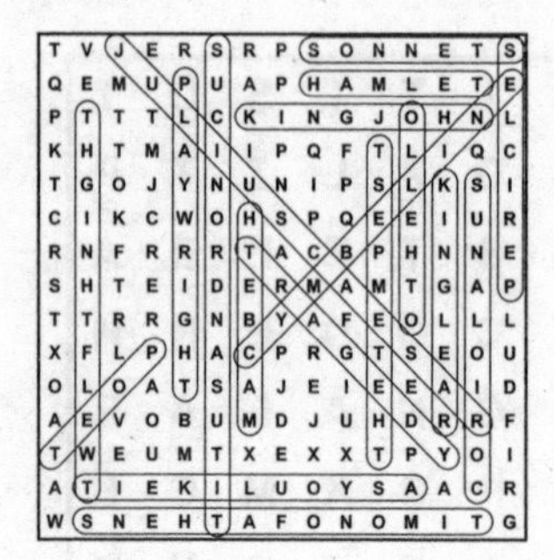

*No. 2*

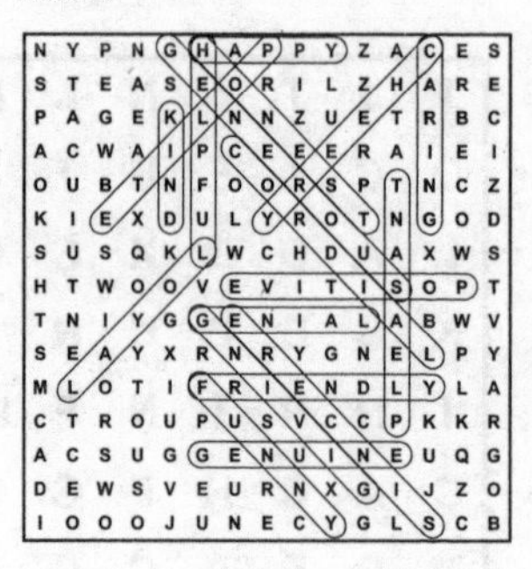

*No. 3*

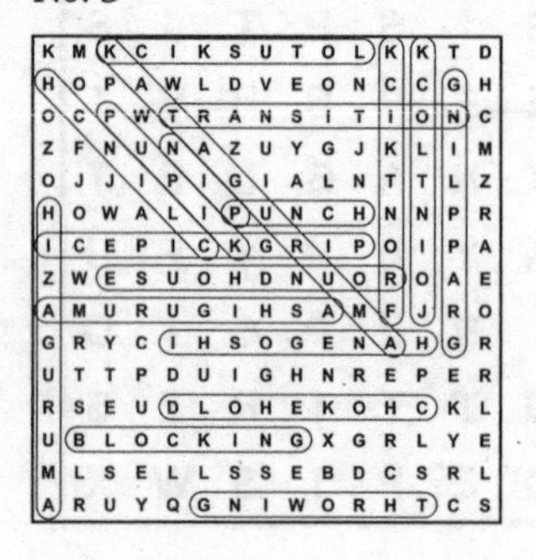

*No. 4*

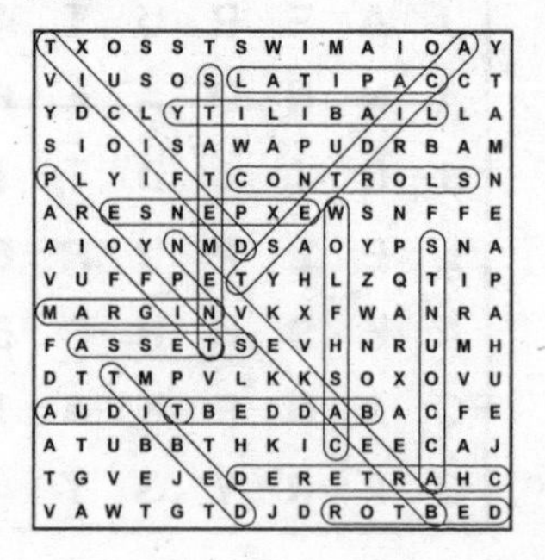

*No. 5*

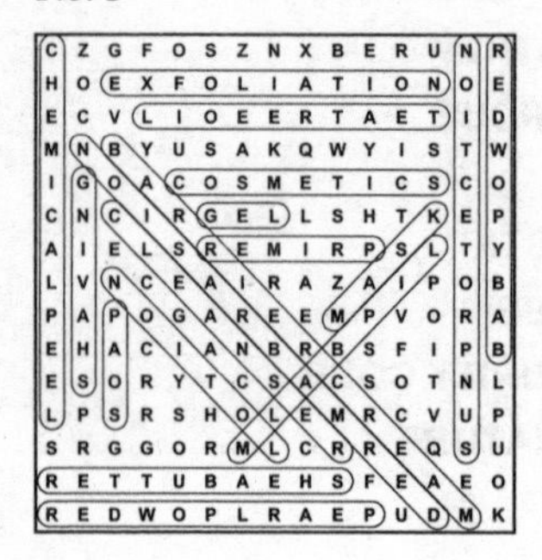

*No. 6*

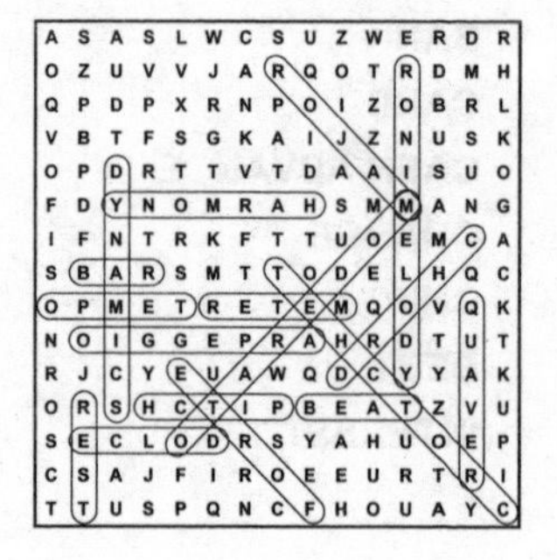

*No. 7*

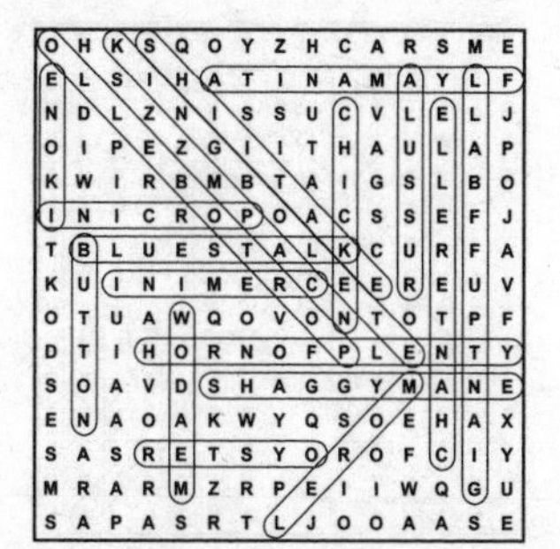

*No. 8*

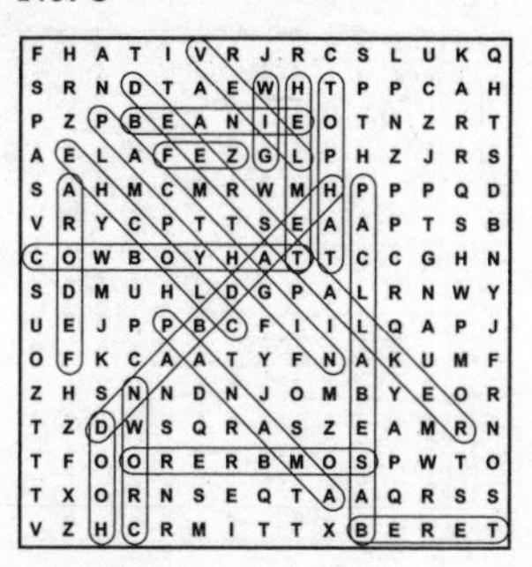

*No. 9*

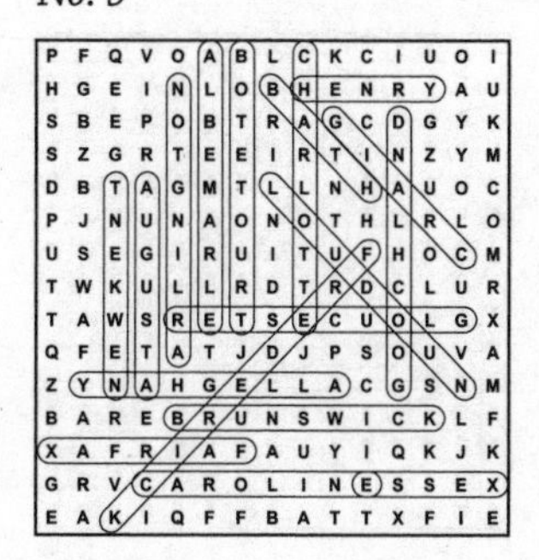

*No. 10*

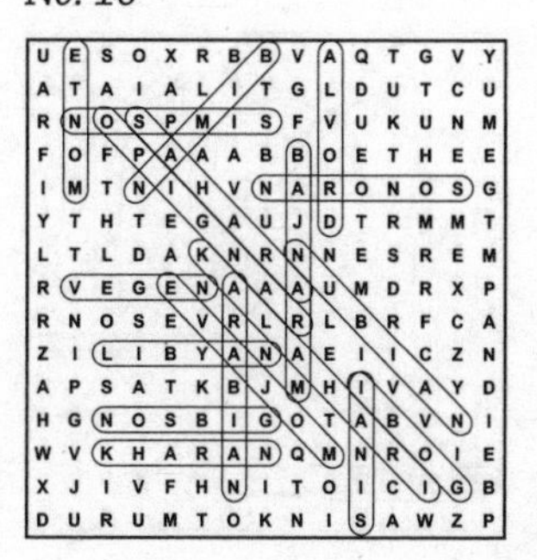

*No. 11*

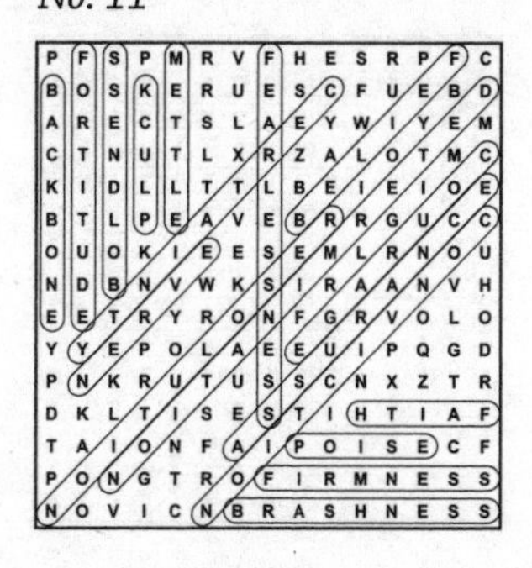

*No. 12*

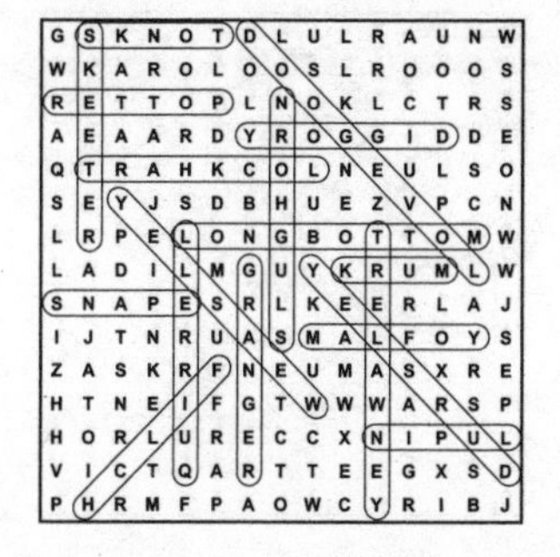

## No. 13

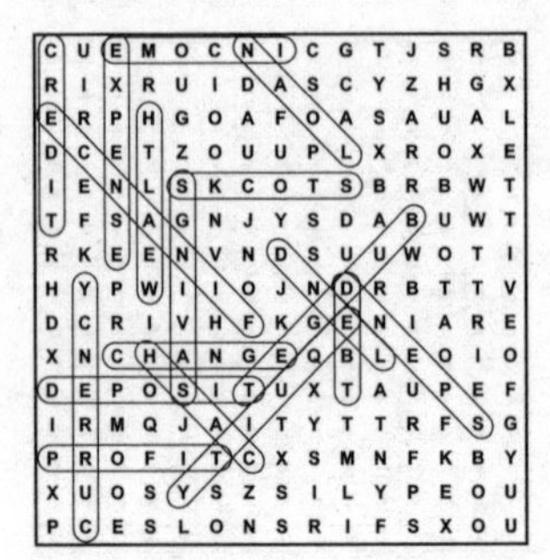

## No. 14

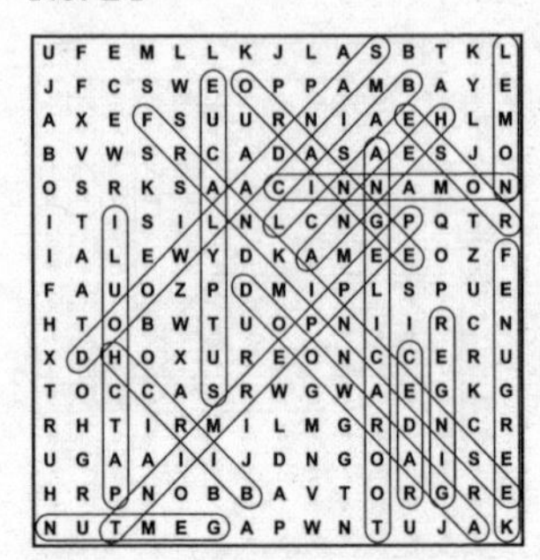

## No. 15

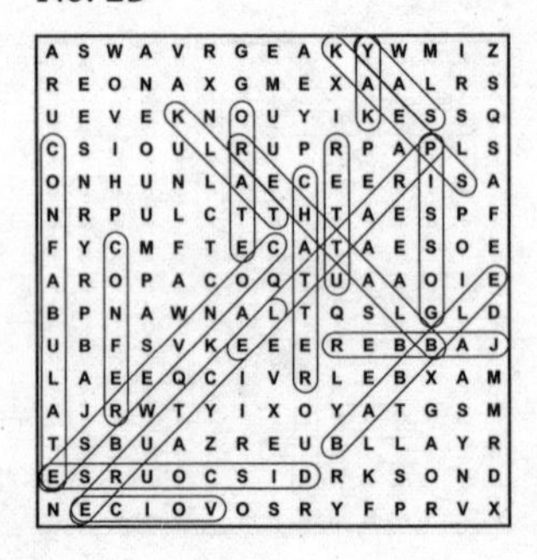

## No. 16

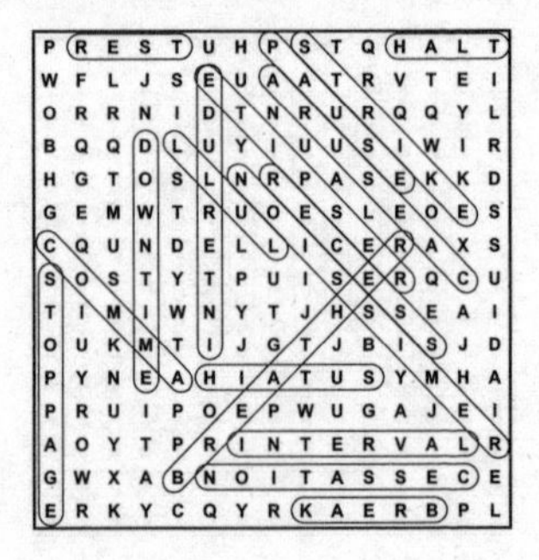

## No. 17

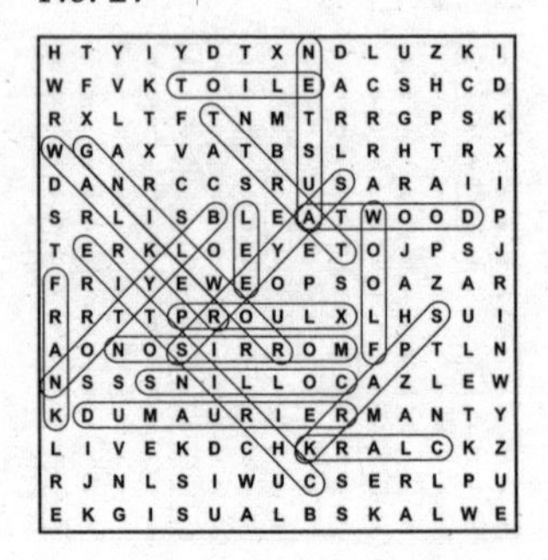

## No. 18

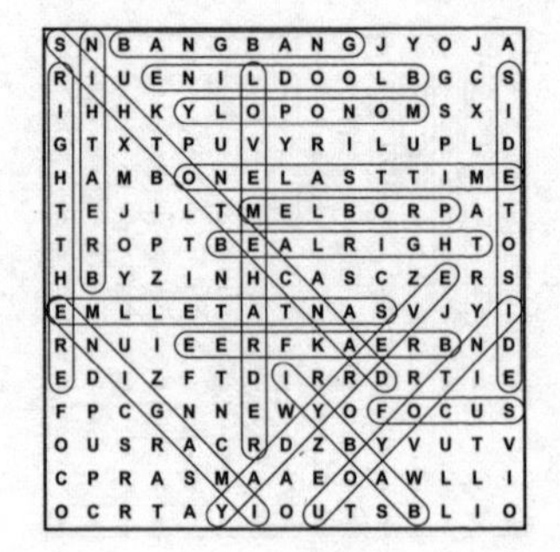

*No. 19*

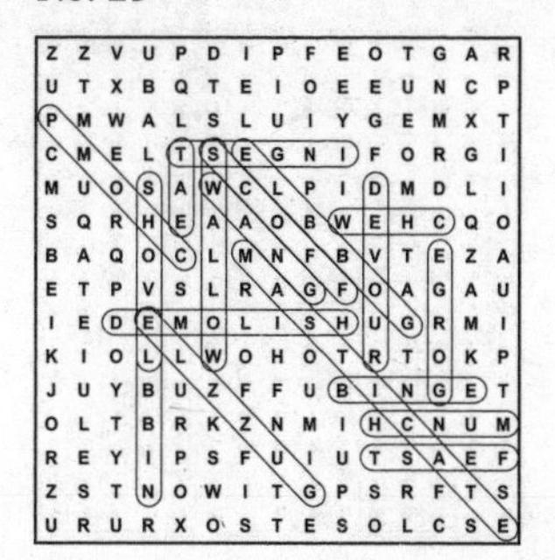

*No. 20*

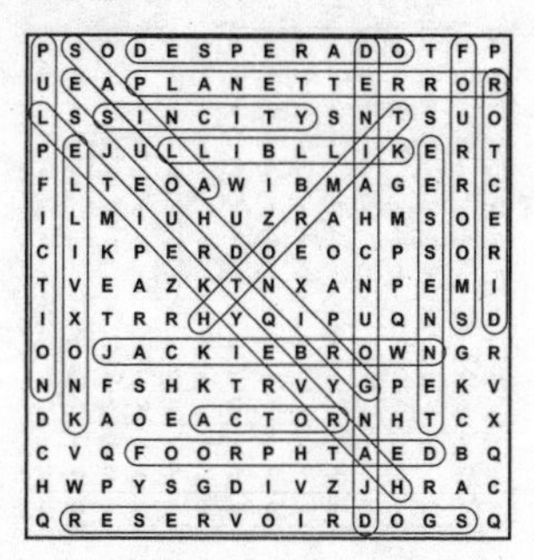

*No. 21*

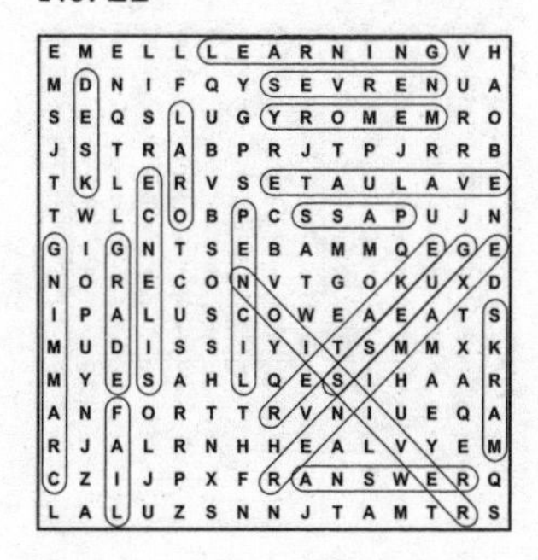

*No. 22*

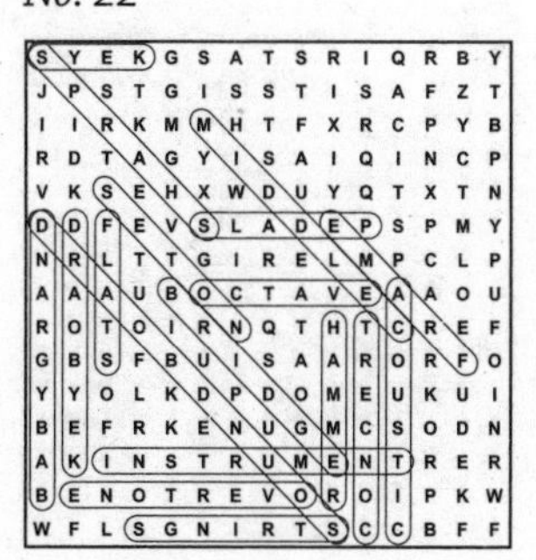

*No. 23*

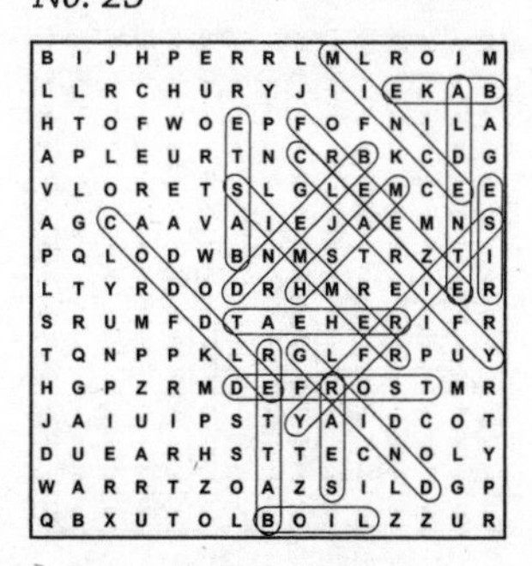

*No. 24*

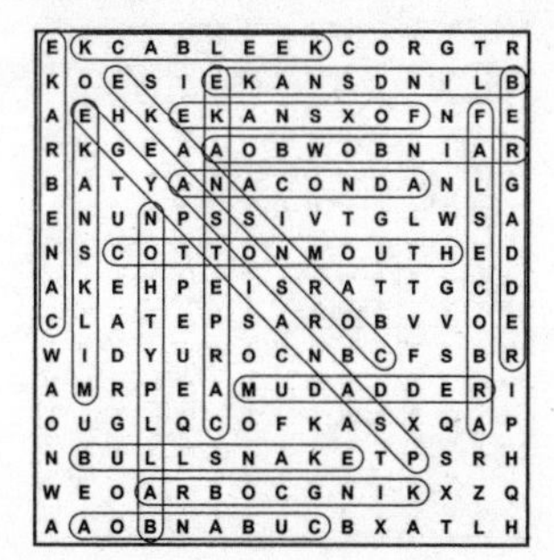

No. 25

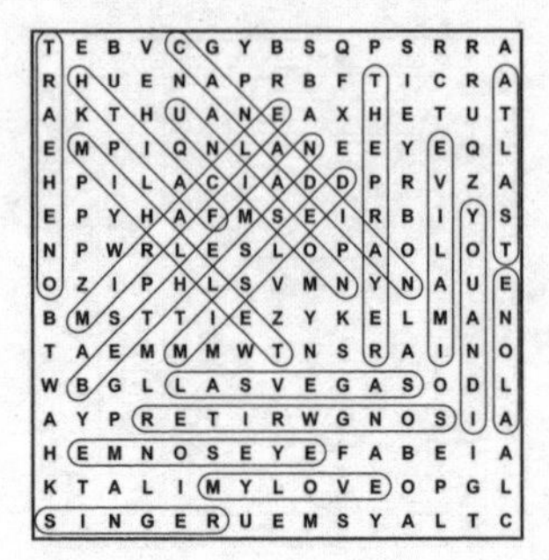

No. 26

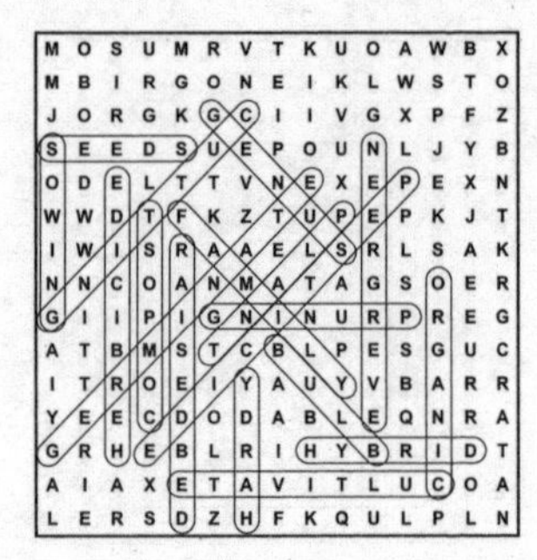

No. 27

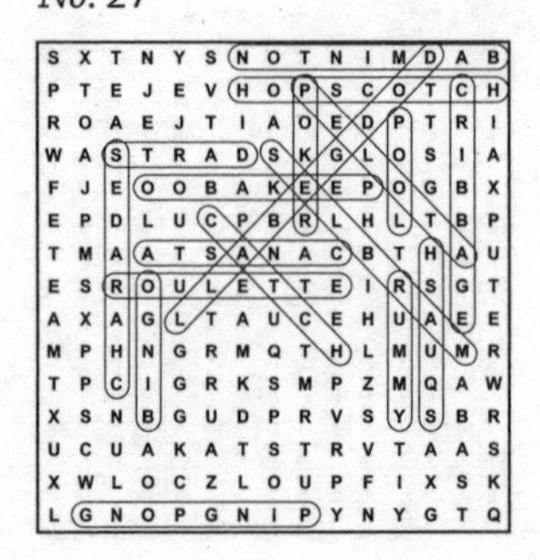

No. 28

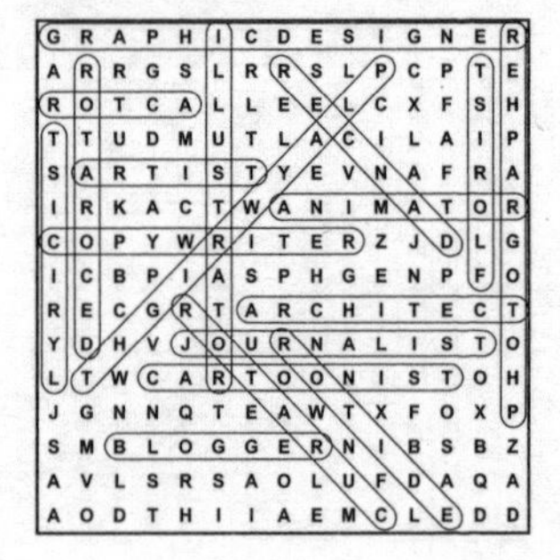

No. 29

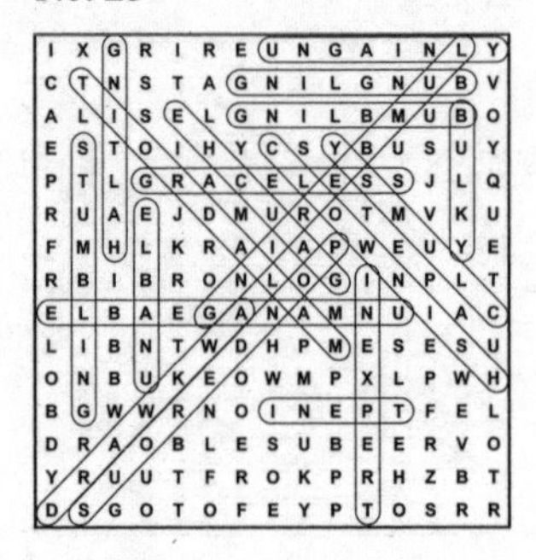

No. 30

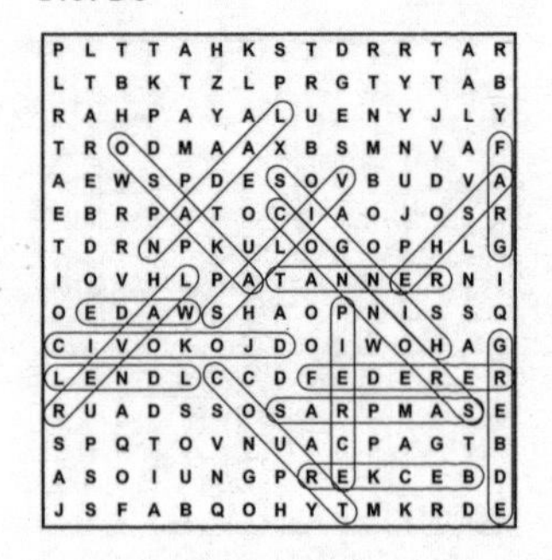

## No. 31

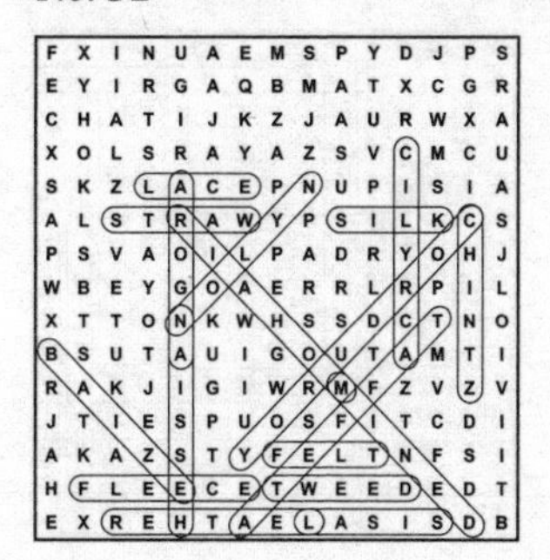

## No. 32

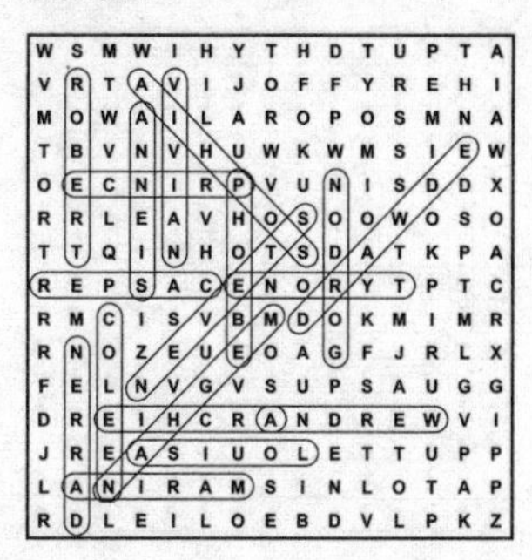

## No. 33

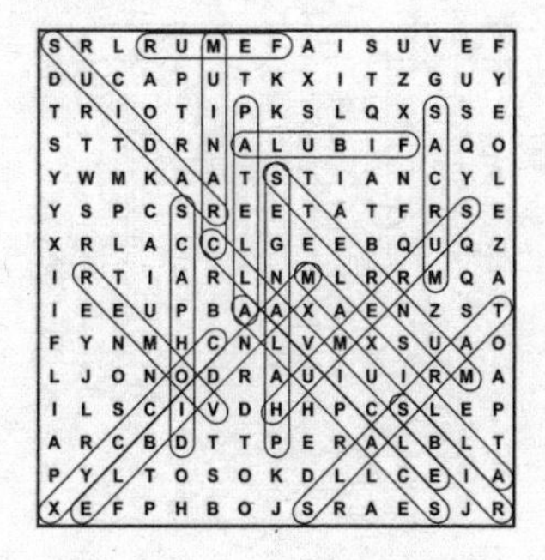

## No. 34

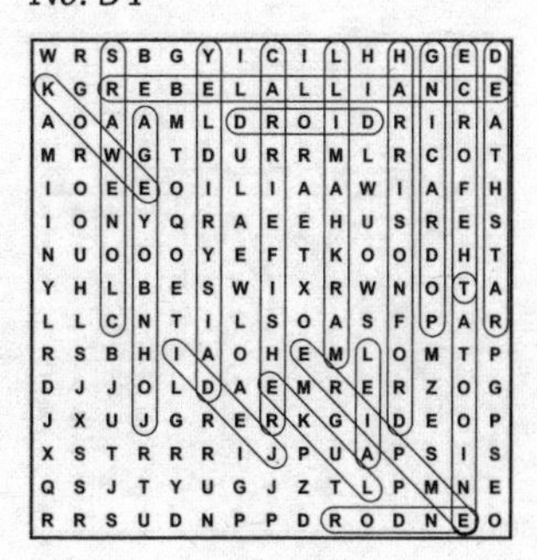

## No. 35

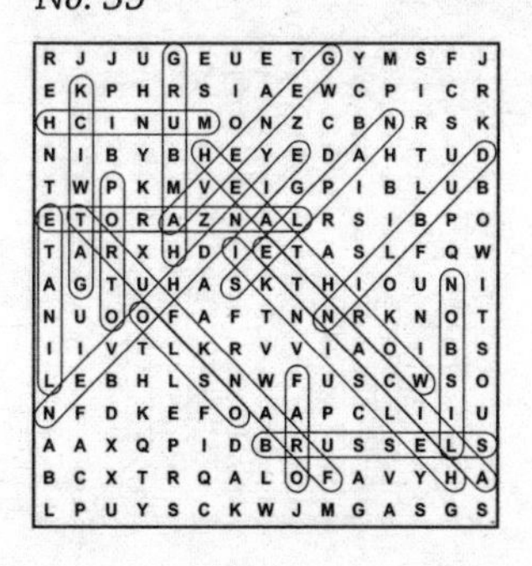

## No. 36

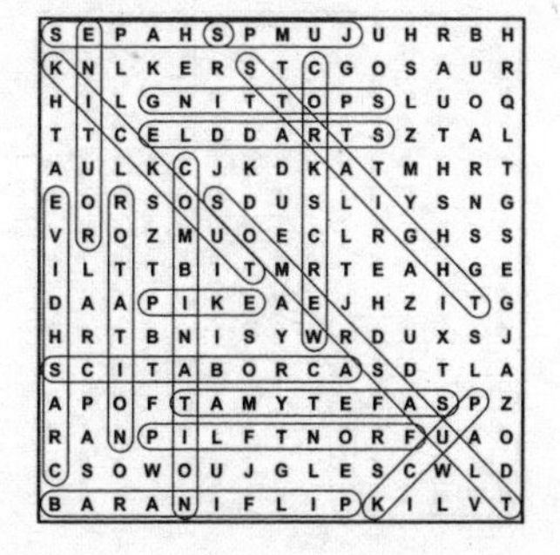

## No. 37

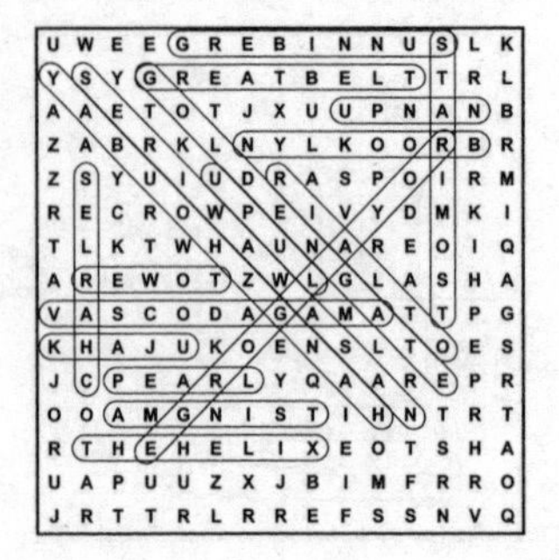

## No. 38

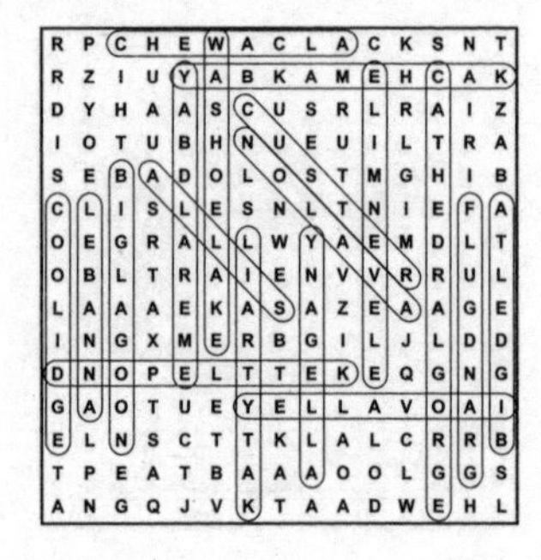

## No. 39

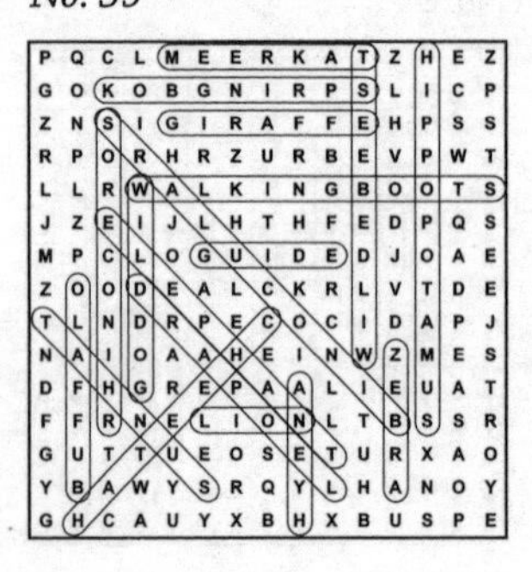

## No. 40

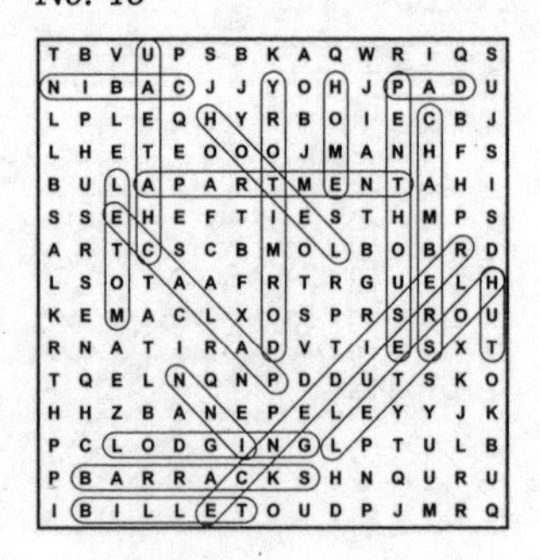

## No. 41

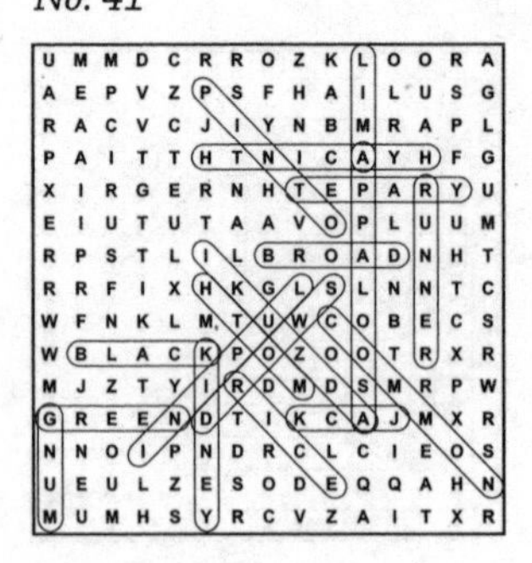

## No. 42

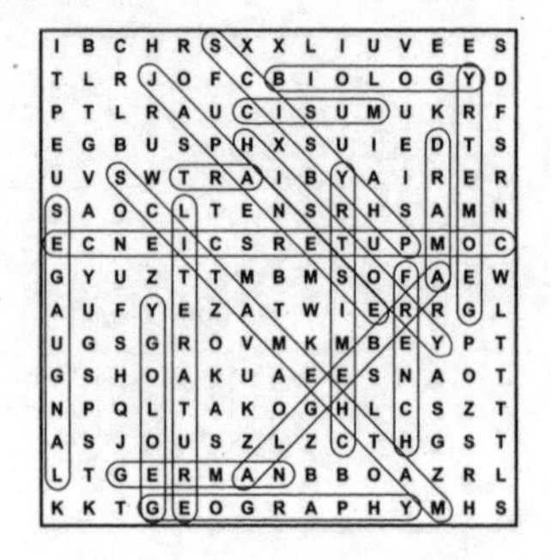

*No. 43*

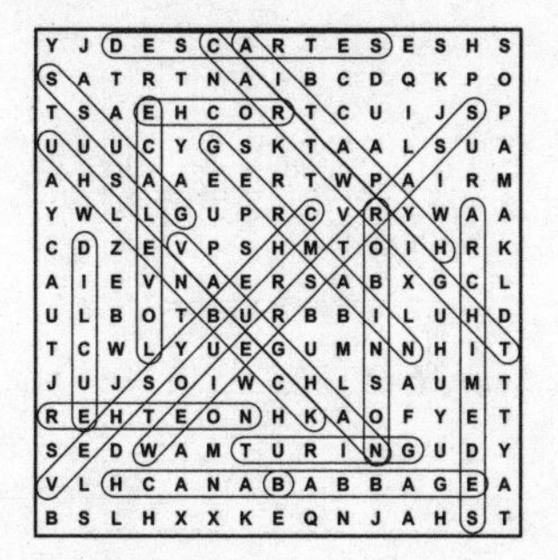

*No. 44*

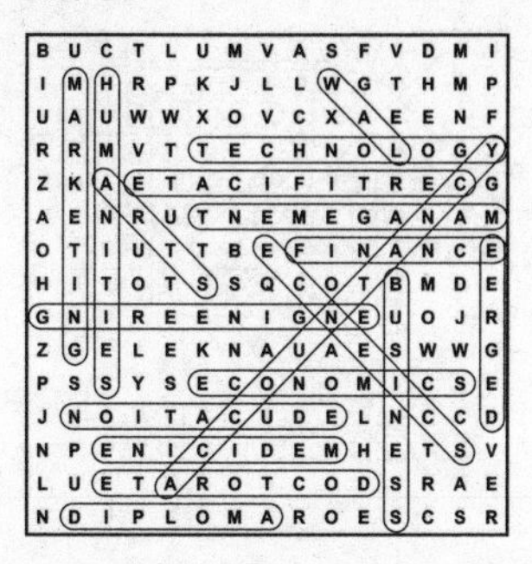

*No. 45*

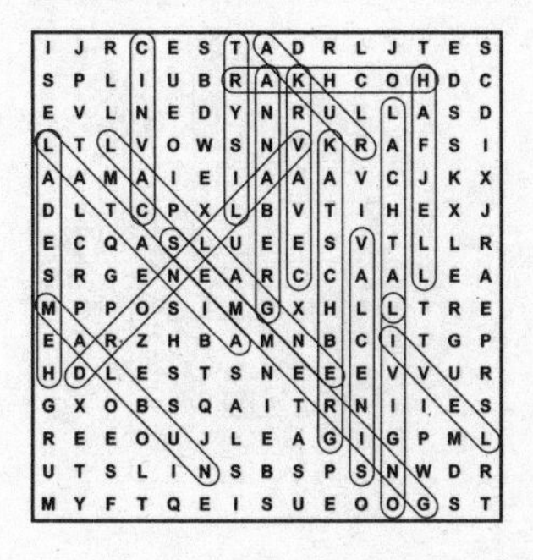

*No. 46*

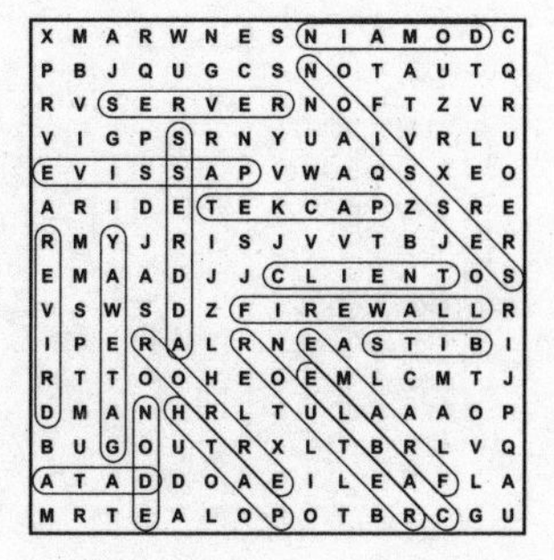

*No. 47*

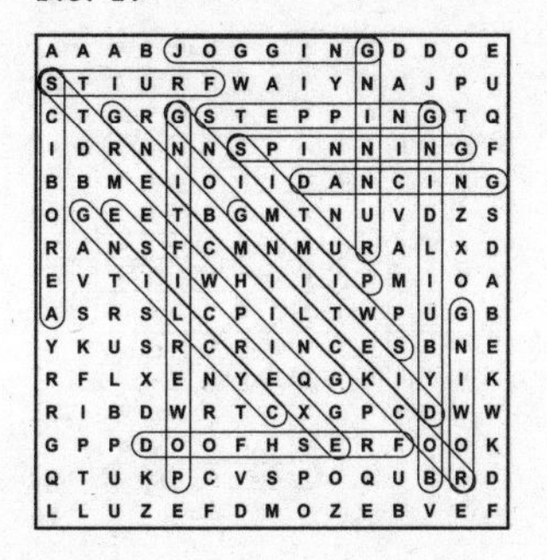

*No. 48*

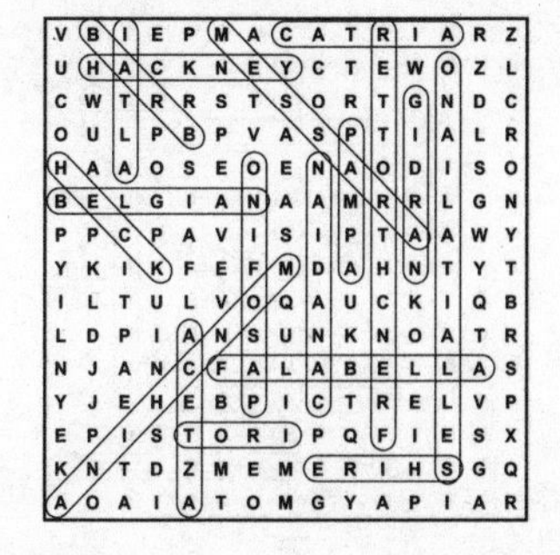

## No. 49

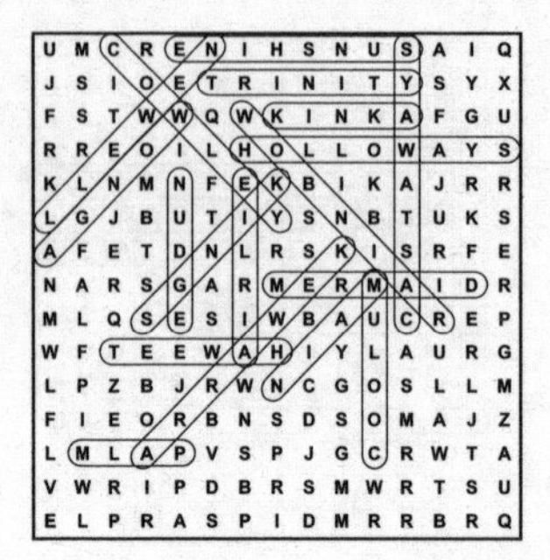

## No. 50

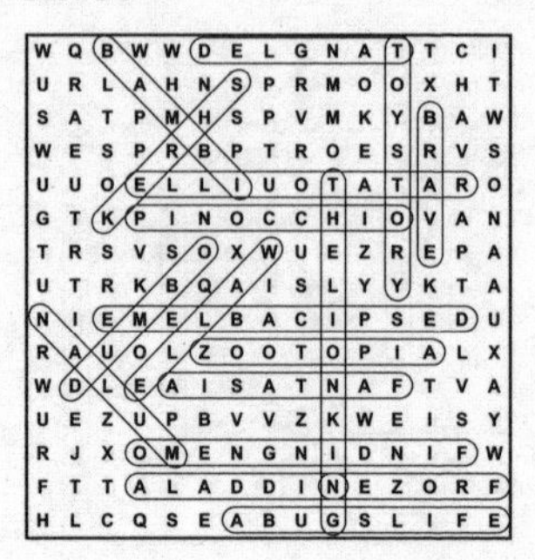

## No. 51

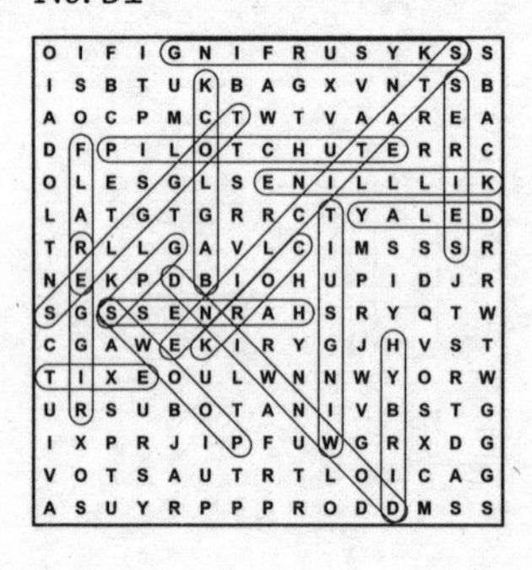

## No. 52

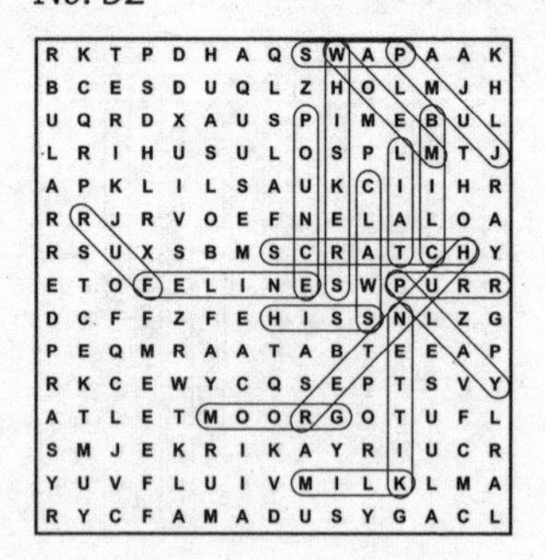

## No. 53

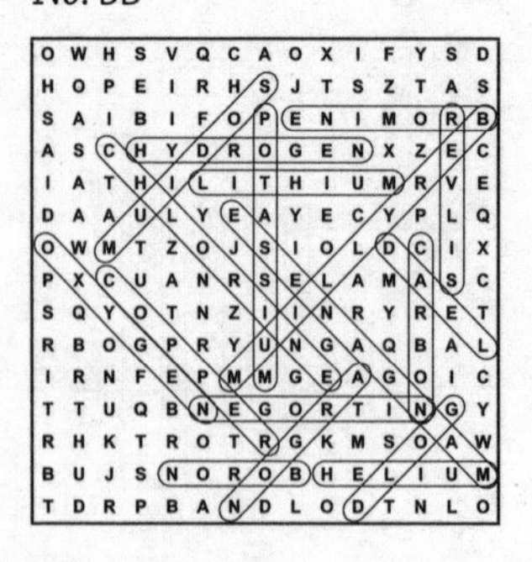

## No. 54

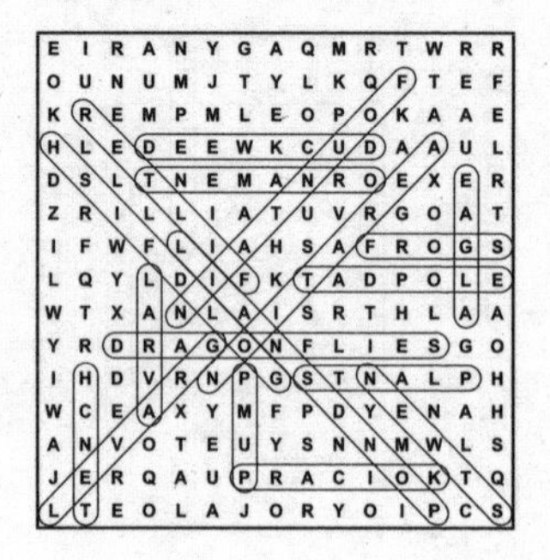

## No. 55

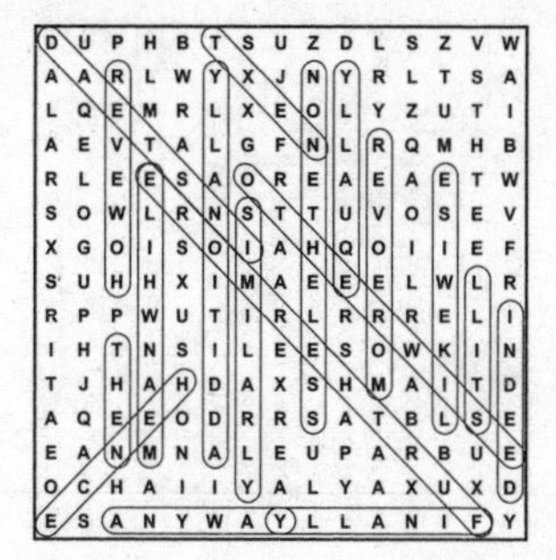

## No. 56

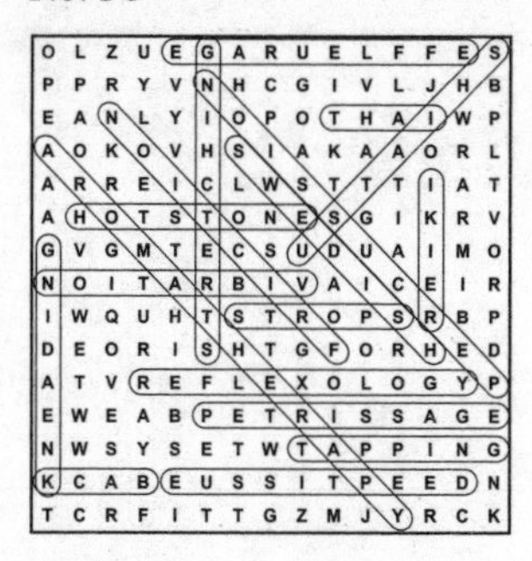

## No. 57

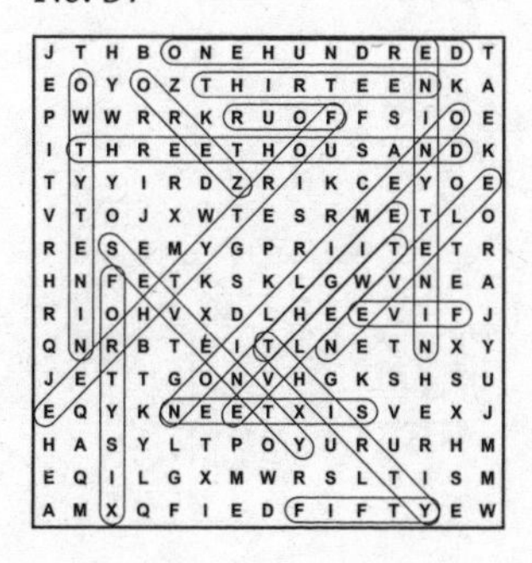

## No. 58

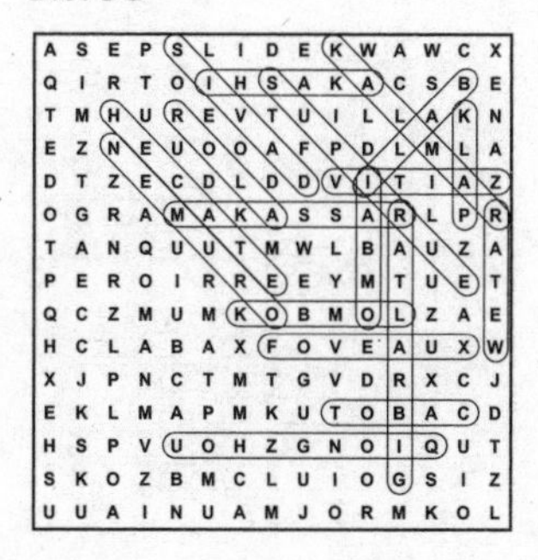

## No. 59

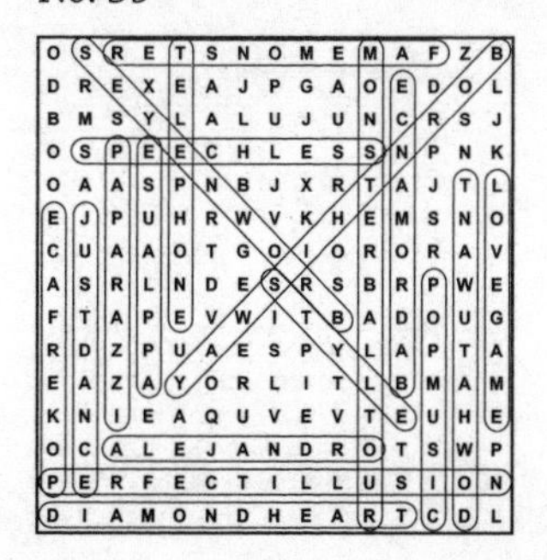

## No. 60

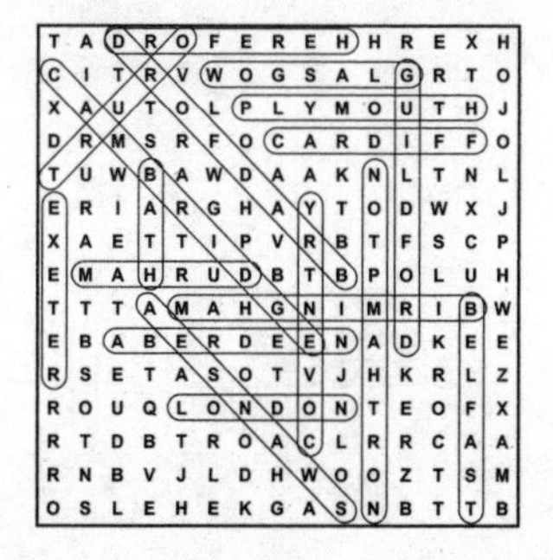

## No. 61

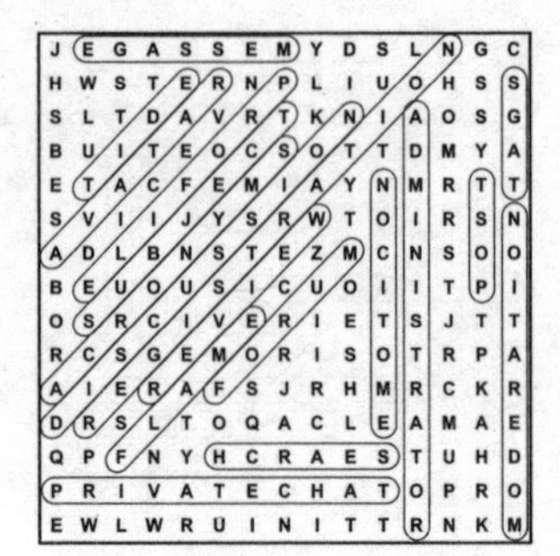


## No. 62

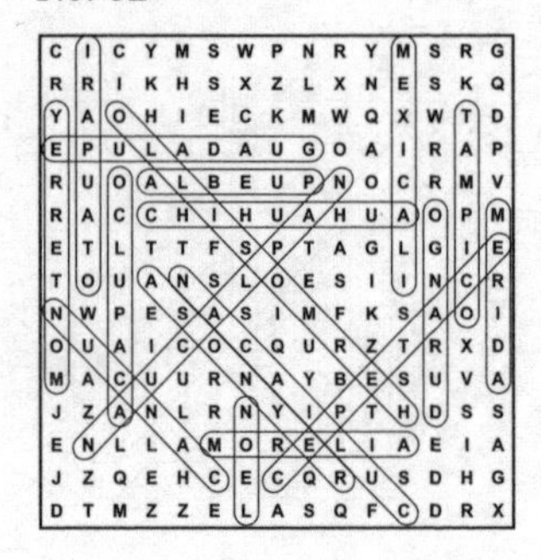


## No. 63

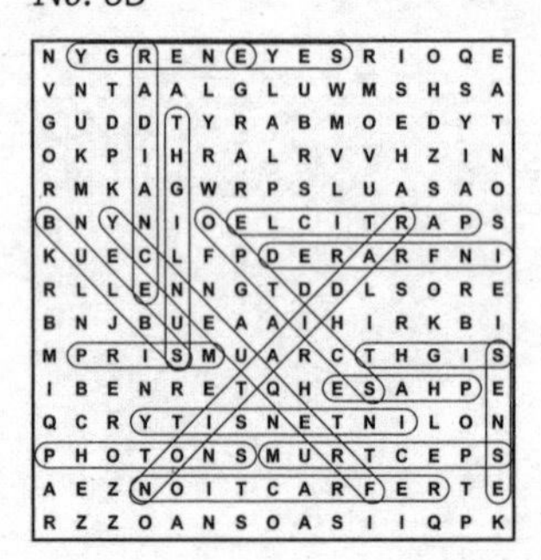


## No. 64

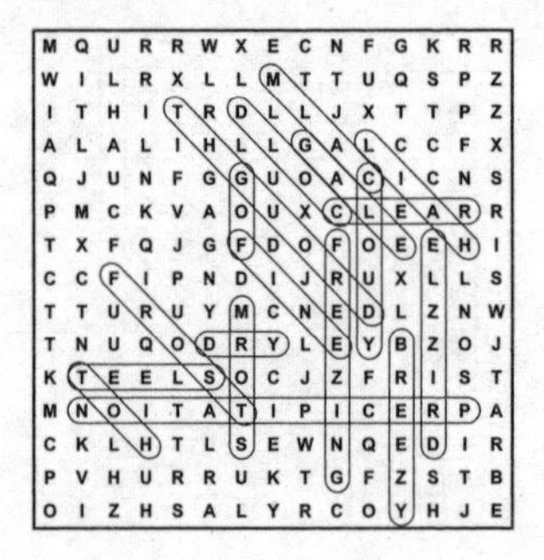


## No. 65

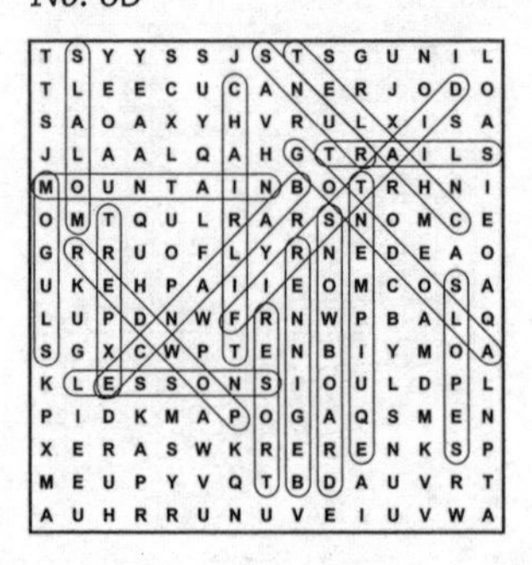


## No. 66

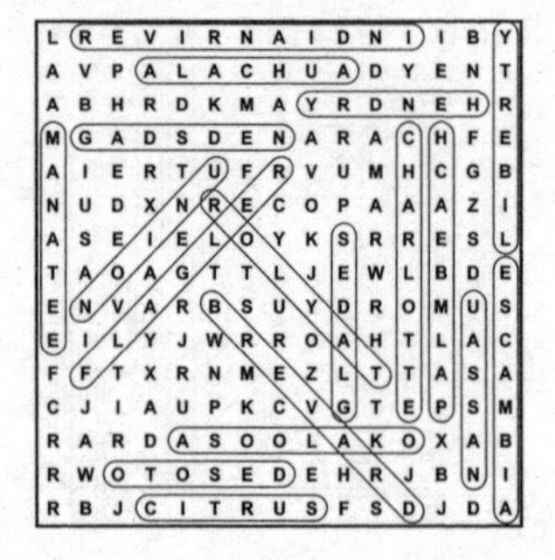

## No. 67

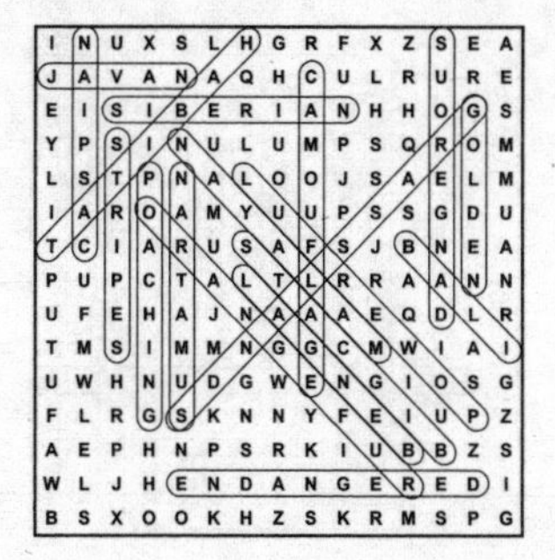

## No. 68

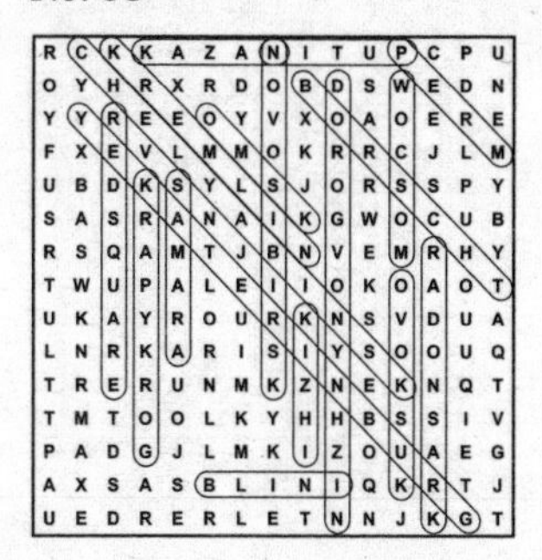

## No. 69

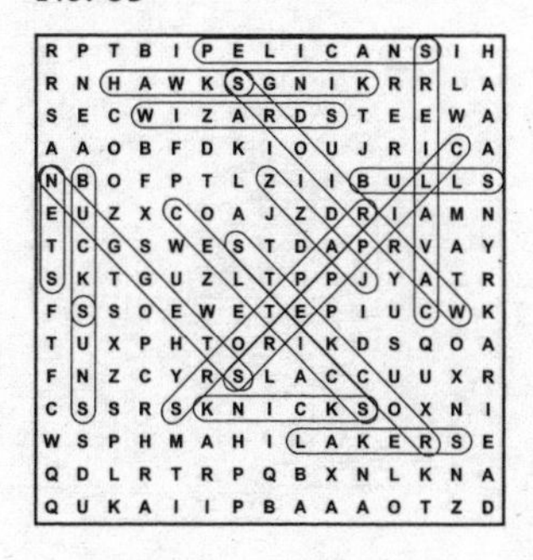

## No. 70

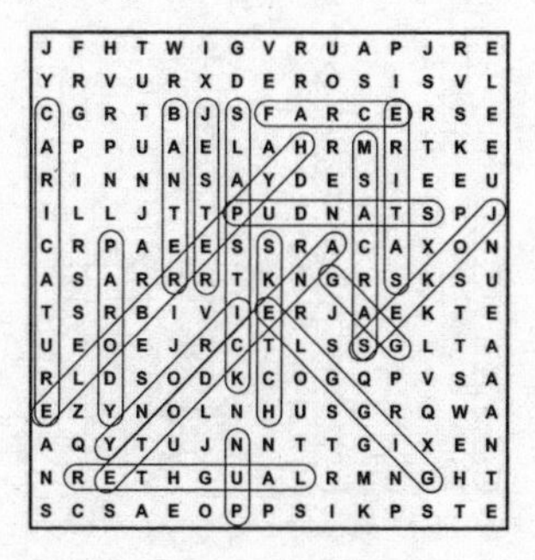

## No. 71

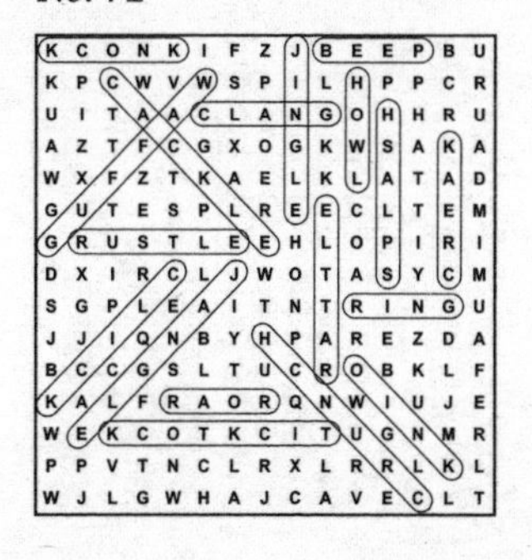

## No. 72

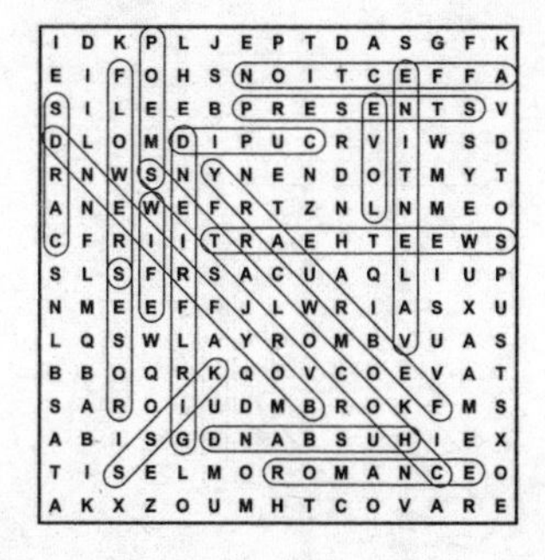

*No. 73*

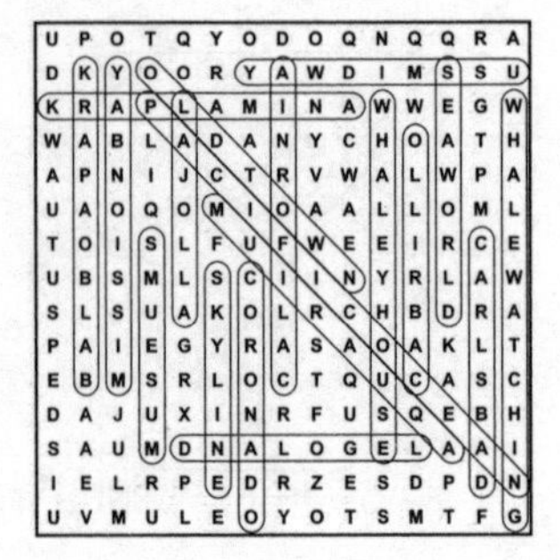

*No. 74*

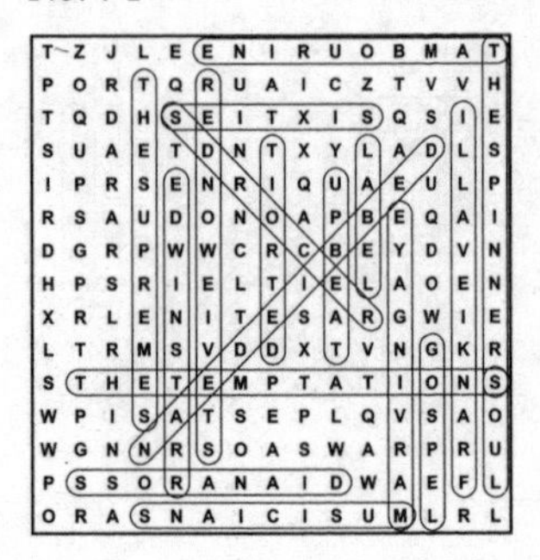

*No. 75*

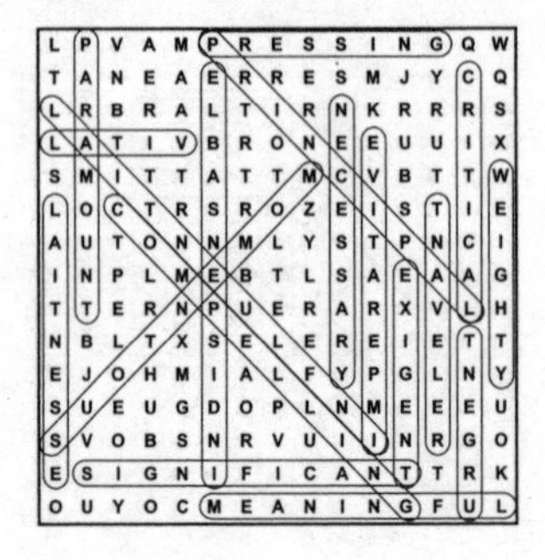

*No. 76*

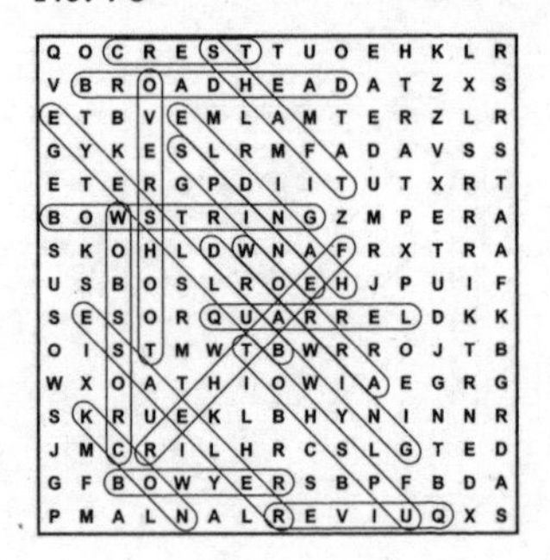

*No. 77*

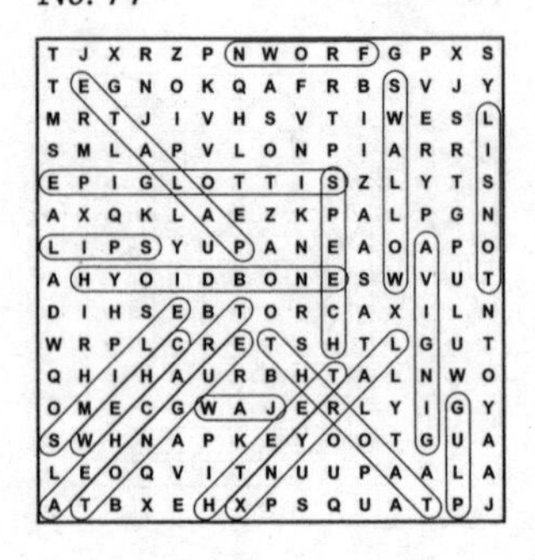

*No. 78*

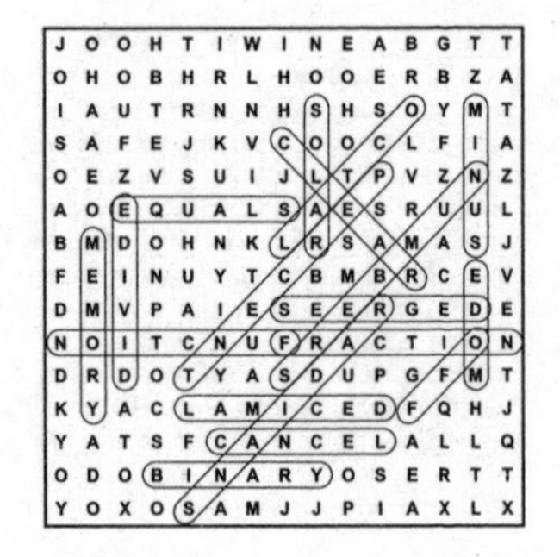

*No. 79*

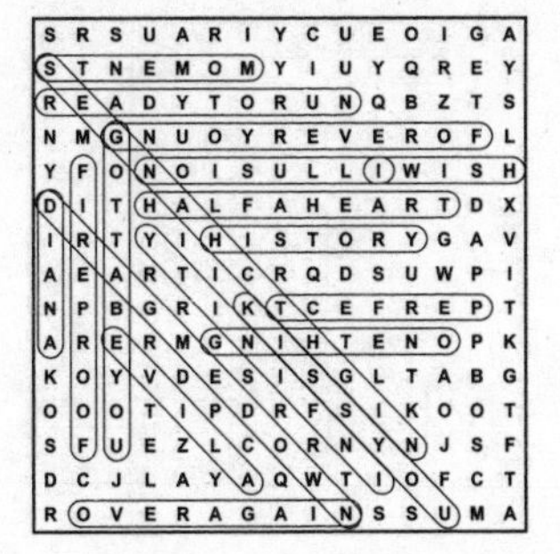

*No. 80*

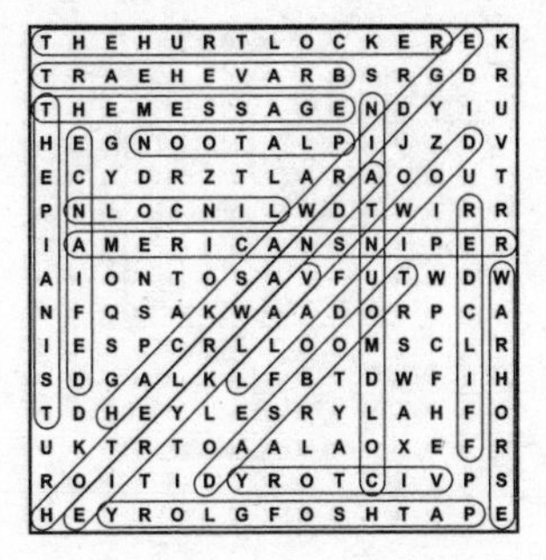

*No. 81*

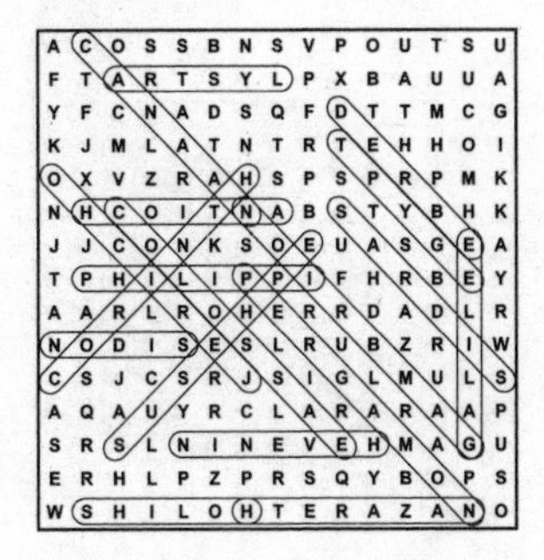

*No. 82*

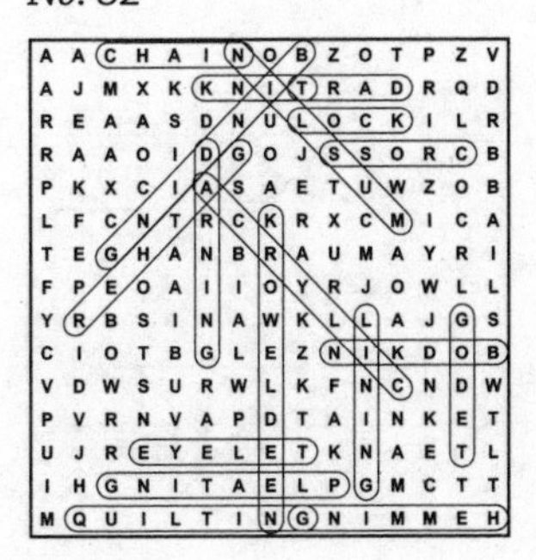

*No. 83*

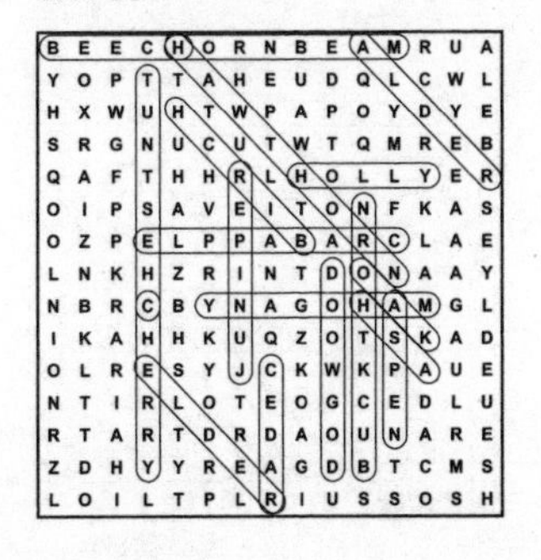

*No. 84*

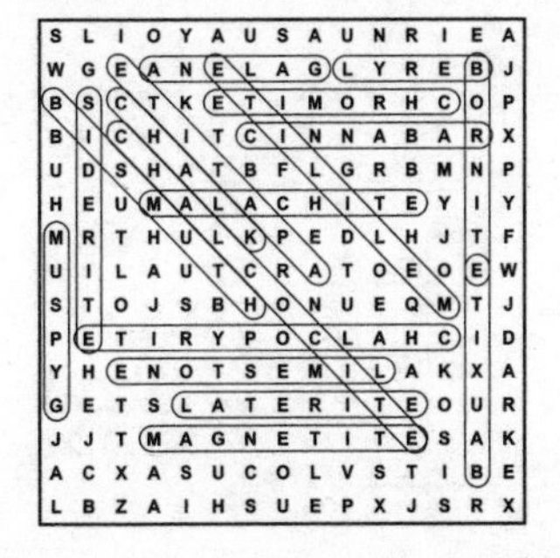

## No. 85

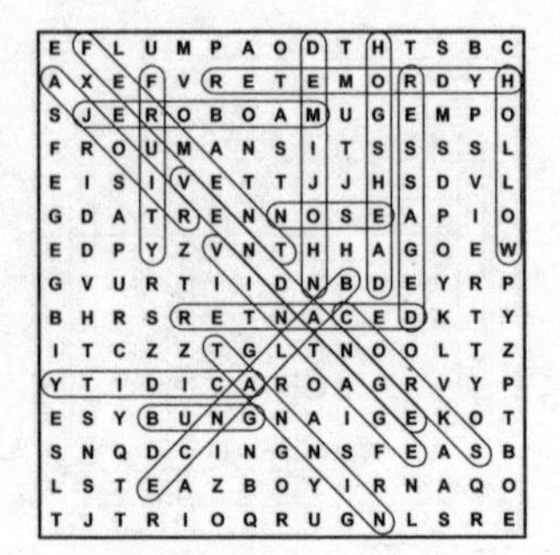

## No. 86

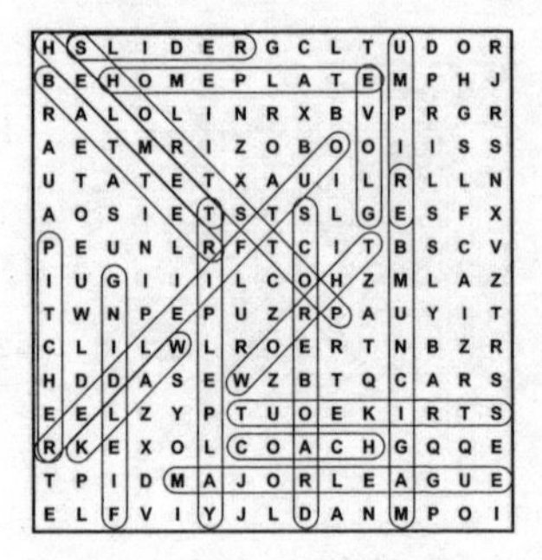

## No. 87

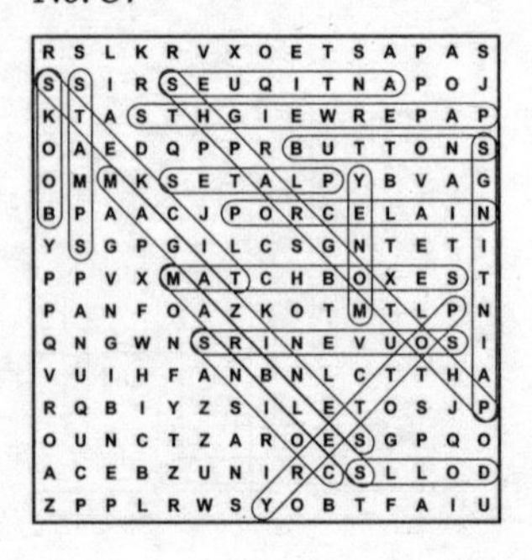

## No. 88

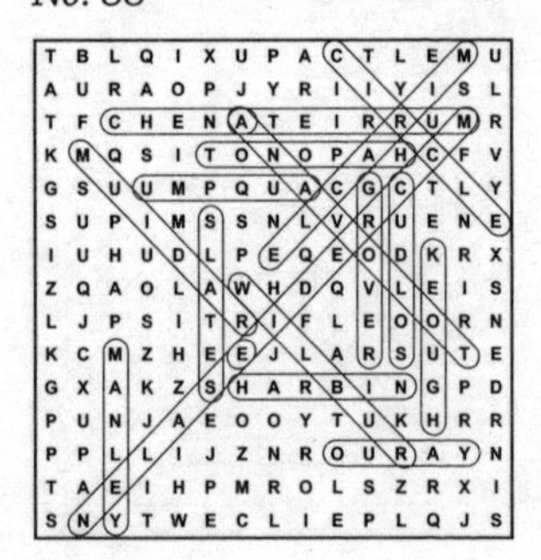

## No. 89

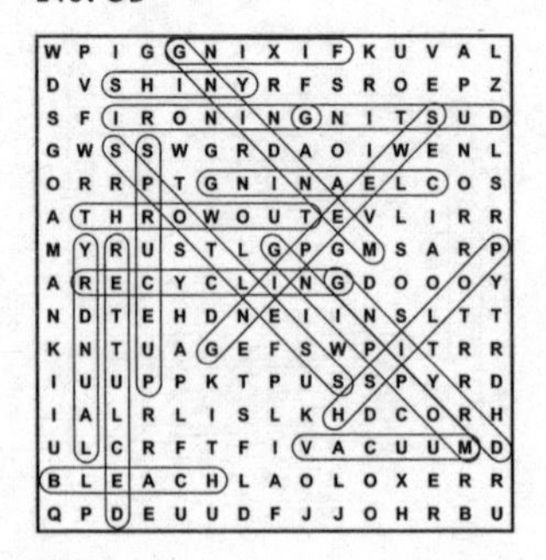

## No. 90

## No. 91

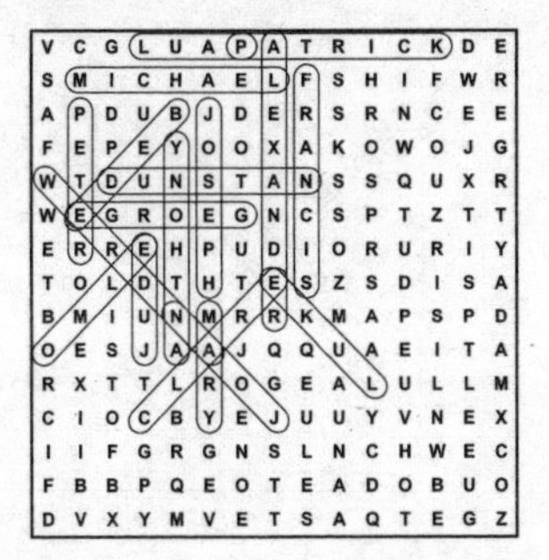

## No. 92

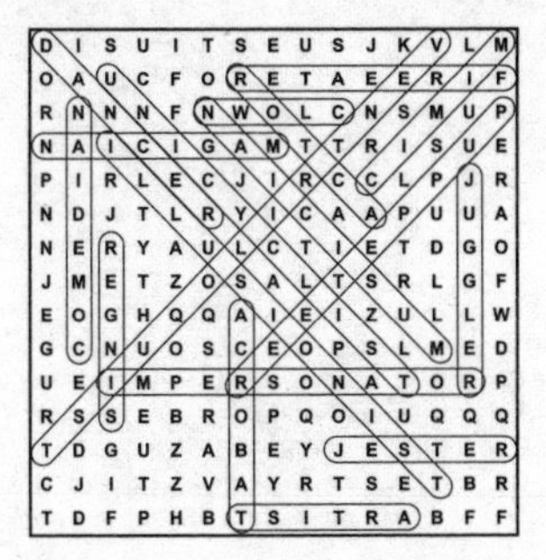

## No. 93

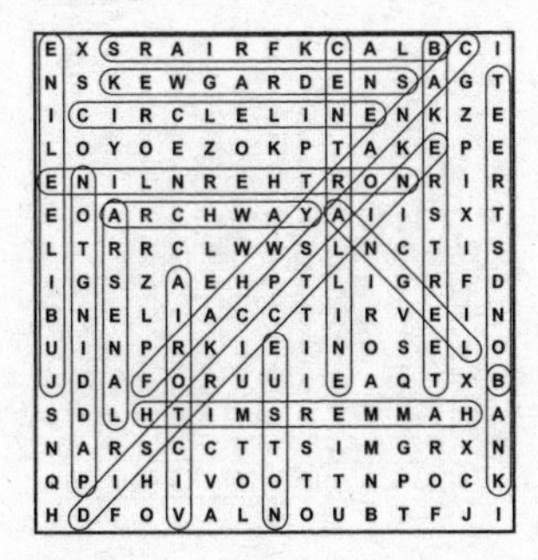

## No. 94

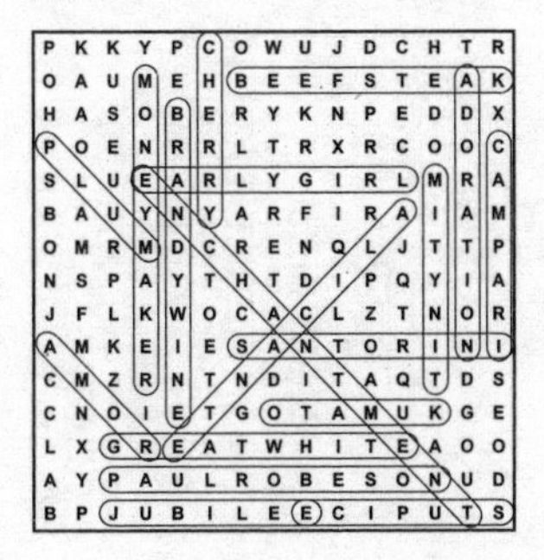

## No. 95

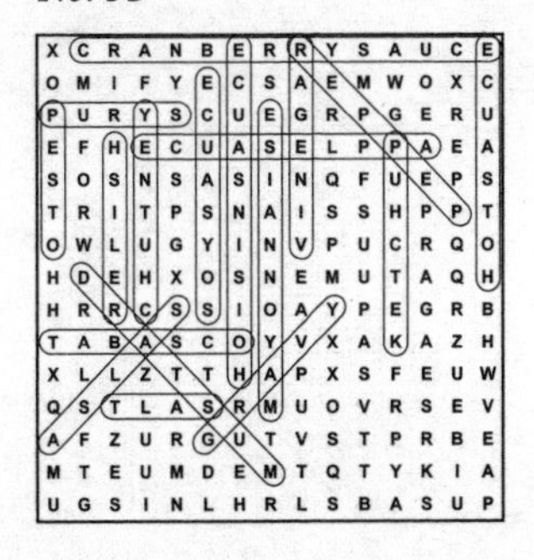

## No. 96

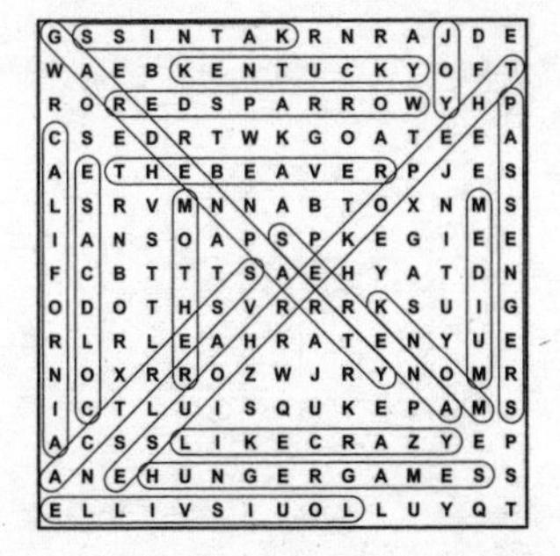

*No. 97*

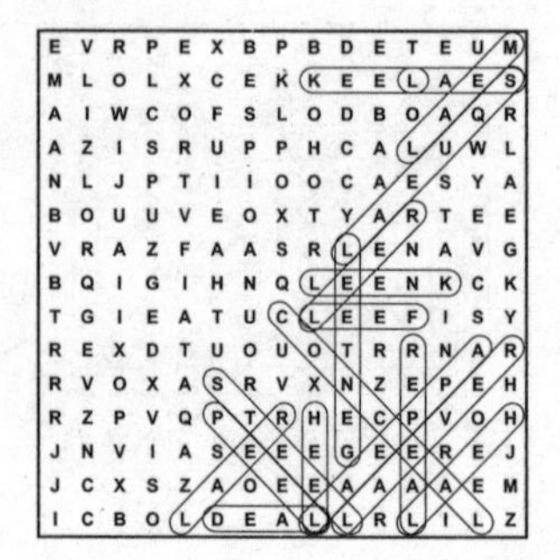

*No. 98*

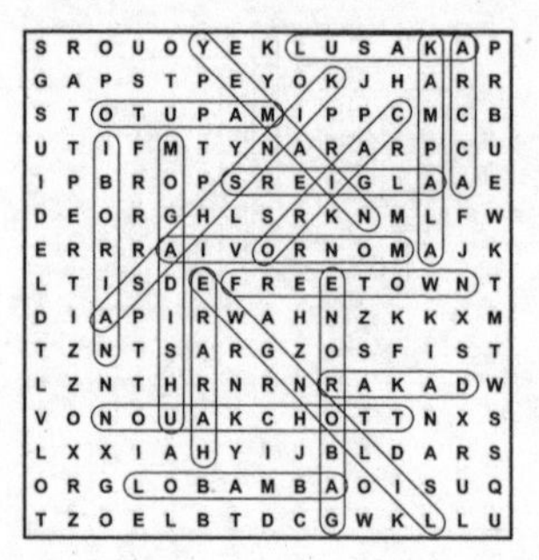

*No. 99*

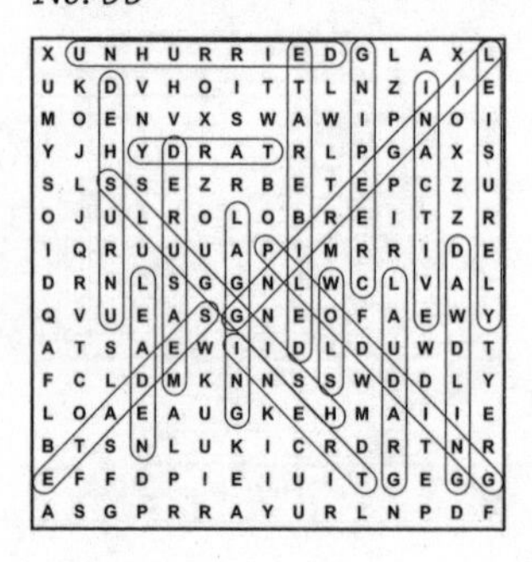

*No. 100*

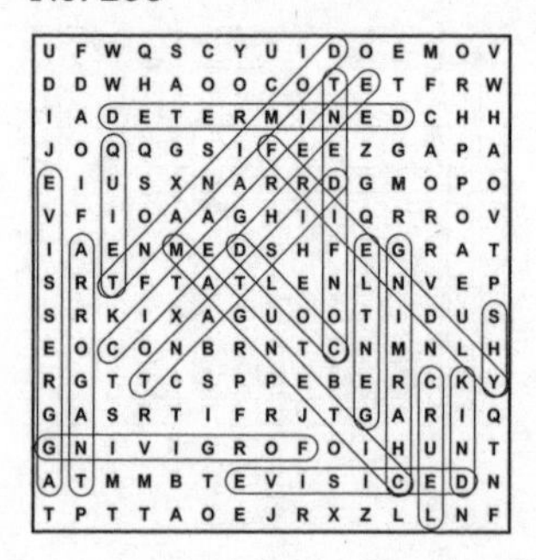

*No. 101*

*No. 102*

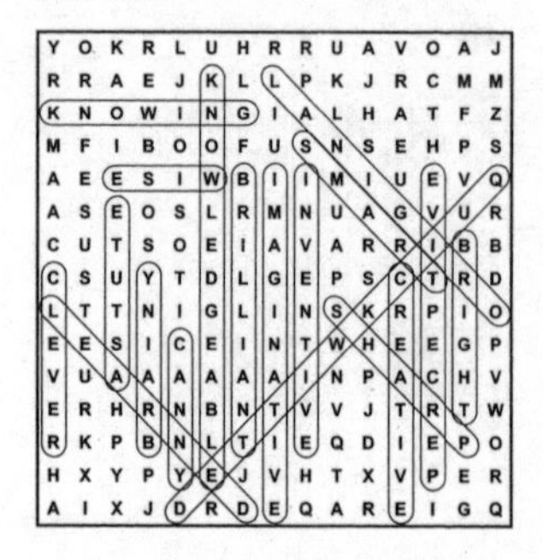

No. 103

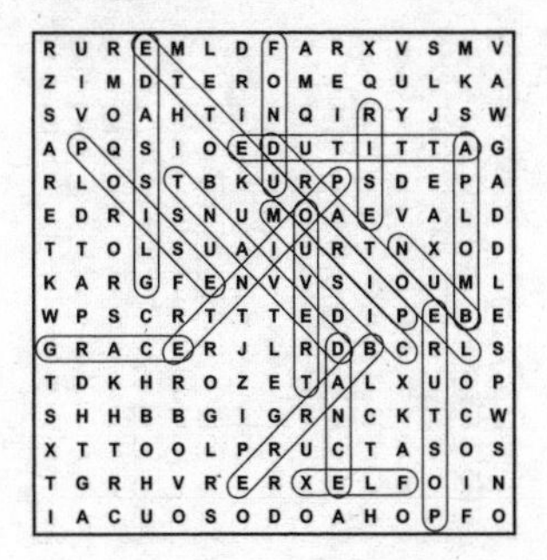

No. 104

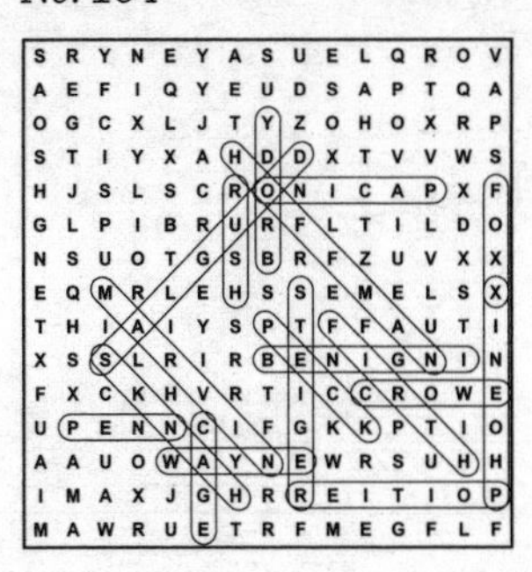

No. 105

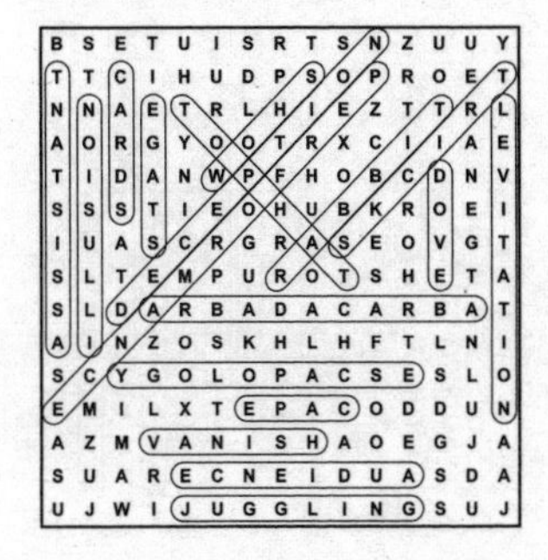

No. 106

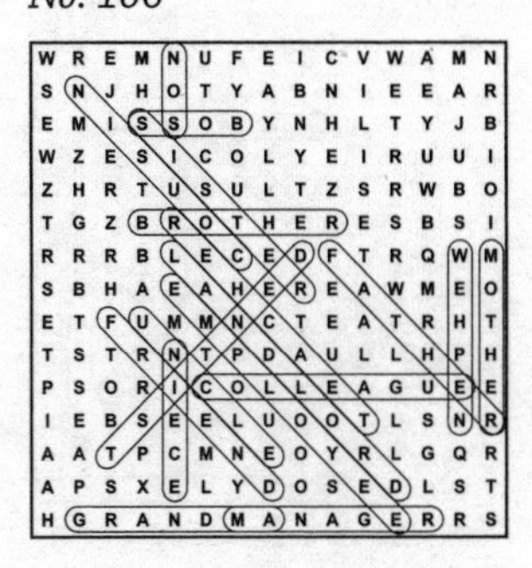

No. 107

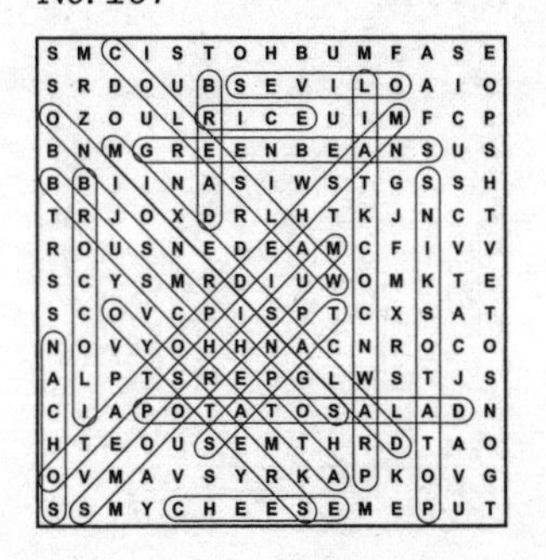

No. 108

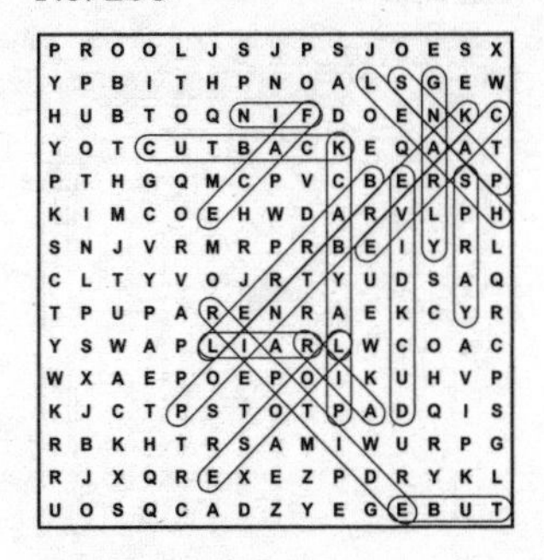

## No. 109

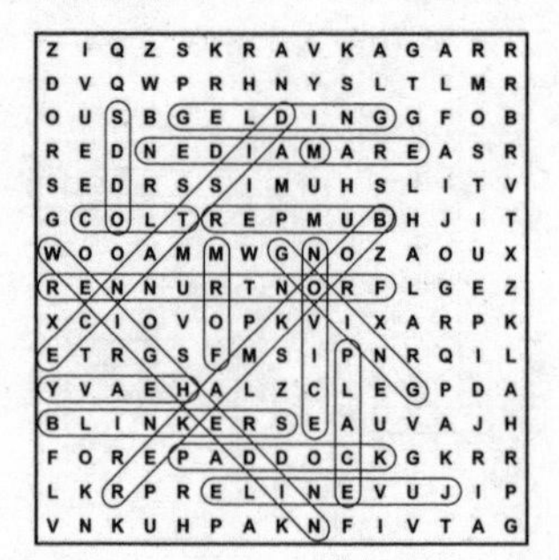

## No. 110

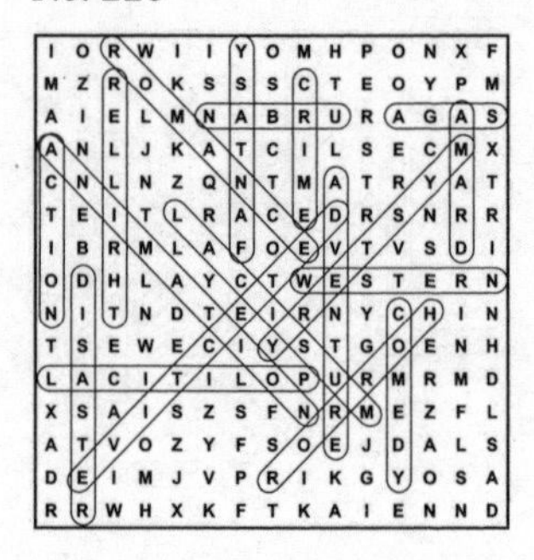

## No. 111

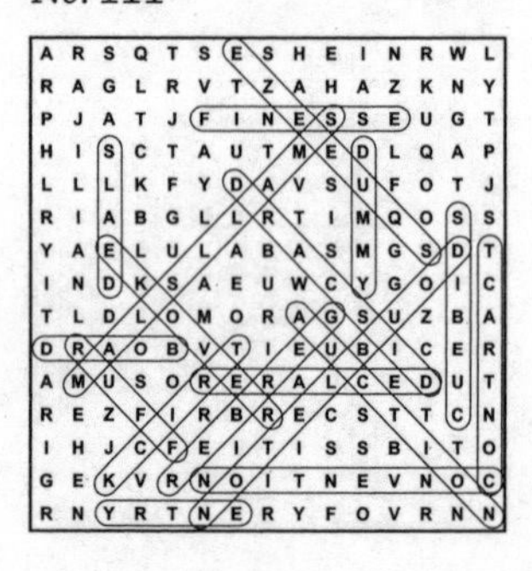

## No. 112

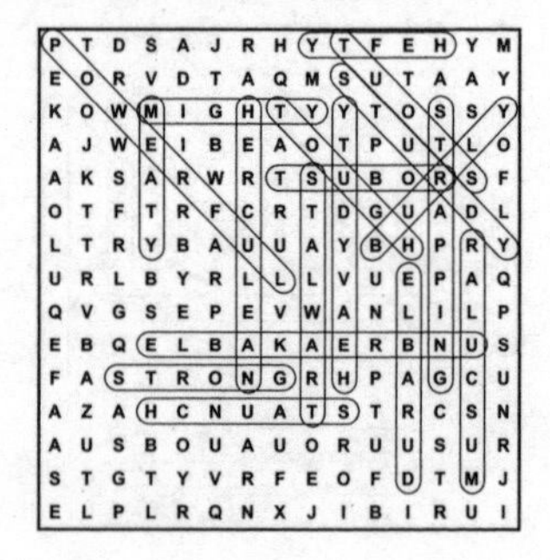

## No. 113

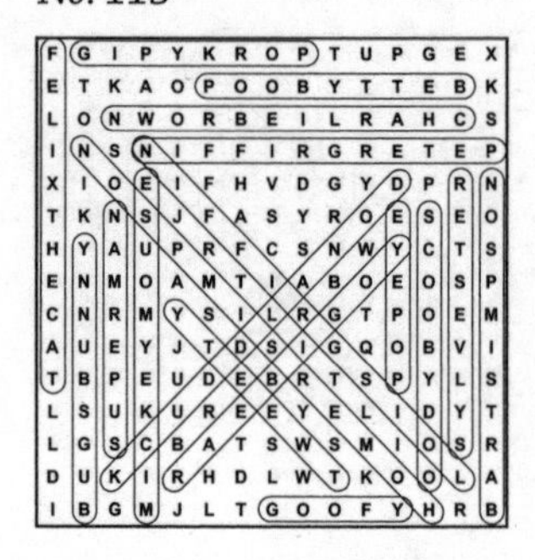

## No. 114

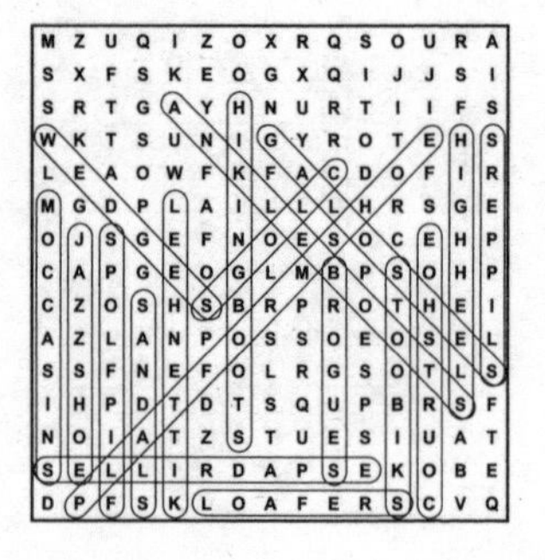

## No. 115

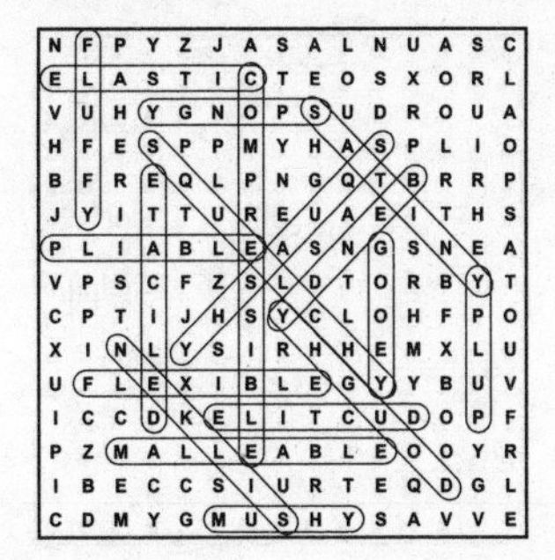

## No. 116

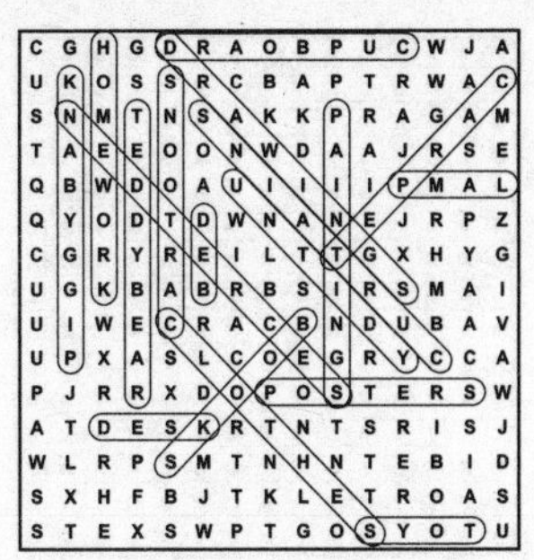

## No. 117

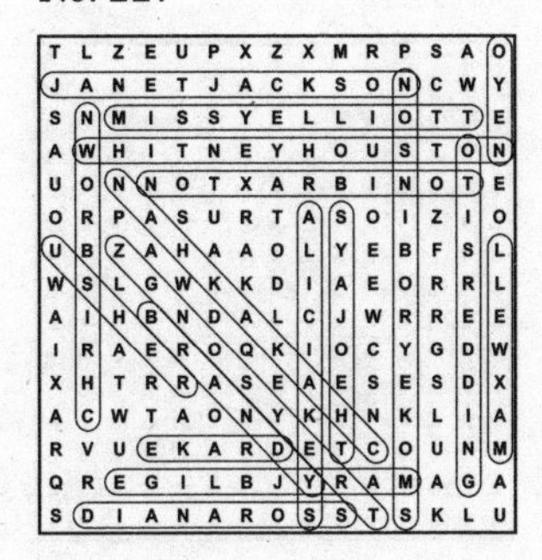

## No. 118

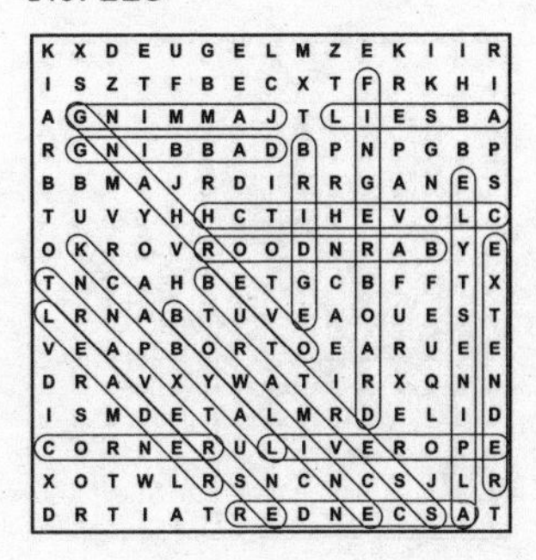

## No. 119

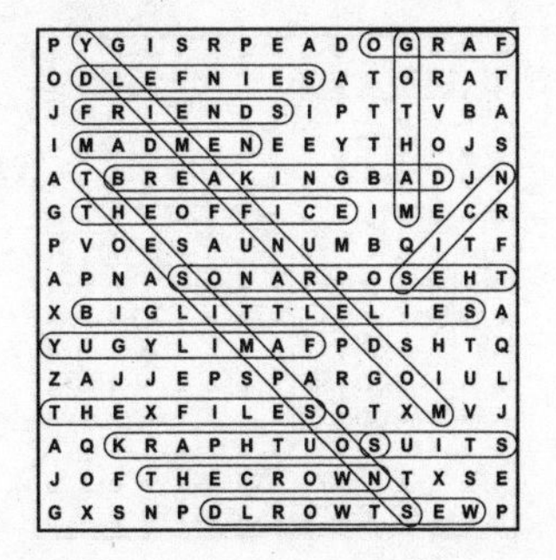

## No. 120

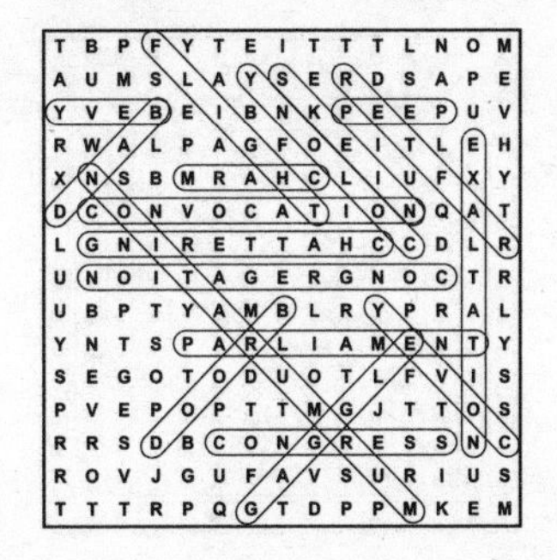

## No. 121

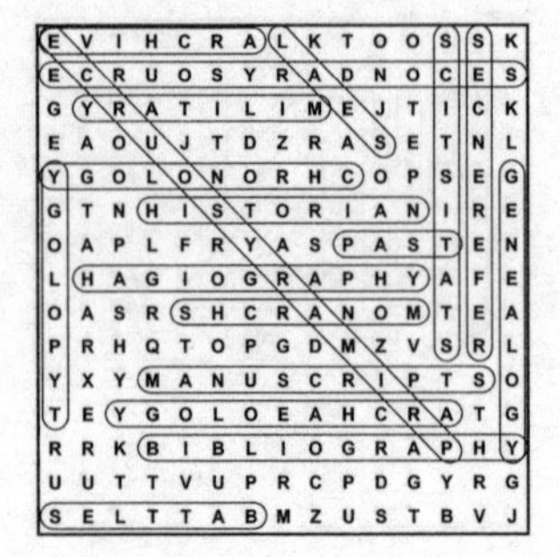

## No. 122

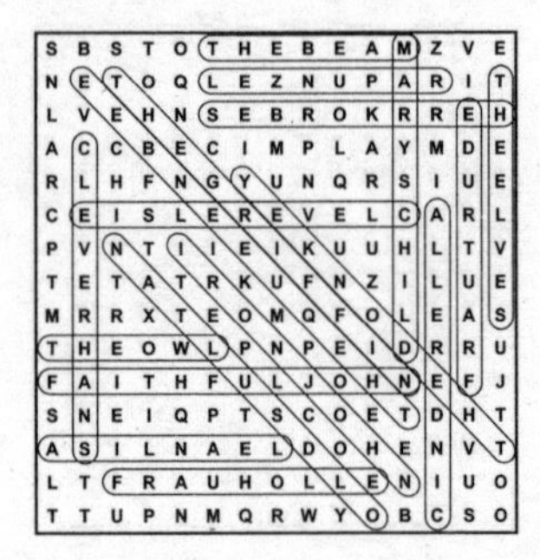

## No. 123

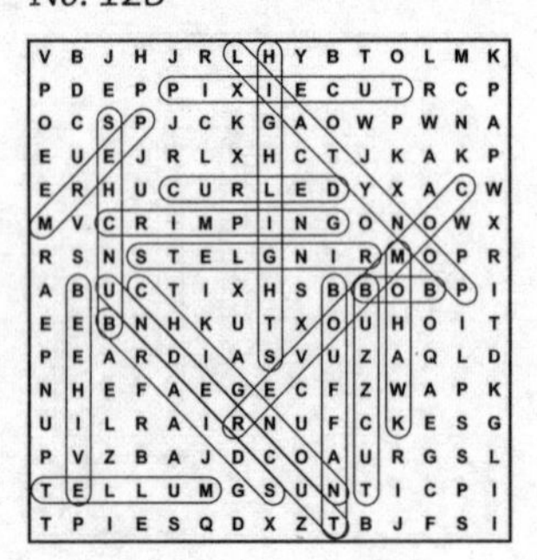

## No. 124

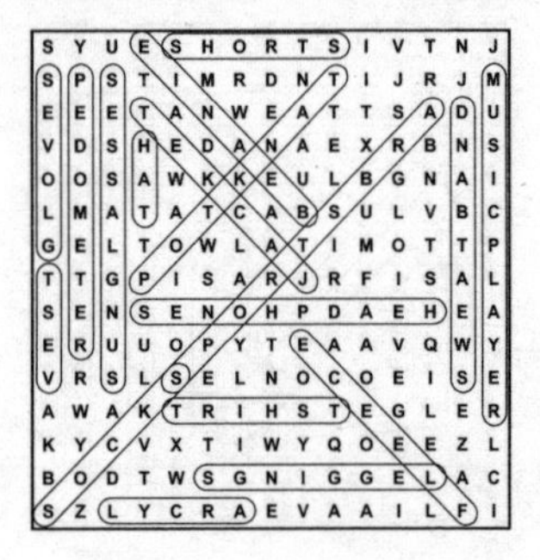

## No. 125

## No. 126

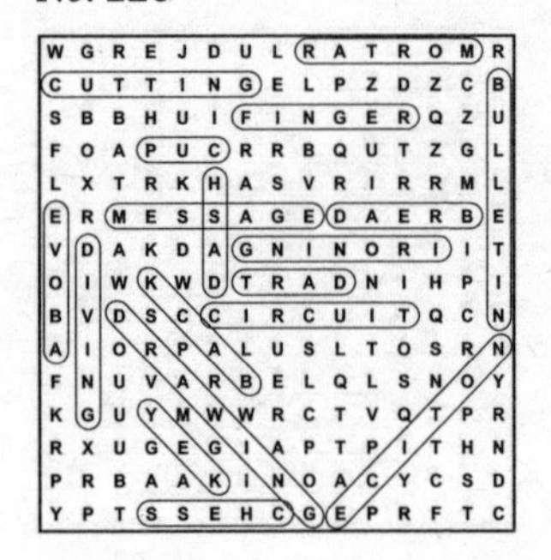

## No. 127

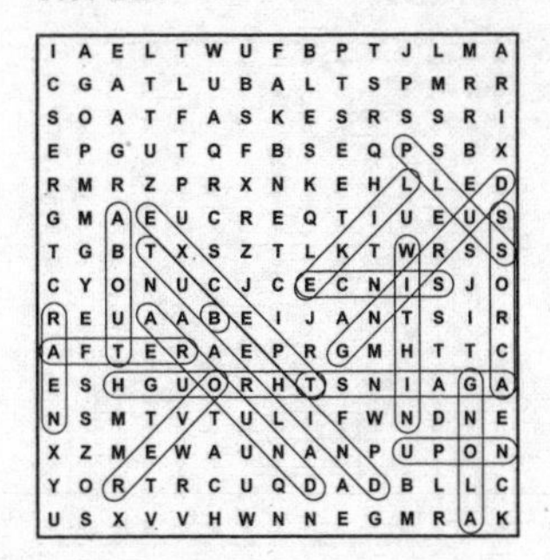


## No. 128

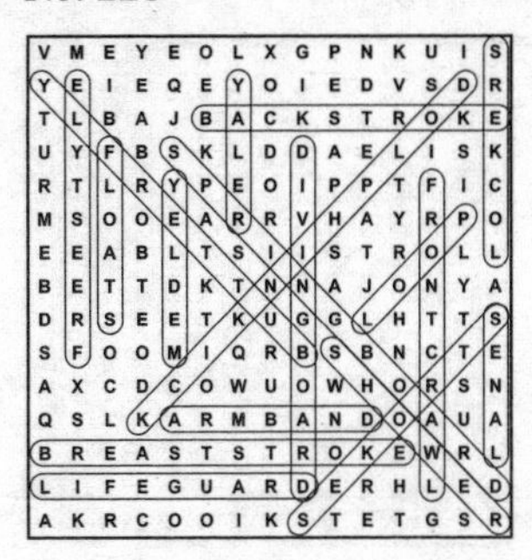


## No. 129

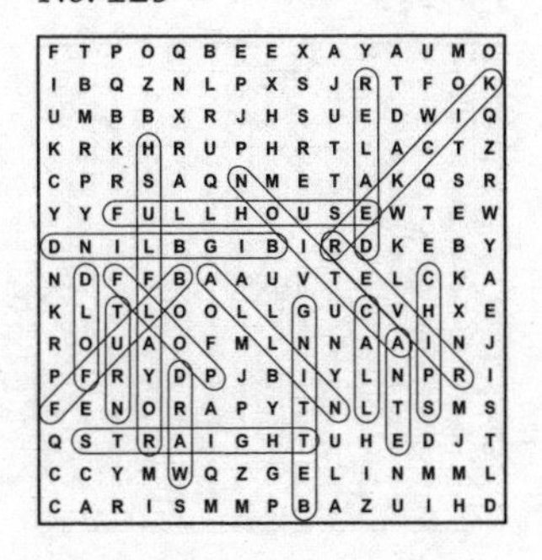


## No. 130

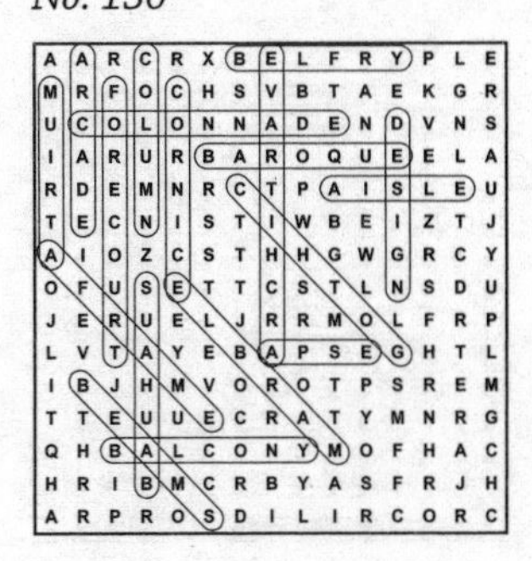


## No. 131

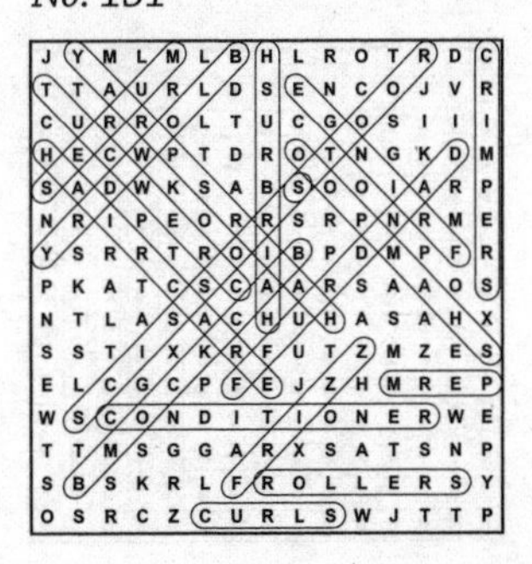


## No. 132

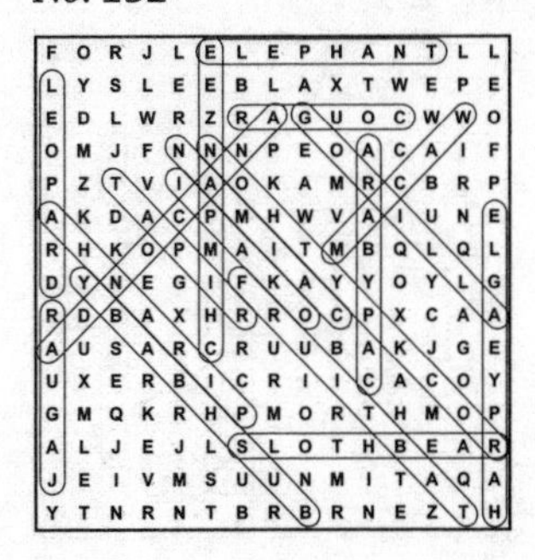

*No. 133*

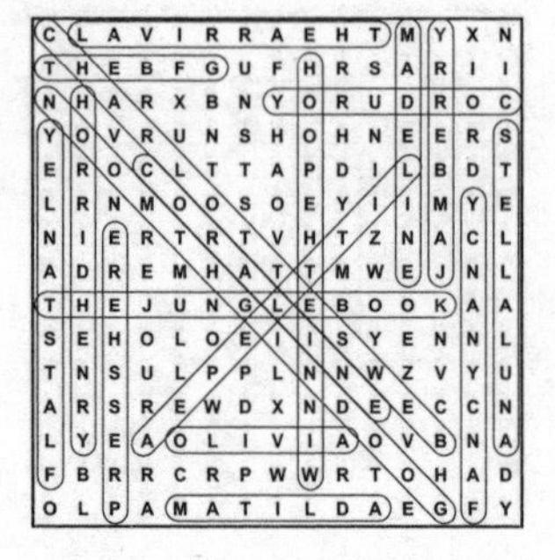

*No. 134*

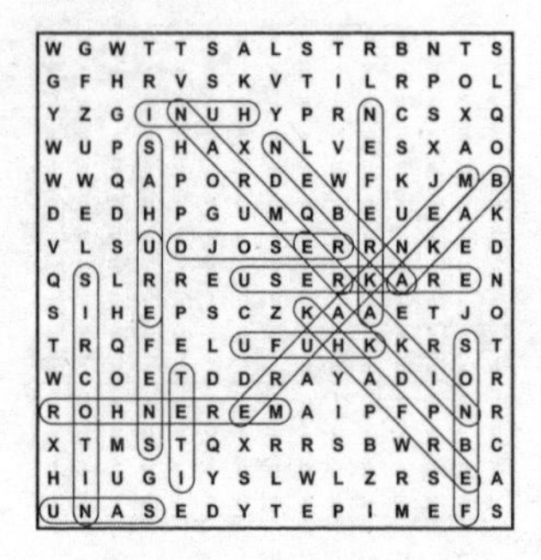

*No. 135*

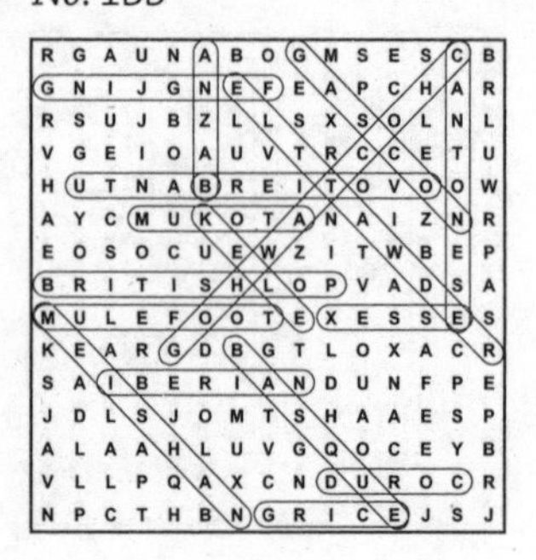

*No. 136*

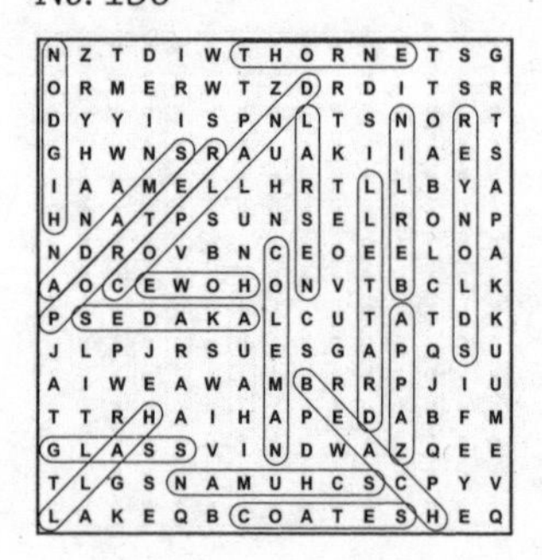

*No. 137*

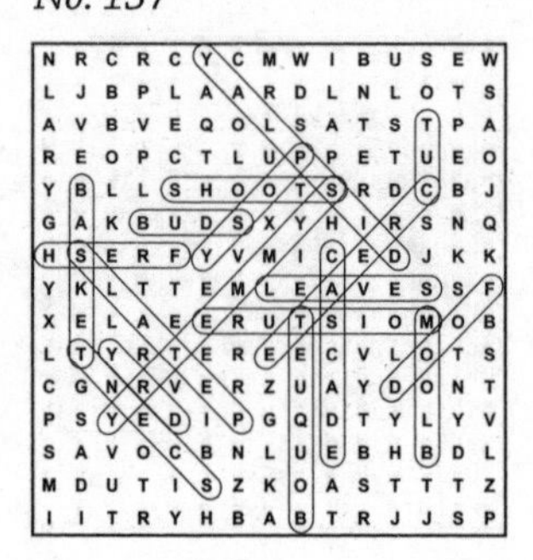

*No. 138*

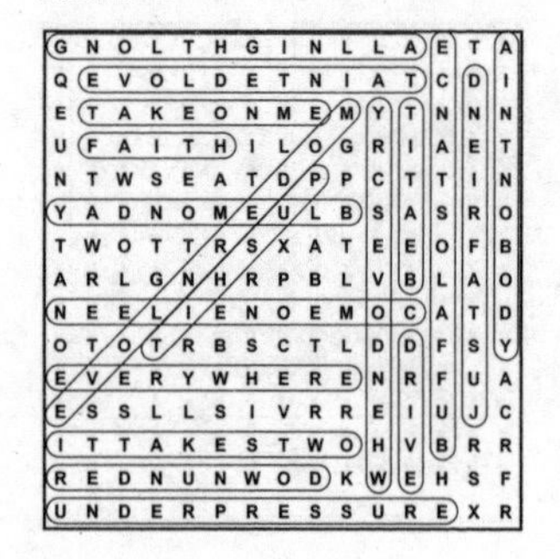

## No. 139

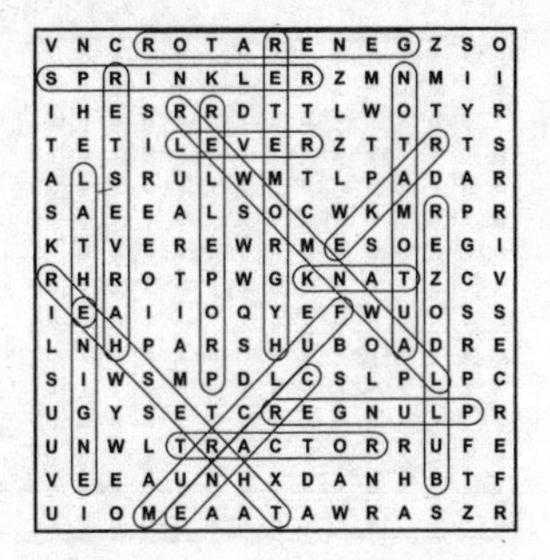

## No. 140

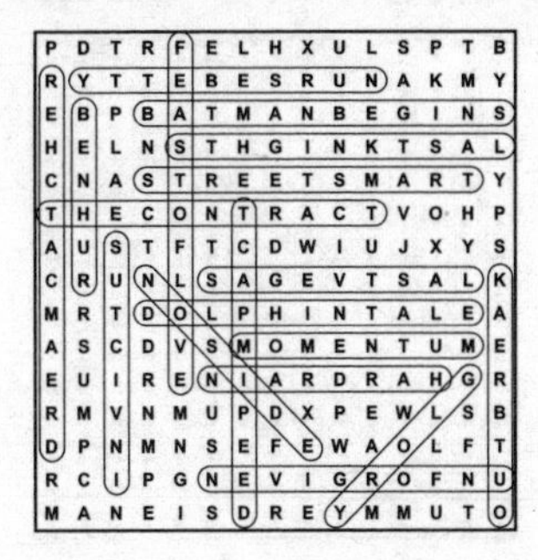

## No. 141

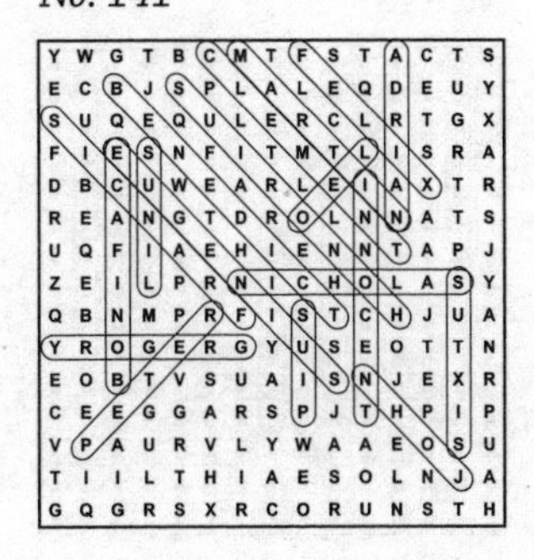

## No. 142

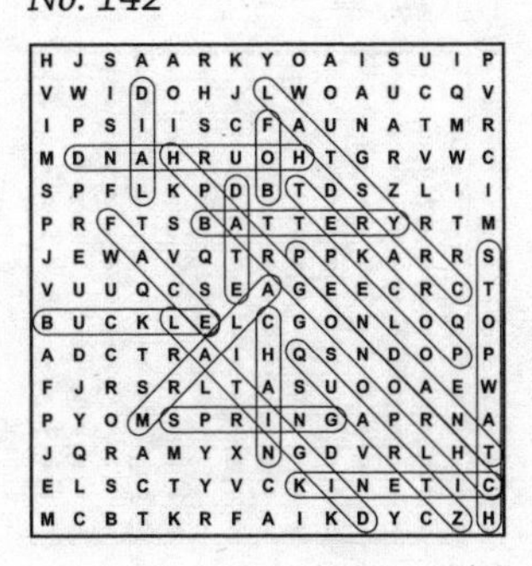

## No. 143

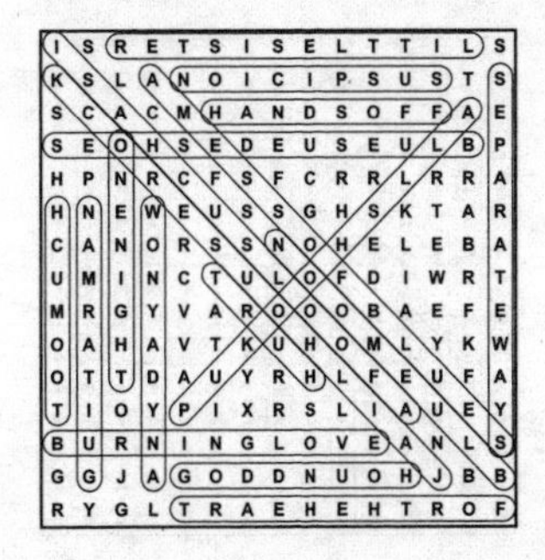

## No. 144

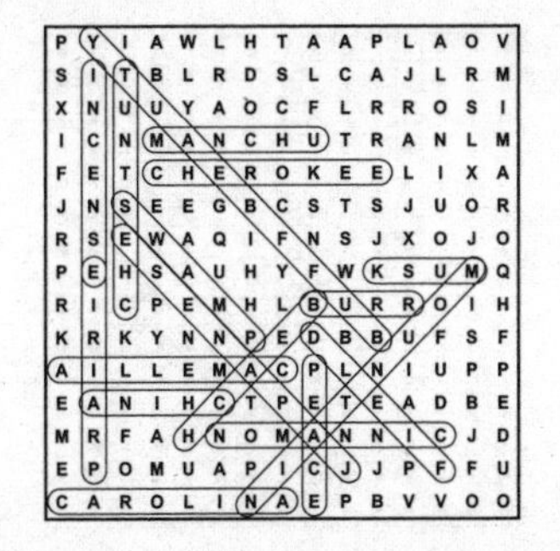

*No. 145*

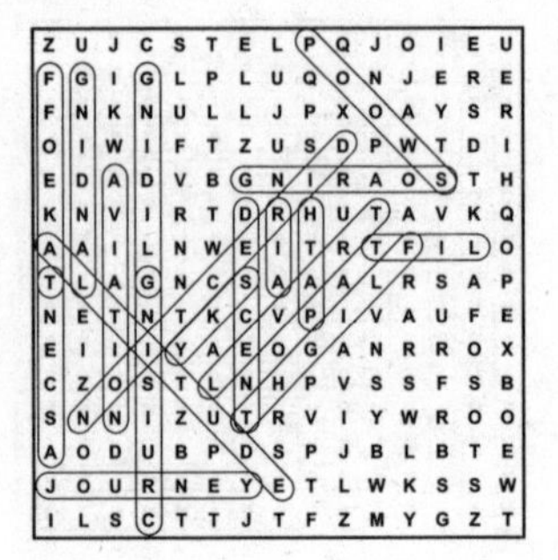

*No. 146*

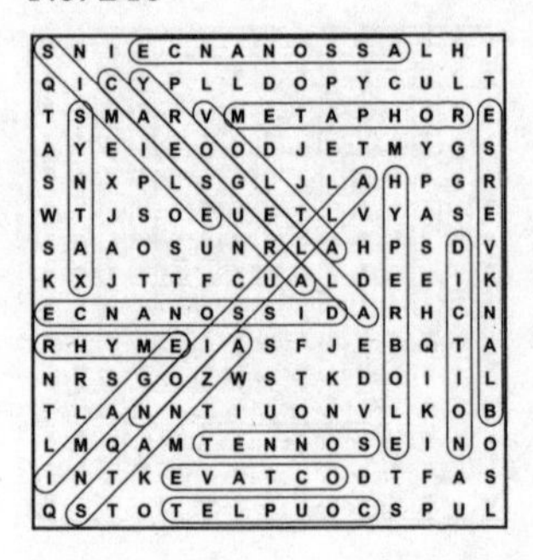

*No. 147*

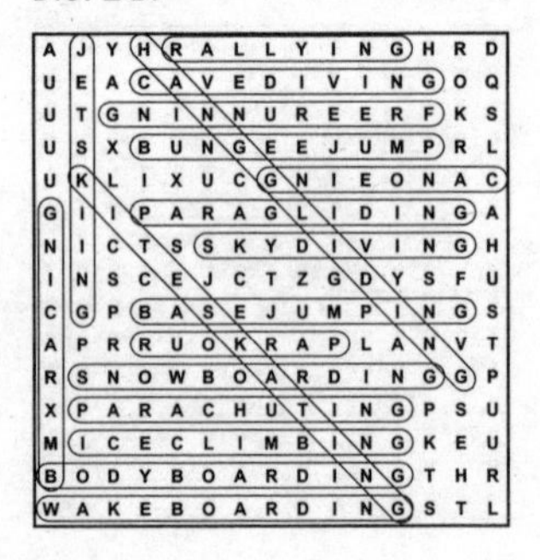

*No. 148*

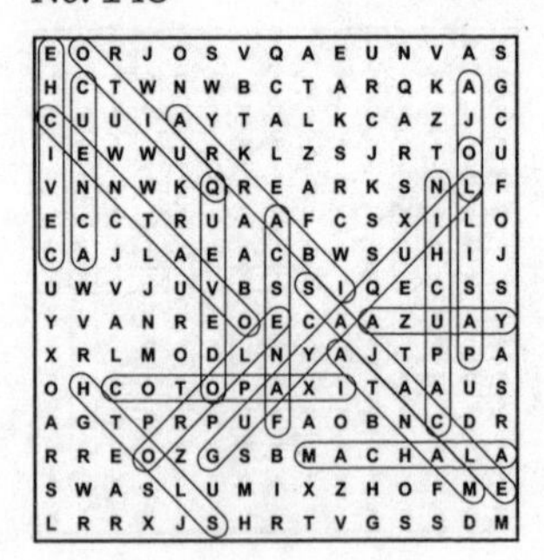

*No. 149*

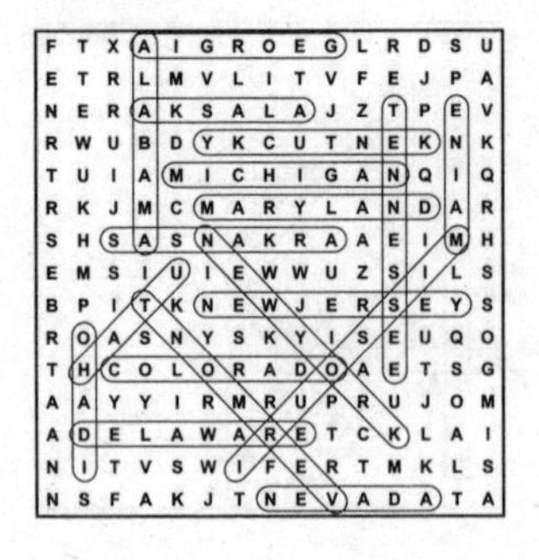

*No. 150*

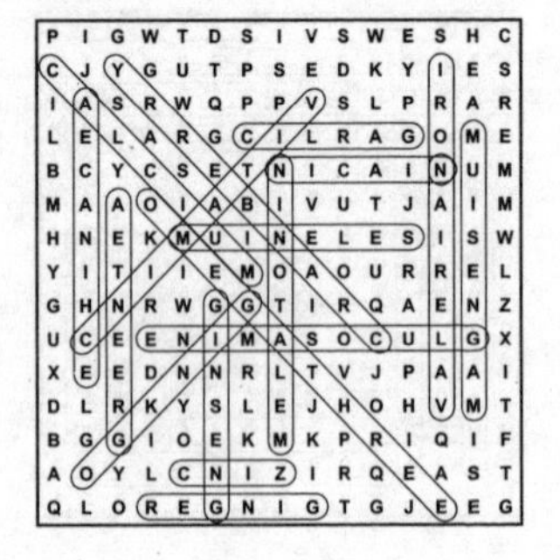

## No. 151

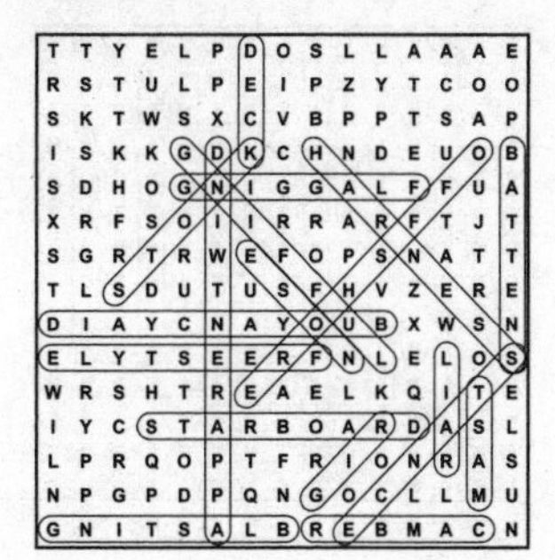

## No. 152

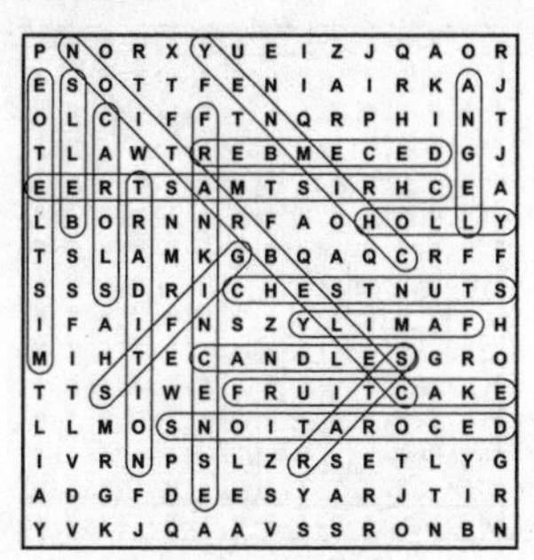

## No. 153

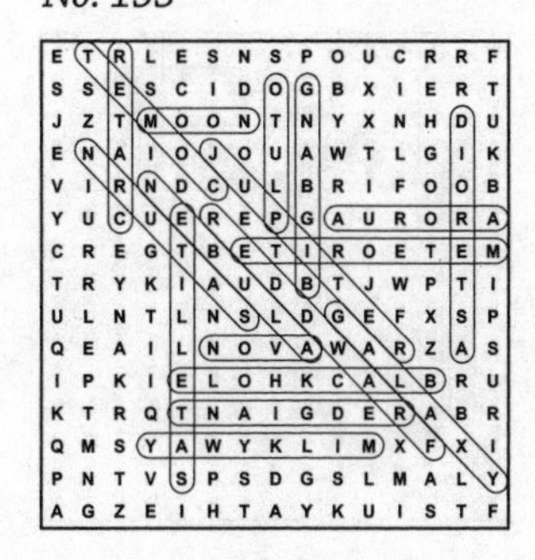

## No. 154

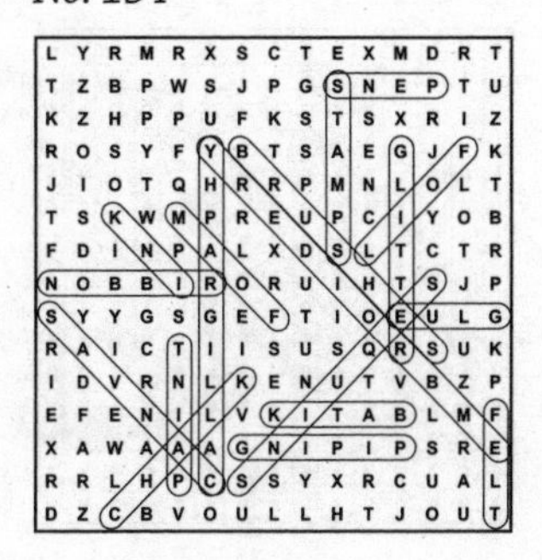

## No. 155

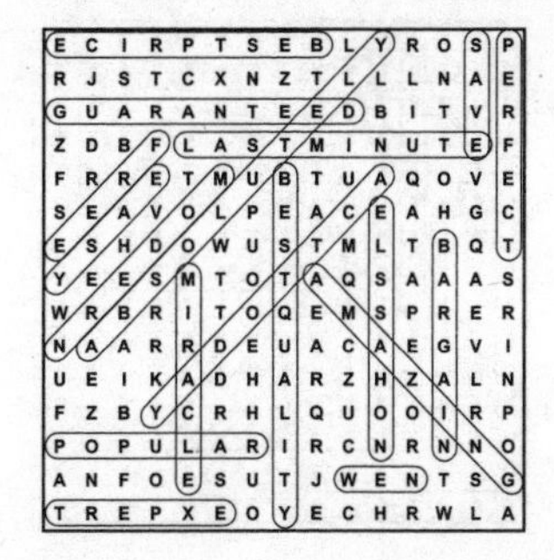

## No. 156

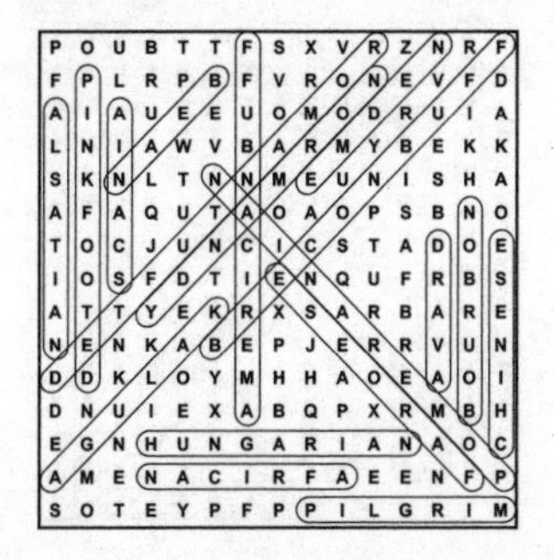

## No. 157

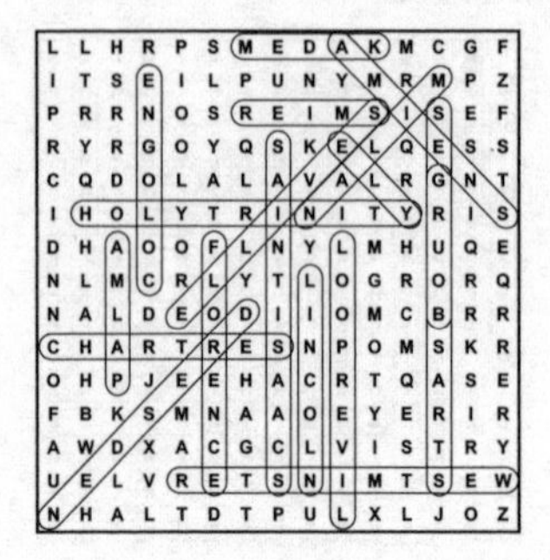

## No. 158

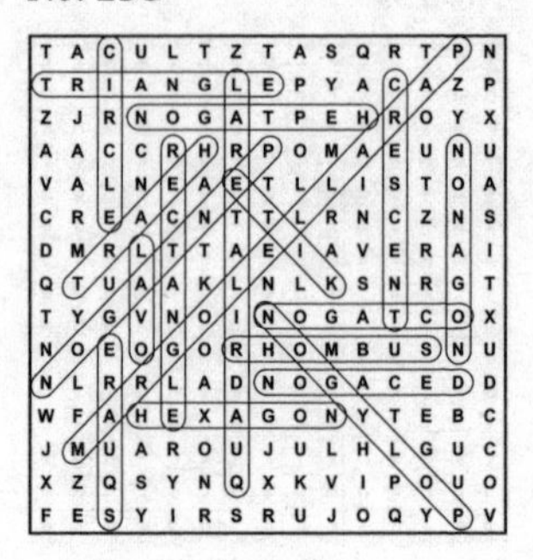

## No. 159

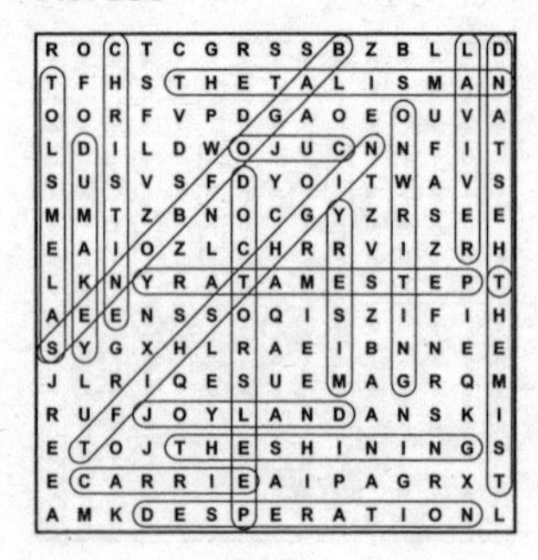

## No. 160

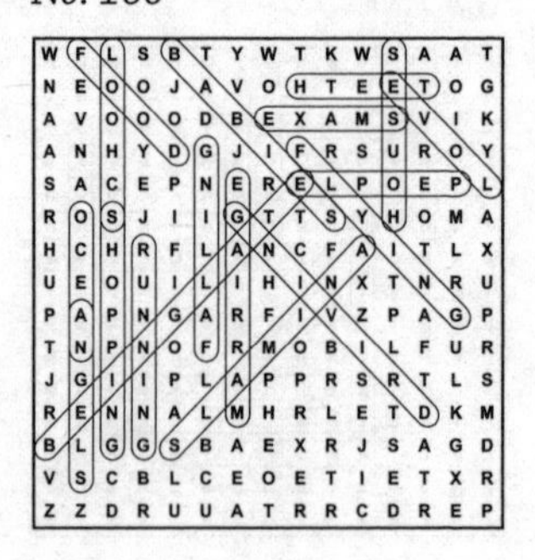

## No. 161

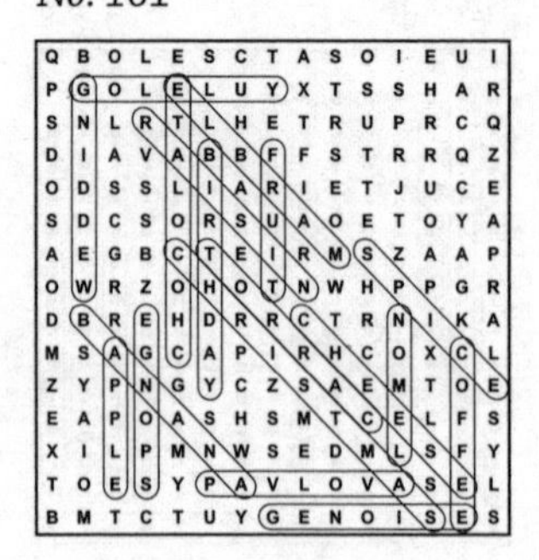

## No. 162

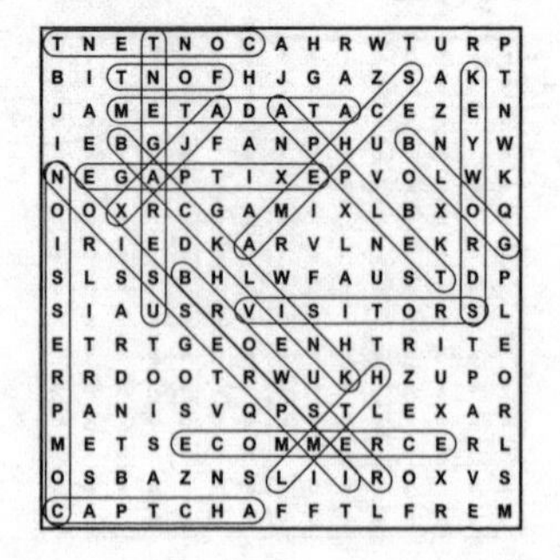

## No. 163

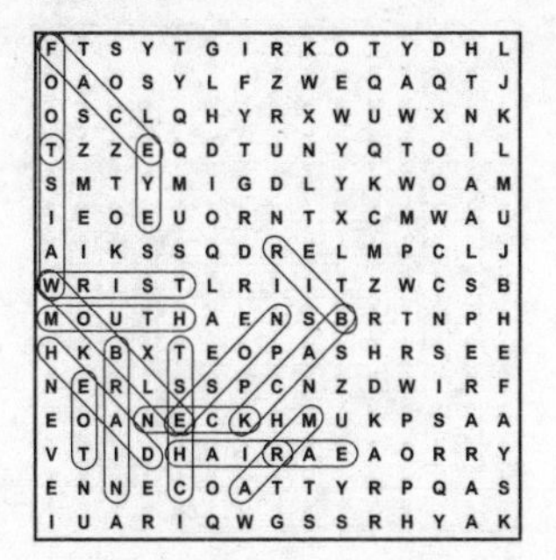

## No. 164

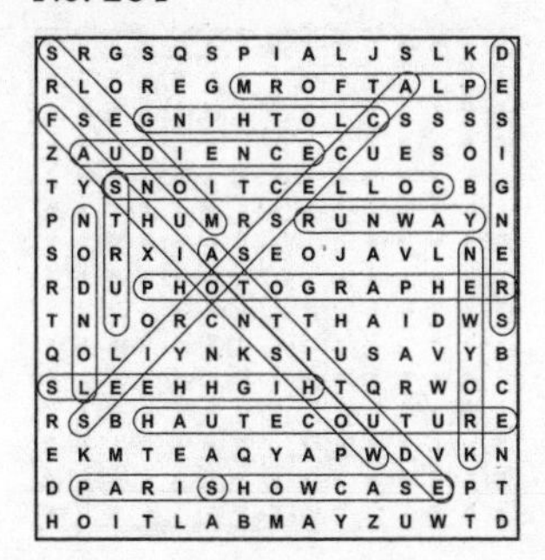

## No. 165

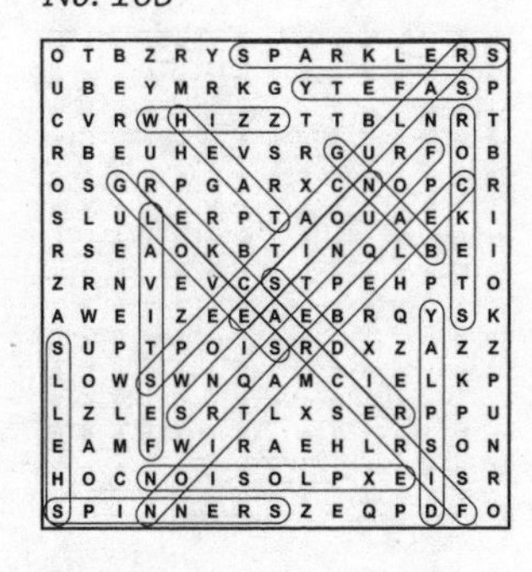

## No. 166

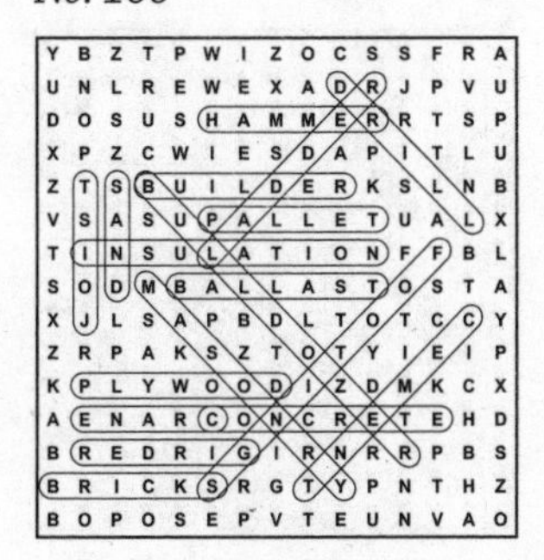

## No. 167

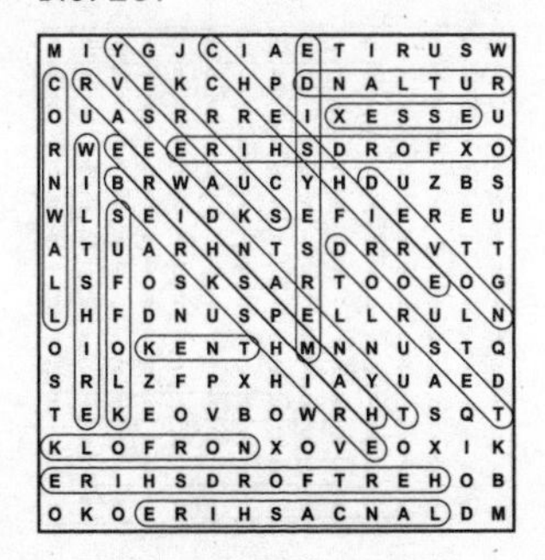

## No. 168

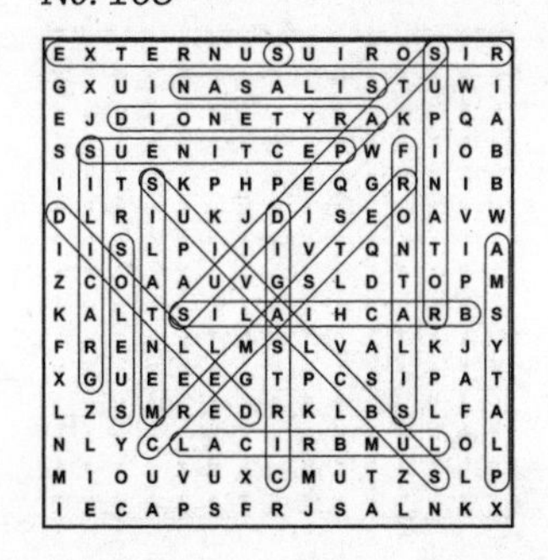

## No. 169

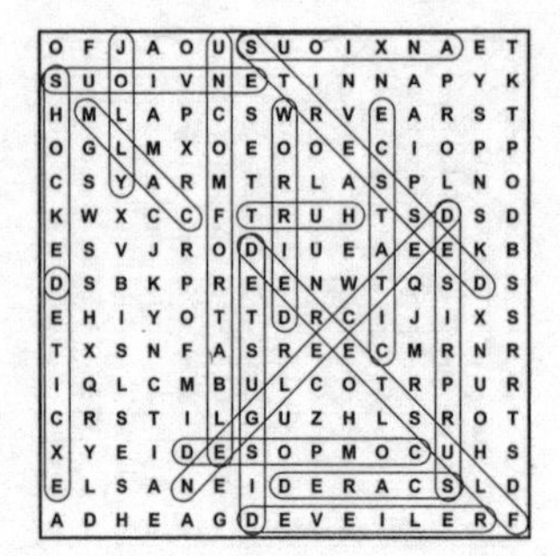

## No. 170

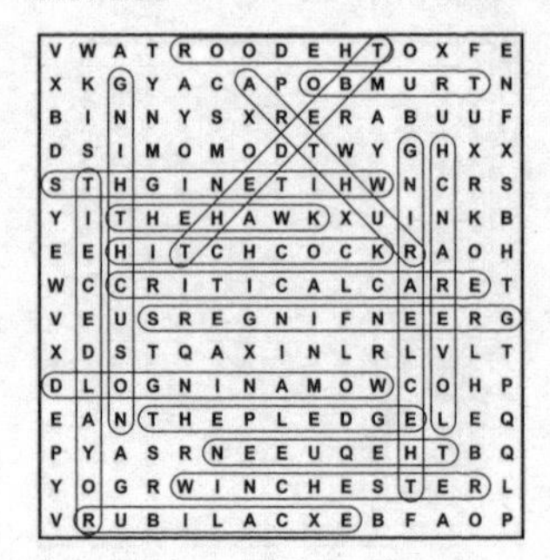

## No. 171

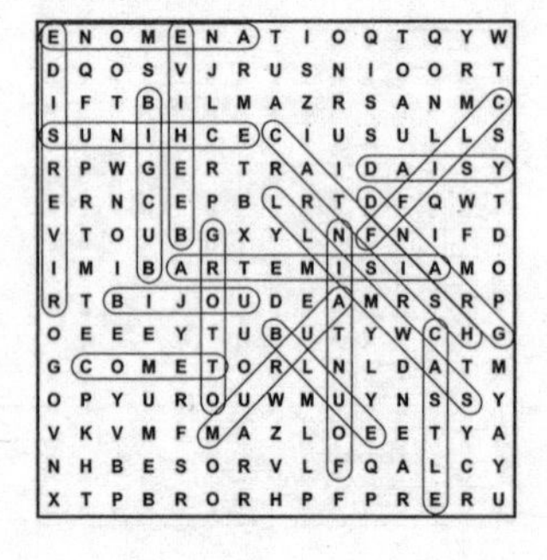

## No. 172

## No. 173

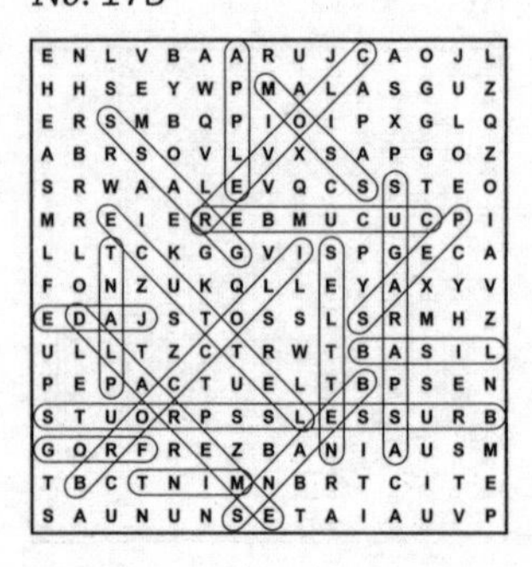

## No. 174

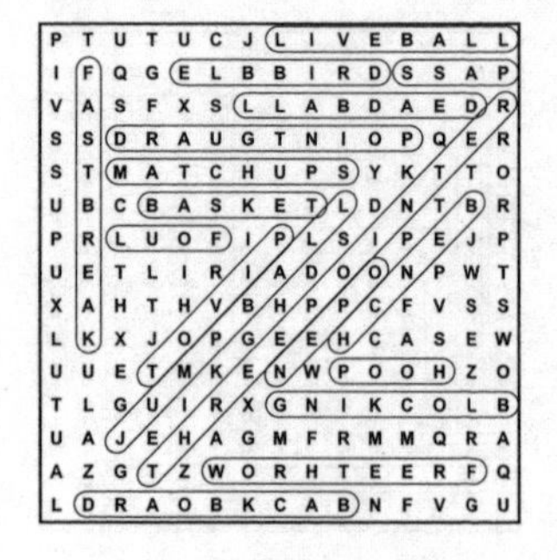

*No. 175*

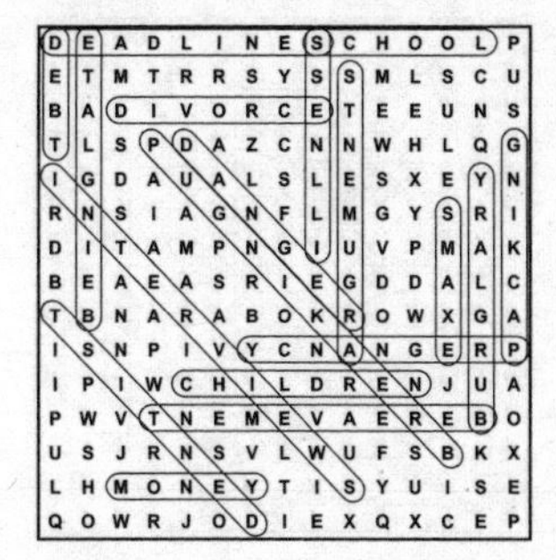

*No. 176*

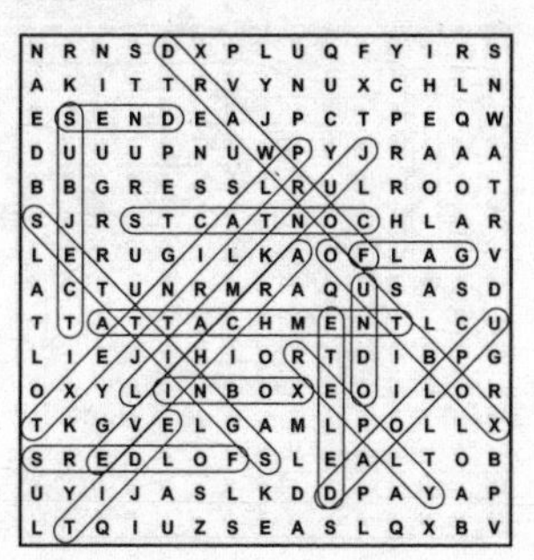

*No. 177*

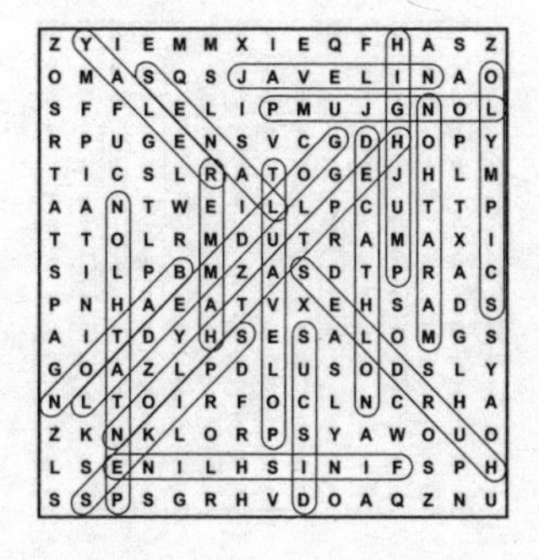

*No. 178*

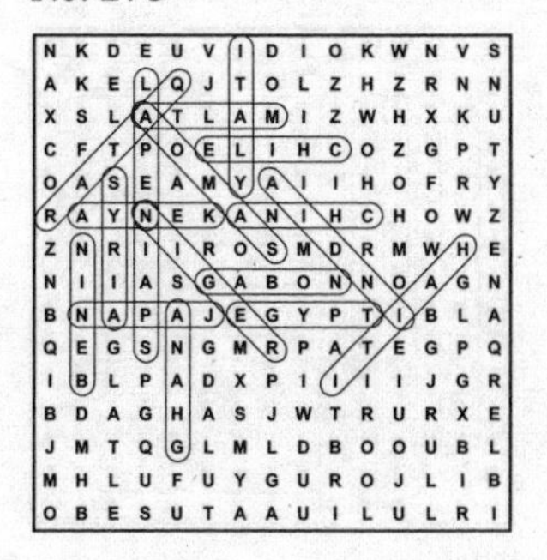

*No. 179*

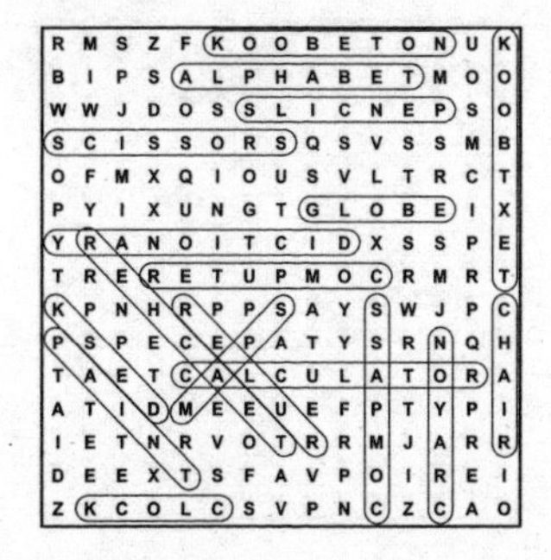

*No. 180*

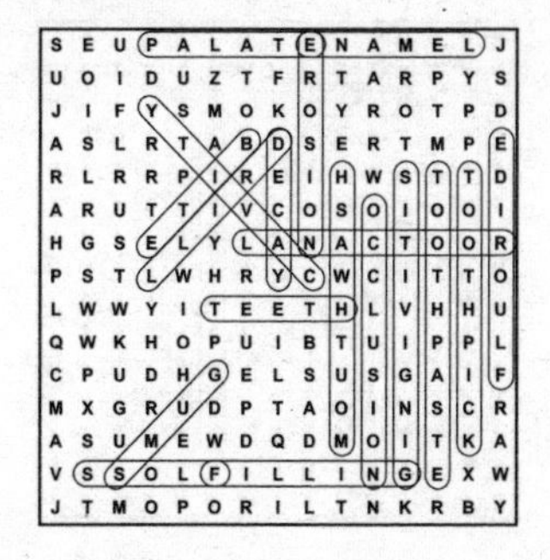

## No. 181

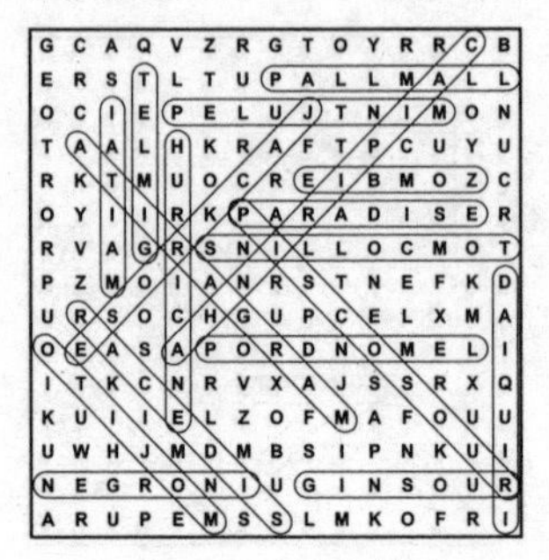

## No. 182

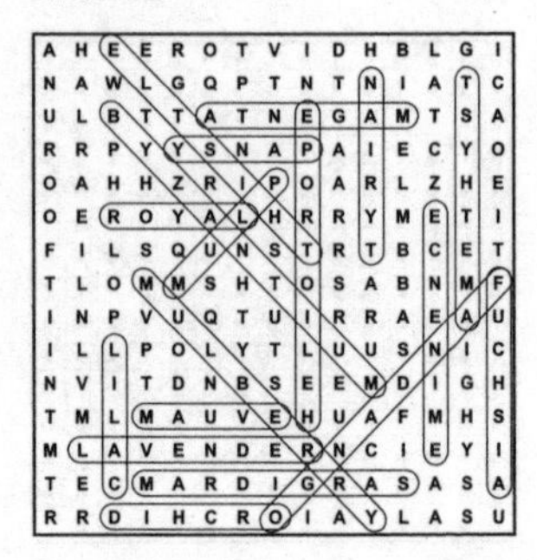

## No. 183

## No. 184

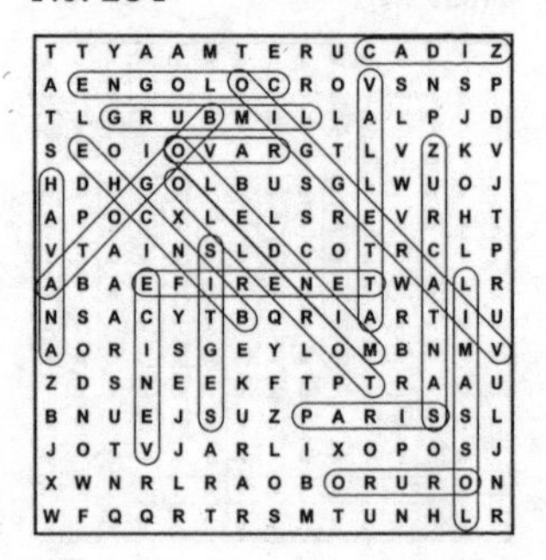

## No. 185

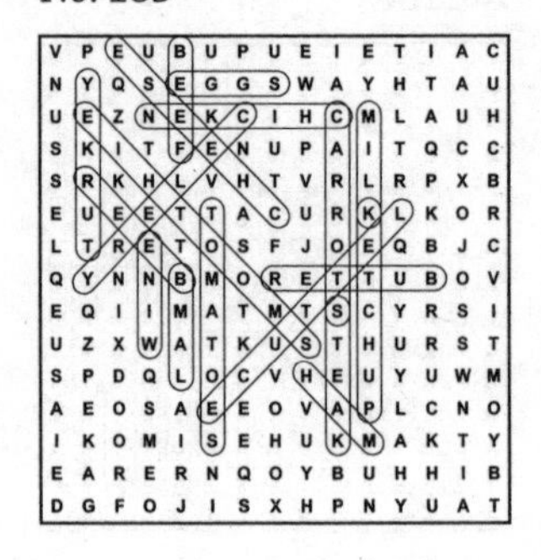

## No. 186

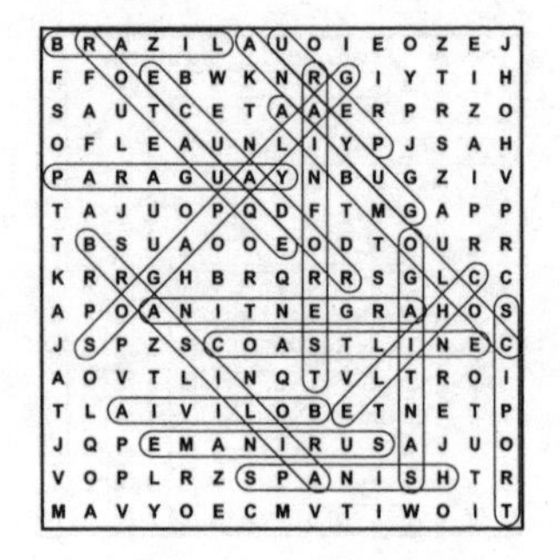

## No. 187

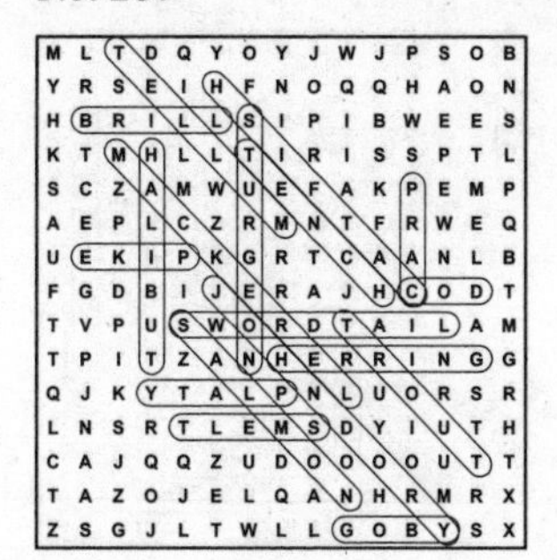

## No. 188

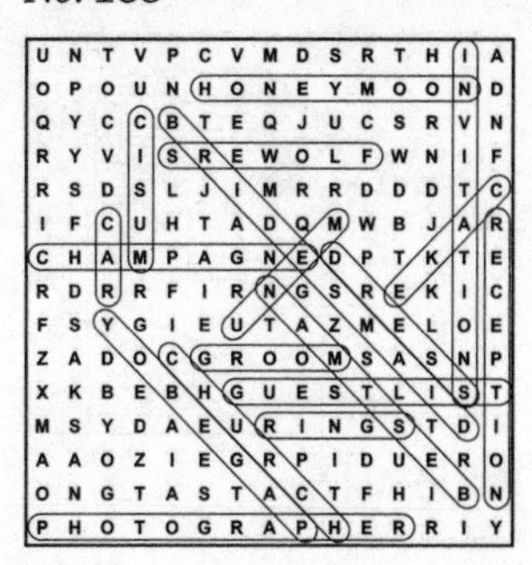

## No. 189

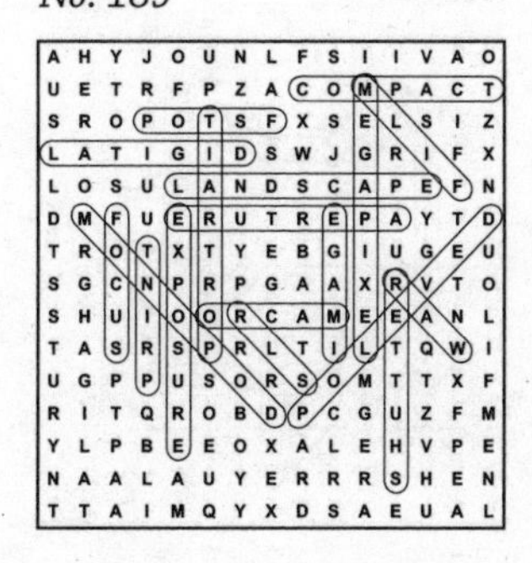

## No. 190

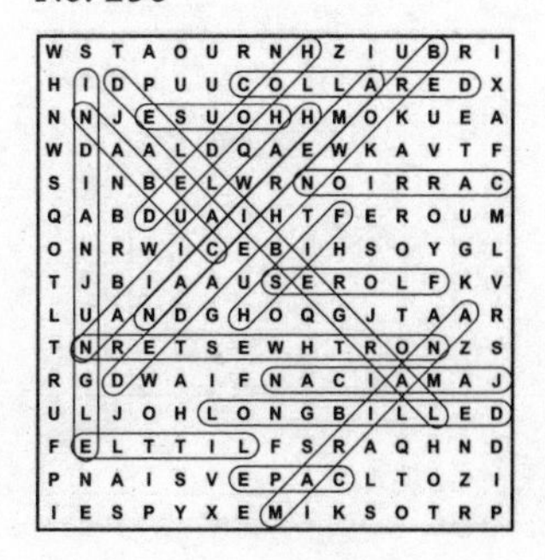

## No. 191

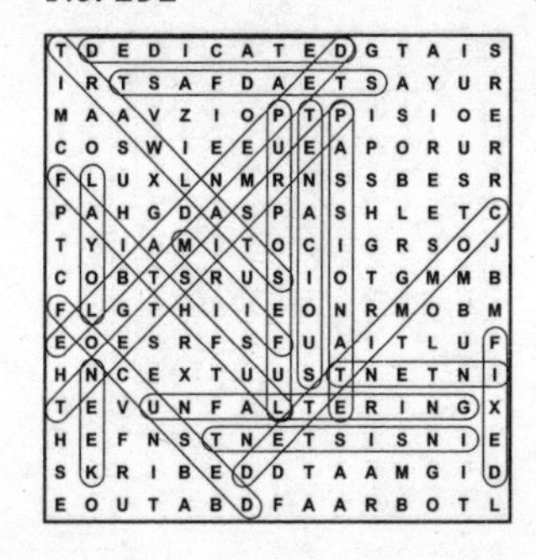

## No. 192

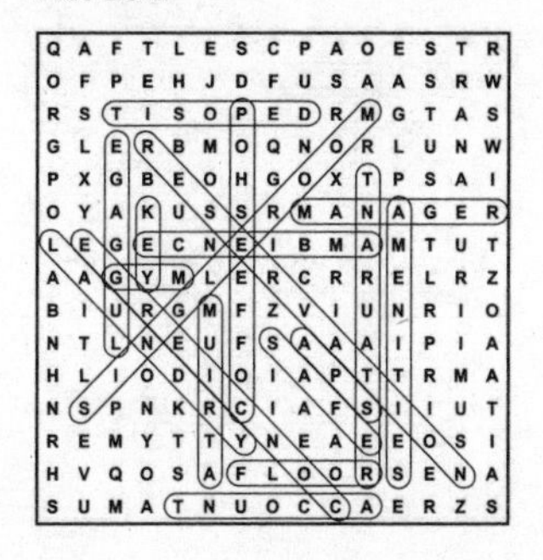

No. 193

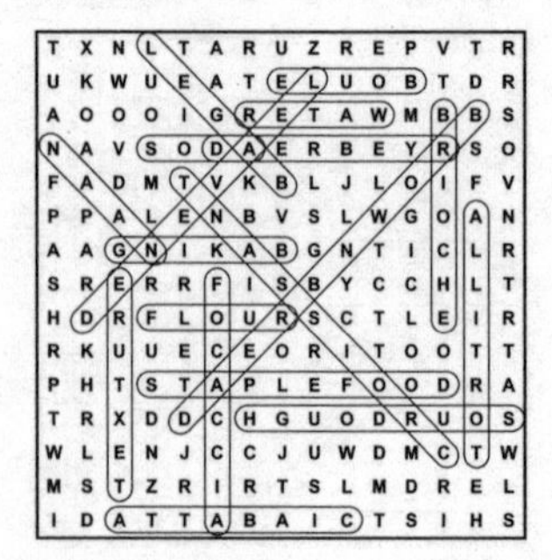

No. 194

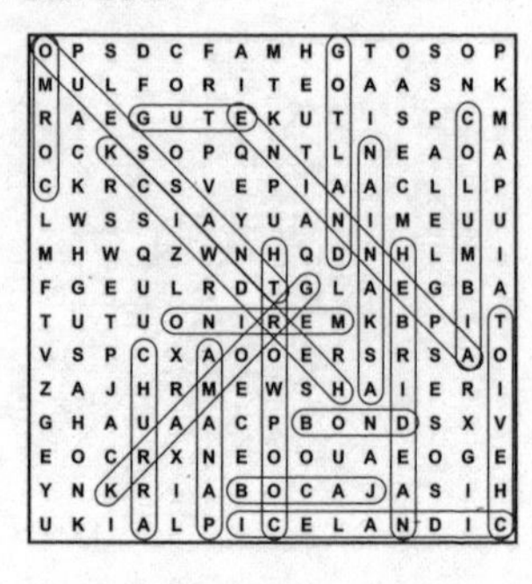

No. 195

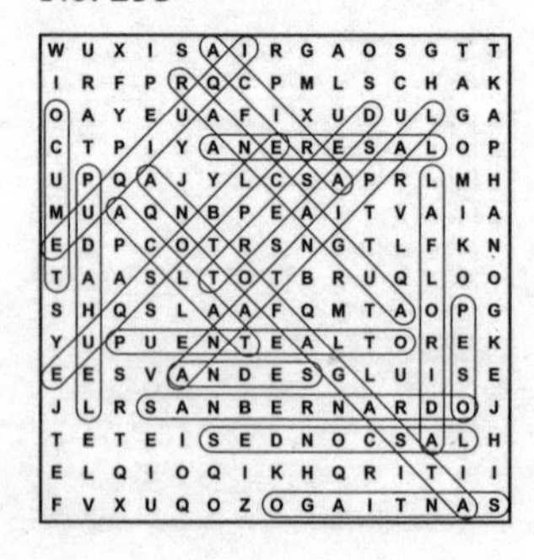

No. 196

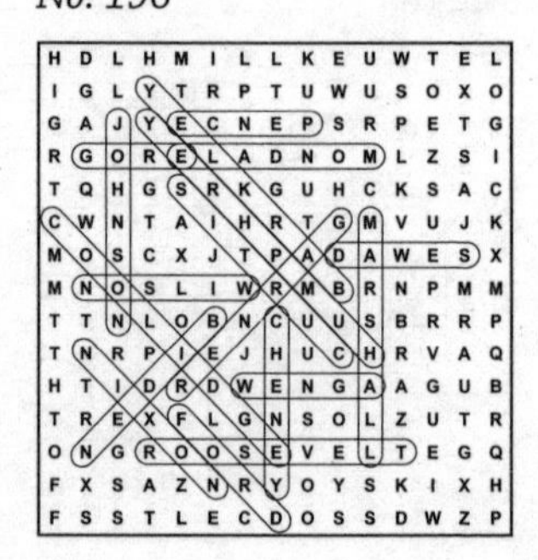

No. 197

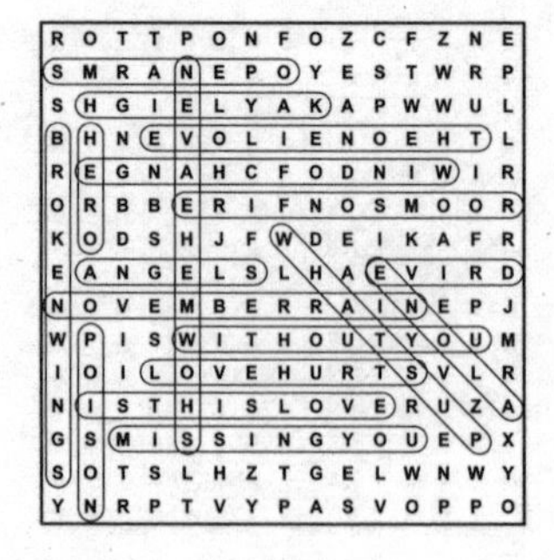

No. 198

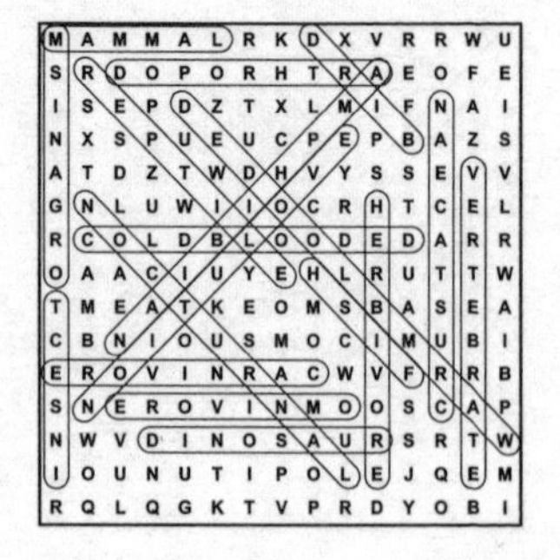

## No. 199

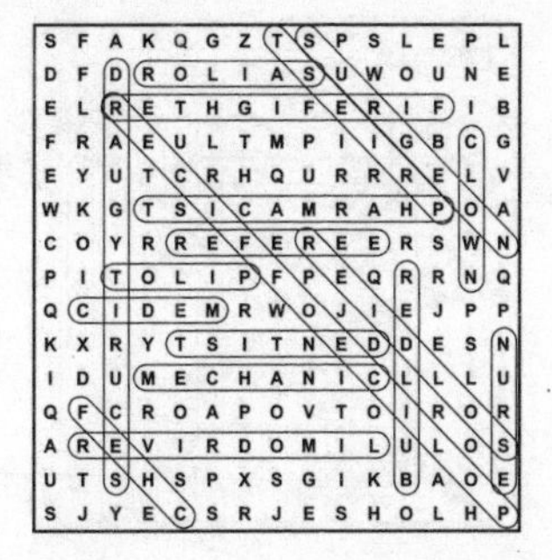

## No. 200

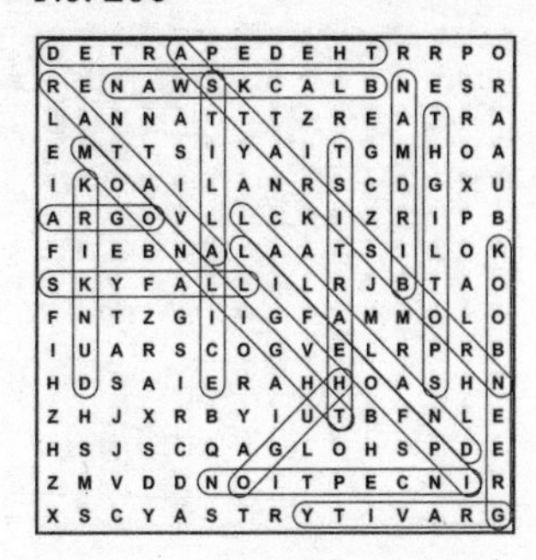

## No. 201

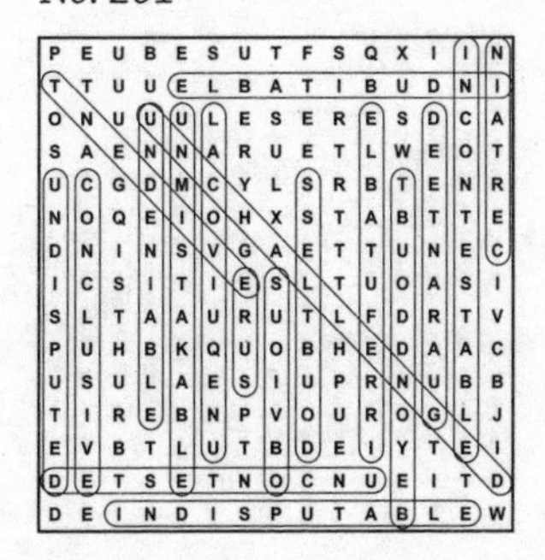

## No. 202

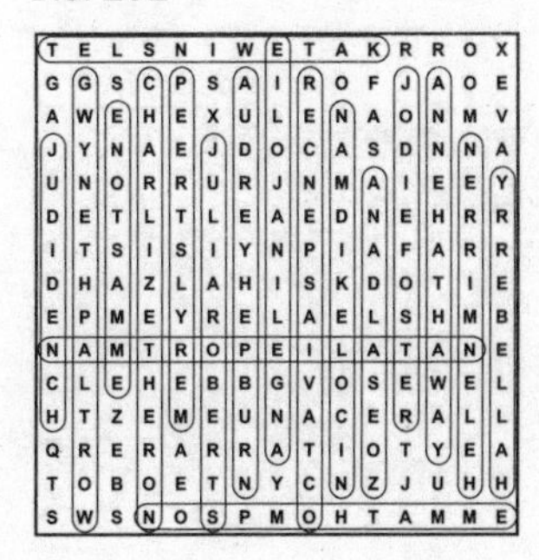

## No. 203

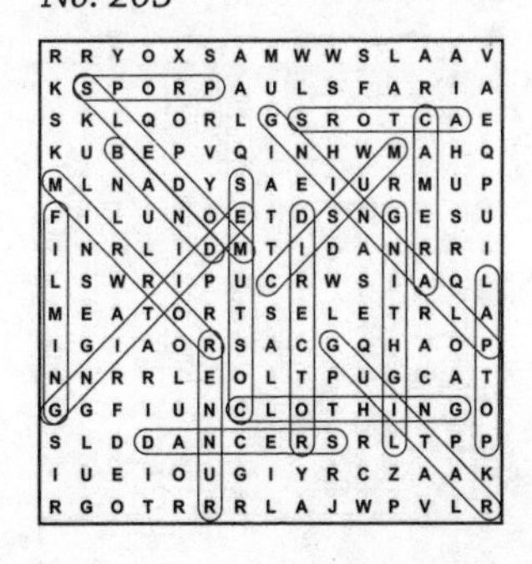

## No. 204

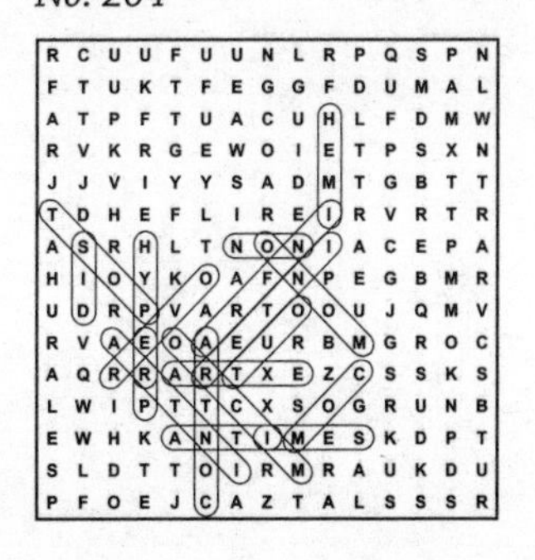

## *No. 205*

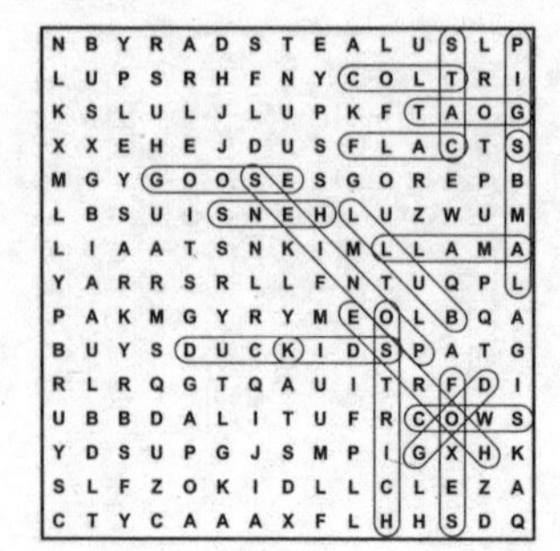

## *No. 206*

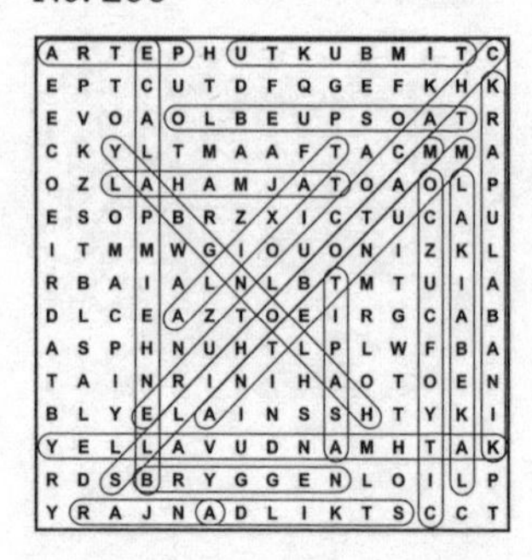

## *No. 207*

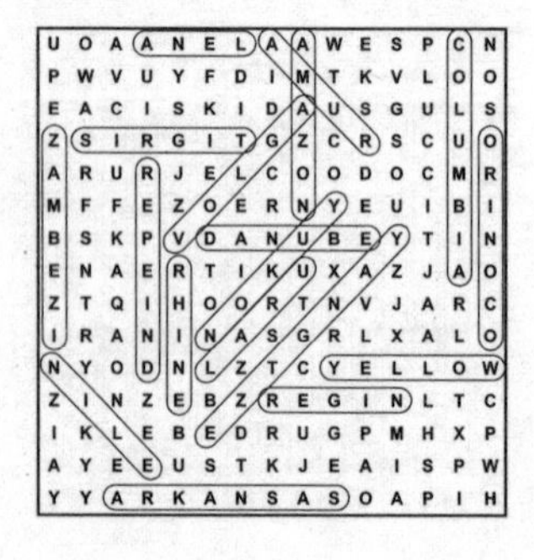

## *No. 208*

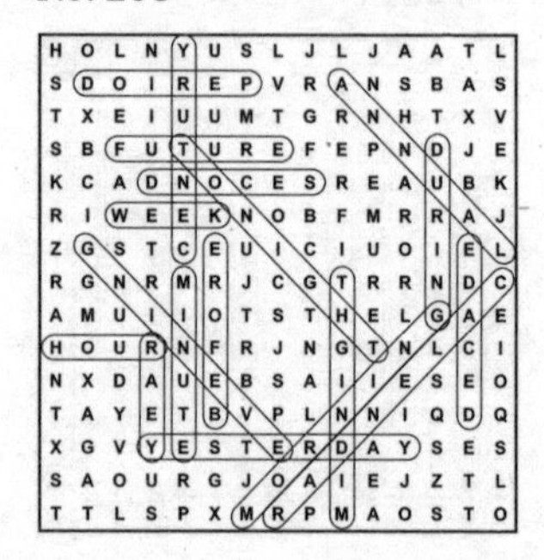

## *No. 209*

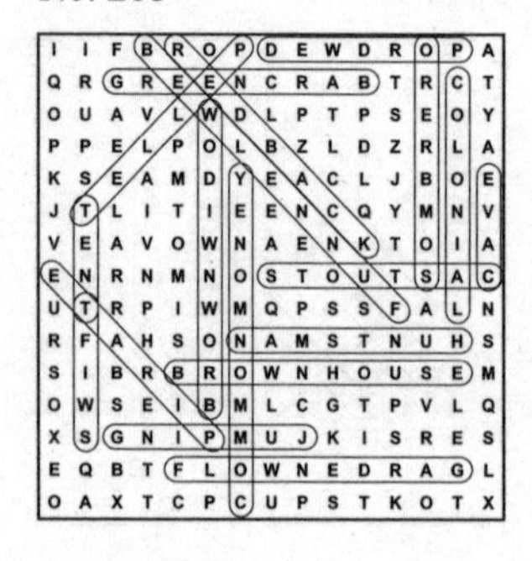

## *No. 210*

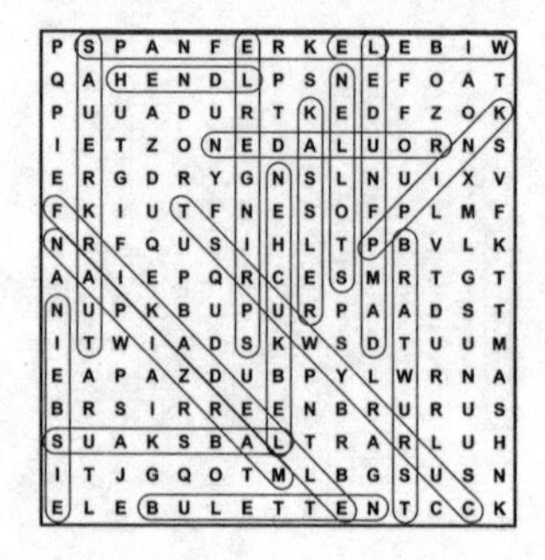

*No. 211*

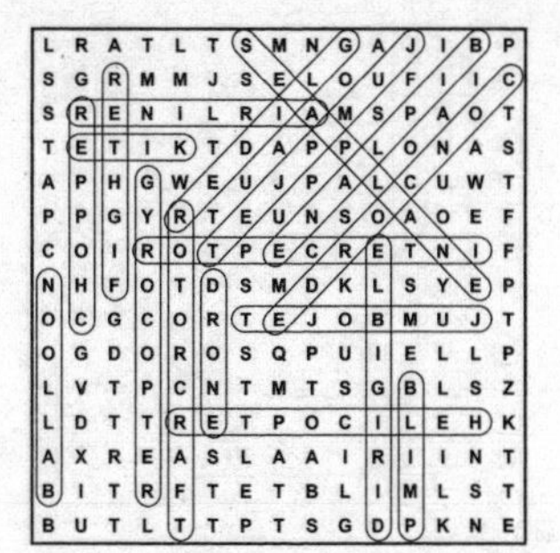

*No. 212*

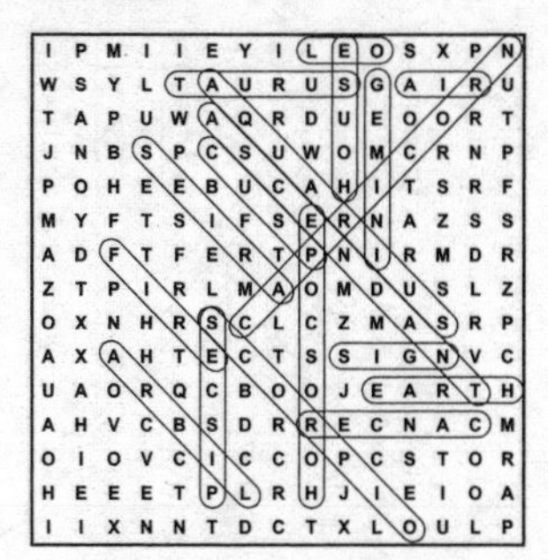

*No. 213*

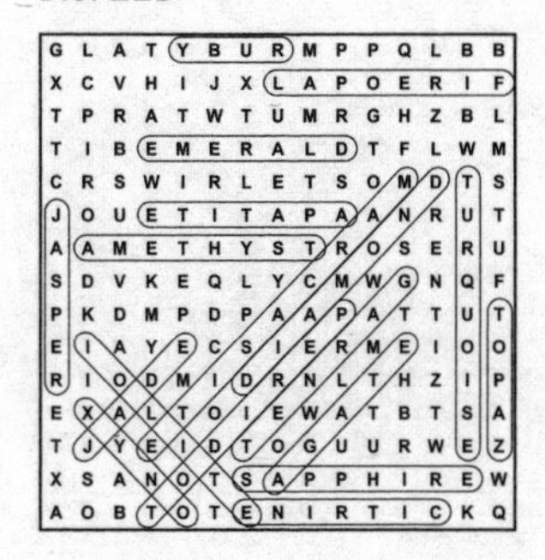

*No. 214*

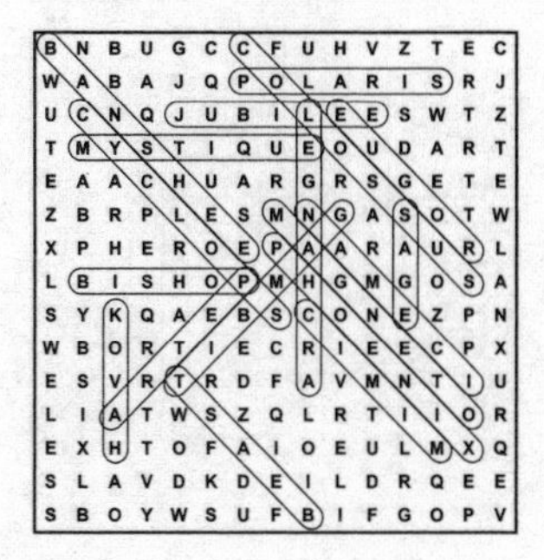

*No. 215*

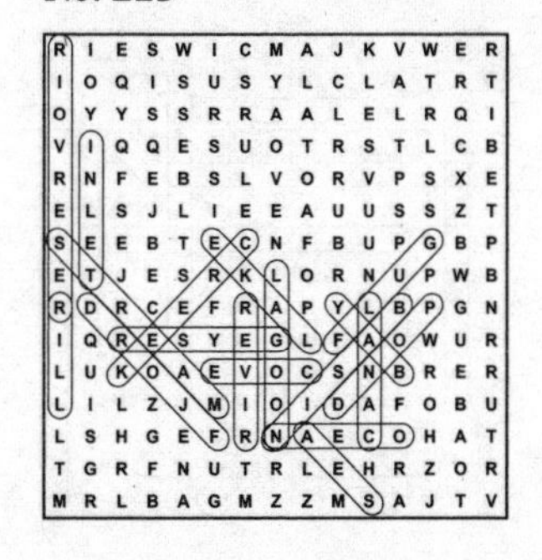

*No. 216*

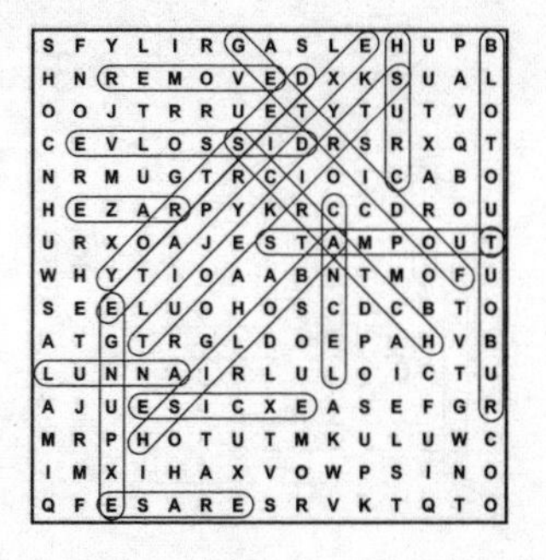

## *No. 217*

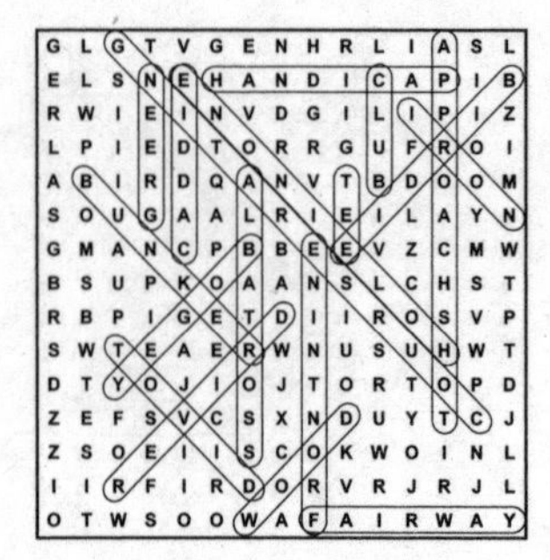

## *No. 218*

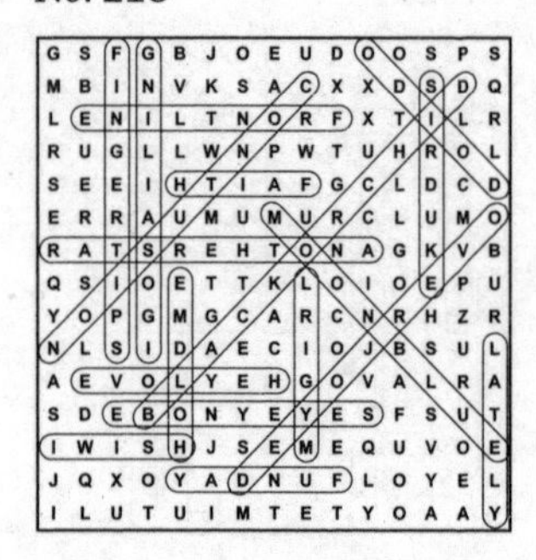

## *No. 219*

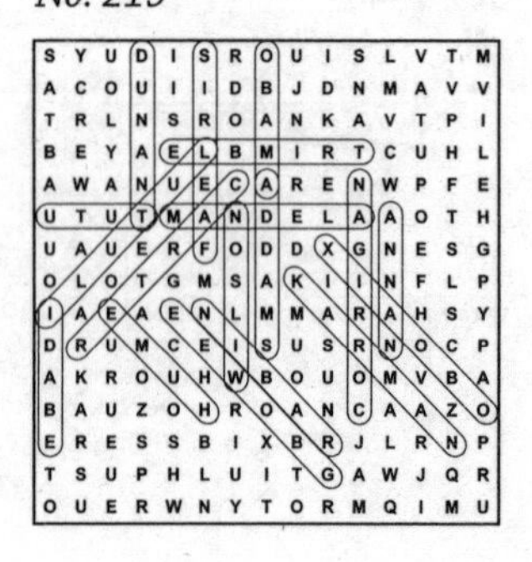

## *No. 220*

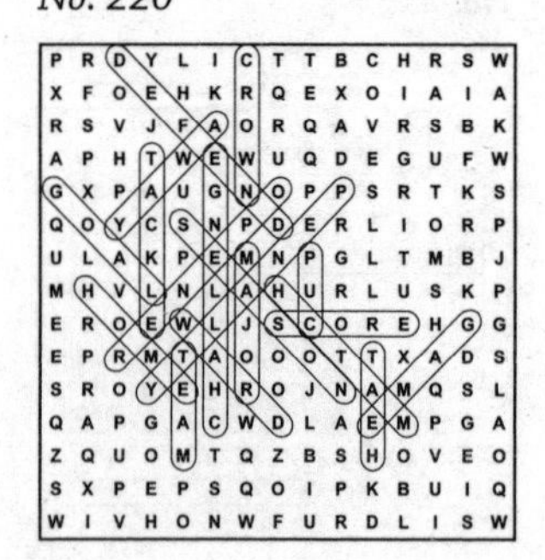

## *No. 221*

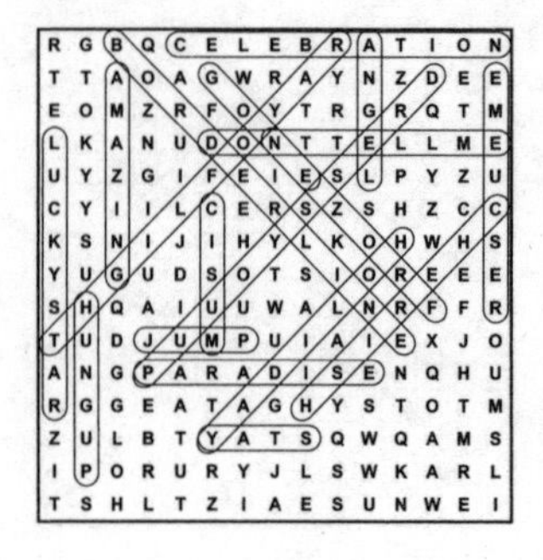

## *No. 222*

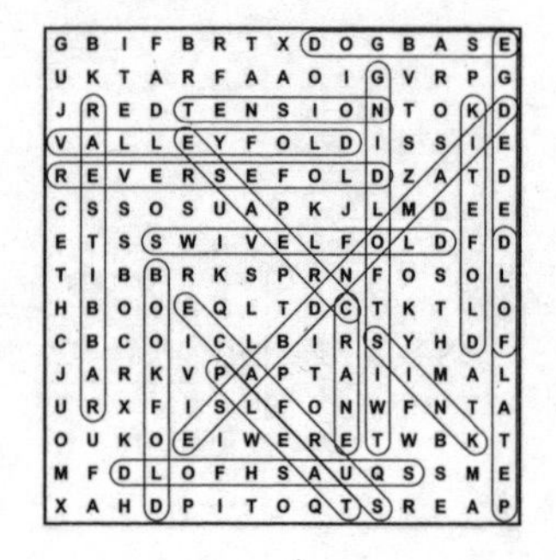

## No. 223

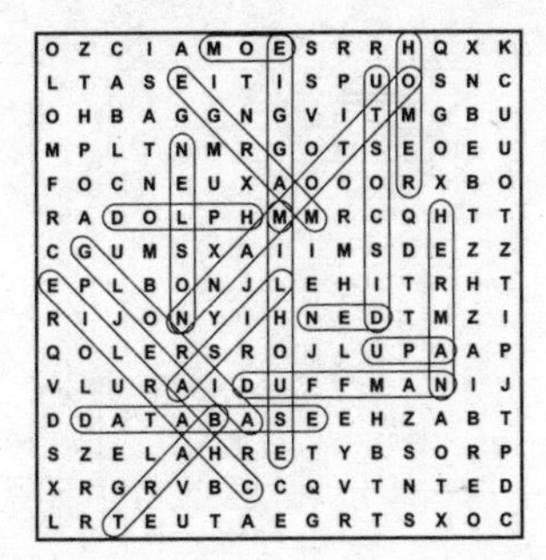

## No. 224

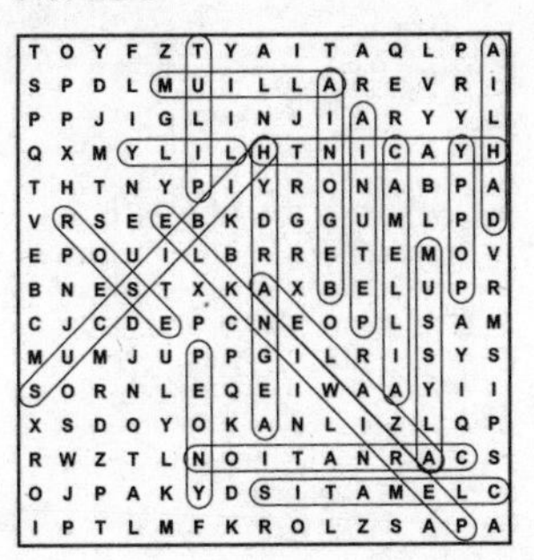

## No. 225

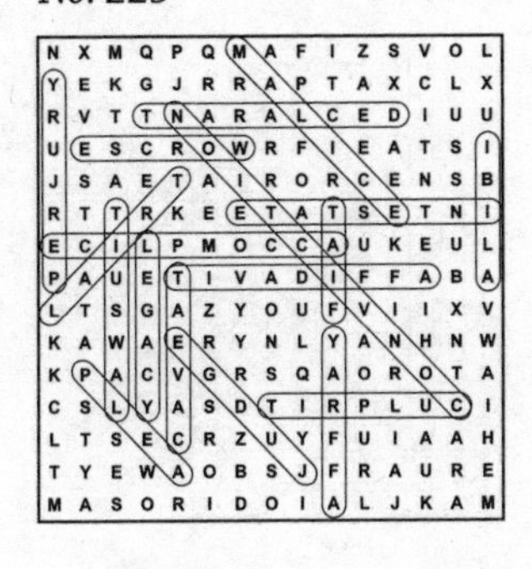

## No. 226

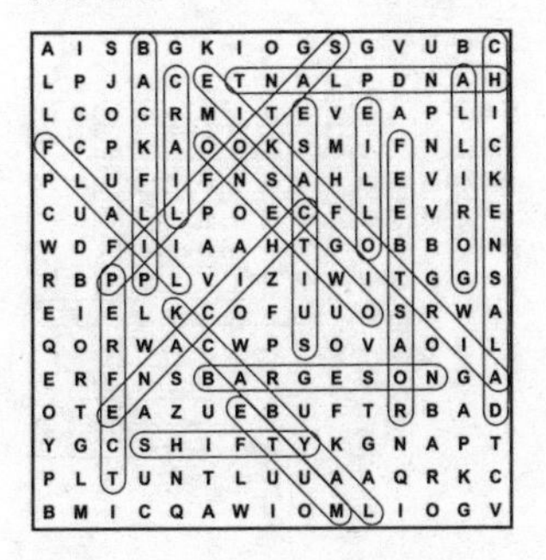

## No. 227

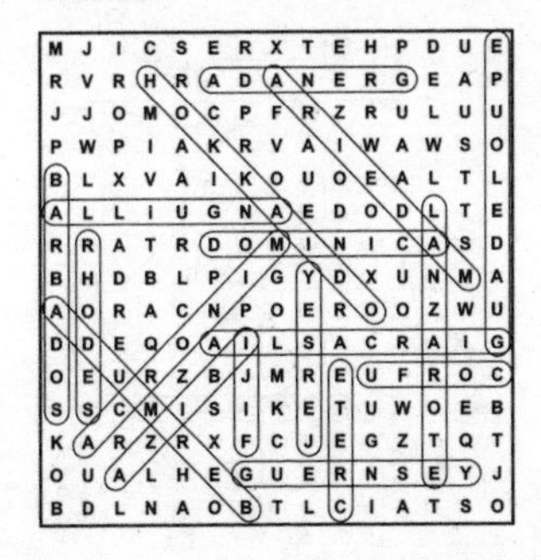

## No. 228

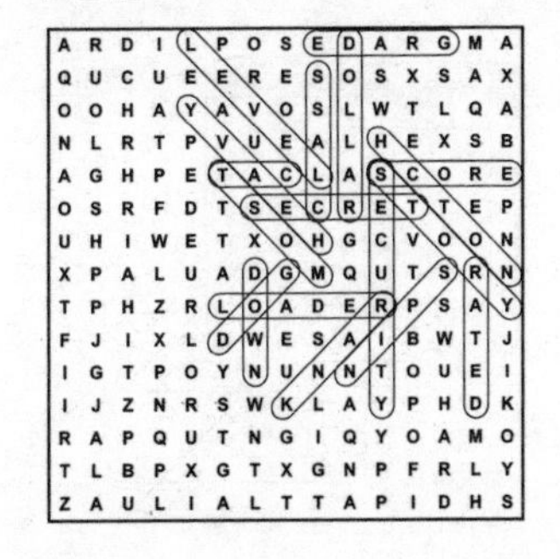

No. 229

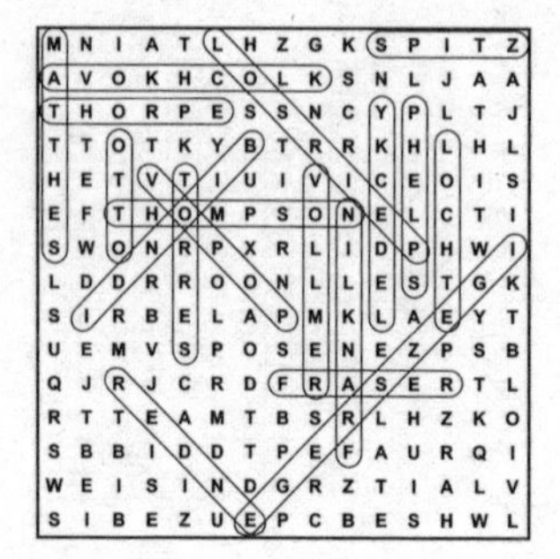

No. 230

No. 231

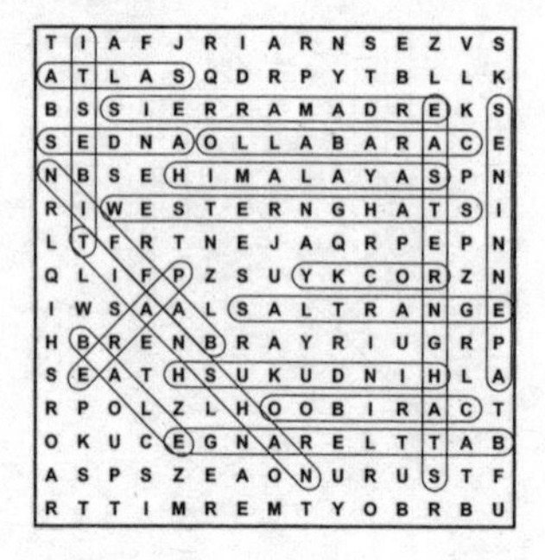

No. 232

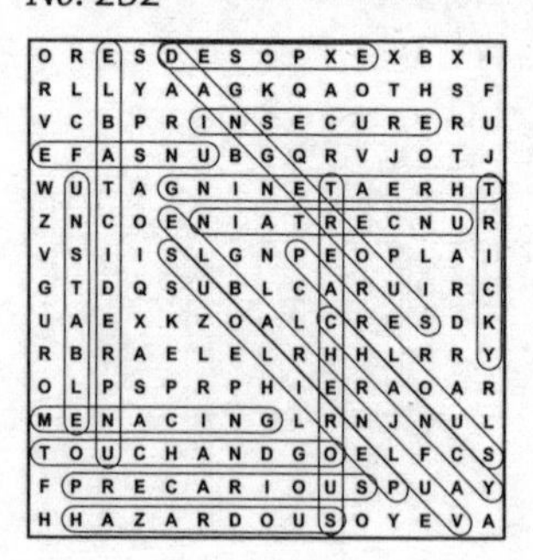

No. 233

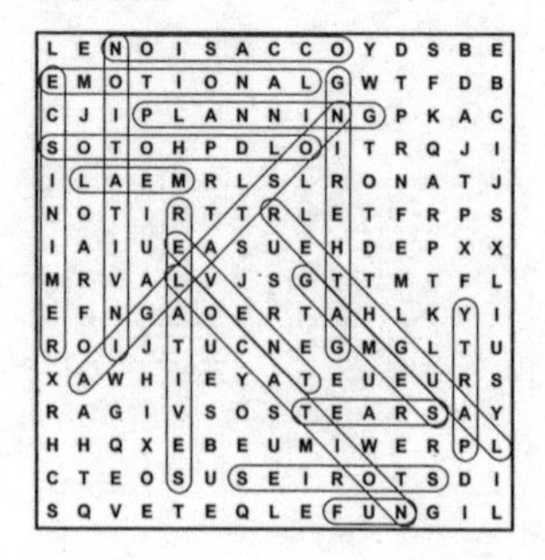

No. 234

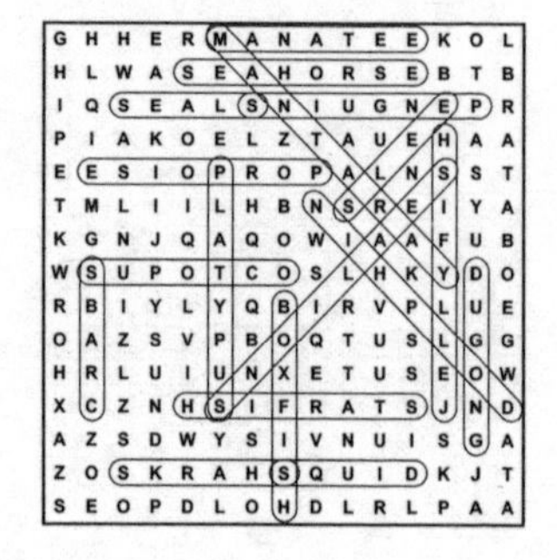

*No. 235*

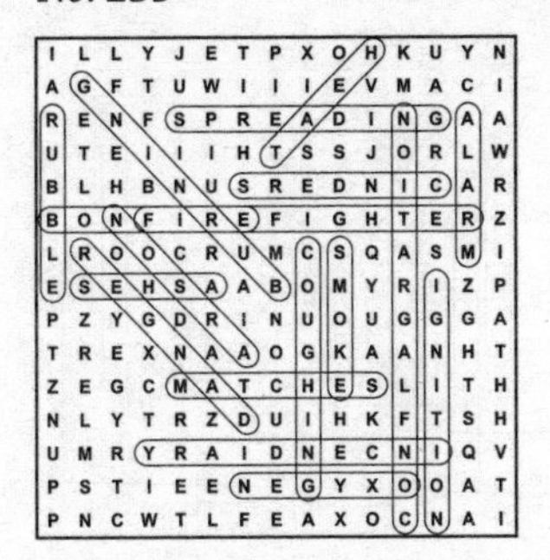

*No. 236*

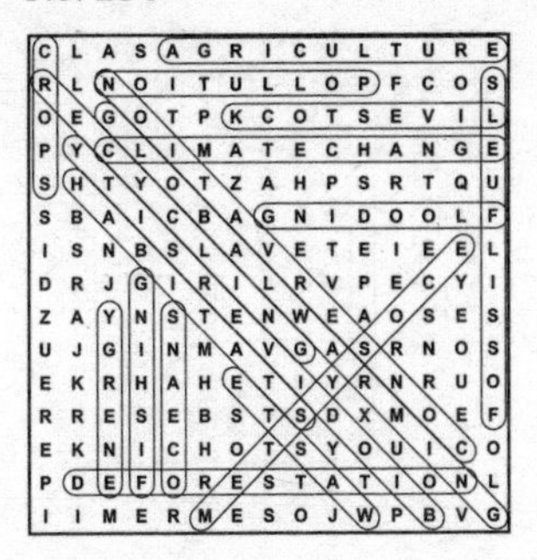

*No. 237*

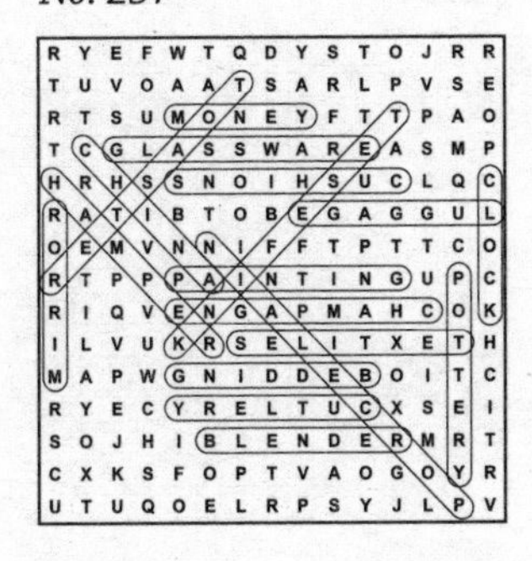

*No. 238*

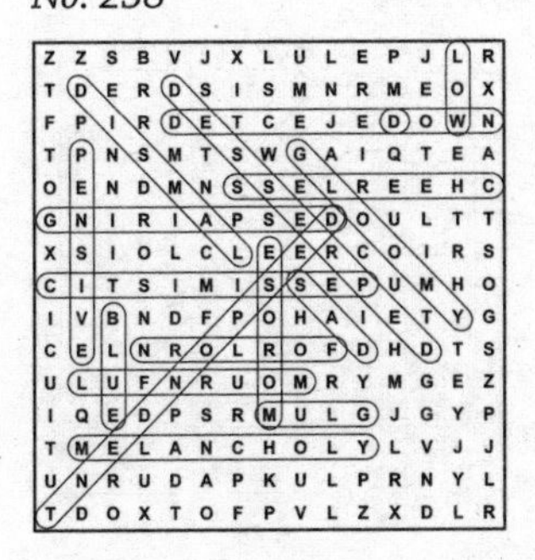

*No. 239*

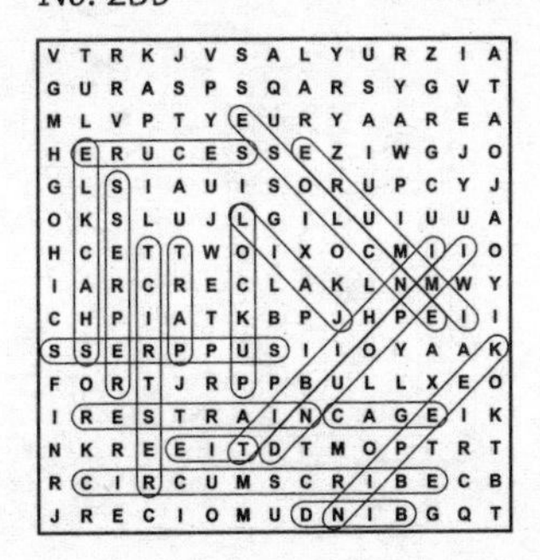

*No. 240*

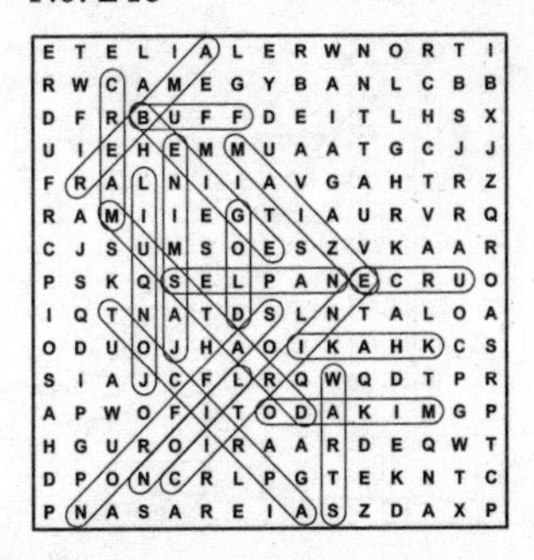

## No. 241

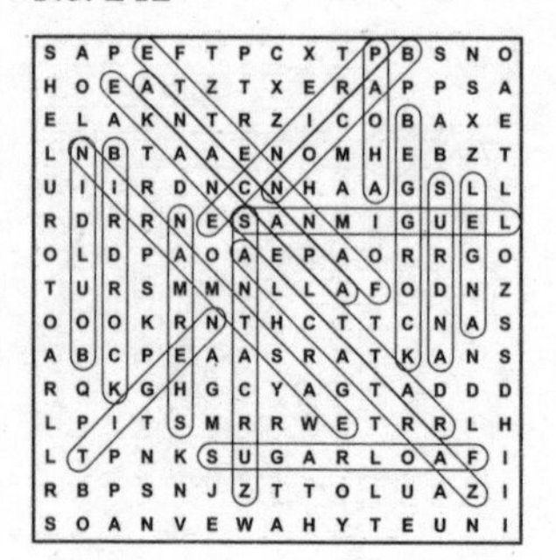

## No. 242

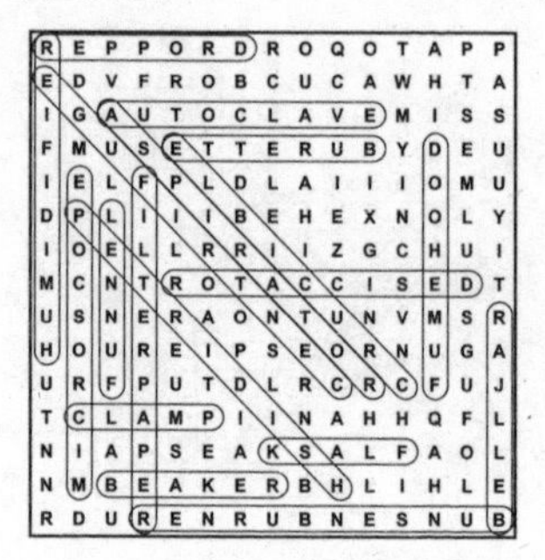

## No. 243

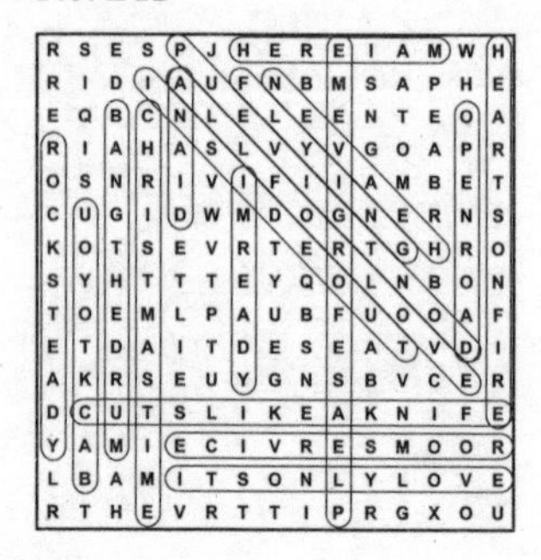

## No. 244

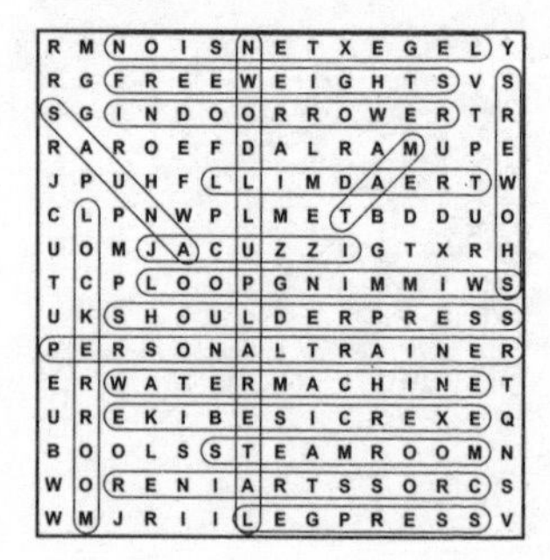

## No. 245

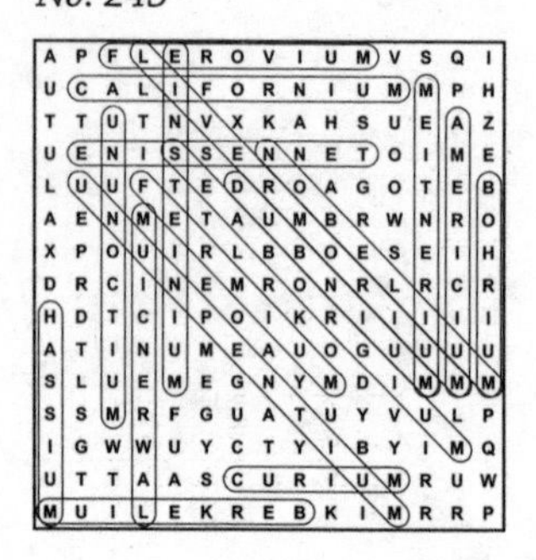

## No. 246

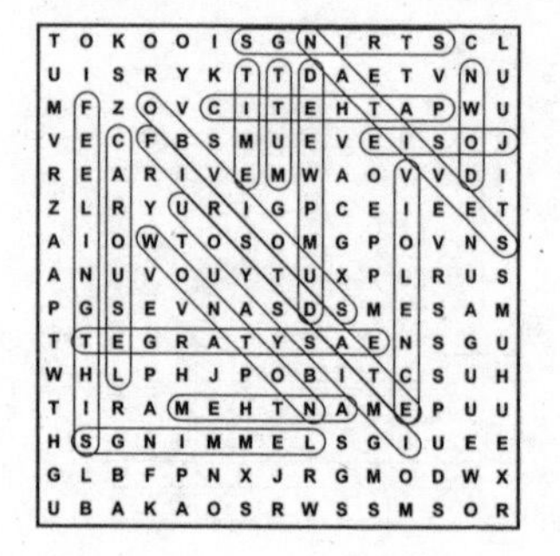

*No. 247*

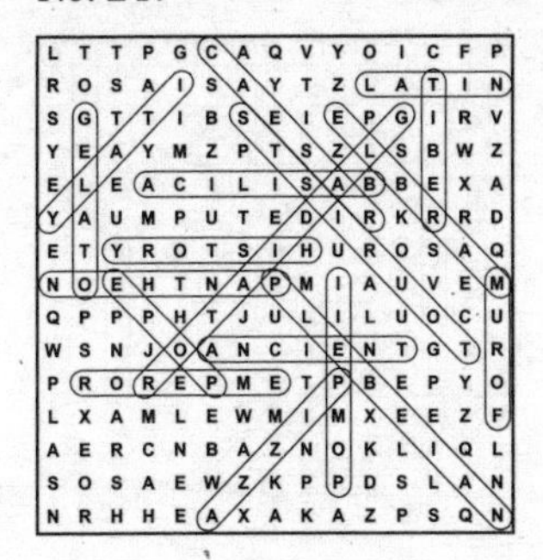

*No. 248*

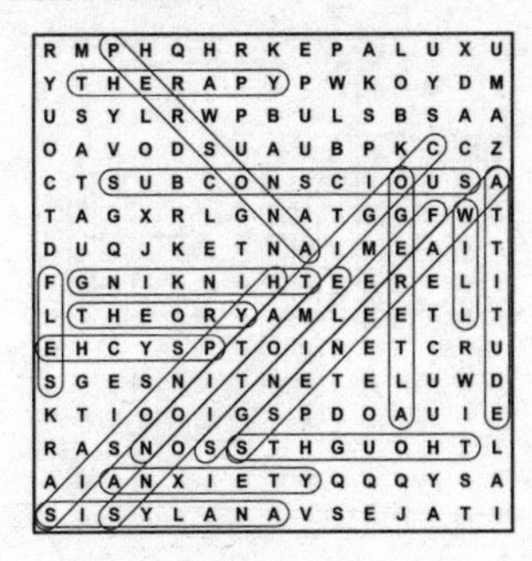

*No. 249*

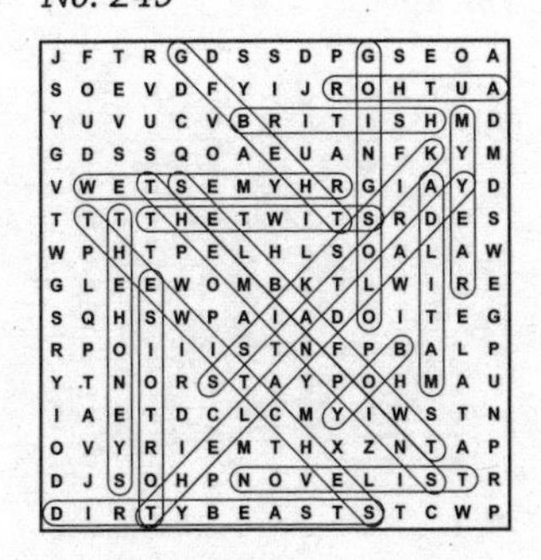

*No. 250*

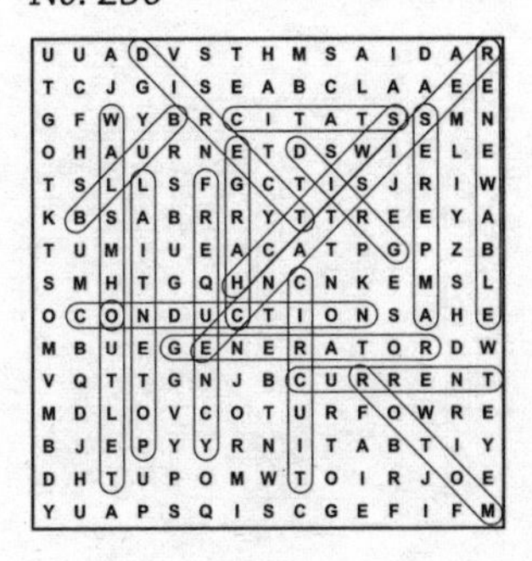

*No. 251*

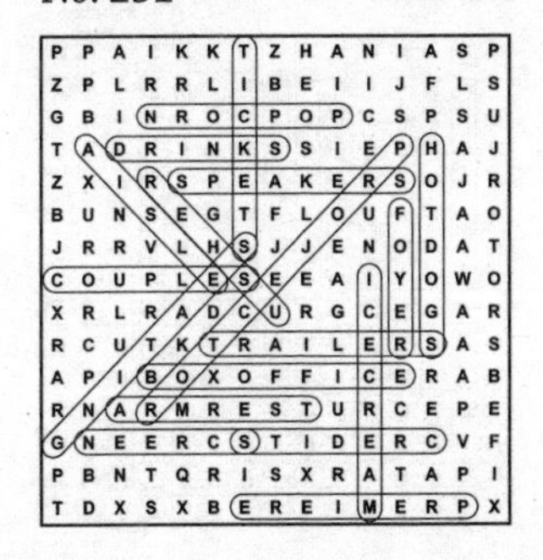

*No. 252*

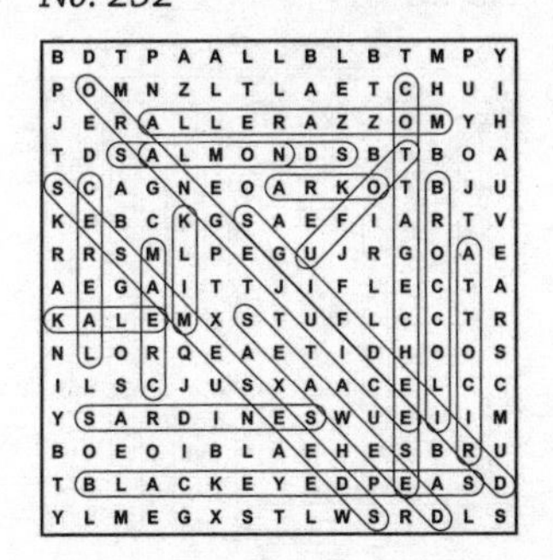

## No. 253

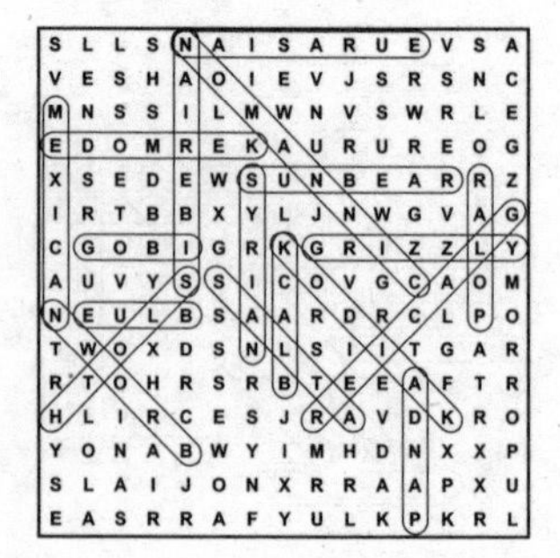

## No. 254

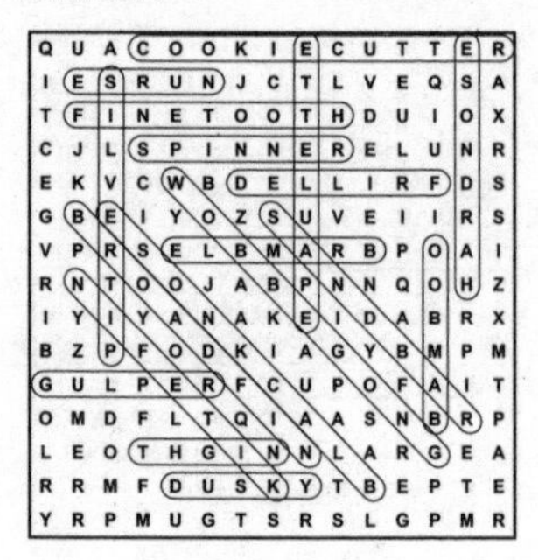

## No. 255

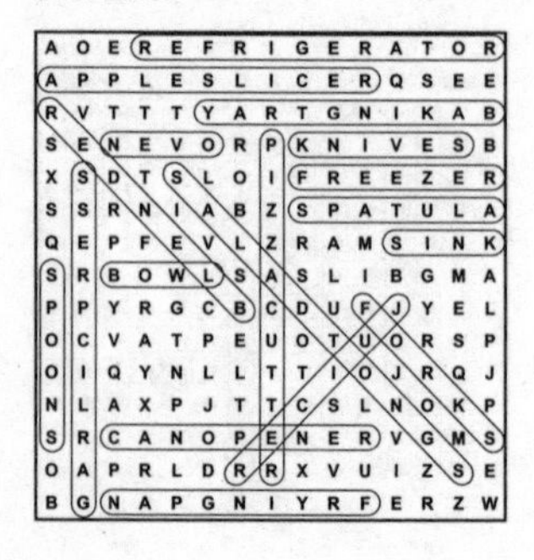

## No. 256

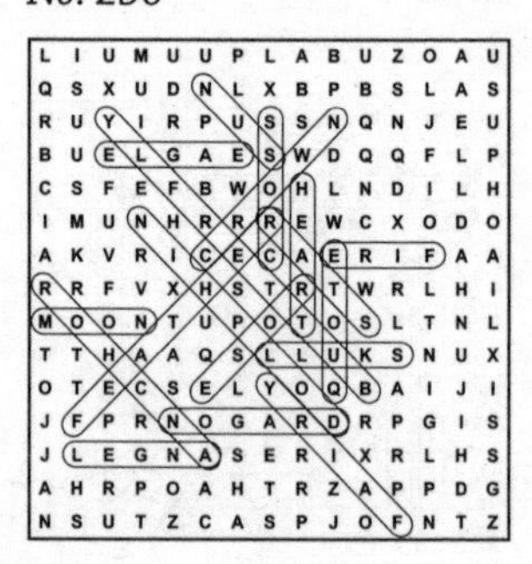

## No. 257

## No. 258

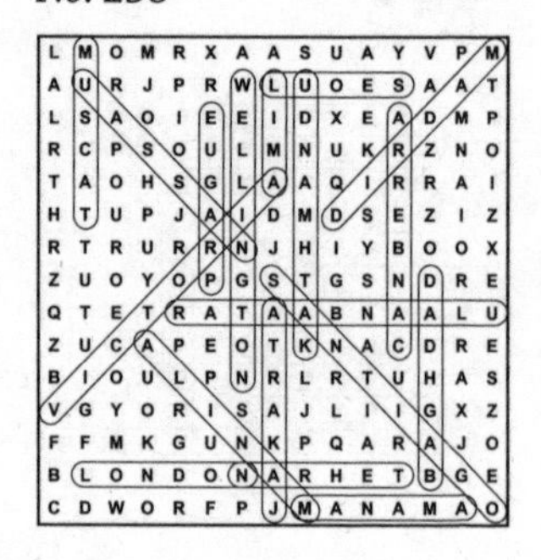

*No. 259*

*No. 260*

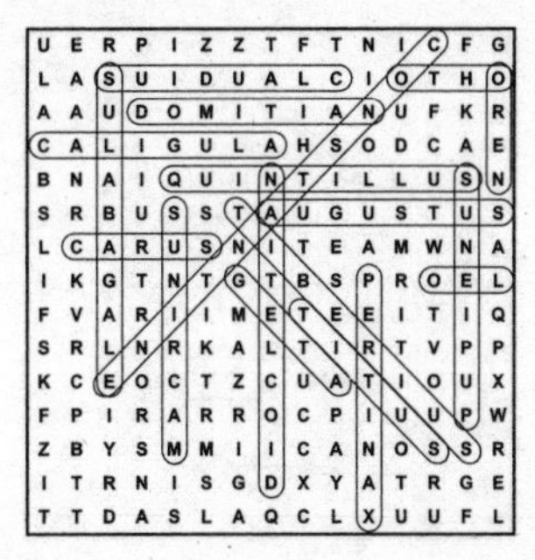

*No. 261*

*No. 262*

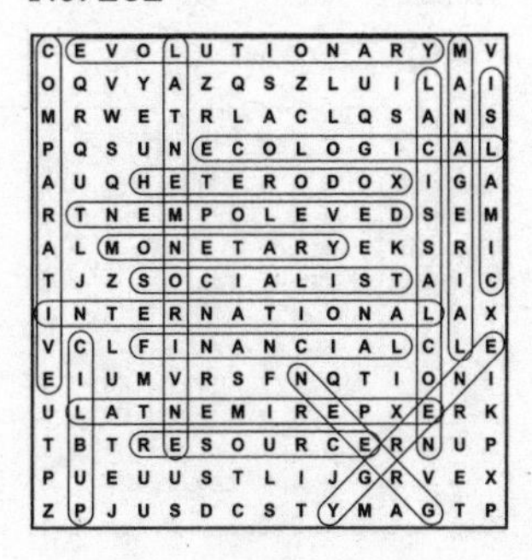

*No. 263*

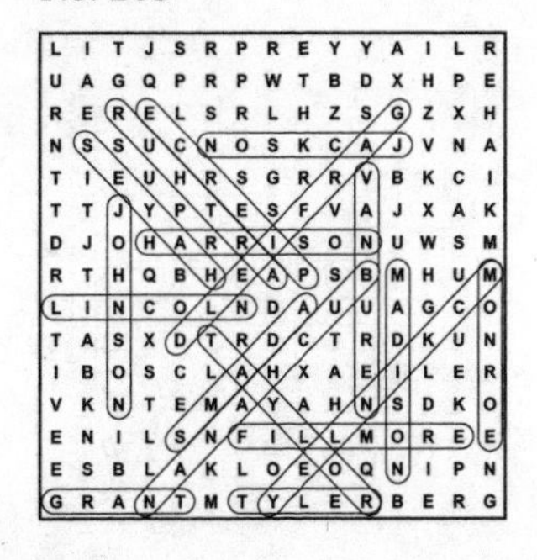

*No. 264*

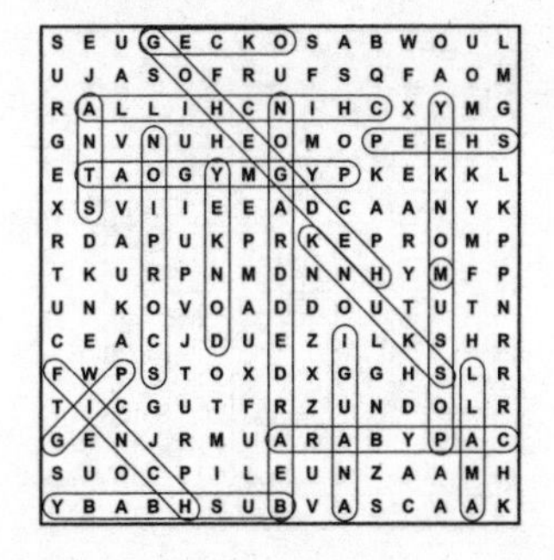

No. 265

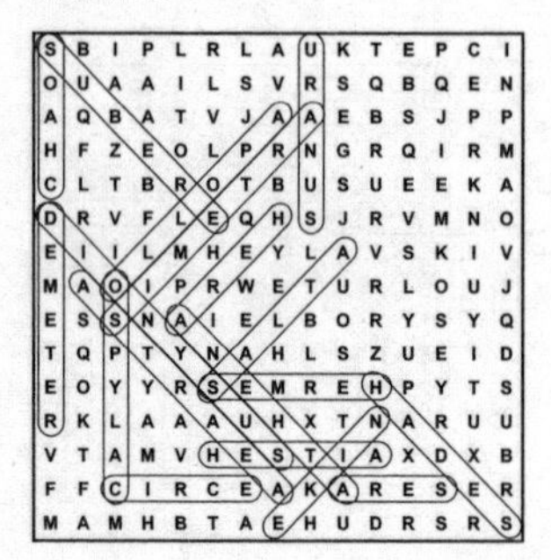

No. 266

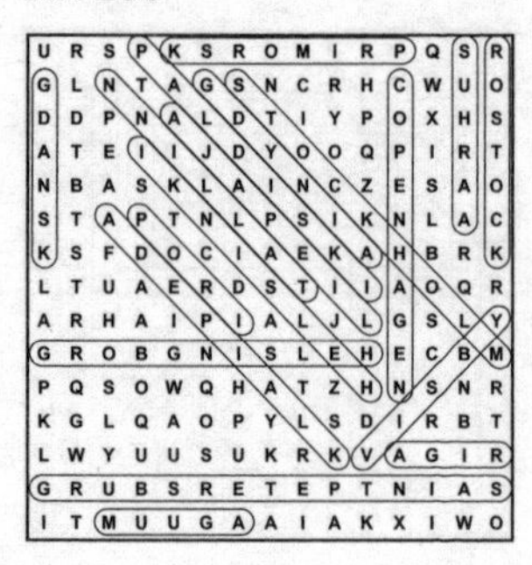

No. 267

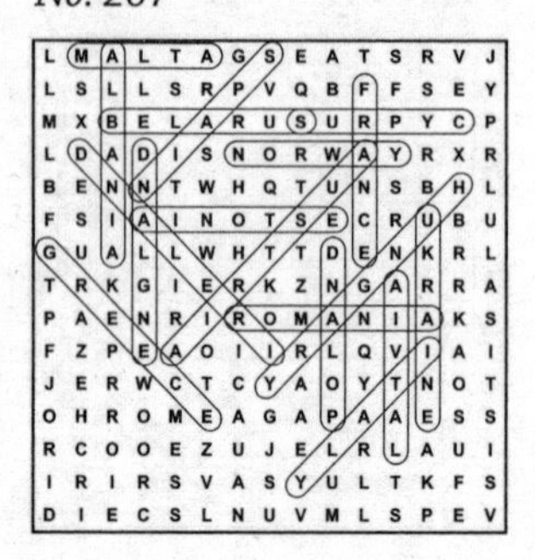

No. 268

No. 269

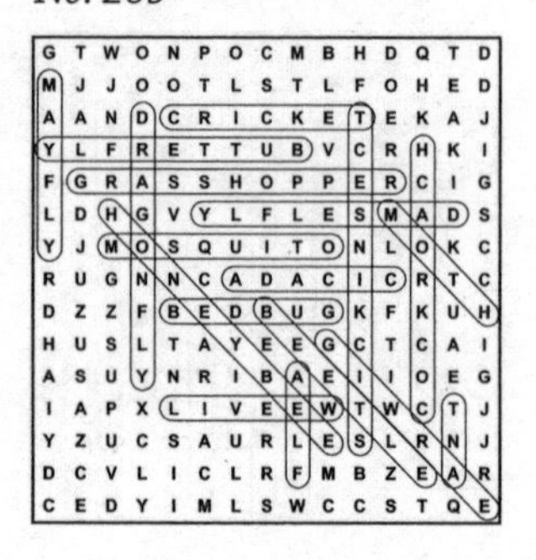

No. 270

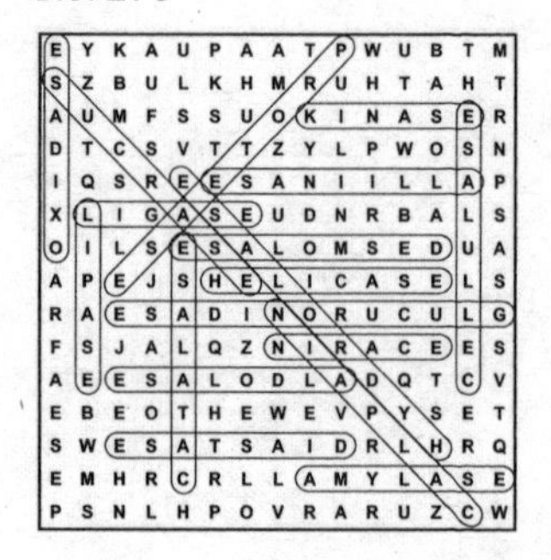

*No. 271*

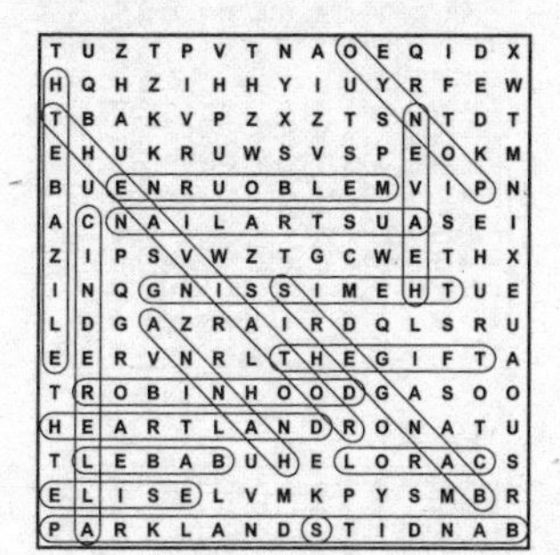

*No. 272*

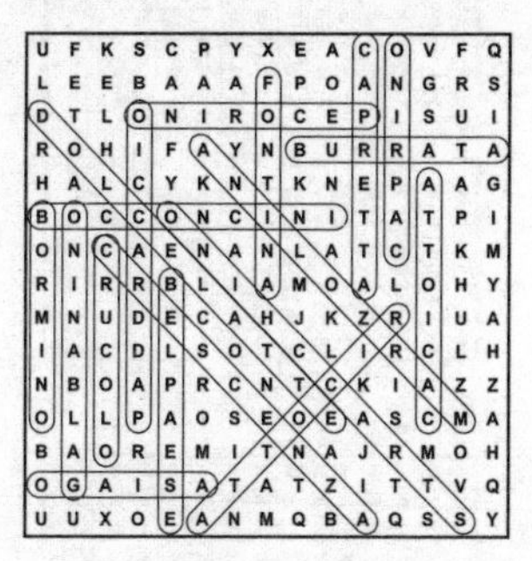

*No. 273*

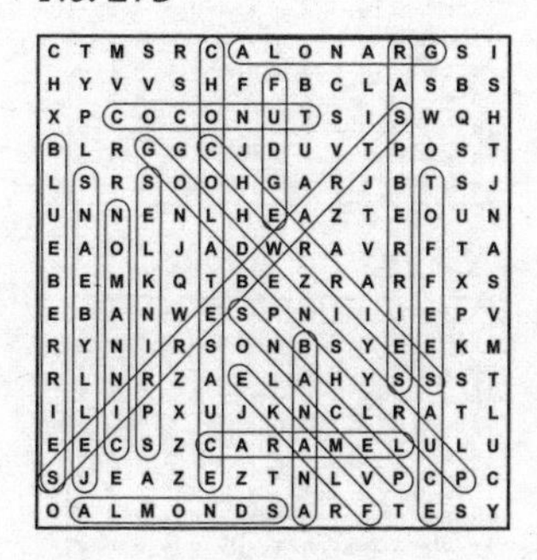

*No. 274*

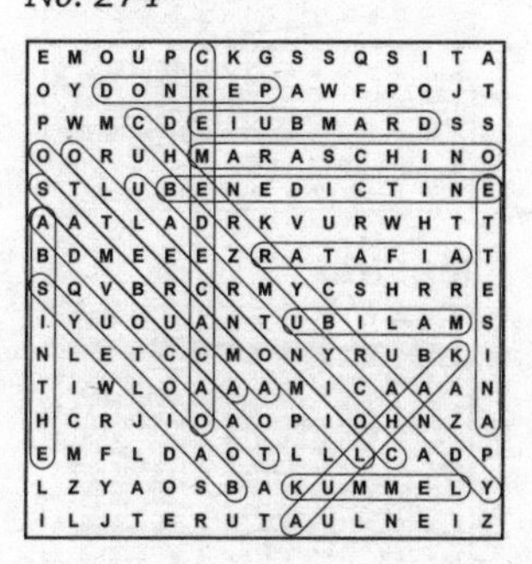

*No. 275*

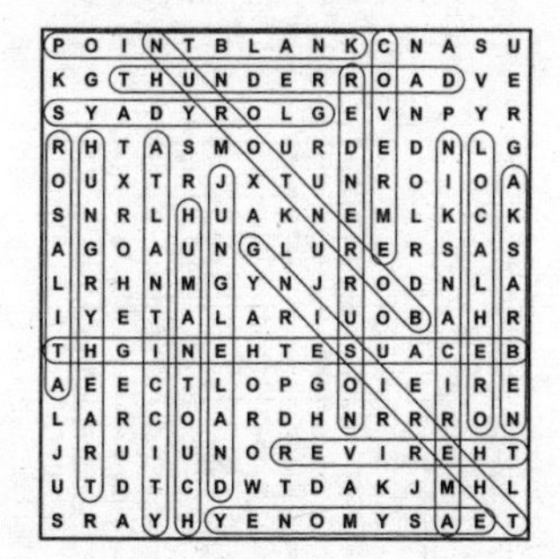

*No. 276*

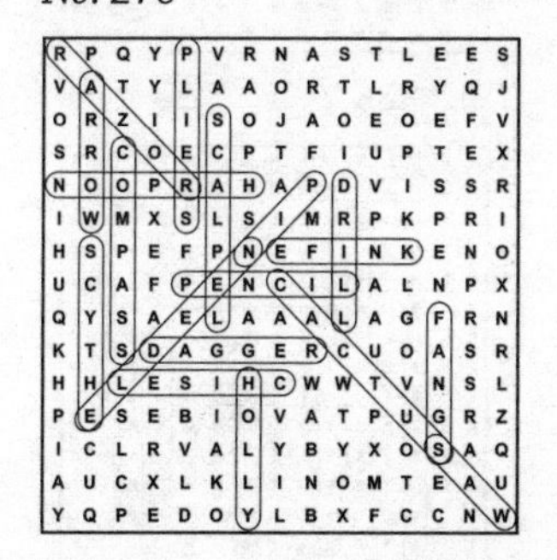

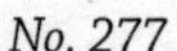

## No. 277

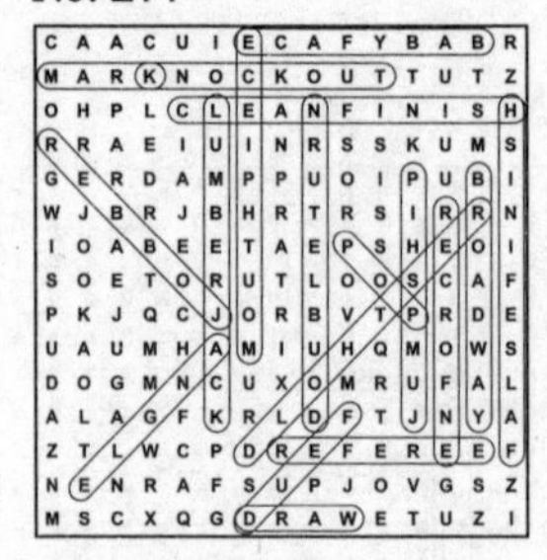

## No. 278

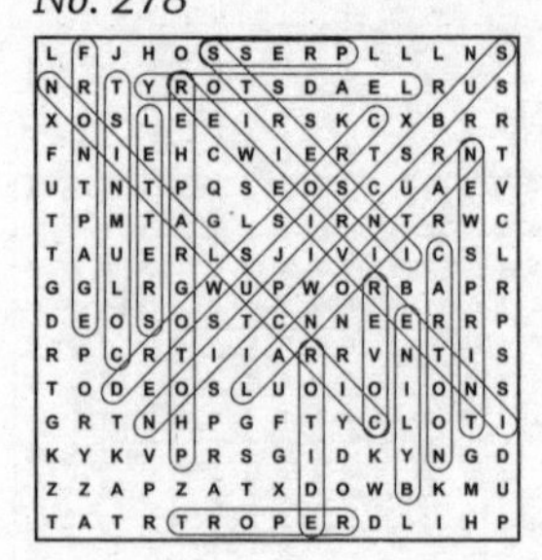

## No. 279

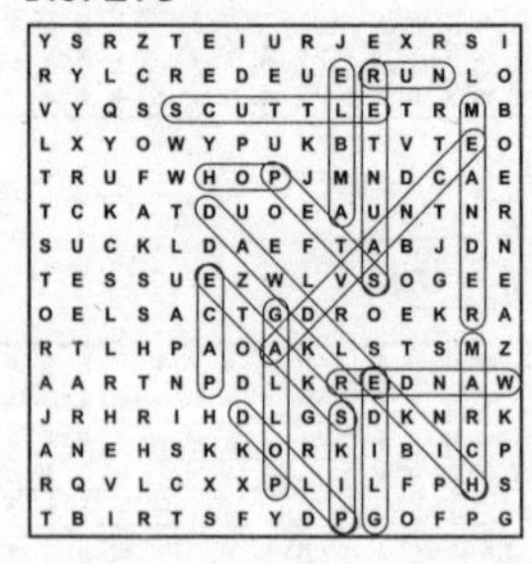

## No. 280

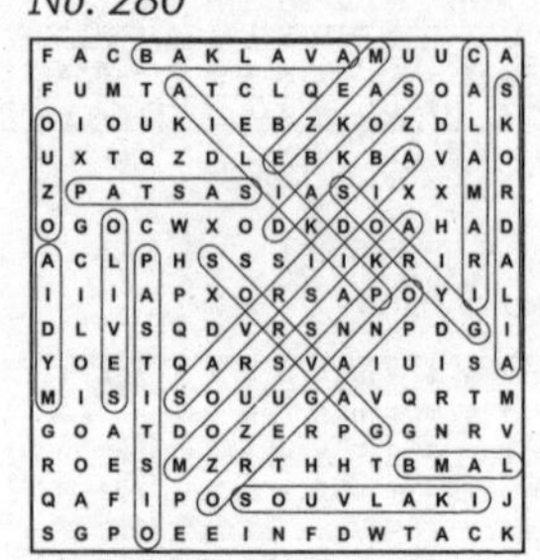

## No. 281

## No. 282

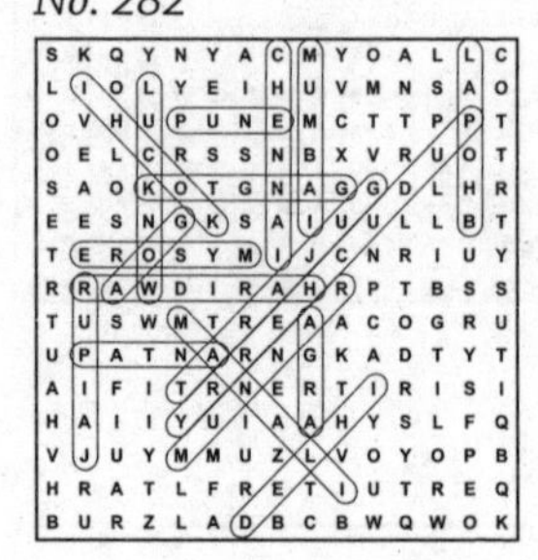

## No. 283

## No. 284

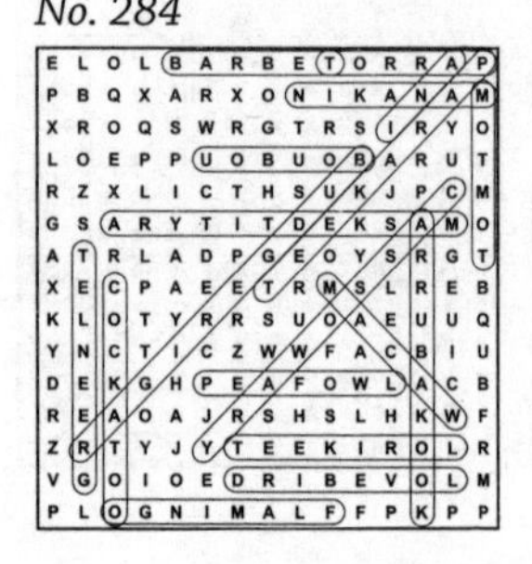

## No. 285

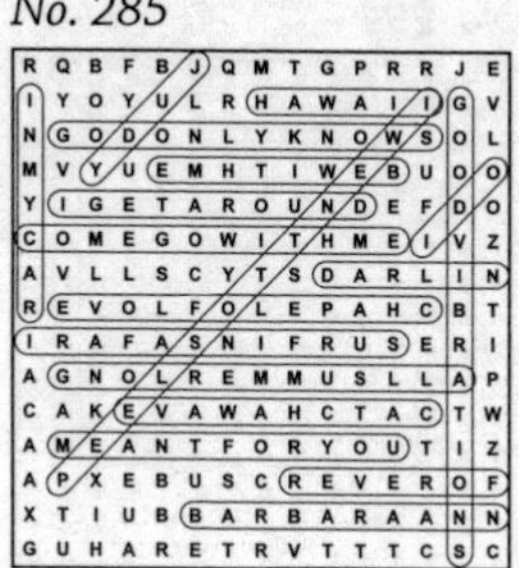

## No. 286

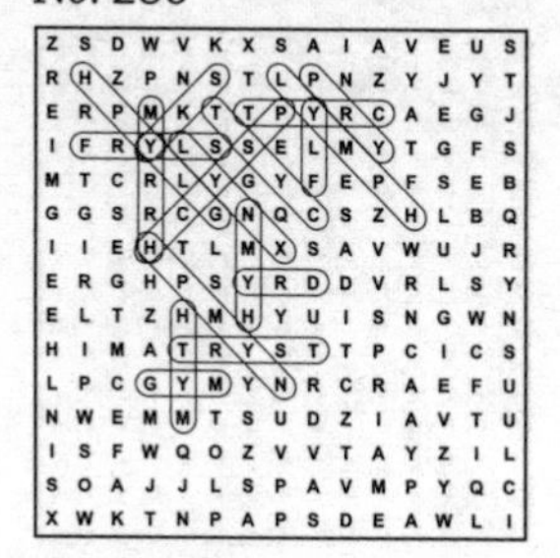

## No. 287

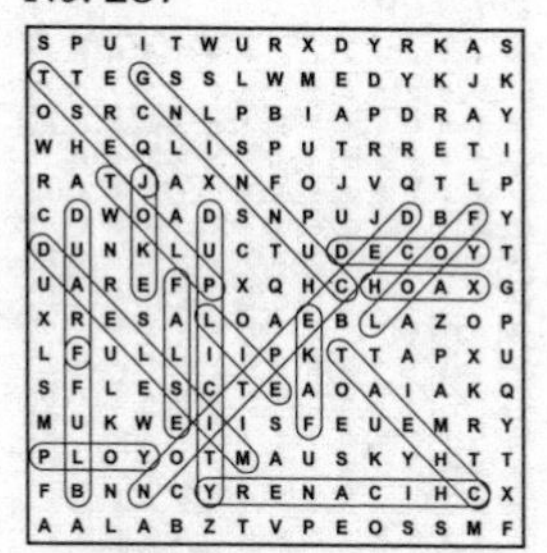

## No. 288

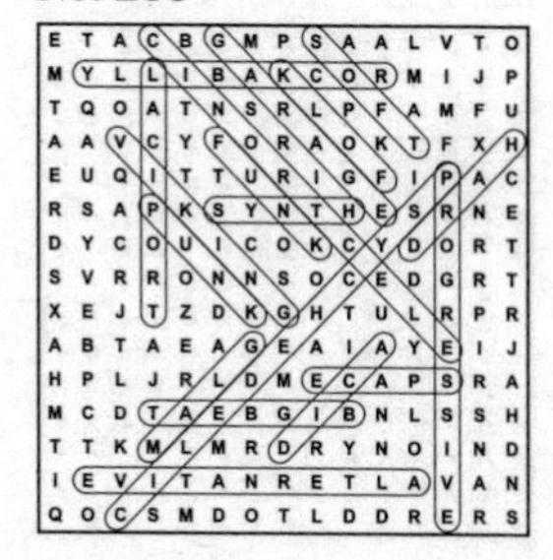

## No. 289

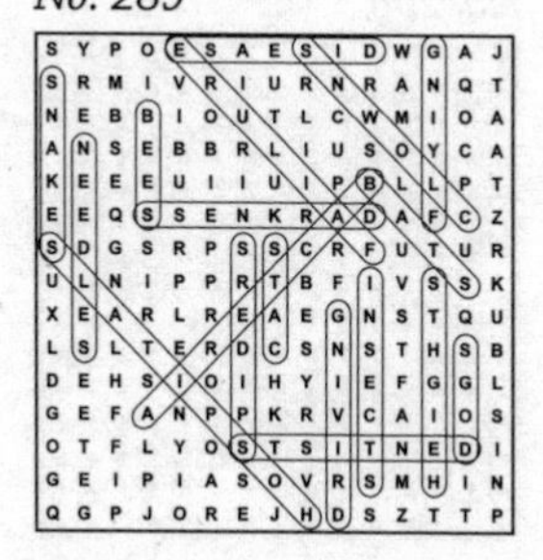

## No. 290

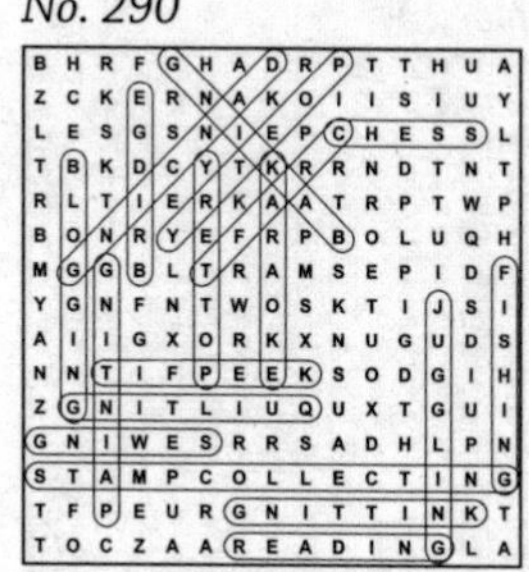

## No. 291

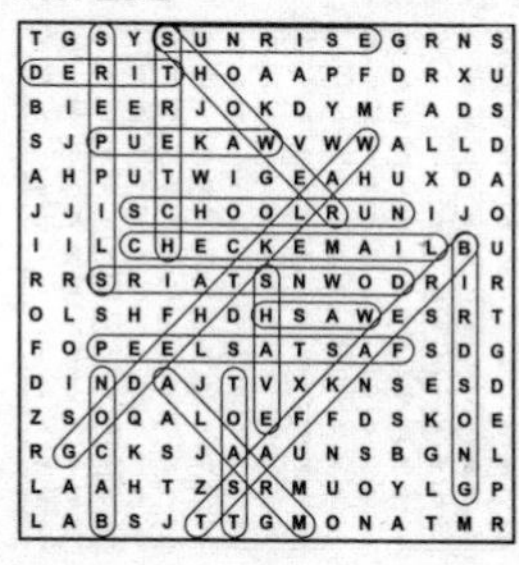

## No. 292

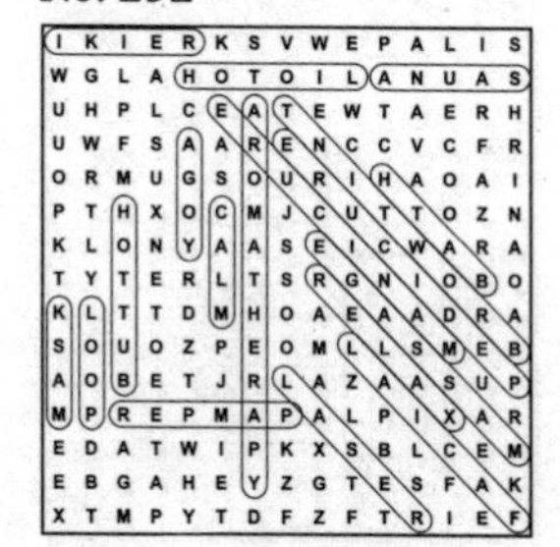

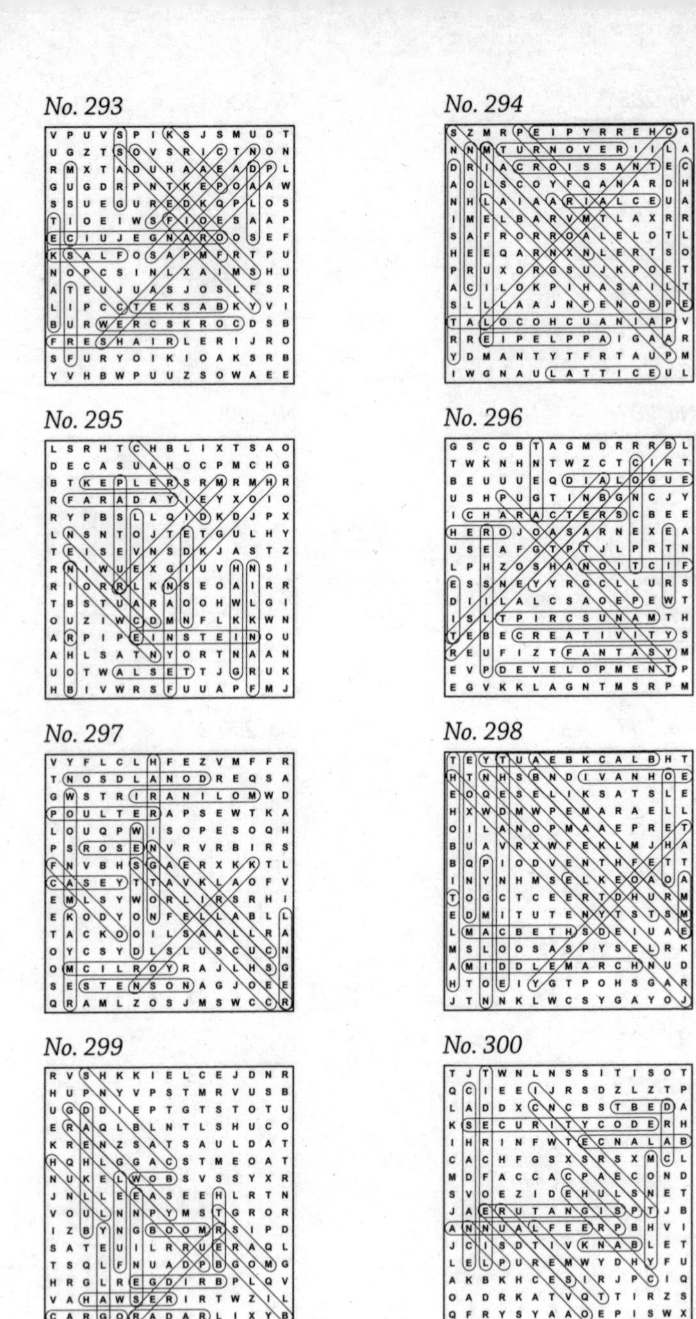